地域計画の射程

鈴木 浩 [編著]

八朔社

はしがき

　21世紀，私たちは未曾有のカタストロフィに直面している。従来のさまざまな仕組みや蓄積が軋んでいることが誰の眼にも明らかになってきた。それは人々の生活全般において，その「安全・安心」が脅かされていることに象徴されている。

　私たちが取り組んできた地域計画，都市計画そして住宅政策の分野でも，これまでの研究成果や蓄積がどのように現実の社会に活かされてきたのか，現実の社会はどのような研究課題を突きつけているのか，抜本的な総点検が求められているのではないかと思う。

　と同時に，地域，都市，居住は，政治・行政や経済・産業などと深く関わっていて，今日のようなグローバリズムや市場原理の台頭などによって大きく規定されている姿にも眼を見開いていくべきことを深く認識せずにはおれない。21世紀の幕開けの激動は，専門分野の中での閉じた研究活動というわけにはいかないことを思い知らされてきた。

　地域，都市，居住を根本から規定する世界の動向，時代の動向に立ち向かい，人々や産業などが支える地域，都市，居住の動向を可能な限り総合的に，そして科学的にとらえることが研究活動に求められてきていることを研究の原点におくことが必要である。「世界を読む」「時代を読む」「地域を読む」，それは現代の地域計画の基本である。

　さて，地域，都市，居住の主体である人々が，それぞれの場面で主人公の位置を獲得してきたであろうか。地域計画，都市計画，地域居住政策などの研究に取り組みながら，常に横たわっている問題意識の一つはそのことである。住民参加，住民主体のまちづくり，さまざまな表現で，住民が取り上げられてきたが，果たして住民が主人公としての地位を獲得してきたかといえば，なお未成熟であるといわざるを得ない。少なくともわが国ではそういわざるを得ない。

　地域計画，都市計画，地域居住政策に通底する根本問題は，それぞれの場面でいかに民主主義を確立するかであり，基本的人権を政策の根本に据えることができるかである。わが国の民主主義の浅さは，社会に跋扈する不平等，不正

義を個人の責任に帰着させ、そのような弱い人々を脅かす不平等や不正義を社会の欠陥として是正する取り組みに結実できないところにある。ホームレスの存在を見て「気の毒だ、私はそうでなくてよかった」といって脇を通り抜ける姿がその典型である。

　これまで地域計画、都市計画、住宅政策は、基本的には政府・自治体つまり官庁が担ってきた。この官庁において、今日では計画決定や計画遂行における進行管理、事業評価の場面などで「住民参加」や「パブリック・コメント」「パブリック・インボルブメント」などが積極的に位置づけられてきているが、果たしてそれらが地域住民の積極的な関与や責任感を生み出すほどのレベルに至っているであろうか。

　NPOは「新たな公共」として今後の展開が期待されている。一方で、NPOの「新たな公共性」は何によって担保できるのか、NPO自体が自ら声高に主張しているだけではないのか、という疑問を持たざるを得ないような不確かなNPOさえ台頭してきている。21世紀初頭以来、「構造改革」路線が、わが国の経済社会、政治行政を抜本的に転換する流れを作り出してきた。その典型は「官から民へ」「国から地方へ」そして「選択と集中」である。「官から民へ」のスローガンの下に、「公共」の意義や役割を軽視し、「官」の悪弊をもって、「公共」を民間へ委ねてしまうという混乱を生じている。地方自治体もこの矛盾を見抜けずに民間に委ねてしまい、結果的に官が担ってきた本来の公共性すらも揺るがしている。

　21世紀の地域計画、都市計画、地域居住政策のめざす姿は、すべての地域住民が、どこで生活していても、それぞれに「自己実現」できる「場」と「仕掛け」が獲得できることである。そしてそれらが、自然や環境と調和的な営みによって実現できるプロセスを獲得することである。

　本書は、地域計画（地域政策）、都市計画、地域居住政策それぞれの分野において、研究教育活動の場面で共に取り組んだ経験をもつ専門家の集団として、21世紀の地域計画、都市計画、地域居住政策の課題と展望について、今日的な状況を踏まえて問題提起をしようとする試みである。

鈴　木　　浩

目　次

はしがき

第 1 部　地域政策

第 1 章　地域計画の射程 … 3
　Ⅰ　わが国における地域政策の展開と課題　3
　Ⅱ　地域計画とは　12

第 2 章　収縮社会のまちづくりガバナンス … 20
　はじめに　20
　Ⅰ　成長指向型都市システム：開発競争をあおる仕掛け　21
　Ⅱ　時代錯誤の「都市再生」　25
　Ⅲ　収縮社会にふさわしいまちづくりシステムの転換　31
　Ⅳ　まちづくり産業振興による社会的生産基盤の再構築　34
　Ⅴ　収縮社会のまちづくりガバナンス　36

第 3 章　農村との連携・共生 … 42
　　　　　―都市と農村を繋ぐネットワーク型地域づくり―
　はじめに　42
　Ⅰ　農村における地域づくりの課題　44
　Ⅱ　過疎・中山間地域における集落営農の展開可能性
　　　――福島県農業を対象として　47
　Ⅲ　都市と農村を繋ぐネットワーク型地域づくり　51

第 4 章　欧州における地域間協力の多様化 … 63
　はじめに　63
　Ⅰ　欧州における地域間協力の変遷　64

Ⅱ　EU地域政策における地域間協力——INTERREG　66
　Ⅲ　自発的なネットワーク形成による地域間協力　68
　Ⅳ　バルト海沿岸地域における地域間協力の諸相　72
　おわりに　77

第5章　中心市街地の再生と城下町回帰 …………………………… 80
　　　　——米沢市からの報告——

　はじめに　80
　Ⅰ　中心市街地衰退の誘因　80
　Ⅱ　中心市街地の衰退現象　82
　Ⅲ　中心市街地再開発事業の経緯　84
　Ⅳ　再開発事業の反省点　86
　Ⅴ　新たな計画　87
　Ⅵ　課　題　88
　おわりに　88

第6章　角田市における定住対策の現状と課題 ………………… 89

　はじめに　89
　Ⅰ　角田市の概要　90
　Ⅱ　定住促進対策「角田・いらっしゃいプラン」の現状と課題　96
　Ⅲ　「定住促進，角田・いらっしゃいプラン推進事業補助金」の
　　　実績と課題　99
　おわりに　104

第7章　広域連携の現場から ……………………………………… 105

　はじめに——第4回ほくとうトップセミナー　105
　Ⅰ　広域連携の必要性　105
　Ⅱ　「北海道・東北未来戦略会議」の設立　107
　Ⅲ　北海道・東北未来戦略会議の最近の取り組み　109

Ⅳ　他地域の事例から（関西，九州）　112
　　おわりに——広域連携の方向性　116

第8章　NPOの現状と課題………………………………………　118
　　　　——自治体行政との関係に注目して——
　はじめに　118
　　Ⅰ　NPO法施行10年の成果とその検証　119
　　Ⅱ　NPOと行政の接点における問題　120
　　Ⅲ　サードセクター経営者協会の発足とその意義　127
　　Ⅳ　今後に向けて——課題と展望　130

第2部　都市計画

第9章　コンパクトシティの展開と今後の展望………………　135
　　Ⅰ　都市計画へのアプローチとコンパクトシティ研究への軌跡　135
　　Ⅱ　コンパクトシティの課題と展望　140

第10章　復興都市計画とコミュニティ…………………………　152
　　Ⅰ　復興都市計画のミッション　152
　　Ⅱ　住宅復興と復興都市計画　154
　　Ⅲ　復興都市計画事業の論点——何が問題だったのか　156
　　Ⅳ　区画整理事業は何をもたらしたか　157
　　おわりに　169

第11章　「コンパクトシティ」の実践論…………………………　171
　　　　——まち育てのススメ——
　はじめに　171
　　Ⅰ　コンパクトシティを科学する　171
　　Ⅱ　コンパクトシティの本質は「まち育て」　175

Ⅲ　コンパクトシティを育てるための３つの手法　177
     Ⅳ　コンパクトシティで考える郊外住宅地の持続可能性とは　182
     Ⅴ　東北発コンパクトシティのススメ　186
　　おわりに　187

第12章　地方都市における都市計画の課題……………………………　188
　　　　―地方自治体の現場から―
　　はじめに　188
     Ⅰ　住み続けるための仕組みづくり　190
     Ⅱ　道路整備と交通計画　193
     Ⅲ　地方自治体における都市計画法と都市計画事業　197
     Ⅳ　負の遺産たる公共公益施設の蓄積　200
     Ⅴ　住民と共鳴する都市づくり　203

第13章　自己実現を可能とする都市計画の展望………………………　206
　　　　―ラウンドテーブルによる自己実現と中心市街地の再生―
　　はじめに　206
     Ⅰ　都市活動の変化と中心市街地空洞化　207
     Ⅱ　中心市街地活性化の課題　210
     Ⅲ　自己実現の可能なまちづくり条例の検討とラウンドテーブル　218

第14章　非線引き白地地域の開発実態……………………………　222
　　　　―日光市（旧今市市）を事例として―
     Ⅰ　線引き制度の背景と経緯　222
     Ⅱ　日光市（旧今市市）の開発実態と課題　225
     Ⅲ　日光市（旧今市市）の土地利用と街づくりの秩序形成に向けて　233

第3部　地域居住政策

第15章　わが国住宅政策と自治体住宅行政の基本課題　239
　Ⅰ　既成市街地における居住地再編問題から自治体住宅政策へ　239
　Ⅱ　比較研究：イギリスの自治体住宅政策　245
　Ⅲ　地域居住政策へ　249

第16章　地域居住政策における「住宅セーフティネット」論　258
　はじめに——イギリス研究から「ホームレス」研究へ　258
　Ⅰ　住生活基本法から住宅セーフティネット法へ　259
　Ⅱ　「ホームレス」課題を居住政策に埋め込む　264
　むすび　270

第17章　東北地方の住生活基本計画　271
　はじめに　271
　Ⅰ　住生活基本法の意義　271
　Ⅱ　住生活基本計画の視点　272
　Ⅲ　東北地方の状況　275
　Ⅳ　東北地方の住生活基本計画　277
　Ⅴ　東北地方の地域住宅計画　284
　Ⅵ　まとめ　287
　おわりに　290

第18章　高齢者居住福祉　292
　　　　　—生活環境の視点から—
　はじめに　292
　Ⅰ　研究目的　292
　Ⅱ　転居における外出行動と人的交流（研究Ⅰ）　293
　Ⅲ　介護施設における入浴環境（研究Ⅱ）　298

Ⅳ　介護施設における車いす環境（研究Ⅲ）　305
　　Ⅴ　生きようとする意欲を支える生活環境づくり　310

第19章　地域居住支援としての住宅改善の実態と課題……………　312
　　Ⅰ　住宅改善支援　312
　　Ⅱ　介護保険による住宅改修支援　317
　　Ⅲ　住宅改善支援のプロセス　320
　　Ⅳ　住宅改善支援におけるPT・OTの専門性　323
　　Ⅴ　今後の課題　329

第20章　変革期にある地方公共団体の公営住宅……………………　330
　　　　─公営住宅はどこへ向かうのか─
　　Ⅰ　供給体制整備の歴史　330
　　Ⅱ　地方公共団体の公営住宅建設　332
　　Ⅲ　公営住宅のストック　335
　　Ⅳ　公営住宅法改正が目指す方向　338
　　Ⅴ　地方公共団体の役割　342

第21章　高齢者福祉とまちなか居住……………………………………　347
　　Ⅰ　人口問題と地域社会への影響　347
　　Ⅱ　住宅政策の変遷　350
　　Ⅲ　高齢者福祉と住まい　357
　　Ⅳ　まちなか居住　361

　あとがき

第1部　地域政策

第1章　地域計画の射程

I　わが国における地域政策の展開と課題

　1990年度から2009年度までの20年間にわたって，福島大学行政社会学部（後に行政政策学類）と共生システム理工学類で「地域計画論」を担当してきた。当初は，建築学を基礎とした「都市計画」を中心として，それを取り巻く「国土計画」や自治体による「総合計画」などを概観するといった枠組みを考えていた。しかし，わが国の「都市計画」の論理はほとんど大都市をベースにしたもので，専門家の間でも次のような認識が一般的であった。「『都市問題』，それは大都市にこそ深刻な問題が横たわっており，都市政策の重点は大都市問題の解決である。『住宅問題』も大都市固有の問題であり，地方都市には存在しない。『交通問題』の中心は通勤問題であるが，通勤地獄は大都市にのみ存在し，地方都市は職住近接が確保されている。『生活費』は大都市において圧倒的に高く，地方都市は安上がりである。『自然環境』は，大都市においては壊滅的であるが，地方都市は自然が豊かである」[1]。そのような都市思想の潮流には一定の背景もあった。1980年代後半のバブル経済，地価狂乱をもたらす契機になった日米構造協議などによる一連の内需拡大戦略の多くを大都市の都市再開発に向かわせていたことなどである[2]。この頃に，経済学者・宇沢弘文氏が投げかけた痛烈な批判は，少しでも建築や都市計画の専門分野に関わる者として今でも胸に焼き付いている。「日本の都市は遂に貧困化してしまった」[3]，「近代的な都

---

(1)　拙稿「地方都市における都市計画の諸課題」星埜惇・河相一成編『地域再構成の展望』中央法規出版，115ページ，1991年10月。
(2)　筆者は90年代初頭に，大都市における都市計画の課題についても考察をしている。拙稿「現代都市計画の展開と展望」井上純一・加藤哲郎・鈴木浩ほか『東京－世界都市化の構図』青木書店，1990年11月。

市計画の考え方は，都市に住んで，生活を営む市民の人間的観点を無視するか，あるいは都市計画者自身のもっている画一的で，浅薄な人間像をそのまま投影したものだった」[4]。

1987年に策定された「第四次全国総合開発計画」は，東京対その他の地方という構図を率直に認め，あらためて多極分散型の国土形成を模索することとなった。しかし，その年に施行された「総合保養地域整備法」（通称，リゾート法）などによって，すでに始まっていた金融市場の活況などを背景に，地方は東京マネーの投資対象として，その企画内容や経済的な効果の大半が東京に牛耳られていった[5]。

さて，地方大学に身をおいてみて，都市計画を基軸にした「地域計画論」の枠組みだけでは生きた地域計画にはならないことを実感せざるを得ないことになる。「地域計画論」を講義しながら，自主的な研究とともに地域や自治体からの要請などによる「地域政策」に関わる研究として次のような課題に取り組んできた。

1　地域政策の先導的役割を担ってきた「国土計画」の歴史的展開

とくに国土計画と都道府県や市町村の地域計画との役割分担や連携の姿について歴史的な展開を検証してみると，経済財政事情，国土開発政策そして地方分権の進展などが時代の潮流とともにさまざまな関係性をもちながら展開していることがわかる。国土計画の展開は，「国土総合開発法」（1950年5月制定）や最初の「全国総合開発計画」（1962年10月閣議決定，以下「全総」）では，国土開発計画の基本理念に，「産業立地の適正化」や「地域格差の是正」が謳われていた。その推進力となる事業手法は，国による大規模プロジェクトの投入であった。その典型が「全総」のもとでの「新産業都市建設促進法」（1962年）に基づく15の新産業都市地区であった。経済産業的な衰退地域もしくは後進地域に対して壮大な国家プロジェクトを投下して，その経済的刺激と産業立地を

---
[3]　宇沢弘文ほか編『転換期における人間4　都市とは』岩波書店，6ページ，1989年11月。
[4]　宇沢弘文ほか編，前掲書，17ページ。
[5]　これらの状況については前掲「地方都市における都市計画の諸課題」で詳しく触れた。116-120ページ。

促進するものであった。具体的手法の是非はともあれ、国土の不均衡発展を是正することが大きな使命として掲げられていたことは重要である。ところが「第二次全国総合開発計画」期間中に、世界を震撼させたオイルショックを受けて、新たな対応が迫られ策定された「第三次全国総合開発計画」では大きな転換を示したのだった。象徴的な出来事は、この計画が閣議決定されたときに全国知事会から猛烈な反対論が巻き起こったことだった。「新産都市」そして「新全総」における巨大コンビナート開発方式を待ち受けていた多くの府県における梯子を外されたとの不安や批判に結びついたのだった。国土の不均衡に対する是正の課題はなお大きな課題であり続けていた。

しかし、「三全総」以降、国土の不均衡発展を是正するという国土計画の理念は後景に退いていった。「三全総」における「定住圏構想」、「四全総」における「多極分散型国土構築」をめざす「交流ネットワーク構想」そして「第五次全総」において「多軸型国土形成」をめざした「参加と連携」のキャッチフレーズなどは、厳しい財政事情を反映したものでもある。さまざまな産業の立地集積がすでに国土形成の枠組みとして影響をもたらし、国土の不均衡発展の是正どころか、不均衡発展の拡大が進んでしまったのである。そこで、昨今政府から提起されているような「選択と集中」という思想が国土計画にも大きな影響を与えてきたのである。そこでは、都道府県や市町村に対して競争原理を煽りたて、逞しく交付金などによる操作を行おうとする政府の姿勢が垣間見える。

いずれにせよ、5次にわたる全国総合開発計画は、時代背景を反映して開発基調、量的拡大基調であったとされ、「開発主義からの転換」をめざして、2005年7月、「国土総合開発法」を抜本的に改正して「国土形成計画法」が制定された。この法制度では「国と地方の協働によるビジョンづくり」が謳われ、2008年7月の「全国計画」に引き続き、2009年8月「広域地方計画」が策定された。

筆者はこの間、国土計画や東北地方という単位の広域地方計画の役割などを検討しながらも、一方で地方都市と周辺の農山漁村との日常的な生活圏を単位にした日常生活圏そして地域社会の再生の視点を位置づけることが重要であることを主張してきた。それが、筆者が描いた「日本版コンパクトシティ」[6]であ

り,「東北圏広域地方計画」においてもコンパクトシティの考え方が議論され,一定の位置づけをされてきた。

2　自治体における総合計画の役割とその策定過程

　地方自治法に基づく市町村の「基本構想」（これを総合計画と呼ぶことが多いので，ここではそのように呼称する），そして法的な裏づけはないがほぼ同様な位置づけにある都道府県の総合計画，これらを筆者はこれまで地域計画の最も典型的なものと位置づけてきた。また同時に地域政策の具体的な公式文書と位置づけてきた。これまで，市町村やいくつかの県の総合計画などに関わる機会が多かった。ほとんどの関わり方のスタートは，ある地域や自治体における地域的課題の調査に入り，問題や課題の概要が掴めてくると，それらの課題に自治体はどう対応しようとしているのか，総合計画ではどうなっているのか，という具合である。

　総合計画にはもう一つ長年の関心があった。それは，まちづくりにおける住民参加が大きな課題として取り上げられるようになってから，自治体の計画策定における住民参加の枠組みをどう充実させていくか，行政の側から住民参加を取り入れていく契機はどこにあるのか，などの関心であった。そういう積み重ねもあって，福島県総合計画審議会の委員として参加することになった。審議会会長に任命された折に「審議会の役割は知事からの諮問に対して答申を出すというだけではない。県行政と県民の間にあって，いかに地域の課題や県民の要求を反映させていくかという任務を追求していきたい」と挨拶した。同じ時期に，福島県事業評価委員会，同公共事業評価委員会の委員に任命された。これらの委員会の役割は何か，県がこのような第3者評価を進めるようになってきた背景は何か，などを考察するようになった。すなわち，自治体総合計画を中心に，それらの策定プロセス（住民参加，情報公開），進行管理，事業評価などの展開過程やその必要性についての検証を進めてきた。

　総合計画策定プロセスの分析の根底には次節「地域計画とは」で触れる「計画とは」という問題意識が横たわっている。その点は後述したい。

---

(6)　拙著『日本版コンパクトシティ』学陽書房，2007年2月。

3　国土計画，広域計画，都道府県計画，市町村計画における生活圏構成

　地域計画における古くて新しい課題は，地域といった場合の圏域をどう設定するかである。一般的には「日常生活圏」といわれる生活圏はどのような広がりとして設定できるかである。モータリゼーションや高速交通体系の発展によって，一日生活圏といわれるものが大きく広がってきて，この生活圏や地域という概念がかなり曖昧になってきてしまったのである。とはいえ，教育，医療福祉，就業，消費などの日常的な生活行動の広がりとその範囲内における「生活の質」(Quality of Life) が重要であることは，昨今の地域格差拡大の実態からも明らかになってきた。

　EUでは1990年代からこの日常生活圏やコミュニティの再生が大きな課題として取り組まれているが，わが国ではまだ政策課題として位置づけられているとはいえない。都道府県計画やそれぞれの地域の動向を見ても，圏域構成とそれに基づく地域政策が展開されているようには思えない。福島県の総合計画に関わって，県内を7つの生活圏に区分し，多極分散型の地域政策を展開するために，それぞれの圏域ごとの課題を政策化してきたし，今後の計画においてもその視点が重要であると位置づけられている。しかし，多くの都道府県の動向を見ると，都道府県庁所在都市への集中が進み，その他の市町村エリアとの格差が拡大している場合が多い。今後の地域政策において地域社会再生，そのための日常生活圏の位置づけが極めて重要になってくるはずである。これらの議論を通してさまざまな課題が横たわっていることが分かる。以下にいくつかの論点を示しておこう。

　政令指定都市などの広域的な中枢都市を中心にしたアクセス型の中心市街地（中心都市）形成によって生活圏を充実させていくのか，既存の複数の中心市街地のネットワークを形成することで充実させていくのか。前者は従来の都市計画や地域政策の考え方であり，それによって東京一極集中をもたらしてきた。今後は，EUにおけるシティ・リージョンなどのようにネットワーク型の地域形成が重視されていくであろう。

　また，地方における日常生活圏は中心市街地と周辺の広大な農山漁村エリアとの有機的な関係性のもとに成り立ってきたこと，都市経済や自由主義経済の過度な重視がこの有機的な関係性を断絶し，地方における地域社会衰退，地域

経済衰退の背景にもなっていることを考えると，今後の日常生活圏や地域社会の再生の課題にとって，このような有機的な関係を生活圏の中でどう積極的に位置づけていくかが重要である。

　すでに上述したように，地域間格差を是正する上でも，地域社会，生活圏における「生活の質」をどう設定していくか，それをどのように政策課題として位置づけていくかが今後の課題になっていくであろう。その点はEUではすでに取り組まれている課題である。

4　「福島県商業まちづくり推進条例」と「まちづくり三法」

　地方都市に活動拠点を置いて，地域の課題に取り組むことが福島大学行政社会学部の理念であった。当然のように地方都市中心市街地の空洞化に注目することになる。郊外に延びる幹線道路沿いに急増する量販店の看板などが「ファスト風土化」と揶揄される状況を否応なしに眺めてきた。こういう状況への関わりの中で，1994～1995年にかけて「ふくしま西道路沿道風景づくり検討委員会」に参加して，新たなバイパスの沿道風景のあり方，そのための土地利用やその維持管理における住民関与の仕組みなどを検討した。しかし，一方でこのバイパス沿線への大規模ショッピングセンターの進出や急速な開発の進行をコントロールできず，中心市街地空洞化の引き金になってしまった。全国のバイパス建設を概観してみて，所期の目的である中心市街地における交通渋滞の緩和という本来の目的だけでなくて，地域（主には自治体や産業界）では，沿線の地域開発効果を期待した取り組みが数多くあることを知った。このことは東北地方整備局における事業評価監視委員会においても何度か指摘し，幹線道路やバイパス建設における地域の動向などをきちんと捉えて評価すべきであると主張した。

　福島県では1998年に[7]「中心市街地活性化対策本部」を設置し，全県下の中心市街地衰退の実態を把握しながら，その対策について検討を進めた。1998年，福島市の北に位置する伊達町（現伊達市）に，施設総面積7万7000㎡，駐車場

---

[7]　この年，政府は「中心市街地における市街地の整備改善及び商業等の活性化の一体的推進に関する法律」を公布，施行した。

5000台，年間総売上げ目標250億円という東北最大級の大型店の出店計画が持ち上がっていた。当時，福島市中心市街地小売店の年間売上額の平均が5000万円と聞き，500軒の小売店の売上げ額に相当することから，その規模の大きさを改めて知った。福島県内の大型店の動き，そして大型店出店反対や出店規制条例制定を求める運動が大きく広がっていた。2003年には「中心市街地活性化対策本部」の4年間におよぶ調査や各地の懇談会を経て，「福島県広域まちづくり検討会」が設置され，2005年10月「福島県商業まちづくり条例」の制定に結実していった。

実は，この福島県の動きは全国的にも注目され，日本商工会議所における「まちづくり三法」改正のための取り組みの先駆けとして評価される反面，例えば日本経済新聞などで，規制緩和の時代に逆行する取り組みであると批判されてきた。日本商工会議所に2005年1月，「まちづくり特別委員会」が設置された。ここでは，「まちづくり三法」の改正に向けて精力的に調査研究，政策提言，ロビー活動などを繰り広げ，2006年5月には，「都市計画法等改正案」，「中心市街地活性化法改正案」が相次いで可決・成立し，いわゆる「まちづくり三法」の全面的見直しが行われた。

これらの取り組みが，コンパクトシティ論や，市街地と郊外や周辺農村地域との有機的連携そして地域経済循環システムや広域公共交通システムなどの構想に直接結びついている。

5　地域循環型経済システムの再構築

上記のように，都市計画研究を出発点にしながら地域の課題に接し，とくに地方都市や地域社会の今後の展開方向として，地域循環型経済システムの再構築が大きな課題として位置づけられるようになってきたが，もちろん都市計画の立場からは全くの門外漢であり手も足も出ないような課題であった。にもかかわらず，筆者がこのような課題を掲げ，何らかの研究活動ができたのは，福島大学における行政社会学部（現行政政策学類）や経済学部（現経済経営学類）の研究者との共同研究や文理融合的な取り組みが大きな条件になっている。2005～2006年度に，地域循環型経済システムに関する調査研究に取り組めたのも，福島大学名誉教授で金融論や地域経済論の泰斗，下平尾勲氏や地元金融機

関の金融専門家，福島県庁の金融担当部局の職員そして福島大学の産学連携担当教授などの共同研究の場を形成できたからである。しかもこの共同研究の場は，福島県が2004年に創設した特定非営利活動法人「超学際的研究機構」という場で，ネットワークを組む研究プロジェクトに対する支援があったからである[8]。

　さて，地方都市の中心市街地空洞化は，それぞれの地方都市や地域社会の象徴的な課題の一つである。それは単に都市計画的な対応方策で切り抜けられるような課題ではない。政府の行財政改革も「市場原理」，「競争原理」それらのための「規制緩和」を中心として進められてきた。それはグローバリゼーションの潮流とあいまって，東京マネーやワールドマネーが地方にも及び，地方都市や地域での投資や消費によるマネー・フローも地域で循環する比率が低下し，大都市への還流が激しくなっていった。大型店進出問題も郊外立地による中心市街地空洞化というばかりでなく，上述のような側面を否めない。2008年秋以降の世界的金融・経済危機も，地方の産業経済や雇用を直撃したのだった。

　筆者がとくに地方の都市や地域社会に注目するのは，地方都市が周辺の農山漁村との有機的な連携の下に成り立っていたことである。そのことが地方都市や地域社会の底力ともいえた。地方都市中心市街地には，周辺の農山漁村からの野菜や魚介類が毎日のように運ばれ，朝市などが開かれていたし，農機具や肥料，苗種などの店，そして食品加工業などが事業展開していた。高校生になると生活圏の中心都市にある高校に通う風景は一般的だし，秋祭りや盆暮れになると近隣の故郷に戻り，旧交を温めることが年中行事だった。しかし，1960年代，大都市への人口集中が激しくなって以来，大都市への農作物や魚介類の安定供給が大きな課題となり，そのためのシステムが整えられていった。全国各地の農作物や魚介類などは全国的な産地あるいはブランドとして位置づけられ，大都市市場に直接搬送する仕組みが出来上がっていった。

---

(8)　鈴木浩・下平尾勲・丹治惣兵衛・佐藤英雄ほか「循環型地域経済の再構築に関する調査研究」（超学際的研究機構）2006年3月。
　　鈴木浩・下平尾勲・丹治惣兵衛・佐藤英雄ほか「循環型地域経済システムの形成に関する調査研究」（超学際的研究機構）2007年3月。

そのことによって，それまでの地方都市と周辺の農山漁村との経済的な意味での有機的な関係は希薄化していった。中心市街地の空洞化は，農村部の人たちの関心や共感を得られにくくなってきた。それ以前に，市街地近郊の農漁村や農林漁業の衰退に対して，都市に住む人々は関心を払ってこなかった。

わが国の農林漁業の厳しい現実や市街地の拡大は，市街地に隣接する近郊農村において，都市化や宅地化の波を期待し，市街地からの施設移転や新たな進出の受け皿として歓迎してきたともいえるのである。このような現実を直視すると，地方都市や地域社会の再生の課題に，地域の産業経済の課題が大きく横たわっていることに視野を広げていかなければいけないことに気づかされるのである。これが地域循環型経済システムを構想する背景であった。その後，経済産業省と農林水産省によって「農商工連携」が事業として展開されるようになったが，その動向を特に中心市街地活性化や市街地と周辺農山漁村との有機的連携の観点から注目していきたい。

もう一点，筆者は住宅政策の視点から，地域循環型経済システムの構築を注目している。わが国で「住宅産業」という言葉が広まったのは1960年代初頭である。「プレハブ」や「建売分譲」などという言葉が広汎に使われるようになった。それまで地域社会の中で，地元の大工・工務店が請負方式で住宅を供給していた方式からは，大転換が図られてきたのだった。最近のわれわれの調査によると[9]，住宅建設を予定している人々が，何を拠りどころにして住宅建設の依頼先を決めるかというと，多くが住宅展示場である。テレビやチラシの宣伝もあるが，圧倒的に住宅展示場の効果が大きい。となると，地元の大工・工務店のアピールしている姿はほとんど見えてこないことになる。そのことによって，住宅建設もまた，全国ブランドが地方を席捲し，そこで投下された資金は，その多くが大都市に還流されることになる。それも地方の経済が徐々に先細りになる原因になっている。そのような住宅供給を地域にふさわしいものにしていくためにも，原材料である森林資源を含めて資源・人材・資金・情報などが地域で循環する仕組みに軌道修正していくことも視野に入れている。

---

(9) 鈴木浩・長谷川洋・鈴木康之・深田俊雄ほか「地域循環型住まいづくりに関する調査」（福島県委託調査，超学際的研究機構）2007年3月。

Ⅱ 地域計画とは

1 地域計画の位置：「地域問題」と「地域政策」を結ぶ

　地域計画は，多様な地域問題を総合的・科学的にとらえ，それらの相互関係や因果関係を構造的に把握をして地域課題として措定した上で，空間的な計画課題を中軸に据えながら地域政策に位置づけていくための科学的・総合的な作業である。計画学はもちろん計画の科学であるが，それは「計ること」と「画くこと」で成り立っている。問題の所在を科学的にとらえることをここでは「計る」といい，課題や目標を措定した上で，それを解決ないしは実現するための手段，プロセスを整序することを「画く」といっており，この計り画くための方法の科学である。

　さて，現実の地域計画では，まず「地域」の捉え方・括り方がその前提となる。気象や生態系そして地形地質など純粋に自然的な条件によって地域を区分する方法もあるが，地域計画にとっては，それらの自然科学的な地域区分以上に，人間社会の営みによって形成される，その広がりが重要であることは言をまたない。もちろん，そのような人間社会の営みの空間的な広がりも自然科学的な空間の特質に左右されるし，今日の環境科学などの発展によって，自然の生態系などとの共生が強く意識されるようになってきた。つまり，人間の営みの歴史によって形づくられてきた地域のまとまりを前提にしながら，その地域のまとまりのあるべき姿と今後の課題として，自然の生態系をいかに取り組んでいくかが重視されるようになってきたし，今後の視点として一層重要になっていくはずである。

　そのような前提に立ったとしても，私たちが現実に地域計画の対象範囲を区分し措定しようとすれば，現実に地域の広がりやそこでの人間の営みを動かしてきたものの姿から出発することが有効である。最も身近には，子どもたちの通う小学校や中学校の学校区などをイメージすればよい。それらが合理的で，子どもたちの通学にとって最も望ましい姿になっているかどうかといえばさまざまな問題が生じているし，学校統廃合などは子どもたちにとってさらに厳しいものになってきているのが現実である。しかし地域区分の範囲は，このよう

な実態から学び，そこから少しでもあるべき姿を見出していくことが必要である。そのような観点から，とりあえず，地方自治体とりわけ基礎自治体たる市町村を最も基礎的な地域の括り方として設定することから始めることは方法論として間違いではない。しかし，これまで述べてきたように，それが地域を科学的にとらえるときの合理的な設定であるかといえば疑問なしとしない。

　地域とはそこで生活し，生産活動に従事し，老後を過ごし，大方の人々の生活や生産活動の重なり具合，つまり，行政サービス，通勤通学，購買，通院，などの諸行為の重なり具合において最も合理的な圏域的な広がりを生活圏ということができるのであれば，それが基礎自治体の広がりと重なっていることが，最も有効な圏域設定ということができるが，現実はそのようにはうまくいかない。交通手段や情報手段の発達などにより時代と共に拡大する行動範囲，行財政や政治的な判断で展開される"合併"や学校統廃合，高次医療機関の統廃合などによる生活圏や地域的広がりの変動，などが繰り返されてきている。そのためにも，地域政策の現実の課題を深く認識していくことは重要である。

　今日わが国では，この地域政策に関わる圏域について政治的な議論が盛んである。平成の大合併が強力に進められ，道州制の議論や国土形成計画策定と前後して，「定住自立圏」や「21世紀生活圏」などが相次いで発表されている。それらを，最も基礎である地域社会・地域コミュニティや自治と参加をベースにした基礎自治体を維持し発展させていくという見地から，絶えず点検していくことも地域計画の研究課題である。

　もう一点，地域計画や都市計画を研究していく前提として，「計画とは何か」，なぜ計画が必要とされるのか，などがいつも問題意識として横たわっていた。1962年，全国総合開発計画がわが国で初めて策定されて以来，地域計画の必要性が議論され，「計画とは何か」という観点からも理論化が進められてきた[10]。筆者もさまざまな計画策定に具体的に関わりながら，「計画とは何か」が絶えず，問題意識に横たわっていた。そして，計画と情報公開，計画と住民参加などが，

---

[10] 加納治郎『計画の科学』経済往来社，1963年2月。
　　加藤昭吉『計画の科学－どこでも使えるPERT・CPM』講談社，1965年。
　　田村明『都市を計画する』岩波書店，1977年。

あらゆる機会で論点として提起されるようになって以来，例えば，地方自治法第2条第4項に基づいて策定される市町村の「基本構想」の役割や策定過程での情報公開や住民参加の実態などについても研究を進めてきた。それらの研究から導き出されたのは，総合計画における住民参加や情報公開，そして進行管理や授業評価などの過程が徐々に発展していく主要な要因として，計画そのものに内在する計画矛盾（安定性・規範性と弾力性・柔軟性）とその止揚過程が位置づけられることを明らかにしてきた。計画行政に内在する計画矛盾が計画過程を発展させていく要因であるが，もちろん計画の発展過程は住民自身の計画への関心や関わりを強めていく各地のまちづくりなどを中心とした運動過程も関わっていることは言うまでもない。

2　地域計画の広がりとその基礎としての地域社会

　1997年，イギリスで18年ぶりに政権についた労働党，トニー・ブレア首相の政策は彼の政策ブレインであったアンソニー・ギディンズ（ロンドン大学教授）の『第三の道』などからも理解することができたし，その頃はたびたび渡英していて，ブレア政権の政策展開などを知ることができた。その中で私がとくに注目したのは，政権発足後まもなく，「社会的排他」問題を取り上げ，その対策室（Social Exclusion Unit）を設けたことであり，さらにコミュニティ再生問題（Community Regeneration）を大きく取り上げたことであった。渡英中に手に入れた，社会的排他問題の「対策室」の文書では，その当時，社会的排他問題として3つの課題を取り上げていた。ホームレス問題，不登校問題そして公営住宅団地問題である。

　ホームレス問題は，「ホームレス法」に基づいて基本的には自治体の課題として位置づけられていたが，同時にホームレス支援団体である「シェルター」は，人権擁護，居住権を掲げて，サッチャー政権以降，持家に著しく傾斜してきた国の住宅政策を批判していた。そんな中，公営住宅問題は極めて深刻な状況であった。ヨーロッパで最も深刻な公営住宅団地といわれていたマンチェスターのヒューム団地を見学した折には，バンダリズムや住戸放置（住戸を放置して逃げ出したり，団地内に持ち込んだキャンピングカーで寝起きをする），そしてアル中や麻薬中毒患者への支援団体が，彼らの画く病的な絵画，麻薬や注射な

第1章　地域計画の射程　15

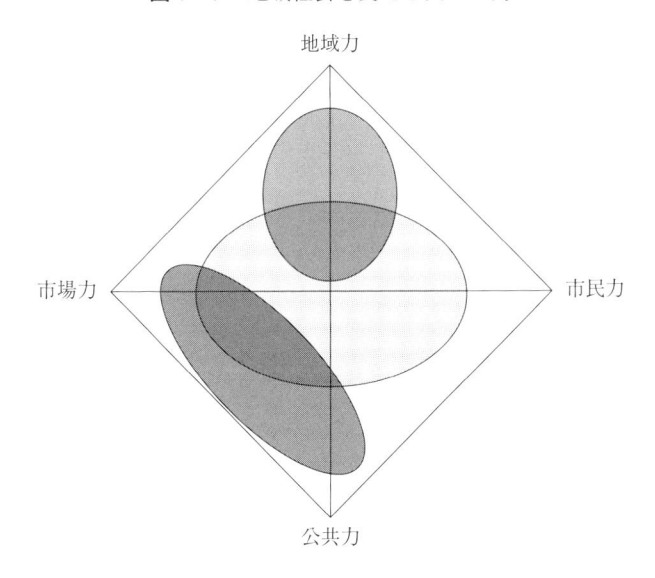

図1-1　地域社会を支える四つの力

（地域力／市場力／市民力／公共力）

どを展示し，社会復帰を支援している様子を見学した。その時に，公営住宅団地の居住者を支援したり，そのための自治体職員を支援するTPAS（Tenants Participation Advisory Service）の組織を訪れ，その全国的な活動をヒアリングした。

　要するに，これらの社会病理をコミュニティ問題として，その再生を内政上の大きな課題として取り上げたのだった。その後，バーミンガム大学のマイク・ビアズリー博士と度々会い，彼がコミュニティ再生のための枠組みとして政府から提起されていた「地域力構築」（Capacity Building）の研究に取り組んでいる様子を伺った。

　地域計画において，地域社会，コミュニティを位置づけることは最も基礎的な視点である。こういうイギリスの動向やわが国の様子を眺めながら，人々の生活を支える力は何だろうと考えるようになった。その結果，人々の生活を支える力を四つ，「市場力」「公共力」「市民力」「地域力」とそのバランスとして整理した（図1-1）。[11]

　その後，2003年4月から，NHKが「ご近所の底力」を放映し始めた。「地域

力」で地域問題を解決することに注目した番組で，今日まで評判の番組である。なぜ，「地域力」にあらためて注目が集まってきたのか。それを，先ほどの四つの力で説明してみよう。高度経済成長期を通して，私たちの生活はその大半を市場で提供する商品やサービスに支えられるようになった。市場にはのらないと考えられてきた教育・医療・福祉・環境などが公共によって提供されてきた。そして，それ以前に，地域で支え，助け合ってきたいわゆる共助の慣習や慣行は急速に姿を消していったので，地域力は衰退の一途であった。

　一方，地域に生起するさまざまな問題に対して，地域の主人公として発言し行動するという市民としての力はわが国ではまだ成熟しているとはいえない。しかも最近では，公共サービスが「市場テスト」などを通して，次々に市場に委ねられてきているのが実態である。このようにわが国では，「市場力」が大きな比重をもってわれわれの生活を支え，バランスを保っていた「公共力」は弱まり，「地域力」は衰退してしまった。「市民力」はなお発展途上であり，地域を支え動かしていく大きな力を得てきているとはまだいえない。そして現在，「公共」と「市場」だけでは支えきれない諸問題がホコロビのように地域問題として噴出してきたのである。そこにあらためて「地域力」を見直す契機があったのであろう。

　さて，地域計画や地域政策において対応しなければならない課題は，さまざまな広がりをもっている。すでに述べてきた地域循環型経済システムの課題などは，地域産業がグローバルな，あるいは全国ブランドの経済活動に取って代わられた問題をどう再構成するかという課題である。イギリスの社会的排他問題として当初取り上げられたホームレスや不登校問題そして公営住宅問題は，地域に密着した課題であると同時に，国がそれらに対するきちんとした政策展開をすべき課題でもある。さらにいえば，モータリゼーションの進行，高速交通体系の整備，情報社会の発達などによって，人々の生活活動の広がりが飛躍的に拡大してきたことも事実である。それが自治体合併の理由づけになったりする。都道府県レベルの総合計画や地域政策を眺めてみると，多くの都道府県では例えば県庁所在都市への人口集中が進み，そこへのさまざまな施設や機能

---

(11)　拙著『日本版コンパクトシティ』学陽書房，41ページ。

を集積させることでその県の顔づくりを進めているようにみえる。それは国土における「東京とその他の地域」という構図が出来上がってきたように，都道府県内における「中心都市とその他の地域」というコピーを展開していることにならないか。人々の生活の基盤であるコミュニティ，地域社会を維持し発展させていくことが基本的な視点から遠ざけられているのではないか，と考えてしまうのである。イギリスにおけるコミュニティ再生の政策展開は，地域計画を研究するものにとっても注目すべき課題であった。別の章で紹介するように，私はこの課題を，東京都墨田区における「墨田さわやかネット」の取り組みとして展開することになった。

3　地域社会再生の意義と課題

　2008年秋，リーマンブラザーズの倒産を契機に，世界中が金融・経済危機に陥った。それが新自由主義的な金融・経済体制の破綻を意味しているという多くの識者の発言には，金融・経済の門外漢でもおおよそ理解できるところであった。わが国では，小泉内閣の時代に，「構造改革」の総仕上げとでもいえるような最も新自由主義的な政策が急速に進められてきたので，その影響も実感をもって理解することができたのではなかろうか。最近の情報では，この新自由主義的な金融・経済体制の破綻がその終焉を意味するどころか，またぞろ金融資本の巨大なマネー・フローを呼び起こしているとのことである。

　私たちは今あらためて，「市場原理」，「競争原理」そのための「規制緩和」がもたらすものは，弱肉強食の社会，ハイリスク・ハイリターンの価値観が横たわる金融経済の原理であることを問い直さなければならないのではなかろうか。と同時に，地域社会再生をめざしていく上でも，私たちの周辺にはさまざまな対立・矛盾・相克の構図を冷静に把握し，その止揚の過程を考察していくことが必要である。地域計画はその動的な状況とその課題を絶えず点検することが必要であることを示している。

　リーマンショック以降に私が考察してきた相克の構図は以下の３つの側面である。１つは，極端な過剰流動性をもたらした金融市場と人々の生活を支える実体経済との乖離，２つには，すでに述べた，投機性とそれによるハイリスク・ハイリターンを基調とする市場原理と地球規模にまで立ち至った環境資源問題

や安全・安心を巡る問題などから提起されてきた持続可能性との矛盾，そして第3に，グローバリゼーションの論理と地域社会再生・ローカリゼーションとの対抗である。もちろん，実体経済や持続可能性を基本とする地域社会再生と投機性や市場原理との対抗関係など複雑な関係にあることは言うまでもない。しかし，地域社会再生そのための地域政策や地域計画を幅広い視野で位置づけること，いわば「世界を読む，時代を読む，地域を読む」ことの重要性や必要性がさらに高まっている。

　2007年度，福島県が新たな県民運動のあり方を検討する委員会を立ち上げ，その委員会に参加した折に，色々と認識を深めることができた[13]。「そもそもなぜ県民運動か」という問題意識を抱えながら，委員から提案されるさまざまな企画内容を検討したのだが，最後に辿りついたのは，「県民誰でもが，自分の居場所で"自己実現"できること，そういう地域社会を築くこと」であるという結論であった。地域の人々が，自らの要求や期待そして夢を実現できるような場が，さまざまな形で存在していること，これが地域社会の目標像ではないかと考えたのである。もちろん，そのような場は，基本的には基礎自治体の政策的な取り組みが必要であるが，従来のように，行政に任せていたのでは実現できない。人々が，行政や企業，町内会・自治会などの地域組織，NPO，マスメディア，その他さまざまな専門家集団などとの連携のもとに，自ら知恵と汗を流して取り組んでいく課題である。そういう場を一つずつ構築していくことを目指していこうということで，福島県では，基礎自治体を単位に「円卓会議」を構築していくことを支援する事業を始めている。

　2010年からスタートする次期の「福島県総合計画」では，これまでのように地域社会再生の基礎として7つの生活圏を位置づけることにしている。そして，そのような生活圏を基礎にした「コンパクトシティ」の発想が，国の国土形成計画の地方版である「東北圏広域地方計画」に位置づけられることになった。

---

[12]　鈴木浩「世界的金融・経済危機と住宅政策の行方」日本建築学会大会・建築社会システム委員会研究協議会資料集『世界的金融・経済危機と住宅政策の行方』2009年8月。
[13]　新たな県民運動検討委員会。そこでの基本方針は「"うつくしま・ふくしま"県民運動推進会議」によって発表された。「新"うつくしま・ふくしま"県民運動"100年後も……いきいきふくしま・うつくしま"計画書」2008年3月。

さらに言えば、そういう地域社会の最も基礎的な生活条件の一つが住まいの問題であり、居住の問題である。「地域居住政策」論は、このような背景から位置づけられている。地域計画論の射程は、一方で総合的な地域政策の中に人々の生活を基礎にした地域社会の再生を位置づけるための都市思想（筆者はその一つとして「コンパクトシティ」を提起してきた）や循環型社会をめざす地域政策を視野におき、他方その最も基礎的な要件としての居住問題を基礎自治体が位置づけるような「地域居住政策」を位置づけるという広がりをもっている。

第2章　収縮社会のまちづくりガバナンス

はじめに

　国連の予測によれば，2050年の世界人口は約92億人。毎年8000万人が増加する。世界銀行が定義する絶対的貧困の状態にある人々はおおよそ12億人。依然として5人に1人が1日1ドル以下での生活を余儀なくされている。満足な食糧を得ることができずに，生命が脅かされている飢餓人口も，減るどころか年々増加している。国連食糧農業機関（FAO）の予測によれば，2009年の飢餓人口は過去最高の10億2000万人に達するという。発展途上国と呼ばれる南の国々を中心に人口の増加は続き，人口爆発と貧困問題は，地球温暖化とならび21世紀最大の問題であり続けている。

　しかし，より詳細に見れば，問題は一層複雑である。地球規模では人口急増が続くにも関わらず，日本を含む北の国々の多くでは出生率が低下し，少子化，高齢社会化への道を歩み始めた。すでに日本では，2004年をピークに人口が減少し始め，06年に一旦増加したものの，07年，08年と2年連続で減少した。本格的な人口減少時代に突入したという見方もある。国立社会保障・人口問題研究所（以下，人口問題研究所）の推計によれば，2008年現在1億2760万人を数える日本の総人口は今後一貫して減少し，2046年には1億人を切り，2055年には9000万人を下回る。ピーク時から50年でほぼ4000万人，実に30％以上の人口が失われるのである。

　人口爆発と貧困問題が人類の生存を揺るがす重大問題であることは論を待たない。だが，人口の減少は，当事国にとっては，それらに劣らず深刻な問題を突きつける。単に人口が減るだけではない。人口が減れば，国内市場は縮小し，経済成長率の低下と雇用の減少を招く。税収も低下し，財政の縮小も避けられない。人口，経済，行財政などのあらゆる側面が縮小する社会への変貌が進ん

でいくのである。私はそれを，収縮社会（Downsizing Society）と呼びたいと思う。

　日本に限らず，近代社会の行財政システムは，人口も経済も，いわゆる右肩上がりで拡大していく膨張社会を前提に組み立てられてきた。年金，医療，社会福祉など，市民の生活を支える公共サービスは，増大する将来世代が負担することを前提として設計された。それゆえ，このシステムを転換することなしに収縮社会に移行すれば，あらゆる公共サービスのファイナンスが不可避的に破綻することにならざるを得ない。今，日本国民の懸念の的である年金システム破綻の危機は，社会保険庁をはじめとする日本政府のずさんな管理・運用もさることながら，収縮社会化の当然の帰結でもある。そして，まちづくりのシステムもまた，この危機から逃れることはできない。私は，本章において，収縮社会におけるまちづくりの危機とその克服の展望について，論じてみたいと思う。

I　成長指向型都市システム：開発競争をあおる仕掛け

1　成長志向型の総合計画

　かつて，2002年から03年かけて，関西2府4県の自治体問題研究所が共同研究に取り組んだ。東京一極集中が強まる中で関西再生の道筋を探ることが課題であった。その共同研究の一環として，私は大阪府下市町村の総合計画の人口フレームを調べてみた。もちろん，既に収縮社会への移行は規定の事実であって，人口問題研究所の推計では，2020年の関西圏人口は2027万人と，2000年に比較して，58万人が減少すると予測されていた。それにも関わらず府下44市町村（当時。その後美原町が堺市に編入されて43市町村に）の総合計画は，その大半が人口の増加を前提として組み立てられていた。調査時点（2003年6月）よりも，将来人口が減少するとしていたのは豊中，吹田の2市に過ぎず，2005年を目標年次とする13自治体では合計34万人，また2010年を目標年次とする22自治体では合計26万人が，それぞれ増加するという計画だったのである（大阪自治体問題研究所・関西地域問題研究会，2003）。

　ほとんどの自治体で人口増加を予測しているのは，人口推計を，年齢階層毎

に過去の変化を延長して推計する「コーホート法」を採用してきたことにも一因がある。過去において人口増加が続いていれば，将来においても人口増加が続くかのように推計されるのはある意味やむを得ない。しかし，過疎地はもちろん，既に大都市都心部における人口減少の傾向は明らかだったから，府下の自治体のほとんどで人口が増加するということはありえず，単純に推計方法の問題に帰すわけにはいかないだろう。増加を見込んだ計画人口は，「将来人口＝推計値」ではなく，大規模開発や交通機関整備の計画などを人口増加の要因と見なし，「将来人口＝推計値＋開発要因」という形で，推計以上に人口が増えるという設定をしてきたことの現れだった。

　このように，自治体が人口増を目論むのは，人口の増減が税収，すなわち自治体財政に影響するからである。人口減は住民税の減収に結びつくが，同時に産業活動の停滞や地価の下落を引き起こし，法人住民税や固定資産税も減少させる。しかも税収が減るのに反比例して，失業保険や生活保護費などの福祉給付は増加する恐れが強い。結局，自治体財政は悪化し，公共サービスの削減を招く。そしてそれが人口減に拍車をかけるという悪循環にのめり込む。自治体が人口減を嫌い，人口増を望むのは，むしろ自然の成り行きだったと言ってよい。

2　転入者に負担を強いる市街地整備手法

　しかも，市街地整備システムも，膨張社会の持続を前提して設計されていたことが自治体に開発競争を強いることになった。

　例えば，権利変換を骨格とする土地区画整理事業や都市再開発事業は，旺盛な開発圧力を前提とする手法である。土地区画整理事業（以下，区画整理）は，街路整備や市街地形成をはかる事業手法として，昭和初期から多用され，「都市計画の母」と呼ばれてきた。区画整理のポイントは「減歩」と「交換分合」（換地，土地の交換）である。区画整理によって道路が拡幅・整備され，それぞれの敷地が道路にきちんと面するようになれば地価が上昇する。不動産鑑定評価では，道路の幅や構造，系統，連続性などが重要な判断材料にされるからだ。そこで，面積が減っても事業前後で資産価値が同じなら良いという理屈で，それぞれの敷地から無償で一定割合の土地を提供させる。それが減歩である。こ

の区画整理の考え方を建物の床にまで拡張したのが都市再開発事業（以下，都市再開発）である。都市再開発では，多数の低層建築物をひとまとめにして高層ビルに建て替える。一般的に事業前後では総床面積（一般には容積と呼ぶ）が大幅に膨れあがる。区画整理においては個々の敷地からタダで削り取った土地，また，都市再開発においては積み増した容積を，公共施設に当てたり売却したりして，事業費を捻出してきた。これが，元手無しに事業を進める権利変換と言う魔法である。それに加えて，総合設計制度など，街区をひとまとめにして開発して公共施設を提供するような場合には，容積制限の緩和が行われる。事業の採算性を高めるボーナス制度である。ただし，地価が下がり，積み増しした容積が売れ残るようでは権利返還は成り立たずボーナス制度は意味をなさない。区画整理や市街地再開発は，事業決定時には未だ居住していない将来住民，あるいは未だ立地していない将来の進出企業が，保留地や保留床を購入して事業費を負担することによって，換言すれば，転入者の継続的増加が期待できる状況において，はじめて成立する事業手法だった。

3 「人口増＝税収増」を前提とする都市施設整備

権利返還ではなく用地を買収して行う自治体の公共施設整備も，半ば永続的な人口増に支えられてきた。道路，橋梁，公園，学校などの公共施設の整備には国や府県の補助があるが，事業費全額が補助金で賄われるものではない。施設毎に補助率が法令で定められており，必ず自治体の持ち出しが必要となる。公共施設整備をやればやるほど，それが膨らんで財政を圧迫するのである。伊東光晴によれば，自治体の補助金依存体質を正して自立を促すとともに，無制限に公共事業にのめり込まないための歯止めとして，第二次世界大戦後の民主化プロセスでシャウプ勧告により導入されたものだという（伊東，1984）。しかし，人口増が続くならこの制約を乗り越えることができる。起債によって補助裏を捻出し，人口増に伴う将来の税収増で償還するのである。だが，期待した人口増が生じなければ，この方法はたちまち破綻する。公共施設は後々建設費をカバーできるような収益が見込めるものではなく，むしろ維持するために出費がかさむ。人口が増えず税収増が見込めないなら，用地買収方式による都市施設整備もいずれは滞ってしまうことになる。

4 成長志向型都市システムが持つ矛盾

このような人口増を前提とする成長志向型の都市システムは，それ自身，矛盾を内包している。計画決定や事業実施の優先順位を定める上で，地域でくらす人々の生活上の必要よりも，事業の経済的な効果や採算性が重視される傾向に陥るのである。主要鉄道駅や都心業務地区とその周辺など，経済的効果や採算性が高いと考えられる地区では，居住者や中小業者の反対があってもその意志を無視して事業が強行され，一方，権利関係が複雑な老朽密集市街地は，改善の手が差し伸べられること無く放置されてきたのはそのためだ。大都市郊外では，貴重な自然を破壊しながら大規模なニュータウンが建設され，確かに「良好」な住宅地を形成したが，小規模開発の繰り返しでその隙間に滲み出した無秩序な市街地は，下水などの衛生設備や鉄道・路線バスなどの公共サービスの面でも不利な立場に甘んじることになった。

しかし，それにもかかわらず，成長志向型都市システムは，高度経済成長期にはそれなりの役割を発揮した。骨格的な主要街路，公共下水道，公共交通システムや通信網の整備が進み，都市中心部の高層化・不燃化が進められた。大都市の郊外では広大な山林が整然とした住宅市街地に生まれ変わった。大規模ニュータウンは，幼児，児童数を一気に増やし，建設当初は自治体に過大な財政負担を強いたが，やがて比較的所得の高いホワイトカラー層の住宅地となって安定した住民税収入をもたらした。長期的にはニュータウンは自治体財政に貢献し，公共サービスの充実をファイナンスしたのである。「都市経営」で勇名をはせた神戸市を始め，住宅団地や工業団地の売却益で首尾よく基金を築いた自治体もあった（高寄，1985, 1986, 1990）。その結果，全国の自治体が開発競争にしのぎを削ることになったのである。

5 収縮社会化と成長志向型都市システムの破綻

しかし，収縮社会のもとでは，成長志向型都市システムの破綻は避けられない。その結果，上述した矛盾が一気に吹き出すことになった。とりわけバブル期に大規模開発に血道を上げた自治体が，その挫折よって受けた自治体財政の影響は深刻である。筆者の住む関西地域でも関西国際空港の建設やリゾート法に後押しされて大規模開発に明け暮れたが，相次ぐ第三セクターの破綻によっ

て，多くの自治体が莫大な財政負担を強いられるようになった。例えば，泉佐野コスモポリスの破綻処理では，大阪府が130億円，泉佐野市が12億円を負担して土地を買い取り，さらに府は70億円の債権を放棄した。りんくうゲートタワービルは2005年に会社更生法を申請し（負債額463億円），その後45億円で売却された。大阪府は融資していた63億円の債権を放棄している。府の第三セクターである大阪高速鉄道も赤字がかさみ完全民営化が検討されている。大阪市は，ATC（アジア太平洋トレードセンター），WTC（大阪ワールドトレードセンタービルディング），MDC（湊町開発センター）の三セク3社の破綻処理で，長期貸付金のうち，540〜550億円を株式化し市が保有することで，債務返済を事実上免除した。また，2005年に会社更生法を申請した大阪シティドームは，2006年には5年後に市に無償譲渡する条件でドーム施設をオリックスに売却し，運営もオリックス子会社に引き継ぐことになった（大阪自治体問題研究所・関西地域問題研究会，2003）。

II　時代錯誤の「都市再生」

1　「都市再生」の名で画策される都市型巨大プロジェクト

　もちろん，政府や与党も収縮社会への移行を前に手をこまねいていたわけではない。小泉内閣は，「小さな政府」の名の下に1980年代後半から準備してきた構造改革を一気に加速させ，市場主義に基づいて，国，地方自治体，企業，住民の関係を劇的に変化させてきた。成長志向型都市システムの危機に対するものとして，構造改革の一環として当時の小泉内閣が打ち出した処方箋が「都市再生」である。2002年6月に制定された都市再生特別措置法（以下，都市再生法）と同年7月に発表された都市再生基本方針のもとで，「情報化，国際化，少子高齢化等の社会経済情勢の変化に対応して，その魅力と国際競争力を高める」ために「民間に存在する資金やノウハウなどの民間の力を引き出し，それを都市に振り向け」て経済再生に役立てるとともに，「土地の流動化を通じて不良債権問題の解消に寄与する」ことを謳っている（「都市再生基本方針」，以下，基本方針）。その主要課題は，基本方針に基づいて選定された「都市再生プロジェクト」に盛り込まれたが，その舞台となるのが「都市再生緊急整備地域」（以下，

緊急整備地域）である。関西地域においては，第一次で「大阪駅周辺・中之島・御堂筋周辺地域」「難波・湊町地域」など8地域，第二次で「京都駅南地域」「神戸三宮駅南地域」など8地域，合計16地域が指定された。

採択されたプロジェクトの内容を見ると，国際空港や港湾整備，大都市圏の環状道路体系の整備などの都市基盤整備や新産業分野の国際拠点形成など，基本方針が謳う世界都市の国際競争力強化や経済再生を前面に押し出した従来型のビッグプロジェクトが取り上げられている反面，密集市街地の緊急整備，既存ストックの活用，都市環境インフラの再生から保育所待機児童の解消まで，私たちがかねてから重要性を指摘してきた課題も含まれている。しかし，それをどのような手段，手順，財政的裏付けで具体的に進めるのかが問題である。緊急整備地域指定地区の地域特性と民間開発誘導手段を見ると，「都市再生」の真の姿が浮かんでくる。

関西地域で指定された緊急整備地域は，震災復興の延長上で組み立てられた「神戸三宮駅南地区」や密集市街地の緊急整備を謳い文句に教育・文化機能を含めた交流拠点化を構想する「寝屋川市駅東地域」などを除くと，いずれも交通の結節点や港湾・臨海地区にあって，操車場，貨物ヤード，球場，工場等の移転（予定）跡地や未処分埋め立て地などのまとまった土地の大規模土地利用転換をもくろむものとなっている。つまり，バブル期当時から経済界や行政当局が待望し，バブル崩壊で頓挫しかけた都市型大規模開発を「都市再生」という新しい装いで後押ししようとするものだった（表2-1）。

表2-1　関西の都市再生緊急整備地域

大阪駅周辺・中之島・御堂筋周辺地域	大阪都心地域において，鉄道の交通結節点として大阪の北の玄関口たる大阪駅，水の都・大阪のシンボルである中之島，大阪のメインストリートである御堂筋沿道を中心とし，既存の都市基盤の蓄積等を生かしつつ，風格ある国際的な中枢都市機能集積地を形成 特に，大阪駅周辺においては，梅田貨物駅を早急に移転し，その跡地の土地利用転換により先導的な多機能拠点を，中之島においては，堂島川・土佐堀川に囲まれた地域特性を生かしつつ京阪中之島新線の整備によるアクセスの向上等と併せ，低未利用地の土地利用転換などに

第2章 収縮社会のまちづくりガバナンス 27

第一次		よる業務・文化・交流中枢拠点を，御堂筋周辺においては，老朽化した建築物の更新等による業務・商業等の機能を高度化した集積地を，形成
	難波・湊町地域	大阪の南の玄関口にあり，関西空港に直結する主要交通拠点という立地特性を生かして，球場や貨物ヤードなどの跡地の大規模土地利用転換により，人・情報・文化の交流拠点を形成
	阿倍野地域	天王寺・阿倍野ターミナルに近接する立地特性を生かし，大阪の南の玄関口にふさわしい，商業・娯楽・居住・宿泊機能等が複合した個性ある拠点を形成
	大阪コスモスクエア駅周辺地域	大阪臨海部における新たな都心形成の一翼を担うため，親水性の確保など海辺の特性を生かしつつ，多様で高度な機能を有する都市拠点を形成
	堺鳳駅南地域	関西国際空港と都心を結ぶ鉄道の主要駅であるJR鳳駅南地域において，大規模工場跡地の土地利用転換による都市機能の集積とあわせて，周辺市街地の整備を図り，防災性に配慮した生活・交流拠点を形成
	堺臨海地域	大阪都心部に近接し，阪神高速道路大和川線等の広域交通の結節点である堺臨海において，海辺の立地特性を生かしつつ，大規模な工場用地の土地利用転換などによる新しい都市拠点を形成
	守口大日地域	東部大阪地域の鉄道・幹線道路による交通結節点である守口市大日地域において，大規模工場跡地の土地利用転換により，大阪都心部の都市機能を補完する都市拠点を形成。併せて周辺の密集市街地を整備
	寝屋川市駅東地域	大阪・京都を結ぶ鉄道の主要駅であり，主要幹線道路の大阪外環状線との交通結節点である京阪寝屋川市駅東地域において，生活・文化・交流の拠点を形成
	京都駅南地域	京都の玄関口である京都駅の南側において，大規模低未利用地の土地利用転換や，敷地の共同化等による合理的な土地利用の促進を図ることにより，観光客を含む様々な人々が交流できる広域的かつ多機能な複合拠点を形成
	京都南部油小路通沿道地域	京都市の北部地域を「保全」，都心部地域を「再生」，南部地域を「創造」とするまちづくりの基本的な枠組みのもと，名神高速道路等の広域交通結節点に近接するという立地特性を活かし，京都市南部の南北幹線道路である油小路通を中心とした地域において，新たな都市機能

		の集積により，京都の都市活力を担う先導的な中核拠点を戦略的に形成
	京都久世高田・向日寺戸地域	阪急京都線新駅設置，広域幹線道路の整備等により飛躍的に向上する交通利便性を活かし，大規模工場跡地の土地利用転換により，京都大学桂キャンパス地区や向日市の北部市街地の玄関口ともなる，にぎわいとうるおいのある複合拠点を形成
	長岡京駅周辺地域	長岡京駅周辺地域京阪間の主要駅であるJR長岡京駅周辺において，長岡京市の中心市街地との連続性にも配慮しつつ，大規模土地利用の転換，土地の集約化により，にぎわいのある都市拠点を形成
第二次	神戸ポートアイランド西地域	神戸市の都心の三宮地域と神戸空港を結ぶ枢要な都市軸上に位置する神戸ポートアイランド西地域において，ライフサイエンスの国際拠点形成のモデルとして，再生医療等の基礎・臨床研究と先端医療産業の集積を含む複合的な市街地を形成 この際，北西部のコンテナバース跡地については，海辺の特性を活かしつつ，都市機能も含めた利用に転換して一体的に活用することにより，全体として魅力ある海上新都心を形成
	神戸三宮駅南地域	神戸市の都心の中核であり，複数の交通機関の結節点である三宮駅の南側の地域において，震災後の建築物の更新・整備により，広域的かつ多様な都市拠点を形成 この際，都心にふさわしい風格のある都市空間を創造しつつ，安全，快適で災害に強い市街地を形成
	尼崎臨海西地域	高度成長の過程で，環境面での課題を抱えた大阪湾尼崎臨海地域において，大都市圏における都市環境インフラの再生のモデルとして，緑を基調とした新しいまちづくりを実現 このための戦略的な緑の拠点の創出に向け，核となる森の整備と一体となった，交流拠点を形成
	西日本旅客鉄道尼崎駅北地域	阪神地域の広域的な交通結節点である立地特性を活かし，低未利用地の土地利用転換により，多様な都市機能を有する，交流とにぎわいのある複合拠点を形成 この際，東に隣接する新たな複合住宅市街地とも連携した都市空間を形成

出典：内閣官房　地域活性化統合事務局。

2 「都市再生」へ民間開発を引き込む仕掛け

　もちろん，「都市再生」というかけ声をかけただけで，事業が動き出すわけではない。従来とは異なるインセンティブとして，緊急整備地域の特例として次の3点が適用される。まず，都市再生事業を実施しようとするもの，つまり開発業者が地域に関わる都市計画の変更を提案できる。つまり，既に定められた都市計画の内容を自分が行おうとする開発に都合がよいように変えてほしいと要求できる。その要求の受け入れが保証されているわけではないが，受け入れるかどうか，受け入れられなければそれはなぜか，市長は6ヵ月以内に提案者に通知しなければならない。第2に，都市再生特別地区に指定されれば，それまでの用途地域に関する規制を無視して，用途，容積率，高さ制限，斜線制限，日影規制などを自由に定めることができる。つまり規制に合致するように計画するのではなく，計画に合致するように規制の方を変えることができる。第3に，通常の事業認可の期間が大幅に短縮される。通常，最短でも2年8ヵ月かかるのだが，それが，6ヵ月になるのである。開発業者は自分の都合の良いように都市計画そのものを変えるように要求できるから，規制はほとんど無意味となる。行政は，事業の内容をじっくり精査して市民的に検討する余裕もなく判断を迫られる。まさしく，「民間主導」の開発システムである。

　しかしそれでも，事業が順調に進むと期待できるわけではない。どれほど規制を緩和しても，そもそも積み増しした床が売れるだけの需要が無ければ，結局，事業は成り立たない。規制緩和とボーナスという手法は，それをより大規模にしただけでは，成長志向型の開発システムの延長でしかなく，収縮社会においてすべての事業の成功を保証するものではない。長期的には床需要がやせ細って行くことが明らかだから，開発事業間の競争は一段と激しさを増していく。その中で他を圧倒する競争力を持とうとすると個別の事業規模はむしろ拡大する。少ないパイをめぐって逆に事業規模が膨れあがるという，破滅的悪循環にのめり込むことになるだろう。

3　自治体に際限のない財政負担を負わせるシステム

　このような状況で民間開発を引き込むには，規制緩和とボーナスだけでは効果が乏しい。より現実的なインセンティブを用意しなければならないだろう。

考えられ得る方法としては，第一に，供給される床の相当部分を公共施設に当てて，行政が引き取るという手段である。他の部分にとっては事実上の補助金に当たり，公共施設の内容によっては集客力をあてにできる。市場価格で公共施設が入居する場合でも，多くの場合，既存施設を使い続けるより割高になるが，最悪の場合には，市場価格を上回る価格で購入することを迫られる。現実に，「寝屋川市駅東地域」で進められている市街地再開発事業（2010年12月竣工予定）では，住宅や商業施設よりも，公益施設である市民ホールの単価が高い。ホールは2層分3層分を占めるから床単価が上昇するのは当然だと言うのであろうが，市民ホールの割高な価格で住宅や商業施設の価格を引き下げ，床が売れ残るリスクが軽減されているのは間違いない。

　第二の手段は，開発地へのアクセスの改善など関連公共施設を先行的に整備することによって開発の効用と競争力を高めるということである。実際，多くの緊急整備地域の整備課題には，都市計画道路や鉄道によるアクセスの向上，駅前広場，ペデストリアンデッキの整備などが含まれる。それらの先行的整備がどれだけ可能かが，事業の成否を決めることになっていくだろう。しかし，どの自治体も深刻な財政難である。おいそれと先行投資などできるはずはないのだが，そこにも悪魔の手段が用意されている。自治体に財政的余裕が無いときには，開発業者が事業費を立て替えて公共施設整備を行うことができ，しかもその事業費は，民間都市開発推進機構からの無利子融資でまかなうことができるのである。自治体の借金を膨らませながら，開発業者の「立て替え」で，無謀な巨大開発が「順調に」進行する可能性もある。

4　まち壊しの加速化

　いま述べたような仕組みによって，関西で16地区指定された緊急整備地域のいくつかでも，東京の六本木プラザや汐留駅跡地の再開発に見られるような，過去の経験を超える都市型巨大プロジェクトが進展することもあり得ないことではない。しかし，仮にそのような事態が生じるなら，それは「都市再生」ではなく，「まち壊しの加速化」になることが懸念される。既に世界都市機能の集積では東京と大阪の格差は歴然としているから，同じ土俵で戦えば，関西圏が首都圏の敵ではない。つまり，首都圏との競争を制して，関西以外から床需

要を大規模に吸引する可能性はなく，関西地域全体の床需要が絶対的に減少することは避けられない。それゆえ，2～3の少数の地区ではあっても都市型巨大開発が成立すれば，他の地区の地盤沈下は一層激しくなる。上述したように，自治体の乏しい財政の大きな部分を「都市再生」がかすめ取っていけば，他に配分される資源は一層小さくならざるを得ない。光り輝く「都市再生」地区を取り巻く広大なスラム。発展途上国と呼ばれる国々の巨大都市でよく見られる光景が目に浮かぶ。そのような破滅的シナリオを食い止めなければならない。

Ⅲ 収縮社会にふさわしいまちづくりシステムの転換

1 開発主義からの脱却

求められる第一は，開発主義からの脱却である。いま述べたように大規模開発は土地や床の過剰供給を招き，大半の事業は売れ残りを抱えて破綻するだろう。仮に開発事業単独では採算性を維持できたとしても，他の地域の空洞化を一層激しくするから，結局は，自治体財政をますます悪化させることになる。収縮社会の現実を直視し，開発主義と縁を切ることが重要である。

2 漸進型，修復型まちづくりへ

他方，収縮社会であっても必要な事業は多い。老朽木造密集市街地もあり，生活道路さえ満足に整備されていない地区もある。公園や福祉，医療，保育施設も不十分であり，老朽化した都市施設の補修や建て替えも必要である。ただし，地区の土地利用を根本的に変えるような，大規模な面的開発の必要はない。人口が減り，空き地・空き家が増えていくのだから，減歩などの権利返還に頼らなくても，必要な公共用地を生み出すことはできる。学校の空き教室を他の用途に変換するなどの工夫によって解決できることも多い。道路も必要な幅員が確保できれば必ずしも直線である必要はない。緊急車両の通行に支障のない幅員があれば，道路形状に関わらず地区の通過時間は大差ない。真っ直ぐな道路で利益を得るのは地区内居住者ではなく，通過交通の運転者であり，屈曲した道路で自動車の走行速度が下がれば，事故の危険や騒音も減少する。高齢単身者や高齢夫婦世帯など，転居が生活環境を激変させる恐れのあるときは，居

住者の一部であれ転居を強いる開発はできる限り回避し，人々のくらしを壊すことなく地域の生活環境を全体として改善する方向を追求する。地域の実情に応じて，段階的に，そして既存のストックを活用する修復型のまちづくりへと転換することが必要であろう。

3　大規模集中型から小規模分散型に

　治水や震災対策，エネルギー安全保障など，住民の生命・財産の維持に不可欠な公共事業という位置づけで，ダム建設やスーパー堤防，原子力発電所（原発）の建設等，多額の公費支出を伴う巨大土木事業が企画されており，財政ストレスを高める要因の一つとなっている。しかし，農山村や新興住宅地においては，流域下水道よりも合併浄化槽やコミュニティプラント等分散処理が有効な場合があるように，防災分野やエネルギー分野においても小規模分散システムの可能性を追求すべきである。

　東京都墨田区は，両国国技館への導入をかわきりに区民や区内企業とのパートナーシップで雨水利用施設の普及を進め，環境保全と都市型洪水対策で優れた実績を上げている。スーパー堤防などの巨大公共事業の数分の一のコストですみ，事業進捗もはるかに早い（『雨水利用東京国際会議記録』編集部会，1995・秋山，2005）。エネルギー分野でも，ヨーロッパ諸国を中心に，小規模分散型のコージェネレーションや再生可能エネルギー（RES）利用が進んでいる。コージェネレーションやRESは原発よりも高コストだとされるが，投入されている国庫補助，廃炉費用や廃棄物処理，重大事故時の補償，原発の補助電源である揚水式発電所の建設費用を考慮すれば，必ず次も原発が有利とは言い切れない。普及が進めばコージェネレーションやRESのコスト低下が見込まれるので，適切な普及対策がとられれば，コストはいずれ逆転するだろう（遠州・渡邊，2007）。都市の耐震化，耐火性能の向上の重要性は議論の余地なく重要だが，建築物の性能以上に重要なのが地域コミュニティの防災力である。阪神淡路大震災では，住民参加型まちづくりのパイオニアとして知られた長田区真野地区住民が，バケツリレーで類焼をくい止めた（阪神復興支援NPO，1995・遠州，2003）。スーパーブロック型の再開発で地域住民が離散しコミュニティを崩壊させては地域の防災力は失われる。

4　マスタープラン主義からアクションプランニングへ

　このことは，都市計画の仕組みも根本的に転換することを要求している。従来のやり方では，マスタープランといって，都市全体の骨格的な計画をまず作る。その基本計画図に沿って，地区ごとの計画もそれに矛盾しないように決められる。無秩序な市街化を防止するには有効な方法だった。しかし，開発圧力は今後一層小さくなる。上述したように地区の土地利用を根本的に変えないのなら，マスタープランの必要性も小さくなる。「何をすべきか」という計画課題から出発してそのために必要な資源動員のあり方を構想するのではなく，むしろ，地域内に地域改善に貢献できる資源は何があるのかを最初に考える。つまり「何ができるか」から出発する。それが達成されれば，改善された新たな条件を生かして，より高度な課題に取り組むことが可能となるだろう。アクションの積み重ねで資源量を拡大し，最終的に計画目標を実現するのである。マスタープランよりも重要なのは，地区ごとの環境容量や，都市施設，生活施設の目標水準を定め，その実現主体と責任をはっきりさせることである。後は，住民の合意ができたものから段階的に進めればよい。目標水準に適合していれば，計画変更も柔軟に行う。アクションプランニングと呼ばれる計画の仕組みである。

　アクションプランニングによる都市計画は，世界的に見れば既に各地で採用されている。1960年代から70年代，いわゆる発展途上国と言われる国々では，大都市問題の解決をめざし，国連機関をはじめ国際社会の援助を得て，マスタープランの策定調査に取り組んだが，激しい人口集中がもたらす急激な変化の前に，挫折を余儀なくされた。巨大都市のマスタープラン作成に必要な数年間というタイムラグが，変化の速度に対応できなかったのである。そこで，アクションプランニングが発案された。都市全体を長期的に秩序ある都市構造に誘導するという理想はわかるが，日々悪化する現実の問題を解決することの方が先決だった。「何をすべきか」より「何ができるか」の方が重要だったのである。このようにして，南の国々の計画手法としてアクションプランニングは幅広く受け入れられるようになった（穂坂，1997）。

　日本の状況はいわゆる発展途上国とは根本的に違っている。過剰都市化ではなく，反都市化に直面している。それにもかかわらず，私はアクションプラン

ニングの有効性が増していると主張したい。将来の先が見えない過剰都市化段階よりも，基本的インフラがおおむね充足され，タイムスケジュールに余裕のある成熟都市段階の方がアクションプランニングの利点がより生きるだろう。

IV　まちづくり産業振興による社会的生産基盤の再構築

1　社会的生産基盤と地域の空洞化

　地域経済の活性化ももちろん重要課題である。歪んだグローバル化は，中央政府の政策能力を弱体化させた。国家主導の重点開発も，税制優遇や補助金などの誘導策も，グローバル化の背景となった極端な南北格差を埋め合わせることは不可能である。「護送船団方式」と呼ばれた国家主導の経済開発が力を失った今，グローバル化による地域経済の空洞化にどのようにして対抗すべきか。重要な点は，国民国家の相対化により，企業は中央政府の政策に影響されずに，自分が立地する地域の具体的生産条件により直接的に関心を持つようになる，ということだ。優秀な労働者を雇用できるか，頼りになる下請けはあるのか，資本調達に支障はないか，情報通信のインフラは整っているか，商品輸送の便利はよいのか，そのような具体的な地域の生産条件がどれだけ整っているかが国家レベルの産業政策よりも重要になってきている。

　私は，そのような具体的な地域の生産条件のことを，社会的生産基盤と呼んでいる。「比較的狭い（空間的に限られた）地域に集積した産業的資源がそれぞれ競い合いまたは協力し合って地域全体として生産性を向上させて行く社会的仕組み」と定義する。ここで言う「産業的資源」とは，地域の中核的な産業部門を担う企業（群）とそれを支える関連産業，人的資源（労働力），資金，産業インフラ及び生活インフラなどを含む。優れた学校，医療，福祉の充実は，優秀な労働力を惹き付ける上で大切な要素だから，それらも産業的資源を構成する。単純化して端的に述べるならば，社会的生産基盤とは産業的資源の一体的集積と集積を働かせる仕組みとが合体したものであり，より大事なのは後者の集積を働かせる仕組みである（遠州，2003, 2005）。

　いくつかの例をあげよう。トヨタ城下町として名高い西三河産業地域では，トヨタは，Just-in-timeによって数万の企業群を垂直的に統合し，地域全体と

してシステマチックな同期生産を行ってきた。機械金属中小企業集積地として日本の主要輸出産業を支えてきた東京都大田区には，地域内の中堅企業（関満博が言うところの「中核企業」）を中心とする仲間回しのシステムによって多数の異なる技能を持った小企業を動員する仕組みがあった。日本おける近代的消費財工業の発祥の地として日本の生活文化を支えてきた東京都墨田区の場合は，問屋や百貨店が商品企画力とマーケティング力で集積を束ね機能させてきた。大阪は，ハイテクではないが，金属加工・電気電子・プラスチック・木材加工まで含めた多様な製造業集積と家電大手の下請けシステム，繊維問屋を核とする集散地卸のコンビネーションにより，耐久消費財をはじめとする生活財の一大生産地となった。そして同様に，全国各地の伝統的繊維産業地域では産元とよばれる商社が産業地域の統括機能を担ってきたのである。

しかしこれらの産業地域は，バブルとバブルの崩壊によって極めて大きな困難に直面するようになった。すなわち，地域経済の空洞化である。安上がり生産を最大の動機とする直接投資競争によって海外生産が加速し，社会的生産基盤が機能不全を起こすようになったのである。すなわち，社会的生産基盤を機能化するノウハウを，持っていた元請け大企業，商社・問屋・産元，仲間集団がグローバル化で散逸した結果，社会的生産基盤が働かなくなったことが問題だった。

このような「歪んだ」グローバル化は，とりわけモノづくりの危機を生み出している。途上国との極端な低価格競争がコスト削減を迫り，製造現場から付加価値をはぎ取り，他方で自ら製造しない開発専門企業や開発輸入を行う流通やサービス，あるいは先端金融部門の優位を作り出したのである。付加価値の源泉である商品の具体的有用性を生み出すのは製造現場なのに，付加価値が製造現場からR＆Dやマーケティング，サービス部門にかすめ取られている。そこで，地域経済の活性化は，際限のない安売り競争の悪循環を断ち切ること，そのためには労働集約的モノづくりの復権をはかり，社会的生産基盤の活用・機能化をはかることが鍵になるということを指摘したい。

2　主体の育成とまちづくり

社会的生産基盤は，次の3要素でなりたっている。

(1) 産業的資源の一体的集積
(2) 地域内に再投資される十分な規模の資本ストック
(3) 上記2つを結びつけて機能化する主体

　この3つのいずれが欠けても社会的生産基盤は機能不全を起こすが，中でも大切なのは，3つ目の社会的生産基盤を担う主体である。危機の原因は，グローバル化による主体の喪失なので，社会的生産基盤を機能化するには，従来の元請け企業，商社・問屋に代わって，仲間集団を再建し，社会的生産基盤を活性化・成熟化させる主体としてローカルコミュニティが成長することが必要である。私は，その鍵はまちづくりにあると考えている。アメニティとセキュリティを高めるまちづくりを積極的に展開し，そこに地元企業を動員する，それが，社会的生産基盤を充実し活性化する早道なのである。「まちづくりと地域振興を一体的に展開する」。これをまちづくり産業振興方式と言う。中村剛治郎が，大阪市立大学の大学院生だった1970年代に発案したものであるが，今こそその重要性が増している（中村，1979）。特に，バリアフリーと耐震・省エネ化を進めるまちづくりや，地産地消を進める都市・農村交流型まちづくりに，地元企業や農業者，生協などの知恵と力を結集したい。

V　収縮社会のまちづくりガバナンス

1　収縮社会の行政スタイル

　従来，自治体が行う行政施策の展開方法は，市内に居住し営業する市民，企業などを，共通する特徴によって集団化し，その集団の特徴に応じた施策を，集団全体に対して提供するというあり方を中心としてきた。すなわち，高齢者，生活困窮者，母子家庭，青少年，単身者，障害者，中小企業などに対して，例えば高齢者対策，中小企業対策などの形で政策展開が行われてきた。しかし，少子高齢化と分権改革が進展する中で，そのあり方が揺らぎ始めている。

　第1に，市民や企業も，それぞれのカテゴリーの中で多様化が進み，一律に捉えて一律のサービスを行うことが不適切となった。例えば，従来保護の対象だった高齢者は，長寿化によって，むしろサービスや情報の発信者として積極的な役割を担うことが期待されるようになった。他方，従来は保護やサービス

対象者として重要視されていなかった人々の中に，大きな困難を抱え行政や地域社会のより手厚いケアが求められるようになってきた状況もある。例えば，地域で孤立し子育ての悩みを相談する相手もなく，悶々と日々を過ごしている若い母親もいる。さらに，福祉や情報サービスなどを提供する事業者の中に，明確な事務所や作業所を持たず，営利的なのか非営利的なのかも判然としないなど，これまでの産業や事業所の枠では認識できないものが増えている。

　第2に，地域的に見ても，中心市街地，業務地，商業地，住宅地，工場地域，ニュータウンなどのカテゴリーで分類，理解することが困難になっている。居住者向けのマンションがソフトハウス，ボランティア事務所，学習塾など半分以上を居住用途以外に使われているものも珍しくなく，倉庫などが逆に居住用途に転用される場合もある。マンションは比較的若いファミリー向け，ニュータウンの一戸建ては，成熟した働き盛りの居住用といった認識も当てはまらなくなった。高齢化は旧い既成市街地だけでなく，ニュータウンにも急激に押し寄せ，子供の減少が問題となった旧市街地で，3階建てミニ開発や社用地のマンション転換などで逆に幼児や児童数が急増している地域もある。

　第3に，上記2つの点によって，産業，福祉，まちづくりなどの政策領域をまたがって総合的に対処すべき課題が重要性を増している。例えば，産業の分野では地域内の経済循環をどのように構築するかが，根本的対策として重要になった。とりわけ商店街の活性化には欠くことができない。その場合，産業基盤への直接の投資だけではその問題を解決することはできず，人口の空洞化を防ぐことが最大の課題となる。高齢化の進む市街地で，高齢者を対象とするきめ細かいサービスを商店街活性化の中心に据えようとすれば，給食サービスを行うNPOと連携するなども重要だ。産業，まちづくり，福祉の連携が可能ならば，全国的に深刻な問題とされている商店街問題にも打開の糸口が見いだせる可能性もある。

　このような，市民，企業，地域の多様化，政策領域のボーダレス化などから導かれる行政施策のあり方は，従来の市民や企業のある特定の利害集団を対象とする施策ではなく，個人や地域の特殊な条件に即した，個別的で柔軟な施策の実施にならざるをえない。あるいは商店街対策のように，個店対応ではなく，逆にまちぐるみの対応こそが必要となるようなものも生じてくる。すなわち，

予め定式化できない臨機応変な施策展開を可能とするシステムが重要となっているのである。また，自治体職員の職務スタイルも，現業部門以外は庁舎内にいて来庁する市民と応接するという，従来のあり方では著しい限界があることも明らかだろう。

しかし，個人や地域の特殊な条件に即した，個別的で柔軟な施策の実施や，逆にまちぐるみの対応を基礎とする政策展開を，行政組織内部の資源のみで展開することには大きな困難が伴う。なぜなら，定型化による効率化が比較的容易な従来型の施策展開に比べて，明らかに行政コストが増大すると考えられるにもかかわらず，それぞれの自治体は財政的制約に直面せざるを得ないからだ。高度経済成長期のように，将来拡大すると期待される税基盤を前提に，投資的に公共事業を推進することは不可能であり，財政支出の拡大を押さえながら，市民サービスの水準を維持し充実するあらたな行財政運営の方法を開拓することが求められることになる。

2　市民・行政の連携の新しい形

この課題に対し，先述した関西地域問題研究会の提案は，学区などの小単位の地域における総合行政と，それに対応した自治体内分権である。他方，地域コミュニティが自治体と協力して自ら問題解決のあり方を構想し，計画や政策策定過程に参画するとともに，そこから必要とされる具体の事業実施過程においても，積極的に関わることが求められることになる。しかも重要なことは，上述のように，拡大が期待される税基盤を前提に投資的に財政支出を行うことが不可能である以上，地域コミュニティが事業実施に関わるリスクの一部を引き受けることも避けられない。すなわち，第1に，小単位の地域における総合行政が可能となる自治体行政の改革と，第2に，それに対応する地域コミュニティが，開発の実質的担い手として役割と責任を果たすことができるように成長することが必要なのである。重要なことは，社会サービスの充足という場面では，行政と市民のそれぞれが，自分と相手の役割を正しく認識し尊重することで，対等平等の関係を築き，協力するということである（大阪自治体問題研究所・関西地域問題研究会，2003）。

そこに住む居住者のすべてに，それぞれが必要としているサービスをもれな

く行き渡らせるということは，行政の責任である。しかし，誰が，どのようにして届けるのか，あらかじめ，決める必要はない。誰が届けるにしろ，必要なサービスが確実に行き渡ること，サービスの対象者毎に，最も適切にサービスを行いうる提供主体が選択されることが必要だ。行政による直接供給が最も適切な場合も依然として多い。だが，家族の場合，NPOの場合，従来から活動している公益法人，民間企業の場合もある。

　社会サービスの多くは，それが住民にとって必要不可欠であるならば，行政がやろうとやるまいと，そこにいる住民は必要に迫られて充足するように努力してきた。例えば，保育や高齢者介護など，行政が支援している様々な社会サービスは，歴史的なプロセスを見れば，従来，行政の手が行き届かず，住民自身が自ら犠牲を払って，生活の一部として担っていた営みに，行政が積極的に参加して，住民の生活と苦しみ，喜びを分かち合いながら築いて来た。その歴史を顧みれば，構造改革のもとで，政府による福祉切り捨てや税制改悪などの攻撃が厳しくなってきたが，それにたじろぐ必要はない。いま私たちが到達している水準は，その出発点から見れば，施設の規模も，行政や市民の力量の蓄積も，はるかに高い段階に到達している。大切なのは「市民参加」というよりも市民の営みへの「行政参加」である。市民自治の時代には，行政組織全体としても，行政職員個人としても，現場・地域こそが自治体行政の最先端に位置することを明確にし，自治体の持つ公的資源にとどまらず，市民，企業，非営利組織，自治体外の機関・団体・個人まで，あらゆる資源を結集して課題に応える視野の広さと柔軟さを身につけることが必要なのである。

　一方，市民活動の側からは，その一部に見られるような，財政支援や施設提供など，自分たちの活動に対する直接的支援を引き出す相手としてのみ行政をみる傾向を克服することが重要だろう。市民活動が活用できる資源は多様で豊富である。しかし，個別の市民活動団体にとって困難なのは，自力で必要な資源の所在を確かめアクセスのルートを開拓することである。行政機関と職員なら，資源の開拓とアクセスに大きく貢献できるはずだと思う。すなわち，市民活動にとって貴重なのは，お金以上に，行政組織と行政職員の持つ知識，経験，ネットワークである。

　行政と市民の関係を，いま述べたように考えるのならば，行政施策に対する

評価のあり方も変わってくる。これまでのように，公営住宅を何戸供給したか，保育所の措置率が何パーセントに達したのかなど，サービス供給量ではかるだけでは不十分である。人々のニーズに応えるために，直接にサービスを供給するだけでなく，地域の人々を結びつけて，それぞれの力や知恵を引き出したとすれば，重要な貢献である。財政支出や直接のサービス供給を伴わなくとも，行政の立場であればこそ可能なこと，より効果的にできることがある。そこに職員や市民の目が自然に向いていくような，行政評価のシステムも求められるだろう。それは，いわゆる「新公共管理」(New Public Management, NPM) とは異なっている。NPMは，行政と市民の関係を，サービス提供者と消費者の関係に見立て，「顧客満足度」で行政評価を行おうとする。しかし，いままで述べてきたように，市民も行政も，ともに主体的意思を持った活動主体である。「市民＝顧客」ではない。民間サービスと異なる自治体サービスの最大の特徴は，先進自治体が培ってきた子育て支援に典型的に現れているように，サービス提供プロセスに市民を巻き込み，それによって市民自身の能力の発展，主体形成を促すことができる，ということである。民間サービスと同じレベルで優劣を競い合うことではなく，市民と行政の両者が協力しあって，地域や人々の生活実態に見合ったサービスの質と量を正確に把握し，それを両者の協同でどれだけ充足できたのか，それを民主的科学的に評価する方法を確立しなければならない。

参考文献
秋山眞芸実（2005）『ムラセ係長，雨水で世直し！』岩波書店
『雨水利用東京国際会議記録』編集部会（1995）『めざそう雨と共生する都市（すみだから世界へ，1994年夏：1）』雨水利用東京国際会議実行委員会
伊東光晴（1984）『経済学は現実にこたえうるか：日本経済への政策提言』岩波書店
遠州尋美（2003）『グローバル時代をどう生きるか　自立コミュニティが未来をひらく』法律文化社
遠州尋美（2005）「グローバル蓄積様式とその転換」『大阪経大論集』第56巻第2号，27-54ページ
大阪自治体問題研究所・関西地域問題研究会（2003）『関西再生への選択：サステイナブル社会と自治の展望』自治体研究社
関満博（1993）『フルセット型産業構造を超えて——東アジア新時代のなかの日本産

業』中央公論新社
高寄昇三（1985）『現代都市経営論』勁草書房
高寄昇三（1986）『都市経営の戦略』勁草書房
高寄昇三（1990）『都市経営思想の系譜』勁草書房
中村剛治郎（1979）「現代日本の地域開発をめぐる理論と政策」自治体問題研究所編『国土・都市・農村と地域開発』〈自治体問題講座5巻〉自治体研究社
阪神復興支援NPO（1995）『真野まちづくりと震災からの復興』自治体研究社
保坂光彦（1997）「第三世界のオルタナティヴ：アクションプランニングとセルフビルドの思想」『都市計画』第205号，45-51ページ

第3章　農村との連携・共生
―都市と農村を繋ぐネットワーク型地域づくり―

はじめに

　現在進行している経済のグローバル化とそれへの対応として行われてきた日本の構造改革路線は，地方圏，特に農村部に大きな影響を及ぼしている。第1は，農村経済の存立を根本的に揺るがす農産物価格の下落，特に米価の下落である。これを受け農家の規模拡大意向は極端に減退しており，担い手たり得る経営体や専業農家層においても将来展望を描き難い状況に陥っている。

　第2は，地方圏における就業機会の減少である。バブル崩壊以降の不況下で，地方企業のリストラ，公共事業の削減が続いている。兼業農家を主体とする府県の農村部では，兼業機会・収入が減少しており，農家経済を直撃している。

　第3は，少子化・人口減少と高齢化の進展である。若年世代の都市部への流出は，地域人口・集落世帯の減少をもたらし，その結果，地縁的な農村コミュニティーの機能の低下を引き起こしている。これにより，農地・自然環境などの地域資源の保全や伝統的な地域文化の継承が困難となっている。

　これに対し，新しい農業政策では，「水田・畑作経営所得安定対策（品目横断的経営安定対策）」として「担い手」選別的な政策を取っている。これは国際

---

(1)　WTO（世界貿易機関）の農業交渉では,国際ルールの強化のための交渉が行われている。このような状況のなかで，今後の日本の農業を担い，自給率の向上に寄与するような農家，すなわち「担い手」が中心となる農業構造を確立することが焦眉の課題となっている。そこで，これまでのような全ての農業者を一律的に対象として，個々の品目ごとに講じてきた施策を見直し，2007年度からは，意欲と能力のある担い手に対象を限定し，その経営の安定を図る施策（品目横断的経営安定対策）に転換することとになった。支援の対象となるのは下記の条件を満たす「担い手」である。第1は，認定農業者で都府県では4 ha以上，北海道では10 ha以上の耕作面積を有するもの。第2は，一定の条件を備える集落営農で

規律へ対応しうる競争力を持った経営体を育成するというものである。この方向は，まさしく「産業の論理」であり，進め方によっては農村コミュニティの崩壊を一層助長する可能性を持つ。一方で,「農地・水・環境保全向上対策」[2]では，集落機能の維持・再編を図るという二面的な対策が志向されている。しかし，現実の農村コミュニティにおいては，「地域の担い手」と「産業の担い手」は必ずしも一致しない点に留意が必要である。ここで重要なのは，現在崩壊しつつある地縁型共同体の再生と農業の「担い手」を核とした目的型組織の形成をどのように結合させていくのかという問題である。つまり，定住・生活の安定を志向する「地域（社会）の論理」と生産力・収益性の向上を目指す「産業の論理」との矛盾を現実の農村社会においてどのように融合させていくかが問われている。農村においては，農用地の利用と集積の問題が，まさにこの狭間に揺れている。耕作放棄の拡大，担い手の偏在化，小作料水準の設定問題など，地域住民（農地の出し手・委託者）と農業の担い手（農地の受け手・受託者）という両者の関係性をどのように把握するかが，これからの農業地域のあり方を規定する一つの課題となる。

　このような状況は，地方農村部，とりわけ中山間地域[3]において顕在化している。中山間地域問題と過疎対策，担い手対策は西日本において早期に顕在化した問題であるが，現在では東北地域においても同様の課題が山積している[4]。

　中山間地域の抱える問題点として以下の点が挙げられる。第1に，厳しい自

　　20ha以上の耕作面積を有するもの，となっている。その前提条件として，「認定農業者」であることが求められている。2007年より実施された品目横断的経営安定対策は2008年に見直され，水田・畑作経営所得安定対策と名称を変更している。
(2)　品目横断的経営安定対策（2007年）と同時に実施された政策であり，地域ぐるみでの効果の高い共同活動と，農業者ぐるみでの先進的な営農活動を支援するという「地域対策」となっている。品目横断的経営安定対策が産業の論理である一方，同対策は地域活動の支援・補完・活性化を目指している。
(3)　「中山間地域」とは，農林統計上で区分された，「都市的農業地域」・「平地農業地域」・「中間農業地域」・「山間農業地域」のうち，「中間農業地域」・「山間農業地域」を合わせた地域であり，その面積は日本の全国土面積の約70％に達し，耕地面積でも全国の約40％（203万ha，うち水田が102万ha）を占めているが，人口は全国の約15％程度である。また中山間地域の特徴としては①林野率が高い（50～80％以上）②耕地率が低い（20％未満）③耕地の傾斜度が大きい（水田では勾配1／20以上，畑では勾配15度以上）などがある。

然環境下での定住条件である。耕地だけでなく，住宅地も傾斜地が多く，また周りを山に囲まれているため，平地に比べて定住しにくい。第2に，農業生産条件の不利性である。中山間地域では耕地の多くが傾斜地に存在するため，耕作に不向きであり，また農業生産条件だけでなく，市場が遠隔地にあるので集出荷にも不向きである。第3に，農業が主産業であり，市場から遠隔な場所にあることや，基盤整備の不足などで工場の立地や新規産業の参入が困難なことである。第4に，若年層の都会への流出などで担い手が減少し，離農する農家が増えることによる，耕作放棄の深刻化，集落機能の低下である。第5に，水源のかん養や洪水の防止，自然景観などの，農業生産以外の機能が維持できなくなるなど，多面的機能の低下の問題である。

I 農村における地域づくりの課題

　2007年度以降，「経営所得安定対策等大綱」(2005年10月)への本格的な対応が始まっている。経営所得安定対策では，政策推進上のターゲットを「担い手」として選別している点が最大の特徴である。2006年11月の第24回 JA 大会においても，JA グループのビジョン実現のための取り組みとして，第1に「担い手づくり・支援を軸とした地域農業振興と安全・安心な農畜産物の提供」を掲げていることからも，農政，JA グループが一体となった「担い手」の育成が標榜されていることが伺える。戦後農政の総決算とも指摘されている今回の構造改革は，日本各地の農村・農家・農協に大きな転換をもたらすものである。

　水田・畑作経営所得安定対策は，所得安定対策と担い手対策を同時並行的に

---

(4) 農業生産条件が不利な状況にある中山間地域における農業生産の維持を図りながら，多面的機能を確保するために2000年度から導入されたのが，中山間地域等直接支払制度である。これは，中山間地域で農業生産を営む農業者に対し，平地との生産費格差の一部を国・県・市町村が共同で支払って，「適切な農地管理」「集落の共同活動」などに活用することで，将来に豊かな農地と自然を守り伝えるための制度であり，その支払額（交付単価）は対象となる農用地の面積・傾斜・使用目的によって異なる。農機具の共同利用などを通じた生産性や収益の向上，担い手への農地集積，集落営農組織による安定的で効率的な営農など，前向きな取り組みを促進することによって，中山間地域における多面的機能の維持・増進を一層促進するため，2005年〜2009年度までの5年間，継続実施することになった。

施策するものである。これまで米，麦，大豆などの作物において，すべての農家を対象にしてきた品目別「価格政策」から，対象を大規模経営農家を中心とした担い手にしぼった「所得政策」へと転換している。それが戦後農政の根本的見直しといわれる所以である。やる気がある農家とそうではない農家という違いを明確にし，その選別の上で政策上の保護を受けられる度合いも異なるという新自由主義の視点がその根拠となっている。

しかし，ここでの最大の問題は，地域政策的視点の大幅な後退ということであろう。先のWTO対策では，産業政策としての農業保護が大きく後退する代わりに，地域政策としての対策が盛り込まれた。これ以降，日本の農業政策は農村政策的な方向に進むものと思われた。農業の多面的機能の評価，地域水田農業ビジョンと産地作り交付金，中山間地域直接支払い，など地域性を考慮し，地域の独自性を前面に押し出した施策への転換である。ところが，今回の水田経営所得安定対策では，担い手という言葉を前面に押し出した構造改革，すなわち産業（構造転換）政策として方向に力点を置いている。ここでは，後述する特例措置を考慮しても，それでも抜け落ちる高齢農家，病気などの問題で経営拡大を目指せない農家を切り捨てざるを得ないことが容易に想起される。

本稿では，このような農家を多数抱える福島県中山間地域における地域振興（地域づくり）の課題について検討していく。

1 過疎中山間地域における地域づくり

新しい農政では，一律・ばら撒き型の施策を廃止し，選別的な政策に転換している。このことは，地域においても同様である。まちづくり政策に関しても，やる気のある自治体（あるいは集落など）からの手挙げ方式による助成事業などが主流になりつつある（鳥取県中山間地域活性化交付金など）。これらの地域では「住民が自主的に参画」「地域住民の合意形成」「地域の独自性」「ボトムアップ型」をキーワードに地域振興が行われている。

ここで，地域経済循環を拡大するためには，何が必要かを指摘しておく。別の言い方をすれば，内発的な地域振興とはなにかということになる。

まず，①移入代替（地域内自給率の向上）が必要となる。これは，地元で販売している土産品など域外から調達しているものを，域内生産に代替していく

ことである。②移出代替（域内加工・移出率の向上）は，地元で流通している商品の原料を地元産品に換えていくことである。③移出財再移入の防止は，地産地消を推進していくことになる。④地場産業の再検討は，コア産業の再発見であり，基幹産業のあり方を改めて見つめ直すことに他ならない。多くの農村地域の経済的目標は，完全雇用の実現，そのための産業連関の構築であるということを認識しておく必要がある。

さらに，小田切（2008）は，まちづくりの3つの柱を指摘している。この三本柱はまちづくりの先進事例に共通してみられる特徴である。その第1は，「暮らしのものさしづくり」，第2は，「参加の場作り」，第3は，「カネとその循環づくり」である。

これらを踏まえて，中山間地域におけるまちづくりの3つの課題を整理してみる。「暮らしのものさしづくりの課題」としては，地方農村部におけるミニ東京化志向の問題である。農村は生活空間であるということを再認識する必要があり，家族経営，自給的，小規模兼業でなにが悪いのかという本質的問題を考えなければならない。このことを示すためには，地元（足元）を真摯に見つめ直した上で，地域の変えがたい特性を見出す必要がある。

「参加の場作り」の課題としては，地縁型共同体の停滞或いは偏在化が指摘できる。この解消ためには，目的型共同体による補完が必要であるが，現在では多くの地域で未完成の状態である。例を挙げるとすると，まちづくりNPOやまちづくり連絡協議会がこれに該当する。

「カネとその循環づくり」の課題であるが，地域を特徴付ける品目（地域ブランド）の欠如が指摘できる。米，その他の転作物など生産物はあるものの付加価値創造という点では，他の先進産地に比べ多くの課題が山積している。

また，この農業生産に関しては，生産を支える仕組みが脆弱化しつつあることが懸念される。人口減少，高齢化・担い手不足，耕作放棄地，農協・行政合併など，中山間地域には様々な課題が散見される。

2　農業政策の転換にどう対応するか？

このような状況の中，水田・畑作経営所得安定対策への対応が本格的に始まっている。過疎中山間地域の農業地帯も当然これに含まれている。これまでは，

兼業農家や高齢農家，小規模農家でも農政の対象になってきた。その存立を可能としたのが，転作奨励金や品目別の不足払い制度といった自作農保護的な政策であった。

しかし，今回の農政改革は，戦後農政の総決算とも言われ，抜本的な構造改革（農家の選別・担い手への特化と小規模層の切捨て），WTO対策（国際規律の強化・遵守）を掲げている。新しい農政は，全ての品目（ごと），全ての農家を対象とした施策を白紙に戻し，「担い手」農家のみに直接支払いをするというものである。担い手農家は，「認定農業者」（地域水田農業ビジョンの地域認定ではなく）であり，4ha以上の耕地面積をもつ個別経営か20ha以上の集落営農で「経営体（経理の一元化）」ということになっている。

前者は少数である。では，後者なら対応できるかというと，「経営体」という高いハードルが存在する。麦・大豆の受託組織や機械利用組合のようないわゆる部分共同の営農集団では政策対象とはならない。地域や集落を支える強い経営体になることが条件となる。ただし，特例措置により，上記の要件に当てはまらなくても，政策対象になる方法はあるので，完全に小規模層の切捨てとは言えないが，大きな政策転換であることには変わりない。

現在のような農業政策の大転換期に，過疎中山間に区分される地域ではどのような対応方策があるのであろうか。個別経営体のよる担い手の育成が困難なことは自明であり，政策推進の観点から考えれば集落営農の推進ということにならざるを得ない。しかも，中山間地域の特性を十分に考慮した地域の組織化・集団化・連携のあり方を模索していくことが課題となる。

II 過疎・中山間地域における集落営農の展開可能性
―福島県農業を対象として―

ここで，水田・畑作経営所得安定対策への対応として集落営農を考える場合，①新政策の受け皿組織作り，②地域営農システムの中核組織作り，という2つの考え方がある。前者は，補助金の受け皿組織作りといった意味合いが強く，後者は，今対策の要件に縛られずに地域営農の核となる組織を育成していくというものである。加入要件への適応を急げば，前者へ傾斜していく可能性が増

し，後者のように本格的な組織作りを標榜すれば時間がかかる。福島県では，産地づくり交付金への対応から一貫して集落営農による担い手対策を推進している。今回の品目横断的経営安定対策における担い手対策に関してもその延長上に位置づけており，時間をかけて組織作りをしていく方針とも捉えられる。また，組織の基盤となる「集落」・地域の範囲は，既存の集落に関わらず，農協管内，旧農協範囲，旧農協支所範囲といったものも念頭に置くことも，考えていかなければならない。

1 福島県における集落営農の実践過程

　福島県の考える集落営農の特徴をみてみると，第1は，水田・畑作経営所得安定対策への対応とは異なる組織作りである点，第2に，経営体に至るまでの段階の必要性を考慮し，設立までの時間を急がない点，第3に，楠本理論（集落営農2階建て方式）の実践（楠本［2006］），第4に，農政のいう集落営農はあくまでも「経営体」であるが，福島県型の集落営農は「地域連携」の段階でも構わないという点である。そのため，多様な集落営農のスタイルが考えられる。それゆえ，ここでは政策用語として「集落営農」という言葉を使用するが，実情は地域営農システムの核となる組織と言い換えた方が適切だと思われる。

　では，具体的に，福島県における集落営農の発展段階方式と集落営農実践過程に関してみていく。福島県では，6段階ステップ方式を採用している。1段階は，アンケート等により集落の現状を把握している状態であり，2段階は，集落の現状について分析がなされ，関係機関や集落のリーダー等の意識統一がされている状態を指す。3段階からは，集落ぐるみの話し合いと合意形成がされている状態となる。続いて，4段階では，農用地利用規程が検討されている状態，5段階では，農用地利用改善団体が設立・運営されている状態となり，この段階で，1階部分が形成される。その上に，6段階として，地域の大宗を担う大規模経営体が育成されている状態までを育成していく方針となっている。

　以上の6段階の形成過程を経て，二階建て方式の集落営農組織（あるいは地域営農システム）が形成されている状態は，図3-1のイメージのようになる。2階部分には，担い手・オペレーター集団により，農業生産の実働部隊が形成されている。その機能は，①営農組合から農地を借り（地代支払い），②農作業

を請け負う（作業料受取），③労働力雇用（労賃支払い），④農機具リース（リース料支払い），⑤作業再委託であり，これらを１階部分の組織との協議のもとに進めていく。また，経営体としては農産加工・農産販売（直売）も行うことで利益を確保しようと努める。１階部分は，農地・労働力・作業委託・農機具・利用調整を行う組織であり，農用地利用改善団体などがこれにあたる。

しかし，最大の問題点としては，２階部分の経営体の経営問題，つまり収益を確保し，持続的に営農を継続できる組織として存立しうるかが問われることとなる。さらに，福島県の多くの過疎・中山間地域では，２階部分のオペレーター集団，言い換えれば担い手層の確保が困難な地域が散見される。このような地域では，第３の担い手（個別経営，集落営農に続く担い手，例えばJA出資農業生産法人など）の創設が必要とされることも考えられる。

図3-1　二階建方式地域営農システムのイメージ

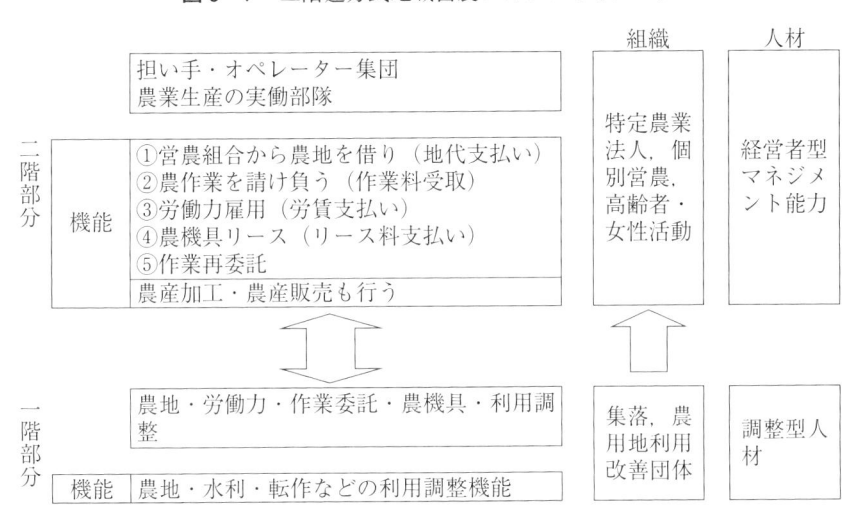

			組織	人材
二階部分		担い手・オペレーター集団 農業生産の実働部隊	特定農業法人，個別営農，高齢者・女性活動	経営者型マネジメント能力
	機能	①営農組合から農地を借り（地代支払い） ②農作業を請け負う（作業料受取） ③労働力雇用（労賃支払い） ④農機具リース（リース料支払い） ⑤作業再委託 農産加工・農産販売も行う		
一階部分		農地・労働力・作業委託・農機具・利用調整	集落，農用地利用改善団体	調整型人材
	機能	農地・水利・転作などの利用調整機能		

資料：楠本雅弘『地域の多様な条件を生かす集落営農』農文協，2006年，133-134ページ，図45-47をもとに加筆修正。

2 集落営農の取り組みと展開条件

　福島県では，JAグループ福島を中心に，JAモデル集落を222地域選定して，先行的に集落営農づくりを行っている。ここでは，6段階到達（担い手が形成され活動）として58地域，5段階到達（農用地利用改善団体が設立運営）として12地域，3段階および4段階（集落ビジョンを策定）として77地域が選定されている。また，15農協において農地保有合理化法人格の所得がなされている。さらに，JA出資型法人として，2006年7月19日に，JA伊達みらいにおいて「みらいアグリサービス株式会社」が設立している。しかし，このような展開は，地域限定的であり，特に過疎・中山間地域での適用には課題が残る。

　過疎・中山間地域における集落営農の展開条件としては，①農協の役割への期待（窓口はJA），②地域性を考慮した集落区分のあり方，③基礎データの収集とマネジメント主体の確立，④農協・自治体の連携関係の強化（県域営農センターの機能），⑤産業の担い手よりも，地域連携の重要性を認識する，点が挙げられる。つまり，産地形成機能，地域振興計画，地域営農システムの中に担い手対策・集落営農を位置づける必要性が指摘できる。

　集落営農を支援する側としては，①地域，行政，農協のプランニング力がより一層必要となる，②意欲があるが要件を満たせない農家の存在，多様な農業展開を取り込む必要性（地域ニーズの把握），③有利な補助制度と高い障壁にどう対応するか，④集落営農組織の経営問題（経営体としての持続性），⑤生産調整にみる地域差の解消，といった課題をどのように克服していくかが問われている。

　過疎・中山間農業地帯ではどのような生き残り戦略があるのだろうか。「集落営農組織」といった行政用語に縛られず，本格的な「地域営農システム」づくりが求められていると考える。農地を管理し作業を受託するような経営体と水利・軽作業・地域環境を維持・保全していく小規模農家・地域住民が連携・協働できる仕組みの構築が求められる。担い手政策は前者に集中するが，中山間直接支払や農地・水・環境保全向上対策などは後者も含まれる。大事なのは，諸制度を総合的に地域に組み込んでいくための取り組みである。そのためにはその時々の政策にトップダウン的に乗るではなく，徹底した現状分析をもとに，地域独自の政策を積み上げていく姿勢が求められている。

III　都市と農村を繋ぐネットワーク型地域づくり

　地方都市と農村部には地域振興を考えていく上での共通の課題がある。それは，一つの市町村域（あるいは農協管内）のみで，総合的に地域・産業の活力を向上させていくことの難しさである。この傾向は，経済のグローバル化が本格的に導入され，様々な法・制度が変革している昨今，特に顕在化している傾向である。言い換えれば，これからの地域振興には「連携」「結合」「ネットワーク化」が必要不可欠であるといえる。

　そこで，ここでは福島大学が地域連携のもとに推進している取り組み産直屋台いなGOの実践事例をもとに地方都市と農村を繋ぐネットワーク型地域づくりについてみていく。旧伊南村は，合併市町村であり，農協も役所の本所も他地区に移転してしまっており，地域産業を企画・開発する機能が低下している地域である。その一方で地域住民の自主的な取り組みが必要不可欠となっており，そこに福島大学が参画するという取り組みである。

1　福島県中山間地域におけるネットワーク型地域づくり

　旧伊南村（南会津町伊南地区）は，奥会津に位置し，尾瀬の麓・桧枝岐村に隣接する小さな農山村である（図3-2）。旧伊南村は2006年3月20日に，田島町，舘岩町，南郷村と合併し，南会津町となった。福島県の南西部に位置し，総人口は1784人，総面積の約90％を山林・原野が占めている。伊南地区は中山間地域であり，特別豪雪地帯に指定されている。また，都市部への距離は，会津若松市へ80km，県都福島市へ180kmとなっており，通勤・通学に非常に不便な地域である。人口構成の特徴は，年々減少傾向にあり，特に若年人口が少ない。また少子化傾向にあり，高齢化も進行している。

　伊南地区の産業は，稲作を中心とする農業と，豊富な森林資源を利用した林業を基幹とした第1次産業を中心に展開されてきた。しかし近年は米の生産調整，農産物価格の低迷や木材産業の不振等により，第1次産業のウエートが年々低下している。1995年にようやく実施された圃場整備でも，中山間地域ということもあり，30a区画がやっとであり，現在進められている大規模水田農業の

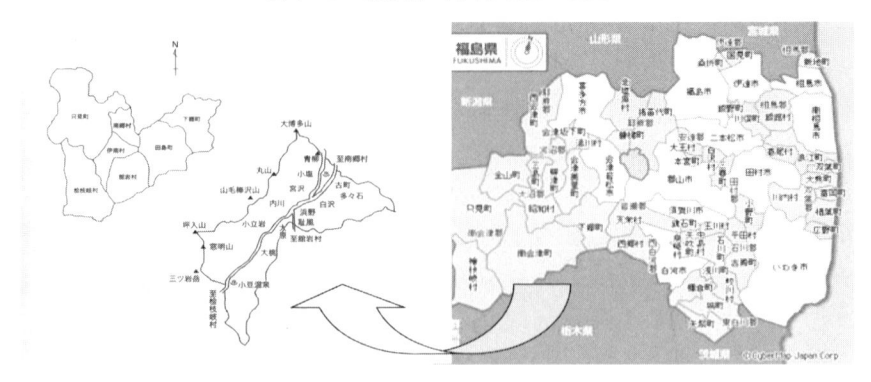

図 3-2　南会津町伊南地区の位置

資料：南会津町資料より加工の上引用。

担い手にはなり得ない地域である。

　漁業は，鮎釣りで有名な伊南川を中心に展開されている。以前は鱒や鮎の天然遡上も見られたが，各地のダム建設や，環境の変化に伴い天然遡上はなくなり，現在は放流漁業が中心となっている。

　商業においては，旧村のそれぞれの集落に点在するほか，旧村の中心地である古町地区には小規模な商店街がある程度で，人口減少・公共事業減少の中，商店街は停滞している状況である。

　観光においては，文化財をはじめ美しい広大な自然があり，湧出量の豊富な小豆温泉や古町温泉がある。また，会津高原高畑スキー場の開設，小豆温泉の設備整備により，観光客はやや増加してきている。

　財政的特徴は，人口減少や全国平均を上回る高齢化率（41.1％）に加え，村内に中心となる産業がないこと等により財政基盤が著しく脆弱である。地方交付税などへの依存度が高い地域であり，平成の大合併の中，田島町（人口1.3万人）等と合併している。

2　合併後の地域自治区とまちづくり事業

　伊南地区の課題は，まずは，中山間地域という地理的，気候的条件の不利性が挙げられる。また，少子高齢化の影響も顕在化してきており，高齢化率は

40%を超え，県平均を上回る進度で進んでいる。また，地域経営という面では，自治体・農協ともに広域合併を経験し，伊南地区は1つの支所という位置づけになっている点で，企画・開発機能の低下がみられる。

　人口面でもピーク時の約5000人（1975年）から現在は約1600人と大幅に減少しており，継続して若年層の流出問題が課題となっている。このことと表裏一体なのが，基幹産業の停滞（農産物価格の低迷，担い手不足，構造改革路線への立ち遅れ）の問題であり，産業振興，雇用確保，その上での人口扶養力の向上が最大の課題となっている。また，これまで産業振興の柱であった，企業誘致，公共事業，リゾート開発は，いずれも失敗ないし展望が見出せない状況であり，現状では今後の地域内再生産構造を構築できない。

　以上を総合して，地域政策を展開したくても，マネジメントをする主体が確立できないという点が大きな問題といえる。

　合併の際，当該地域固有の振興策を推進するために，地方自治法の規定に基づき，旧4町村の区域に地域自治組織を設置した（図3-3）。4つの自治区は，会計等の面で相互に連携しあい，田島にある本庁から諮問を受け，意見，答申を行うという関係になっている（図3-4）。

　南会津町の支所の組織は，総務，企画等の管理部門と議会，各種委員会事務局を除いて合併前の3村の機能を残す総合支所方式を採用している。地域住民の従来通りの利便性を確保しながら，地域振興が図られるようにするために「小さな本庁，大きな支所」という形式をとろうとしたのである。

　伊南地区においては，「伊南地域自治区」が行政，「伊南地域協議会」が議会の役割を担い，連携，共同して伊南地区の業務を行っている。

　伊南地域協議会は地域住民の意見・声を行政に反映させ，行政と住民の連携を図るパイプ役となり，協働の地域づくりの推進や地域住民へのサービス向上を図ることを目的としている。しかし地域協議会は年に4回召集されるのみで形式的になりがちである。そのため多種多様な住民の声をまちづくりに反映させるのは難しい。

　そこで，伊南地域協議会の役割を補完するために発足したのが「伊南まちづくり連絡協議会」である。これは「電源立地地域対策交付金」を財源とし「伊南地区活性化まちづくり事業」を実施するにあたり，地域づくりに係る基本的

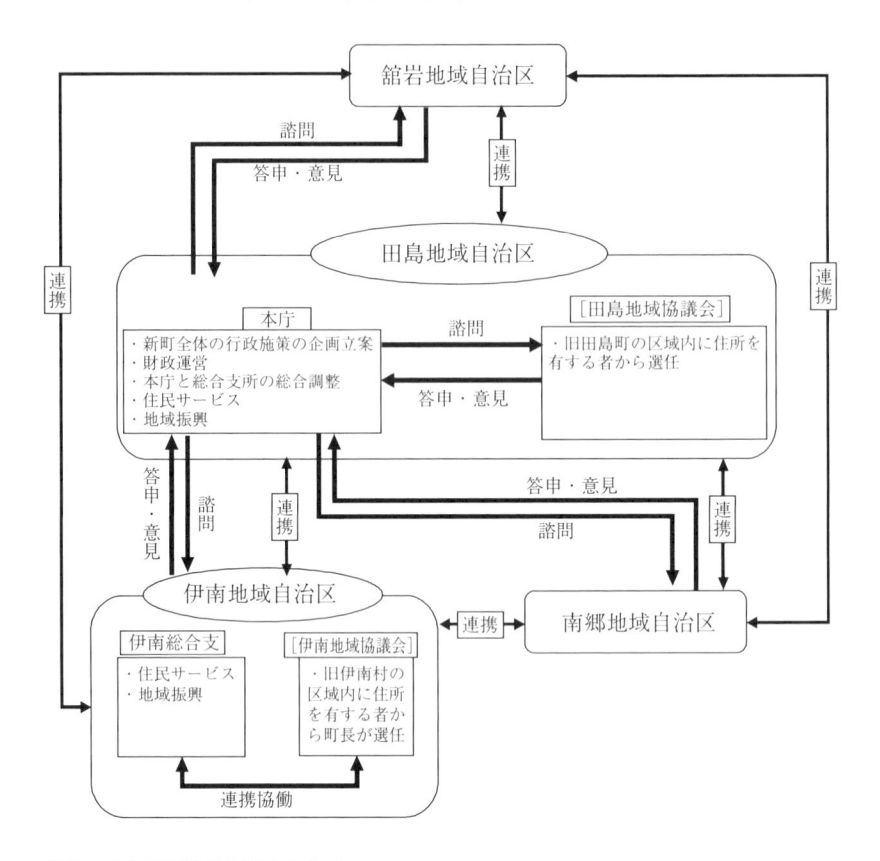

図 3-3　南会津町の合併と地域自治区

資料：南会津町役場資料より作成。

事項を審議することを目的としている。

「伊南まちづくり連絡協議会」は地域協議会代表，伊南総合支所内担当者，地区内代表，事務局長，福島大学のスタッフで構成されている。審議事項は，①事業計画の基本に関すること，②予算計画の基本に関すること，③その他，事業に関わる基本的事項についてである。

この組織は，地域内での再生産力を作り出すための企画・開発を行えるよう，外部の人間の意見を取り入れ，アイデアを提出する。地域協議会は，地域自治

第3章　農村との連携・共生

図3-4　伊南まちづくりの仕組み

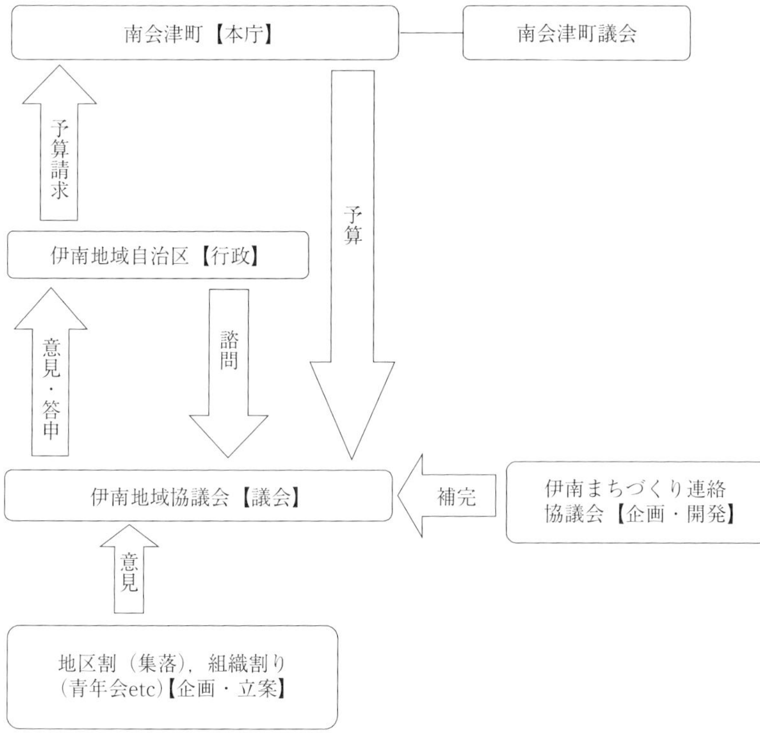

```
         ┌─────────────────┐      ┌─────────────────┐
         │ 南会津町【本庁】  │──────│  南会津町議会    │
         └─────────────────┘      └─────────────────┘
              ↑         │
          予算請求      予算
              │         ↓
         ┌─────────────────┐
         │ 伊南地域自治区【行政】│
         └─────────────────┘
              ↑         │
          意見・答申    諮問
              │         ↓
         ┌─────────────────┐  補完  ┌─────────────────┐
         │ 伊南地域協議会【議会】│ ←──── │ 伊南まちづくり連絡 │
         └─────────────────┘       │ 協議会【企画・開発】│
              ↑                     └─────────────────┘
             意見
              │
         ┌─────────────────────────┐
         │ 地区割（集落），組織割り    │
         │ （青年会etc）【企画・立案】 │
         └─────────────────────────┘
```

資料：南会津町役場資料より作成。

区に意見し，地域自治区から南会津町の本庁に予算を請求する。その予算によって地域振興を行っていく。

　事業の主な内容は以下の通りである。まず，地域資源を見直し，資源活用方策の立案等を目的とした「地域調査」を行うことである。2つ目はまちづくりの主体を形成するための「組織の立ち上げとその持続的運営」である。3つ目はまちづくりの戦略とその手法を学ぶための「研修と交流」の実施である。4つ目は活性化戦略の検討・策定，ならびに住民意識の高揚を目指した「イベント」の計画・実施である。そして，地区内住民および地区外元住民を主役とす

る「情報の交流と発信」となっている。

3　6次産業化と総合農村産業振興

　伊南地区は町村合併により，リーダーが不在の地域となっている。さらに，先述したまちづくりにおける3つの視点のうちどの局面も十分に確立していない現状がうかがえる。このような過疎中山間地域の状況は伊南地区に限ったものではない。現在，地域振興に成功している地域は必ずと言ってよいほど，強力なリーダーが存在し，地域住民を牽引し，優れたリーダーシップを発揮した結果である。では，このような強力なリーダーの存在しない地域はどのような地域振興政策を進めればよいのだろうか。新たな取り組みの中において新しい層からリーダーを育成していくしかないといえる。

　伊南地区は町村合併を機に，伊南まちづくり連絡協議会を設立し，少子高齢化と過疎化など厳しい環境の下で自立した地域振興を行おうとしている。そのまちづくり連絡協議会に福島大学の学生もメンバーとして参加し，述べ50人の学生が伊南地区の調査に入った。そして地域住民や農家の聞き取り調査などを行い，議論を重ねていくうちに「雇用の場（所得）の確保」が根本的な問題であるという整理を行った。

　雇用といった場合，伊南地区のような過疎中山間地域では工場誘致は困難である。新たなリゾート開発といっても財源的にも難しく，また外部資本に依存した観光開発もうまくいかない。夕張市破綻の事例などが典型的なケースである。やはり，自分たちの足下を見て，今ある地域資源を活用した産業を興すことが必要である。そして，雇用の場のない過疎中山間地域では，産業興しの目的はお金を儲けることではなく，雇用の場を確保することだということを意識することが大切である。

　伊南地区で何ができるかを考えると，やはり農林漁業をうまく組み合わせて何かやらなければいけない。その組合せは，農林漁業の6次産業化や総合産業化ということになる。加工や調理過程までを内部化し付加価値をつける6次産業化や少量多品目を売りにした総合産業化によって雇用の場を創出することが必要となる。伊南地区のような過疎中山間地域農業では，ロットが確保できず，少量多品目の自給的な農業が主流である。これは現在の農産物流通の中では不

利な条件となる。規格もまとまらないし，量販店との取引は難しい。しかし，逆に少量多品目が売りになる場合もあると考えられる。

　例えば，ある料亭が無農薬野菜を産直で行いたいとなった場合，多数の産地から集荷するよりも1戸の農家や1つの地域がまとめて作ってくれるのが合理的だといえる。総合産地化は，実は少量多品目だからこそできる取り組みである。

　6次産業化とは農畜産物の生産（第1次産業）だけではなく，食品加工（第2次産業），流通，販売（第3次産業）にも地域が主体的かつ総合的に関わることによって，加工賃や流通マージンなどの今まで域外の第2次・第3次産業の事業者が得ていた付加価値を，農業者自身が得ることによって地域を活性化させようというものである。まちづくりの3つの局面におけるカネとその循環の部分がこれに該当する。ちなみに第6次産業という名称は，第1次産業だけでなく，第2次・第3次産業を取り込むことから，第1次産業の1と第2次産業の2，第3次産業の3を掛け合わせ「6」になることをもじった造語である。

　地域内での生産，加工，流通までの一貫した事業システムに挑戦し，第1次産業（伊南地区においては主に農業が該当）から脱皮し，第2次産業，第3次産業も含めた「6次産業化」が今後の伊南の地域振興の1つの方向だといえる。

　しかし，6次産業化を実践するには，土台を確立するだけでも長期間を要する。まず地域住民の地域振興に対する意識の向上をはかり，参加の場を設ける。これがステップ1となる。次に地元学など地域の学習機会を設け，地域の魅力，売りとなるものを発見する必要がある。これがステップ2となる。そして，第1次産業の安定した生産基盤の確立から第2次産業での加工，第3次産業の流通における一貫した事業システムを確立しなければならない。これがステップ3となる。

　伊南地区のような少子高齢化の進んだ過疎中山間地域では「誇りの空洞化」が併存しており地域振興に対する意識が薄い。そのため特にステップ1・ステップ2，つまり参加の場を設け，地元学を進め暮らしのものさしをつくるまでに時間がかかる。そこで，今回の取り組みでは発想を転換しスッテプ3つまりカネとその循環から実践し，その過程からスッテプ1・ステップ2を確立する方法を行った。地域が何らかの形で関わった飲食店，直売所（2次，3次産業）

等を運営することで，必然的に参加の場が生まれ，商品開発やニーズ研究をしていく中で，または雇客（他地域住民）と接する中で地元の魅力を見出すことが出来るのではないかと考えた。何度か議論しているうちに，学生から「福島市の中心市街地にある『こらんしょ横丁』でチャレンジショップを募集しているので屋台を出店してはどうか」という案が出され，伊南地区の人たちもやってみようということになり，アンテナショップ型の産直屋台「いなGO」を出店することになった。

4　産直屋台いなGOの取り組み

取組み内容は，2007年7月20日から9月29日までの約2ヶ月間，毎週金曜日と土曜日に，昼は朝取れの産直野菜などを販売し，夜は既存の店舗との共同運営で，伊南地区の鮎の塩焼きや山菜料理，会津地鶏の焼き鳥などのほか，ニシンの山椒づけなどの郷土料理を提供した。

「産直屋台いなGO」を運営する主な目的としては以下の3つがあげられる。

第1は，福島県南会津町伊南地区の素材・情報を発信する点である。地方中核都市である福島市またはその近隣地域の住民に対して伊南地区の魅力を発信することで，伊南地区への観光意欲の促進，または野菜等の特産物の販路拡大を狙う。これは内発的な地域づくりの3つの視点における「カネとその循環」における部分の実践の試みである。その中で1次から3次産業までの一貫した事業システムの確立を目指すものである。

写真　産直屋台「いなGO」

第2は，産直屋台という6次産業化の実践を通して伊南地区住民のまちづくりへの関心を高め，地域内の組織化を目指す点である。これは内発的な地域づくりの3つの局面における「参加の場」を作ることを目指すものである。

第3は，このようなアンテナショップの展開を通して原料産

地である伊南地区の新たな可能性を探る点である。中山間地域である伊南地区の特産品を生かしてどのような商品を提案できるのか，また他地域の住民はどのような商品を求めているのか，新たなニーズを探ることで伊南地区の新たな魅力を発見していく。これは内発的な地域づくりの3つの視点における「暮らしのものさし」をつくることを目指すものである。

以上のような目的の下に福島県南会津町伊南地区アンテナショップ「産直屋台いな GO」の運営を実施した。

「産直屋台いな GO」の特徴についてはその事業体系にある（図3－5）。地域アンテナショップとしては市町村単位でのアンテナショップである。さらに，野菜の直売や特産品の販売にとどまらず，屋台という形式をとり地域の食材を使い地域の魅力を総合的に発信するという点である。

南会津町の食材「鮎」「会津地鶏」「山菜」「伊南納豆」「伊南豆腐」や地酒「イチョウ焼酎」などを提供した。実際，伊南の住民も参加し，伊南の風土や特産品，観光など直接話を聞くこともできるように人員配置をした。

単に飲食店で料理を提供するだけではなく，学生はメニュー作りに始まり，商品の注文から仕入れ，原価計算，調理，販売，接客，経理など，実社会に即した経営全般にかかわる。出店に合わせて来客者に対するアンケートや屋台村の経済効果なども調査した。

この取組では，地方都市と地方農村の双方による連携で行われる地域づくり戦略を，「地方都市と農村を結ぶネットワーク型の地域づくり戦略」と位置づけている。本取組の成果は，第1に中山間地域の小規模原料産地であった伊南地区に食品加工，流通販売過程を導入することで付加価値の域内滞留を可能とした点である（6次産業化）。また，少量多品目という原料販売ではデメリットである特徴を逆に生かし，域内原料を料理という最終商品段階まで加工することにより，総合的に販売することを可能とした。

第2は，地域間交流の実現である。産直屋台いな GO は単なる飲食店ではなく，伊南地区の総合アンテナショップとして位置づけた。そこでは，観光案内，体験ツアーの窓口としての機能を果たした。その結果，取組終了後，福島市近郊住民が参加した伊南ツアーを実現している。これを受け，現地では，グリーンツーリズム，修学旅行受け入れ等に発展している。

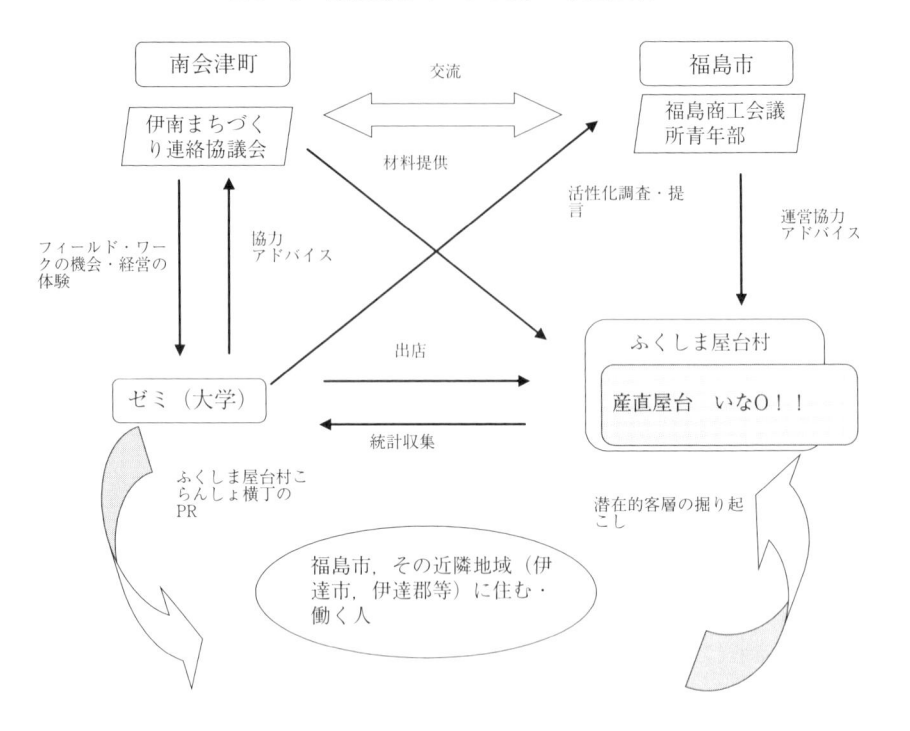

図3-5　産直屋台「いな GO」の事業体系

[図：南会津町（伊南まちづくり連絡協議会）、福島市（福島商工会議所青年部）、ゼミ（大学）、ふくしま屋台村（産直屋台　いなO!!）の関係図。矢印で「交流」「材料提供」「活性化調査・提言」「運営協力アドバイス」「協力アドバイス」「フィールド・ワークの機会・経営の体験」「出店」「統計収集」「ふくしま屋台村こらんしょ横丁のPR」「潜在的客層の掘り起こし」が示され、中央の楕円に「福島市，その近隣地域（伊達市，伊達郡等）に住む・働く人」と記載されている。]

　第3に，地域づくりに対する住民意識の向上と地域共同体の再組織化である。伊南では，まちづくり協議会を核とした集出荷体制が試験的に運用され，さらに，郷土料理研究会という住民組織が発足した。伊南郷土料理研究会は，伊南の郷土料理について学び，実際に調理し，周辺地域・次世代に伝えていくという試みである。毎週2回の活動を行い，住民15名程度が参加している。中には若い世代も参加している。

　伊南だけでなく店舗が立地した福島市の中心市街地でも，地域間交流以外にも宣伝効果，集客効果，結果としての空き店舗対策など，様々な波及効果がみられた。実際に，今回の取り組みで借りている店舗の今期平均売上は，昨年同時期の平均売上を超えている。集約は22日間で述べ約1000人を動員した。これは8席しかない屋台では驚異的な数字である。また，ふくしま屋台村における

潜在客層，特に20代を中心とした層の集客にも成功しており，中心市街地活性化へ向けた効果を示せたと考えられる。ここに，地方都市と農村を繋いだネットワーク型地域づくりによる，過疎農村地域の経済停滞解消と中心市街地活性化の糸口を見出せると考える。

参考文献
稲見栄志（2008）「地域アンテナショップの機能と役割〜南会津伊南まちづくり組織〜」『小山良太ゼミナール卒業論文集』2007年度・第1巻，2008年3月，36-48ページ
岡田知弘・川瀬光義・鈴木誠・富樫幸一（2007）『国際化時代の地域経済学　第3版』有斐閣
下平尾勲編（1995）『共生と連帯の地域創造』八朔社
会津史史料集編集委員会（1996）『史料が語る会津の歴史』歴史春秋社
守友祐一（1991）『内発的発展の道』農文協
小山良太（2007a）「伊南地区における『農村』産業の振興と実践課題」清水修二・小山良太編『伊南地区活性化まちづくり事業平成18年度報告書』福島県南会津町伊南地区まちづくり連絡協議会，2007年3月，47-52ページ
小山良太（2007b）「過疎・中山間地域を巡る政策変化と今後の振興課題」『Think Tank Fukushima NEWSLETTER』No. 38，財団法人ふくしま自治研修センター・シンクタンクふくしま2007年7月，20-23ページ
小山良太（2006）「地域における担い手への農地利用集積の取り組みについて－福島県昭和村－」『2005年度農業構造改善基礎調査報告』東北農政局，2006年3月
小山良太（2008）「地方都市と農山村をつなぐネットワーク型の地域づくり『Think Tank Fukushima NEWSLETTER』No. 38，財団法人ふくしま自治研修センター・シンクタンクふくしま2008年3月，4-8ページ
小山良太（2007c）「日本の食料政策と地産地消の展開」『ローカルフード（地産地消）運動の制度化方案と事例』韓国洪川郡有機農クラスター協議会・尚志大学国際親環境有機農センター，2007年12月，37-64ページ。（Kr）
小山良太ゼミナール（2007）「過疎中山間地域における合併問題と産業自立化－南会津町伊南地域自治区を対象として－」『信陵論叢』Vol. 49，福島大学経済学部信陵論叢編集委員会，2007年3月，126-144ページ
小山良太ゼミナール（2008）「地方都市と農村を繋ぐネットワーク型地域づくり戦略―南会津伊南地区まちづくり事業と福島市屋台村を対象に―」『信陵論叢』Vol. 50，福島大学経済学部信陵論叢編集委員会，2008年3月，193-217ページ
小池晴伴（2006）「経営安定対策の今後の課題」『農家の友』2006年1月，40-41ページ
小池晴伴（2005）「認定農業者増やし新展開促した水田ビジョン」『ニューカントリー』2005年9月号，北海道協同組合通信社，22-23ページ

小田切徳美（2008）「農山村地域再生のイメージ」『農業と経済』Vol. 74，No. 5，昭和堂，2008年5月，51－62ページ
清水修二・小山良太（2008）『いなGO！伊南地区活性化まちづくり事業平成19年度活動報告書』伊南まちづくり連絡協議会，2008年3月，219ページ
清水修二・小山良太・下平尾勲（2008）『あすの地域論』八朔社
大森彌・卯月盛夫・北沢猛・小田切徳美・辻琢也（2004）『自立と協働によるまちづくり読本自治「再」発見』ぎょうせい
楠本雅弘（2006）『地域の多様な条件を生かす集落営農つくり方・運営・経営管理の実際』農文協
福島大学東北経済研究所（1998）『新しい時代の地域づくり』八朔社

第4章　欧州における地域間協力の多様化

はじめに

　われわれの生活の基盤は「地域」にあり，地域における諸活動の質の向上や秩序を保つための基本的な役割を担ってきたのは地域コミュニティや地方自治体である。しかしこんにちの地方自治体は，少子高齢化の本格化や，地域を支える人材の不足，財政逼迫などが深刻化している。このため新たな行政課題に対応することが困難であるばかりか，従来の業務を維持することもままならない状況におかれている。

　こうした状況のなか，自治体間で連携・協力することに活路を見出そうとする動きがおきている。これまでも生活圏の広域化に伴い，ゴミ処理問題や道路行政，防災などのその実態に対応すべく行政サービスの在り方が近隣自治体の間で議論されてきた。しかし近年の動向の特徴は，地域の生き残りをかけてその魅力を高めるために，広域的な視点で環境・エネルギー問題や観光，産業創出，企業誘致，医療連携などに取り組もうとする事例がみられることである。

　しかしながらわが国における地域間協力は，未だ経験の蓄積が少なく，地方への権限の委譲が十分ではないなど課題も多いのが現状である。

　翻って欧州に目を向けてみたい。

　欧州における国境を超えた地域間協力の胎動は1950年代後半ころからみられる。1990年代にEUが地域政策として本格的に地域間協力を展開するようになり，現在では地域政策の根幹を担うまでに発展している。EU地域政策は特に国境付近や開発の遅れている地域など，不利な条件におかれた地域の協力を支援することで，戦略的に地域の競争力を高めようとしているのが特徴だ。さらに注目したいのは，EUや中央政府によるトップダウンの政策展開のみならず，都市が手を携えてネットワークを形成し，自発的にボトムアップで地域間協力

を展開していることである。このように欧州では，さまざまな主体が複層的に地域間協力を展開し，持続可能な都市を形成するための機会を広く多様に創ることで，あらゆる条件下の都市の自律を促そうとしている。

そこで本章では，欧州の地域間協力について，EUの地域政策と自発的な都市ネットワーク双方の動向を明らかにし，そのプロセスにおいて直面している課題を考察するとともに，わが国における地域間協力の展望を提示したい。

わが国においても，持続的に自律した地方を形成する方策が模索されている。本格的な地方分権化や道州制への移行が検討されるなか，欧州における地域間協力の実態を明らかにすることで，中央政府－自治体という硬直した行政の在り方だけではなく都市間の横のつながりを含めた地域政策の在り方に示唆が得られるだろう。

I 欧州における地域間協力の変遷

欧州における国境を超えた地域間協力の歴史は古く，中世にまで遡る。欧州の都市の多くは，中世からハンザ同盟に代表されるように都市間のネットワークを形成していた。その後近代国民国家の成立や2度にわたる世界大戦を経て地域間協力の勢いは弱まった。しかし第二次世界大戦以降，欧州最大の地方自治体の協議会であるCEMR（Council of European Municipalities and Regions）は，分裂の危機に瀕した欧州の都市間の交流や，相互の発展に寄与する情報や知識の共有を図るため姉妹都市の締結を推進し，再び都市間のネットワークの素地を形成してきた。

国境を越えた自治体間の地域間協力が行われ始めたのは1950年代の終わりである。そのさきがけであり，もっとも古いとされるのがオランダ・ドイツの国境にまたがる"エウレギオ"と呼ばれる地域間協力である。"エウレギオ"は地域の衰退に危機感を覚えた国境沿いにある自治体が自発的に連携して組織をつくり，地域活性化を目指し，国境を越えて協力を行うようになったのが始まりといわれる。こうした協力体制は"ユーロリージョン"といわれるようになり，1965年には複数の"ユーロリージョン"によって構成される組織，ヨーロッパ国境地域協会（Association of European Border Regions 以下AEBRと記す）が

創設され，他の国境地域にも地域間協力の輪が広がった。

　戦後，こうした動きがあったものの欧州において地域間協力が本格化する画期となったのは，1992年のマーストリヒト条約の締結である。マーストリヒト条約では，欧州内の結束の強化がうたわれるとともに補完性の原理（Principle of Subsidiarity）が掲げられた。補完性の原理とは，地域の諸問題にたいしては，基本的に地域コミュニティや自治体，そして地方や加盟国が自律性を尊重しつつ解決を図り，これらが対応できない問題に対して超国家的な組織，すなわちEUが介入していくことを示している。この補完性の原理に則り，マーストリヒト条約以降，EU加盟国では地方分権が進み，地方・都市レベルの権限が相対的に強くなったのである。マーストリヒト条約後のこうした動きをきっかけに，欧州の地域間協力には2つの大きなダイナミズムがみられるようになった。

　ひとつは，EU地域政策の発展的展開である。マーストリヒト条約を受けて，EUは地域間の経済的，社会的な結束がより強く求められるようになった。このためEUでは，地域間の経済的・社会的格差の縮小を目的とする地域政策をますます重視するようになったのである。

　もうひとつは，"マルチレベル・ガバナンス"の進展と国境を超えた都市ネットワークの形成が急伸長したことである。"マルチレベル・ガバナンス"とは，従来，EUや中央政府によって立案されてきたEU政策の策定に，非営利組織や団体などが参画しながら，ガバナンスを形成することである。"マルチレベル・ガバナンス"の進展は，ボトムアップで政策形成に参画できる可能性を高め，地方分権によって権限を得た自治体が国境を越えて欧州レベルでネットワークを自発的に形成することを促した。このため，自治体を主とする都市ネットワークは環境問題や雇用問題の解決，地域振興など多様な目的のもとで数多く創設されるようになった。注目したいのはこうした都市ネットワークは，単に問題解決のための議論を行い，情報・経験の共有をするだけではなく，ネットワーク化することでEUや中央政府など上位機関への発言力を強め，上位機関への政策決定への影響を意識した活動を行っている点である。すなわち欧州における"マルチレベル・ガバナンス"化と都市ネットワーク化の急伸長は表裏一体の関係で進展してきたといえよう。

　このように，こんにちの欧州では，EUの地域政策と自発的な都市ネットワー

クが地域間協力のダイナミズムを生み出している。両者の具体的な動きについては次節以降で事例を引きながらその詳細をみていく。

II　EU地域政策における地域間協力
―INTERREG―

EUは地域間格差の是正を目的とするプログラム・INTERREGを実施してきた。INTERREGは1990年からこんにちまで，4期にわたって展開されている（表4-1）。1990年当時のEUは，スペイン・ポルトガルの加盟によって域内の地域間格差が拡大することが懸念された。このためINTERREGは，域内格差を縮小し秩序ある空間を形成することを目的に，主として国境周辺など条件不利地域を支援することを目的に創設された。しかしINTERREG創設の裏側には，別の事情もある。それは，1950年代から国境地域の問題解決を図るためにボトムアップで実施されてきた"ユーロリージョン"を財政的に後押しすることであった。こうした事情もあり，当初INTERREGの予算は共同体主導枠から拠出されていた。この共同体主導枠とは中央政府を介さずに都市レベルに直接支援が可能な基金枠である。共同体基金枠で予算が拠出されたことで，国境地域の都市がボトムアップで地域間協力を促すことができた。実際，INTERREGが展開されるようになってから，"ユーロリージョン"は欧州内の多くの地域に設立されるようになっている。いずれにしても，INTERREGの創設によって国境を超えた都市レベルの地域間協力を経済的に支援し制度的に規定する枠組みがEUによって初めて創設されたことになる。

こうした経緯もあってINTERREGは創設当初，隣接する国との国境をまたぐ協力体制，Cross-border Co-operationが中心だったが，こんにちではより広い地域を見据えた地域間協力へと発展している。第Ⅲ期INTERREG（2000-2006）では，①国境地域を対象とするCross-border Co-operation，②多国間にわたる広域的な地域間協力Transnational co-operation，そして③欧州を横断する広域的なネットワークInterrer-regional programmeの3つのパターンへとその支援の領域を広域化，多様化させた。連携が広域化された背景には2004年に新たに東欧10カ国のEU加盟が控えていた事情がある。東欧諸国は，既加

第4章　欧州における地域間協力の多様化　67

表4-1

	年数	種類	プログラム（プロジェクト）数	予算	目的
INTERREG 第0期	1989		14プロジェクト	2100万EUR	・社会経済的な格差が大きい国境地域，国の経済中枢から離れた国境地域の支援
INTERREG 第Ⅰ期	1990-1993		31プログラム	10億8200万EUR	・条件不利地域の経済発展と国境地域の再編
INTERREG 第Ⅱ期	1994-1999	IIA	59プログラム	49億3700万EUR	・国境地域の連携の強化
		IIB	3プログラム	12億7900万EUR	・エネルギーネットワークの構築
		IIC	13プログラム	8億7500万EUR	・水資源のマネジメントを中心とする地域計画の協力
INTERREG 第Ⅲ期	2000-2006	IIIA	53プログラム	33億EUR	・国境地域の連携の強化
		IIIB	13プログラム	13億EUR	・多国間にわたる広域的な地域間の協力
		IIIC	4プログラム	2.93億EUR	・欧州を横断する広域的な協力体制
INTERREG 第Ⅳ期 (Territorial Co-operation)	2007-2013	Cross-border co-operation	52プログラム	56億EUR	・国境地域の連携の強化
		Transnational co-operation	13プログラム	18億EUR	・多国間にわたる広域的な地域間の協力
		Interregional co-operation	3プログラム	4億4500万EUR	・欧州を横断する広域的な協力体制

注：EU地域政策総局website，辻悟一（2002）をもとに著者作成。

盟国との社会経済的な格差が著しく，またインフラなども十分に整えられていなかった。このため，格差縮小を目指して従来の国境をまたぐ越境協力ばかりではなく，より広い地域を見据えた地域間協力へとその体制の拡大が図られたのである。

ところで，域内格差を縮小し秩序ある空間を形成することを目的とするINTERREGでは具体的にどのような事業が展開されているのだろうか。各地域で行われるプログラムによって内容は様々であるが，単なるインフラ整備などの地域開発だけではなく，中小企業の発展や地域雇用の創出，研究開発の促進などを含めて社会的・経済的な統合を進めることを重視していることが特徴的である。地域のニーズや課題に応じて文化・教育などの交流や生活の質の改善を重視したもの，環境や景観問題など共通の課題に取り組むもの，職業訓練やビジネスマッチングを通して雇用創出や産業クラスターの形成を目指すもの

など事業内容は多様だ。INTERREGプログラムを通して地域の競争力を高めた例もある。たとえば，デンマーク・スウェーデン間のエーレスンド地域の事例は広く知られている。ここでは，INTERREGのプロジェクトを活用して地域の産官学多様なステークホルダーの関係性を密にすることにより，イノベーションの創出を促した。その結果メディコンバレーと呼ばれる医療やバイオテクノロジーなど知的産業のクラスター形成に成功している。

しかし，すべてのINTERREGが成功事例となっているわけではない。たとえば第Ⅲ期のINTERREG（2000-2006）では，より緊密な連携と地域間の格差縮小を見込んで東欧諸国や近隣諸国でも数多く実施された。しかし政策主導のトップダウンの形でINTERREGが実施された地域では，地域間で協力することの意義や必要性を共有することが困難であった。またプログラムを運用するノウハウも乏しいため，結局資金獲得のための受け皿として形骸化し，目的である地域間協力を実践するに至らないという問題点が指摘されている。また，INTERREGの進展は，地域間協力を推し進めるための枠組みを制度化し後進地域へ資金提供を可能にした一方で，ユーロリージョンが制度の一部に組み込まれたことにより，当初，地域の実情に応じて課題を解決しようとしてきたボトムアップ型の地域間協力の良さも失われつつあるという指摘もある。

EUではこうした問題の解決を図るために，INTERREGを実施している地域にたいしてノウハウ等の提供や情報の共有を促すなど，後進地域でのスムーズな展開を支援するなど，地域の実情に根差した地域政策の展開を広く定着させることに注力している。

Ⅲ 自発的なネットワーク形成による地域間協力

欧州では1990年代以降，EU地域政策とは別に，都市による自発的な地域間協力が進展してきた。都市ネットワークの規模や設立経緯は多様であるが，目的や構成メンバーなどから，「総合型」，「地域型」，「目的型」の3つのタイプに類型することができる。以下，主として環境問題に取りくむネットワークを例にあげ各類型の特徴をみてみたい（表4-2）。

「総合型」は，都市レベルに関連する多様な政策領域を対象としてEU政策

第4章　欧州における地域間協力の多様化　69

表4-2

	名称	設立年	メンバー数（主要構成メンバー）	目的
総合型	CEMR／欧州自治体連合	1951	100,000以上（M）	・地方自治と民主主義に基づいて、ヨーロッパ統合の推進
	AER／欧州地域会議	1985	約250（R）	・補完性の原則と地方民主主義を促進し、欧州連合と市民が連携した地域の形成
	Eurocities／ユーロシティ	1986	約130（大都市／M）	・市民が生活の質の良さを実感できる持続可能な都市の形成
	EUROTOWNS／ユーロタウン	1991	20（小・中規模都市／M）	・イノベーションや創造、再生を促進する中小規模の持続可能な都市の形成
地域型	CPMR／欧州周辺沿岸地域会議	1973	156（R）	・欧州沿岸地域の持続可能な地域開発の促進
	UBC／バルト海沿岸都市連合	1991	106（M）	・加盟都市間の協力の促進、経験などの情報交換、共通の問題関心をもち持続可能な発展を目指す
	Medcities／メッドシティ	1991	28（M）	・地中海地域の相互理解や責任の共有を通した都市環境の保全
	Adriatic Euroregion／アドリア海ユーロリージョン	2006 (2004)	23（R）	・アドリア海沿岸地域の平和や協力体制の形成・保持
	BSSSC／バルト海沿岸諸国地域協力	1993	10（R）	・経済発展のために都市間の協調とコーディネーションを図りバルト海の地域競争力を高める
	AEBR／欧州国境地域連合	1971	5（大規模国境地域／R）	・国際機関や中央政府に意見を提言し国境地域の持続可能な発展を促進
目的型	ESCTC／欧州持続可能な都市キャンペーン	1994	約2,500（M）	・オールボー憲章を浸透させ自治体レベルでの持続可能な都市の形成を促進
	Climate Alliance／気候同盟	1990	1,413（M＋R）	・継続的に温室効果ガスを低減するために自治体レベルの活動の支援
	ICLEI in Europe／イクレイ	1992	約180（M）	・自治体レベルの活動をサポートし持続可能な地球の形成を促進
	Energie Cités／エネルギーシティ	1990	約150（M）	・自治体レベルの持続可能なエネルギー政策形成・実践の促進
	POLIS／ポリス	1989	61（M）	・自治体レベルで、経済的、社会的な要素を考慮しながら交通需要など交通問題の解決を図る
	EGCN／欧州グリーン都市ネットワーク	1996	23（M）	・情報や知識の共有を通して持続可能な都市居住を推進
	グリーンキーズプロジェクト	2004	12（M）	・都市内の構造を転換し緑地の増加を促進

出所：高澤由美・岡部明子（2008）
　　　M－自治体が主な構成主体
　　　R－地域政府が主な構成主体

に強い影響力をもつものである。代表的なネットワークとして欧州自治体連合（CEMR）や欧州地域会議（AER），そしてユーロシティ（Eurocities）などがある。これらは欧州内で広く活動を展開しEU政策に対して意見を述べるなど "マルチレベル・ガバナンス" を実践する代表格のようなネットワークといえる。たとえばCEMRは，1951年に創設され10万以上の都市が加盟する大規模なネットワークである。CEMRが活動を始めた当初の欧州は第二次世界大戦直後である。当時，地域的な分裂の傷跡が生々しく，また経済的な打撃も激しかったため，地域間の格差の拡大が懸念されていた。CEMRはこうした状況を改善することを目的に都市レベルの政策立案を支援する事業を展開した。CEMRについて特筆すべき点は，欧州委員会に対する発言力の強さである。特に交通，環境，機会均等，地域政策などに関するEU法の策定過程に深くコミットしている。またそのネットワークの広さを活かし，EUが展開する政策を都市レベルに落とし込んでいくという役割を担っている点も特徴といえる。EUにおける発言力が強く規模が大きいゆえ官僚的な側面もあるが，広く欧州の都市に浸透しているという観点では他の追随を許さない存在である。

　次に「地域型」ネットワークである。「地域型」は地理的にまとまりのあるエリアにある都市が主要な構成メンバーであり，エリア共通の様々な課題に統合的に取り組むことを目的としている。「地域型」にはバルト海沿岸都市連合（Union of the Baltic Cities，以下UBC）やバルト海沿岸諸国地域協力（The Baltic Sea States Subregional Co-operation，以下BSSSC），地中海をそのエリアとするメッドシティ（Medcities）など，沿岸地域で活発に活動するネットワークが多い。たとえばUBCはバルト海沿岸地域における民主的，経済的，社会的，文化的，そして環境的に持続可能な開発を目指して1991年に設立された。設立当初のメンバーは32都市だったが，2008年現在は106都市まで増えている。UBCにはロシアの都市などEU加盟国以外からも参画があり，バルト海沿岸地域として一体的に取り組むことを目指している。その活動領域は持続可能性をキーワードとし，環境問題やビジネス協力の支援から文化，都市計画まで多岐にわたる。UBCはメンバー都市にとって有益なEUプログラムを紹介し活用してもらうことや，バルト海地域の課題や解決策をEU政策に提案するなど，EUと連携を図りながら活動を展開している。

「目的型」のネットワークは,明確な目的に賛同する都市を主な構成メンバーとしている。特に昨今は気候変動や大気質・水質汚染などへの危機感から環境問題にかかわるネットワークの活動が目立っている。たとえば大規模なネットワークでは自治体レベルで低炭素型社会の形成を目的とする Climate Alliance や,環境問題を核に持続可能な都市を目指す自治体協議会である ICLEI (International Council for Local Environmental Initiatives),そして地方レベルでの持続可能な開発とオールボー憲章の推進を目指す ESCTC (The European Sustainable Cities and Towns Campaign) などがある。都市緑化 (Green Keys Project) や自転車利用の推進 (POLIS) など個別に目的をもって小回りに活動するネットワークもあるなど,その組織の規模や活動は多様である。

環境問題に主眼を置いた「目的型」のネットワークでは先にあげた Climate Alliance がその代表例である。Climate Alliance は,欧州の地域・自治体で構成されており1990年に設立され,現在メンバー都市は,ドイツ語圏を中心に1400以上ある。Climate Alliance の目的は,自治体レベルで環境保全を推進し,CO_2を削減することである。また,持続可能性を脅かすこととして南北問題を取り上げ,アマゾン川流域とパートナーシップを結び,同地域の内発的発展をサポートしている点も特徴的である。Climate Alliance では都市レベルの環境政策を充実させることを目的に様々な活動を展開しているが,CO_2の数値を下げることだけを目安にしているわけではない。たとえば,再生可能エネルギーの利用を促進することや交通システムを低炭素型に転換すること,有機農業を普及させ,有機農産物の地元消費を推進するなどして,生活の質をトータルに高めながらCO_2を削減することをめざしている。また意識啓蒙活動のひとつとして実践されている Climate Star は大々的なプロジェクトである。Climate Star は気候変動に積極的な取り組みをする都市を表彰するもので,規模の大小にかかわらず,多数の都市から応募がある。Climate Star で表彰された都市は"先進的な都市"として欧州に広く紹介されるため,イメージアップ効果もあるなど各都市のモチベーションを高め,斬新な取り組みを生み出す原動力となっている。このように Climate Alliance では様々な活動を通して加盟都市の発想の転換を促し,自治体レベルから社会全体のしくみを転換するために低炭素型へと導こうとしている。

欧州の自治体は，こうした多様に存在する都市ネットワークを介して，EUなどの上位機関の政策立案に関与可能な機会を得ることができるとともに，共通の課題を抱える都市同士が共に問題解決を図ることのできる水平の連携のプラットフォームに参画することが可能となっている。

しかし一方で，こうした都市ネットワークへの参画やその積極性の程度は各都市にゆだねられているのが現状である。それゆえこうしたネットワーク活動は"pioneer for pioneer"，すなわち先進地域のためのネットワーク活動であり，積極的に参画する都市とそうではない都市に二分される傾向がみられるという指摘もある。消極的な都市の参画をいかに促していくか，という課題を残している。

Ⅳ　バルト海沿岸地域における地域間協力の諸相

本節では多様なタイプの地域間協力が行われているバルト海沿岸地域に着目し，都市レベルでは地域間協力に係るプログラムやネットワークはどのように受容されあるいは活用されているのかをみてみたい。

欧州北西部に位置するバルト海沿岸はおよそ8000kmの海岸線をもち，そこでは約1億人が生活を送っている。そもそもこの地域ではハンザ同盟が発展していたことに加えて，近年は地域の共有財産といえるバルト海の水質汚染の問題が深刻化したため，比較的早い時期から各国の協力関係が必要とされてきた。現在バルト海沿岸地域ではどのような地域間協力がおこなわれているのだろうか。EU地域政策と都市ネットワーク双方に焦点をあててその状況をみてみたい。

1　EU政策の展開

EUでは近年，バルト海沿岸地域における政策展開を重視している。第Ⅳ期（2007-2013年）INTERREGでは19プログラムを展開しており（Cross-border co-operation-18プログラム，Transnational co-operation-1プログラム），およそ18億8000万ユーロがバルト海沿岸地域に投じられている。さらにEUでは2009年にバルト海沿岸地域を，EUにおける地域間協力のモデルケースとして認定し，

長期間にわたる支援「バルト海地域戦略」を展開しようとしている。「バルト海地域戦略」では，環境，地域発展の強化，アクセシビリティと魅力の向上，地域内の安全とセキュリティの向上の４つを重点項目としながら，これらの項目に適したプロジェクトを実践しようとしている。

なぜ，EU はバルト海沿岸地域をモデルケースとしたのか。この背景には政治的な思惑も見え隠れしている。バルト海沿岸地域はロシアと国境を接しているため，この地域の状況によって安全保障やエネルギー供給など EU 全体に影響をおよぼす可能性をもっている。ロシアを視野に入れながらバルト海沿岸地域の結束を強化することで，リスクを低減させる狙いがある。このような理由から，EU 全体の安定への影響を強くもつバルト海沿岸地域の発展と結束強化を今後ますます重視しようとしているのである。

2　都市ネットワークの展開

バルト海沿岸地域では，自治体や非営利団体などからなるネットワークや政府間の組織からなるネットワークなどが多数活動している。代表的なものとして，都市を主要メンバーとするバルト都市連合（UBC），地方を主要メンバーとするバルト海諸国下位地域協力（BSSSC），自治体や企業から構成されるバルト開発フォーラム（BDF），欧州の沿岸地域を中心に活動する欧州周辺沿岸地域会議のバルト海版(CPMR-Baltic Sea Commission)などがある。これらのネットワークは相互の連携を図りながらバルト海沿岸地域の発展を目指して活動している。こうしたネットワークのほかに，さらに欧州全体を活動領域とする「総合型」，「目的型」のネットワークも多数存在しており，さまざまな活動が展開されている（図4-1）。

このように，多様にそして複層的に実践されている地域間協力は，バルト海沿岸地域の空間計画に特徴的に表れている。バルト海沿岸地域では1994年に，国境を超えた地域の将来戦略である Vision and Strategies around the Baltic Sea（以下 VASAB2010）が EU の他地域に先駆けて提示された。当初示した方針は，国際的競争力を兼ね備えた都市ネットワーク，交通ネットワークとエネルギーの供給，そして特定の課題をもつ地域や可能性を秘めた地域の強化だった。VASAB2010は各国（ドイツ，ロシアはバルト海に面する州からの参加もある）

図 4-1

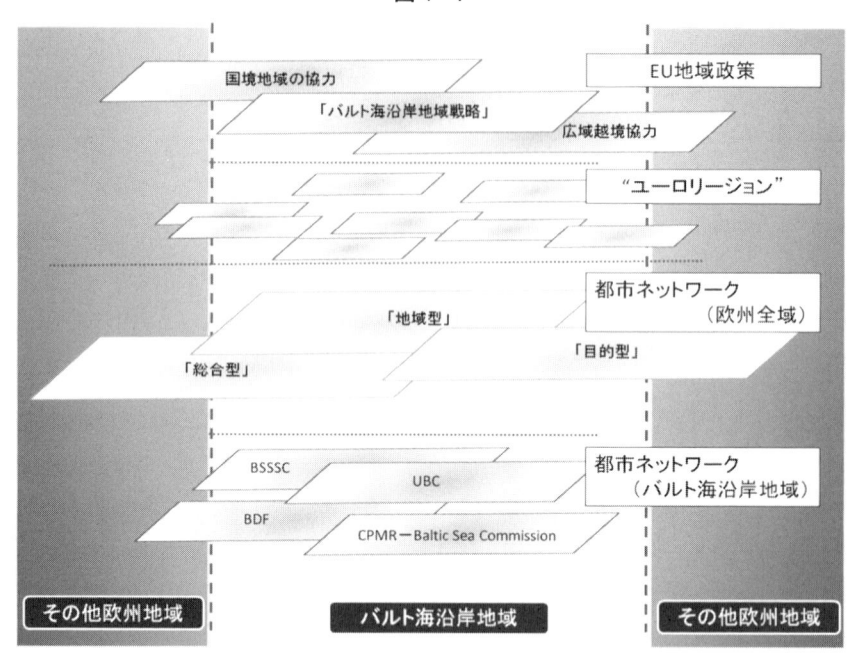

の代表から構成される空間開発委員会（SDC）を中心に策定された。しかし興味深いのは，策定に際し，BSR や BSSSC などの都市ネットワークと協力体制をとっていることである。このため国レベルの意見だけではなく，都市レベルの意見を取り入れることが可能となった。VASAB2010は，バルト海地域共通の「指針」であるため，強い拘束力をもたず予算も限られたものだったにも関わらず，その指針に基づいた事業が展開されている。これを可能とさせたのはEU政策との連携である。VASAB2010は，2001年に VASAB2010Plus へと発展的に継承されたが，その過程で INTERREG と連携する道を選択した。VASAB2010は，それを実現するために INTERREG 内のプロジェクトとして位置づけることによって予算を確保し，単なる指針に終わることなく，都市レベルでも実現可能な空間計画として実践できる体制を整えたのである。このように，バルト海沿岸地域では，政府間の協議だけではなく，さまざまな都市ネットワークが重要なプレイヤーとなってガバナンスを形成している。

3 都市レベルからみた地域間協力

　EUや都市ネットワーク等による様々な地域間協力が行われているなかで，都市はどのような状況に置かれているのだろうか。

　東ドイツのバルト海に面するメクレンブルク＝フォアポンメルン州の都市，グライフスヴァルトは人口5万人余りの小さな都市である。小規模ながら大学や研究機関が多く，6000人以上が研究機関に勤務し，1万人以上の学生が生活する大学都市である。近年では，東ドイツでもっともビジネスチャンスの多い都市として注目を集め，太陽光発電パネル製造工場なども進出するなど今後の成長が期待される都市のひとつである。グライフスヴァルトはバルト海に面していることもあり，さまざまな地域間協力と関係を保持している。たとえばグライフスヴァルトは，VASAB Plusのアクションプログラムにおいて，キーテーマである「持続可能な発展のための都市ネットワーク」，「海岸や島の統合的な開発の戦略地域」のひとつとして掲げられている。またINTERREG IIIB Baltic Sea Region プログラムでは13のプロジェクトに参画している。プログラムのなかで掲げられている6つの優先項目のうち「特定分野における持続可能な空間開発の促進」や「海岸・島の統合的な開発」，そして「文化・自然遺産，景観の保全」に注力しており，VASAB Plusとうまく連動していることがわかる。こうしたプロジェクトにはグライフスヴァルト市だけではなく，大学や研究機関，空間計画を担う組織（Regional Planning Association Vorpommern）など様々な主体が参画している。たとえばグライフスヴァルト大学は，INTERREGIIIBプログラムの中で，持続可能な観光開発を促進するための都市ネットワーク"AGORA"プロジェクトのリードパートナーを担った。"AGORA"は，BALTIC21内の観光委員会が中心となって，空間計画や観光マネジメントに関して都市間の連携を図ることを目的に立ち上げられたプロジェクトである。バルト海沿岸地域は，欧州の中でも田園地域の良さを残した場所であり観光開発のポテンシャルが高い地域である。これまでもバルト海沿岸の各地で観光に関する取り組みが行われてきたが，情報や課題の共有など横の連携が図られていなかったため長続きしなかったという課題が残されていた。プロジェクトには46都市が参画し，それぞれの情報や経験，技術などを蓄積したデータベースの作成や持続可能な空間計画・観光マネジメントのための

チェック項目の発案，そして生態系や環境と共存可能な観光開発のための評価方法を導入するなど都市間の連携を強化した。"AGORA"プロジェクトは第Ⅳ期の INTERREG に継承され，2013年までの間，UBC などの都市ネットワークと協力しながら観光やビジネス環境の向上など経済発展に寄与しうる自然環境や遺産などの持続可能な活用に関するプロジェクトを展開することになっている。

　また重層的な地域間協力の網を巧みに活用し持続可能性を高めるための資金を獲得する都市も出現している。クライペダ（リトアニア）は，バルト海沿岸地域の都市ネットワーク状況をうまく活用し EU の助成金を獲得してきた都市のひとつである。クライペダはリトアニア唯一の海港都市で人口は約18万人である。その立地条件を活かして，EU に加盟する以前から戦略的に都市ネットワークを形成する青写真を描いていた。UBC や EUROCITIES といった強力な影響力をもつ都市ネットワークに加盟し，欧州全体の動向について情報の収集を行うとともに，EU にアクセスしクライペダの魅力や発展可能性をアピールすることを試みていた。さらにクライペダは，ブリュッセルで EU 関連オフィスを訪ねあるき，文化経済的な強みや，EU ロシアの領地であるカリーニングラードとの良好な関係を築くことのできる可能性を秘めているという強みを PR するなど積極的な活動をしていた。こうした経験を経てクライペダでは，2004年の EU 加盟後，環境やエネルギー，そして観光などの領域で INTERREG プロジェクトを10以上実施することが可能となり，周辺都市との連携を図りながら市民の生活の質の向上を図っている。

　このようにバルト海沿岸地域では，地域間協力が複層的に実践されていることで，地域としての魅力を高める試みが数多く行われている。こうした蓄積が豊富な予算の獲得をも可能にしている。しかし，INTERREG のなかでも予算を消化するだけの単なるプロジェクト施行型で終わってしまうものも少なくないなど，地域間協力のプロジェクトの中でも格差がみられる。バルト海沿岸地域の持続可能な発展を，長期的・広範囲な視野で見据えたうえでプロジェクトや都市ネットワークを活用し積み上げていくことが鍵となってくる。

おわりに

　欧州では歴史的に地域間協力の素地をもっていたがマーストリヒト条約の締結を契機としてその多様化が進展した。欧州における地域間協力の多様化の要因を，以下の3点に集約することができる。

　第1に，地方分権化による自治体レベルへの権限の移譲である。権限が移譲されたことで，中央政府を介さずに，EUの事業を実践することが可能となり，また中央政府の意向をふまえずとも，自発的な協力体制をとることが可能となった。新加盟国や加盟準備国の中央集権的な国では，地域間協力が思ったように進まない状況があることからも，地方分権が地域間協力の前提として重要であることがわかる。

　第2に，EUが下位政体にたいして政策立案に参画可能な体制をとっていることである。こうした体制があることで，都市ネットワークは，自らの意見をEU政策に反映させるため，EUの動向を真剣にウォッチしようとする。また発言力を得るために実質的なネットワーク活動を展開し加盟都市を増やす原動力にもなっている。

　さいごに，個々の都市は，地域間協力の多様化によってもたらされたメリットを活用していく戦略性をもっていることである。欧州では地域間協力が多様化したことで，自治体レベルで持続可能な都市を形成しようとする際に必要となる資金獲得や情報を入手する機会が広がった。ノウハウがない自治体に対する支援も拡大している。多様化する水平の連携やEU支援を活用しチャンスを活かしていく逞しさがなければ，メリットを享受できる都市は一握りとなり，地域間協力の意義も薄れてしまう。最新の情報やノウハウを入手するために都市間のネットワークがますます重要になってくるだろう。

　これらは今後わが国における地域間協力の進展を考える上で示唆に富んでいる。地方分権化なしにトップダウンで地域間協力を進めようとしても結局は形骸化してしまう可能性が高い。また都市ネットワークは参画すれば享受できるメリットも多いが，そこに至るまでの余力をもたない中山間地域の都市をどうするのか，という課題もある。

わが国における地域間協力は，あらゆる条件下の都市が自発的に参画しボトムアップ型の体制を戦略的に築いていけるかが問われると同時に，都市の自発性をいかに促していくかがカギを握っている。

参考文献
岡部明子（2003）『サステイナブル・シティー EUの地域・環境戦略』学芸出版社
柑本英雄（2005）「EU地域政策分析枠組みとしての『越境広域経営』モデルの構築の試み」弘前大学人文学部『人文社会論叢』（社会科学編）第14号
高澤由美・岡部明子（2008）「環境分野に関わる欧州レベルの自治体等ネットワークに関する研究」『都市計画論文集』日本都市計画学会，No. 43-3, 349-354ページ
高橋和（2000）「ユーロリージョンにおける協調と対立：下位地域協力の拡大とその要因」『山形大学紀要　社会科学』30(2), 25-41ページ
高橋和（2006）「EUにおける地域協力の制度化の進展と地域的空間の形成に関する一考察：INTERREGIII をめぐって」『山形大学紀要　社会科学』36(2), 47-67ページ
高橋和（2007）「越境協力の制度化と変容」『山形大学大学院社会文化システム研究科紀要』第4号, 33-49ページ
辻悟一（2002）『EUの地域政策』世界思想社
若森章孝・八木紀一郎・清水耕一・長尾伸一編著（2007）『EU経済統合の地域的次元－クロスボーダー・コーペレーションの最前線』ミネルヴァ書房
Kristine Kern and Tina Loffelsend (2004) Governance Beyond the Nation-State: Transnationalization and Europeanization of the Baltic Sea Region, DISCUSSION PAPER, SOCIAL SCIENCE RESEARCH CENTER BERLIN.
Kristine Kern (2007) When Europe Hits City Hall: The Europeanization of Cities in the EU Multi-level System, Paper submitted for presentation at the 2007 Biennial Conference of the European Studies Association in Montreal.
KRISTINE KERN and HARRIET BULKELEY (2009) Cities, Europeanization and Multi-level Governance: Governing Climate Change through Transnational Municipal Networks, Journal of Common Market Studies, Volume 47 Issue 2, Pages 309-332.
SEC (2009) COMMUNICATION FROM THE COMMISSION TO THE EUROPEAN PARLIAMENT, THE COUNCIL, THE EUROPEAN ECONOMIC AND SOCIAL COMMITTEE AND THE COMMITTEE OF THE REGIONS concerning the European Union Strategy for the Baltic Sea Region.
The Committee for Spatial Development in the Baltic Sea Region (CSD/BSR) (1998) SPATIAL PLANNING FOR SUSTAINABLE DEVELOPMENT IN THE BALTIC SEA REGION

INTERREGIIIB Baltic Sea Region, http://www.bsrinterreg.net/index.html, 2009年7月31日アクセス

第5章　中心市街地の再生と城下町回帰
―米沢市からの報告―

はじめに

　福島大学の大学院地域政策科学研究科において，鈴木浩先生のご指導のもと，「地方都市における市街地空洞化の誘因に関する研究（米沢市を例に）」というタイトルの修士論文を書いてから11年になる。

　その後，米沢市長に就任し，実際に中心市街地の再生に取り組む立場となったわけであるが，就任から6年が過ぎて，ようやく再生の糸口が見えはじめている。かつて米沢市の中心商店街であった「平和通り商店街」を例に取り，再生計画の紆余曲折の過程を通して，中心市街地の再生と城下町回帰の糸口について考察してみたい。

I　中心市街地衰退の誘因

　中心市街地空洞化の要因として，前掲の修士論文ではどのように結論づけたかをまず振り返ってみたい。以下は修士論文からの引用である。

1　地方都市における市街地空洞化の特殊的原因

　本論文の冒頭で，地方都市における市街地空洞化の原因には，全国の地方都市に共通する普遍的なものと，それぞれの地方都市における特殊的なものとの二重構造になっているように思われると述べたが，米沢市を地方都市の例として検証してみると，その特殊性が明らかに存在することがわかった。

　それは，一つには都市計画としての明確な意図のもとになされた市役所その他の官庁の郊外への集中移転であり，二つには教育内容の改変と広い敷地の獲

得を目的としてなされた県立高校2校の郊外への分散移転である。

　前者は中心商店街を含む市街地の空洞化を，後者は市街地の空洞化のみならず，通学の不便さを生み出している。さらに，これらの原因の根底には，郊外の農家の農地に対する転用・開発の要求が存在することもわかった。農家が農地の転用・開発を要求するのは，そうせざるを得ない状況があるからであるが，自治体もまた，農民の農地転用・開発の要求に沿った都市計画政策をおこなっており，これらが結局は地方都市における市街地空洞化の誘因となっている。

　とりわけ米沢市においては高校移転の事例を県内他市と比較した結果，農地転用・開発の要求に応じた政策を取り易い特性を有していることがわかった。

2　市街地形成の方向

　自治体の都市政策が市街地拡大の方向にあり，また，米沢市における市街地形成については，市村合併（いわゆる昭和の大合併）後，一貫して城下町の特性を払拭する方向で政策決定がなされてきたことがわかった。

3　中心性の確保

　本研究を進めてゆく過程で，市街地の空洞化は中心性の喪失を招き，中心性の喪失が市街地を空洞化させるという相関関係にあることがわかった。本論文の最初に市街地空洞化の誘因を突き止めることによって，地域や地方都市再生の政策を構想する上での手がかりとすると述べたが，地方都市再生のためには市街地において中心性を確保しなければならないと考える。

　そのためには，中心市街地のそもそもの役割や機能を明確にすることが必要であり，市街地に中心性のある施設，すなわち人を集める機能，人が交流する機能のある施設が必要である。

4　交通政策

　公共施設の郊外移転によって発生する問題の一つは，交通弱者への対応である。モータリゼーションを前提とした都市計画は，自動車を運転しない者にとっては大きく不利な政策である。

　本研究の調査対象とした2つの高校では，公共交通機関がほとんど整ってい

ないため，特に冬季間は保護者による自動車送迎が必要となり，アンケート調査では公共交通機関の整備されていない場所への移転を批判する声と，公共交通機関の整備を望む声とが多かった。

市街地空洞化との関連で公共施設の立地場所を検討する一方で，体系的な交通政策が必要とされる。

5　住民参加

市役所などを郊外へ移転することを決定する過程，その他市街地の姿を根本的に改変する重要な計画決定をする過程で，市民の間ではほとんど議論する機会がなかった。公共施設の立地，本研究では高校の移転改築の推進，移転先の決定において，生徒・保護者の意見が十分反映されているとは言い難く，また移転に際しての地権者に対する情報公開も十分ではなかった。

この結果，住民の間に行政不信が生じている。計画段階からの住民参加が必要とされる。

II　中心市街地の衰退現象

1　賑わいの喪失

中心市街地の衰退は当然のごとく，賑わいの喪失をもたらしている。次頁のグラフ（図5-1）は米沢市の中心商店街であった平和通り商店街の1976年から2008年までの32年間における7月下旬の日曜日の歩行者数の推移である。このグラフによると，現在では米沢市内唯一のデパートとなった大沼デパート前において，1983年と2008年を比較するとおよそ20倍の差がある。

2　城下町の物語の喪失

中心市街地の衰退は米沢の城下町らしさの喪失も招いている。平和通り商店街の南側に天満神社がある。米沢城三の丸土塁跡の上に建っている神社である。もとは米沢藩の重臣西條家で祀っていた社で「西條天神」とも呼ばれているが，次のような由来がある。

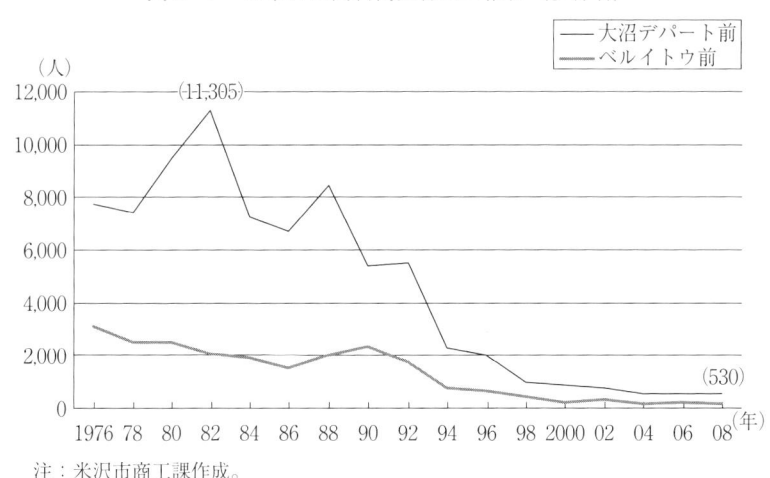

第5章　中心市街地の再生と城下町回帰　83

図 5-1　日曜日の商店街通行量の推移（歩行者）

注：米沢市商工課作成。

1332年（元弘2年），後醍醐天皇は鎌倉幕府を打倒すべく挙兵したが失敗し，隠岐島（島根県）へ流された。しかし，天皇は翌年島を脱出し，伯老国（鳥取県）の豪族名和長年のもとへ逃れた。この時の船頭が隠岐の千波港(ちぶりみなと)にいた市川倫房(ともふさ)である。この様子は『太平記』にも描かれている。倫房は天皇から自筆の天神（菅原道真）画像を貰い，信州（長野県）西條の地に領地を得，姓を西條と改めた。その後，西條家は新田氏，上杉氏（関東管領家），武田氏と仕え，最後は上杉景勝の家臣となり，景勝の米沢移封によって，米沢へ移住した。その西條家が屋敷裏の三の丸土塁上に天神像を御神体として祀っていたのが西條天神である。現在の社殿は前社殿が1917年の米沢大火で焼失した後，1923年に再建されたものであるが，西條家だけの信仰対象物ではなく，町内の鎮守として信仰を集め，米沢市内でも広く崇拝されていた。

以上のように，「歴史のまち米沢」を象徴するような由緒ある神社であるが，神社の奉賛会（地元町内会が組織母体）が2009年に神社の他神社への合祀を決定した。20数年前に西條家が東京へ移住し，神社は奉賛会が維持していたのであるが，町内の居住人口の減少，商店の減少によって，神殿の維持が出来なくなったためである。

3　米沢らしい景観の喪失

　市街地の景観についてはどうであろうか。山形県庄内地方出身の幕末の志士に清河八郎という人がいる。新撰組のもととなる組織を幕府に働きかけて作らせた人物であるが，幕末の米沢を訪れて，以下のように記述している。

　　米沢城下にいたる。もと直江山城守の居城で，三十万石の土地であった。絹類をはじめいろいろな産物の多い所だが，町家は案外みすぼらしい。どこも茅葺き屋根で，町の中を川が流れている（小山松勝一郎編『西遊草　清河八郎旅中記』平凡社）。

　これにより，上杉氏城下時代の米沢の市街地は，一般的なイメージとしての城下町風情を有していなかったことが推察される。この清河八郎の米沢来訪からおよそ半世紀後の1917年，1919年の2回の米沢大火によって市街地のほとんどが焼失した後，米沢の街には織物業者，織物買継業者の瓦葺きの純和風邸宅が続々と建てられた。これがその後の米沢市の風情を醸し出していたのであるが，織物業界の衰退と共に市街地から純和風邸宅が姿を消してゆき，織物が主産業であった米沢の，町の風情が失われていった。

Ⅲ　中心市街地再開発事業の経緯

　1970年まで市役所，消防署，農協等があり，これらの移転後はデパート，大型ショッピングセンター，ホテルの開店によって賑わった平和通り商店街の再開発事業の計画の経緯について述べてみる。

　中心市街地の活性化を目指し，1998年に市街地の整備改善と商業等の活性化を2本の柱とする「中心市街地における市街地の整備改善及び商業等の活性化の一体的推進に関する法律」が国によって制定され，この法律に則り，米沢市は平和通り商店街において再開発事業を実施しようとしたのである（図5-2）。

　米沢市は1999年に米沢市中心市街地活性化基本計画策定検討委員会を設立し，計画立案業務をコンサルタントに委託した。2002年に基本計画を国へ提出し，受理された。この計画は平和通り商店街を更地にし，現在よりも拡幅された道

第5章 中心市街地の再生と城下町回帰　85

図5-2　平和通り商店街および周辺商店街説明図

1970年まで市役所があった。72年に米沢ファミリーデパートが開店し，94年に閉店。

1970年まで市役所分庁舎があった。71年に米沢ショッピングセンターとして開店。

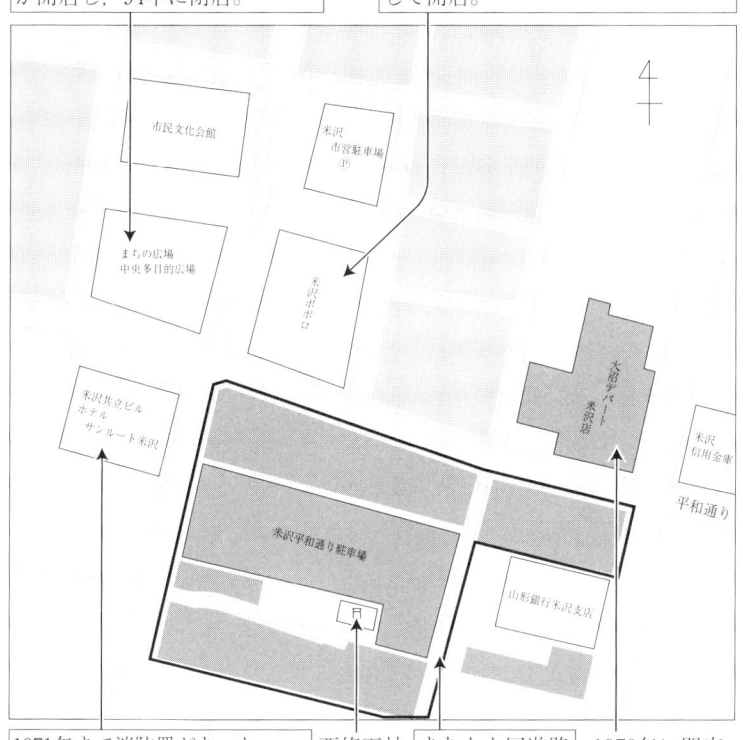

市民文化会館

米沢市営駐車場(P)

まちの広場
中央多目的広場

米沢ポポロ

米沢共立ビル
ホテルサンルート米沢

大沼デパート米沢店

米沢信用金庫

平和通り

米沢平和通り駐車場

山形銀行米沢支店

1971年まで消防署があった。72年まで隣接して農協があった。73年にホテル，テナントが開店。

西條天神

まちなか回遊路として改修予定の裏通り

1970年に開店。

※☐　枠内は再開発事業計画区域
　　部分は平和通り商店街およびその周辺の商店街
　　部分は平和通り商店街のうち再開発事業準備組合に加盟した商店街

路を切り，複合ビルを建設して既存の商店が入居するというもので，建設費用は国の補助と複合ビルに新しく入居する店舗からのテナント料によって賄うというものであった。続いて，平和通り商店街による再開発事業準備組合と同商店街にあるデパート（大沼デパート）の間で「組合参加に関する協定書」締結を行った。デパートが複合ビルの中核店舗として入居する主旨のものである。だが，デパートは資金の調達が出来ず，2003年に複合ビルへの出店を断念した。すなわち，準備組合は複合ビルの核となる店舗を失ったのである。

　このため，市と商工会議所および準備組合は新たな核を探さざるを得ず，①生鮮食品売場とマンションを入れる案，②老人介護病院を入れる案，③図書館とコミュニティセンターを入れる案などが次々と検討されはしたものの，いずれも実現はしなかった。

　しかしながら，核となる店舗，施設が見つかり事業が計画どおり進めば，結果的に成功したであろうか。筆者は2005年に，佐賀市の中心市街地再開発事業によって建設された複合ビルの視察を行ったことがある。繁華街に建設されたもので，当初はいろいろなテナントが入居したものの，時間の経過と共に撤退が相次ぎ，筆者が訪れた時には市の市民交流施設だけが残っていた。

　このビルはテナント入居率100%ではじめて採算が合うというものであった。1998年に開店したが，その時点での入居率は70%で，開店後6カ月で1階のスーパーが撤退したのをはじめ，次々にテナントの撤退が続き，5年後の2003年には閉鎖同然となった。ただし，佐賀市の説明では，市民交流施設も無くなれば全くの空きビルとなり，電気，水道，その他の設備がビルを再開しても機能しなくなるため，敢えて市民交流施設のみ入居しているということであった。平和通り商店街に計画された複合ビルも同じ轍を踏まなかったという保証はない。

Ⅳ　再開発事業の反省点

　前述のように，旧中心市街地活性化基本計画は，核となる店舗，施設を見出すことができず頓挫してしまったわけであるが，その原因はどこに求めることが出来るだろうか。計画の経緯を総括してみると，次のような反省点，問題点を挙げることが出来る。

①行政と商店街では本来の役割が違うという認識が欠けていた。行政は商業振興の準備は出来ても，商業の振興自体は商店，商店街，商工会議所が担うべき役割である。

②再開発によって，どのような機能が中心市街地に生まれるかだけでなく，どのような風情が醸し出されるかという視点も必要である。筆者は2006年に三重県・伊勢神宮の門前町である「おはらい町」と「おかげ横丁」，長野県・善光寺の門前町である「ぱてぃお大門蔵楽庭」を視察したが，それぞれ歴史的景観の再生を図っていた。

③再開発事業に限ったことではないが，人間は労せず成果を手に入れることが出来るという夢を一度見てしまうと，なかなか夢から覚められない。国の補助というものが持つ魔力である。計画があっての補助ではなく，補助があるための計画というような本末転倒の展開になりかねない。

V　新たな計画

　前述のような反省を踏まえ，米沢市では現在，新たな中心市街地活性化基本計画を作成中である。計画は次のようなコンセプトに基づいている。①行政と民間の役割分担を明確にする。行政は公共施設の整備を行い，「人が集まり，交流する街なか」づくりを目指し，民間は自らの責任において商業活動を行い，「街なかの賑い」づくりを目指すものとする。②城下町らしい風情，情緒を感じ取ることが出来る景観形成や施設整備を行う。③多くの市民が共通認識として有している「歴史と文化のまち」という米沢のイメージを具現化する。

　計画はおよそ44億円の事業費のうち4割を国土交通省からの補助を受けて行うもので，期間は平成22年度から26年度までの5年間となっている。具体的な事業は，平和通り商店街周辺に限って挙げれば，①新図書館，市民ギャラリーの新築，②中部地区コミュニティセンターの新築，③まちなか歴史公園の新設，④街道の起点である「札の辻」ポケットパークの新設，⑤裏通りのまちなか回遊路としての改修，⑥東寺町の景観形成，⑦市営駐車場の改築，などである。

　米沢市では2008年に，平和通りの空き店舗を利用して，まちの茶の間「あいべ」を開設した（「あいべ」は方言で「行きましょう」の意味）。市民から公募し

た企画委員会によって運営されるもので，市民誰もが気軽に立ち寄れる小さな交流施設である。現在は主としてお年寄りを中心にして市民が集まり，お茶飲み，読書，手芸品・農産物の販売などが行われているが，そこには，中心商店街が担ってきた役割の原点，本質が窺われる。前述の新たな計画における具体的な事業メニューは，「あいべ」が生み出している市民同士の交流と憩いの機能を商店街全体に広げてゆく狙いを持っている。

VI 課 題

　修士論文では，①市街地と農村の交流，②交通政策を今後の研究課題とした。しかしながら，現在①については市街地での農産物直売に着手し，②については市民バスの中心市街地アクセス路線の新設検討などを行っているものの，まだ，本格的な取り組みとなっていない。中心市街地再生のためには，これらの充実が不可欠である。

おわりに

　筆者は2008年4月末の桜の季節に，米沢市および隣接する高畠町，川西町，南陽市の上空をヘリコプターで飛んだことがある。上空からみると米沢市の市街地と他の1市2町の市街地では明確に異なる点がある。それは米沢市の市街地は計画された街であるという点である。
　現在の米沢市の市街地は，約400年前に上杉氏の執政直江兼続によって町割りがなされた城下町を基盤とし，大正時代の2度の大火後に切られた東西の何本かの道路が加えられて出来ているが，その整然とした形は上空から見ると一目瞭然であり，その市街地に住居，公共施設，商業施設等が集積している。
　市街地の空洞化が進行しているといっても，400年間の集積がゼロとなったわけではなく，新しくこのような市街地を形成することは現実的に不可能であることから考えても，現在の市街地は未来に向けての貴重な財産と言える。これを，城下町としての特性を生かしながら再生させてゆくことが肝要と思われる。

第6章　角田市における定住対策の現状と課題

はじめに

　筆者は現在，宮城県角田市の市長を務めている。平成20年7月25日に任期満了に伴う市長選挙が行われた。33年間角田市に奉職し定年まで2年余りを残して立候補したのであるが，それは，新しいまちづくりへの使命感に燃えてのことである。選挙のマニフェストでは「小さくてもきらりと光る誇りを持って住み続けられるまちづくり」を掲げ，具体的には「市役所をまちづくりの再生マシンに改造する」など27項目を掲げた。当選後，早速，行政改革や企業誘致のプロジェクトを立ち上げ，このチームを「エンジンルーム」と呼んで，政策研究に取り組ませている。市長となってやろうとしていることは，大学院で研究テーマとした「都市の個性化戦略」を実行していこうとしているわけである。

　福島大学大学院地域政策科学研究科（修士課程）を修了したのは平成7年3月である。当時は企画課に勤務し計画行政を担当していた。2年間研究に打ち込んだ成果は『都市の個性化戦略とその実現システムに関する研究～地方分権化時代における地域政策のあり方』という論文にまとめあげた。論文の内容は全国の都市アンケートを実施し分析したもので，小都市でも「住みよさ」のランキングが高い都市での総合計画の策定においては，都市が本来持っている個性を再認識し，その個性を生かした文化水準の高い個別施策と，個性ある構想・計画を目指している。政策形成手法としては総合列挙主義からプロジェクト主義へ，意思決定システムにおいてはトップダウンから政策研究型へとシフトしている。また，地方分権化時代における政策形成は地域総動員体制で行われるものであるから，住民参画と情報公開の視点は不可欠となっているということを明らかにしたものである。

　本小論文では，平成17年に筆者が企画課長の時に企画立案し，同年7月から

施行した定住促進対策の経過と，現時点での実績等を加筆したものである。筆者が企画した本市の定住促進対策「角田・いらっしゃいプラン」はマイホーム取得支援制度，企業誘致優遇制度，子育て支援制度の３本柱である。特に，マイホーム取得支援制度の企画は，恩師鈴木浩教授の熱心なご指導の中からヒントをいただいている。鈴木教授はある講演会で，「住宅は50年に一度の人生最大の買い物であるから，地域政策における住宅政策は極めて重要な位置にある。その町で，年間何棟の住宅が新築されるだろうか。１棟当りの建築費が2000万円だとして，100棟で20億円になる。大工さんと建築資材等を全て地元で調達するとしたら，その地域経済効果はすこぶる大きいものになる。」と話されたが，その話が記憶に焼きついていて，転入者が地元大工による住宅を取得した場合に手厚い補助をするというマイホーム取得支援制度を考えるヒントになった。制度施行から５年目にあたり，これまでの成果を検証してみたいと思う。

I 角田市の概要

　角田市は宮城県南部に位置する人口３万3000人ほどの小都市である。宮城県有数の米どころ（多くは「ひとめぼれ」の特別栽培米）であり，工業ではホンダ系列の自動車部品工場㈱ケーヒンをはじめ，アルプス電気㈱，ホーチキ㈱，アイリスオーヤマ㈱など，優良企業が比較的多く立地する工業都市でもある。商業では買回り品の小売業の地元吸引率が30％を割り込み角田商圏は消滅し名取商圏等に吸収されているが，最寄品小売業の地元吸引率は依然として80％台を維持しており，日常的な消費生活における不便感はあまりない。道路交通網の改善により中心都市圏である仙台圏との近接性の確保や，医療・福祉や教育・文化面でのコンパクトな都市機能の整備が大きな課題である。「高蔵寺阿弥陀堂」（国重文）や，Ｈ２ロケットの研究開発機関である「角田宇宙センター」など，特徴的な地域資源があるまちでもある。しかし，いずれの地方小都市同様，人口減少，産業活力の停滞，さらに財政難に直面しており，この打開策が総合政策として求められている。

1　人口動態の現状

急激な人口減　本市においては近年，少子化や地域内雇用の減少傾向，さらに利便性の高い地域への転出などに伴い人口の著しい減少が見られる。図6-1のとおり人口は平成2年をピークに減少傾向にあり，特に平成10年中に3万5千人を切って以来，減少速度が急速に早まっている。

一方，近隣市町においては，図6-2のとおり岩沼市や柴田町，大河原町，亘理町など仙台市近郊のJR沿線の市町における人口は増加傾向にある。

人口減少により，中心市街地の空洞化が進み，多額の投資をして造成した阿武隈急行線角田駅周辺や岡駅周辺の土地区画整理地内への住宅建築が遅々として進まない現状であり，また周辺農山村地域の過疎化の進行も深刻な問題となっている。

急速な社会減　図6-3に見られるように，平成7年以降，転出件数は増加傾向にあり，特に平成15，16年度の増加が著しくなっている。転入については，平成13年度に市内企業の雇用増の影響で一時的に増加はしたものの，その後は減少しており，転出・転入の乖離幅が大きくなっている。

図6-4は，市内誘致企業の従業員の雇用状況を示しているが，市外居住者の雇用数が増加しており平成11年度で50.2％だったものが，16年度には56.4％となっており，転入減と大きな関係があるものと考えられる。

図6-5は，平成17年国勢調査による通勤・通学状況であるが，角田市から他市町への流出は仙台市，柴田町，丸森町，近隣の大河原町の順に多く，角田市への流入は丸森町，柴田町，大河原町の順に多くなっている。

図6-6は，住民基本台帳に基づく転出・転入の状況を示しているが，移動市町間の関係は，仙台市との関係が最も大きく，以下は図6-5と同様の傾向を示している。

主要都市間では，仙台市への転出は減少しているが，近隣の大河原町や柴田町への転出は増加している。また，転入では，仙台市からの転入は減少傾向となっている。丸森町と柴田町では14年度までが増加傾向を示してきたが，15年度には減少している。

進む少子化　人口減少の要因の一つに少子化が上げられる。図6-7に見られるように平成7年度から16年度までの10年間の年間平均出生者数は276人

図6-1 人口の推移（人）

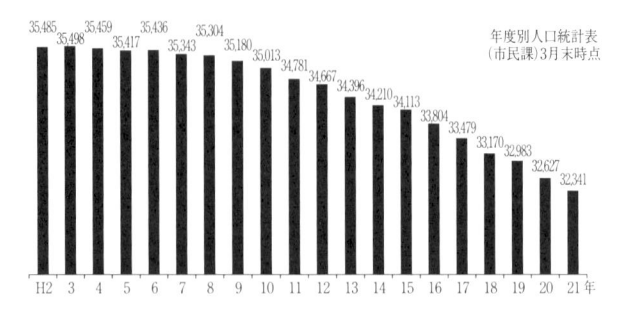

年度別人口統計表
（市民課）3月末時点

年	人口
H2	35,485
3	35,498
4	35,459
5	35,417
6	35,436
7	35,343
8	35,304
9	35,180
10	35,013
11	34,781
12	34,667
13	34,396
14	34,210
15	34,113
16	33,804
17	33,479
18	33,170
19	32,983
20	32,627
21	32,341

図6-2 近隣市町の人口の推移

単位：人

H20年時点：
- 岩沼市 44,403
- 柴田町 38,904
- 白石市 38,627
- 亘理町 35,725
- 角田市 32,511
- 大河原町 23,533
- 山元町 17,134
- 丸森町 16,328
- 村田町 12,448

〔住基 12月末〕

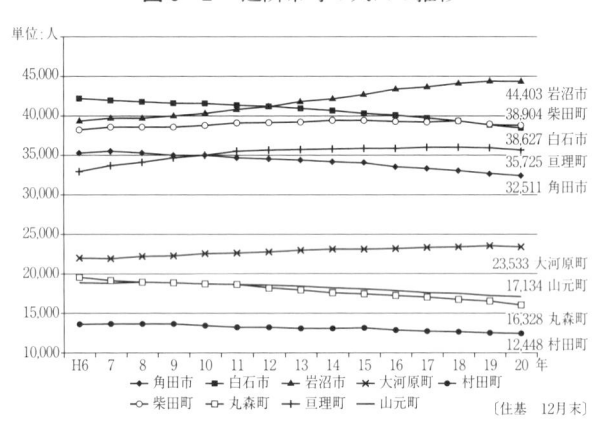

図6-3 転入・転出の状況

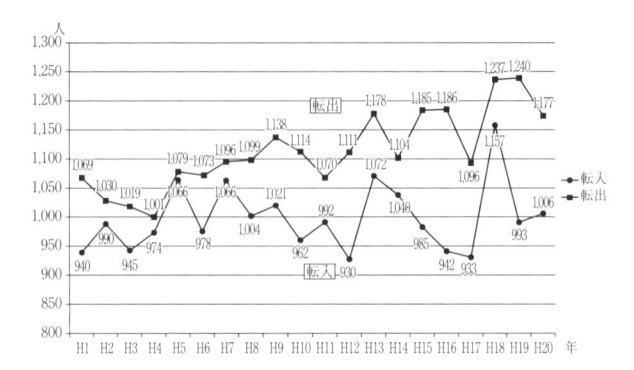

転出：
H1:1,069, H2:1,030, H3:1,019, H4:1,001, H5:1,079, H6:1,073, H7:1,096, H8:1,099, H9:1,138, H10:1,070, H11:1,114, H12:1,111, H13:1,178, H14:1,072, H15:1,185, H16:1,186, H17:1,096, H18:1,237, H19:1,240, H20:1,177

転入：
H1:940, H2:990, H3:945, H4:974, H5:1,066, H6:978, H7:1,066, H8:1,004, H9:1,021, H10:962, H11:992, H12:930, H13:1,046, H14:985, H15:942, H16:933, H17:1,157, H18:993, H19:1,006

第6章 角田市における定住対策の現状と課題　93

図6-4　市内誘致企業の従業員の雇用状況

図6-5　角田市と他都市間の通勤・通学人口の状況（国調H17）

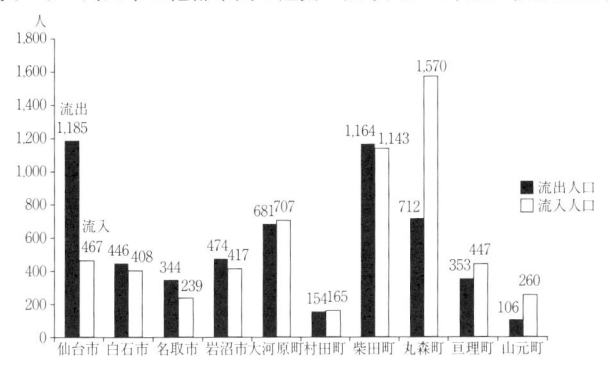

図6-6　角田市と他都市間の転出・転入状況
（H15～H19合計，住基12月末）

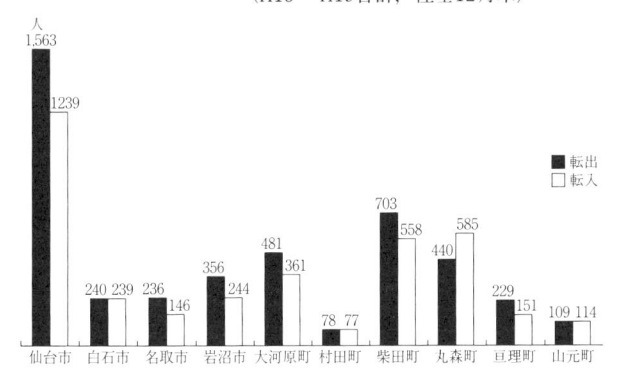

で，平成12年度のミレニアム結婚の影響で第１子の14年度と第２子目の16年度に出生者数が増えているものの，全体的には減少傾向にある。

　少子化の原因は，婚姻件数の減少と密接な関係がある。図６-８のように平成７年度から16年度までの10年間の年間平均婚姻件数は165件であるが，平成12年度のミレニアム結婚以降は減少傾向にあり，平成20年度は149件にとどまっている。図６-９に見られるように，男女とも20歳代の未婚者が増えており晩婚化の傾向を示す一方，男の40歳代の未婚者が増加しており，婚姻件数の減少につながっているものと考えられる。

　　２　住宅の現状
　住宅建築の減少　　人口減少や低迷する経済環境の影響により，持ち家戸数が減少している。図６-10は昭和47年から平成20年まで37年間の専用住宅建築確認申請の推移を表している。昭和40～50年代は人口増加と経済成長がマイホームブームを引き起こして住宅建築を促進し，申請件数は年間300～400件台であった。その後も200件台で堅実に推移したが，平成９年以降になると長引く景気低迷と人口減少の影響で，建築件数は減り続け，平成20年度の建築確認件数は104件まで減少している。

　低迷する宅地価格　　図６-11は，平成21年１月における国が示した地価公示価格の近隣市町を比較したものである。市部では当市が最も価格が低く，大河原町，柴田町，及び亘理町と比較しても低くなっている。「大都市に近い」，「JR東北本線や国道４号などの主要幹線が走っている」などの利便性が高いと考えられる地域の宅地価格が高く，そうでないところは低い傾向であり，利便性と宅地価格は概ね比例している。

　地価下落が続く中，土地は，土地バブル期と比較し求めやすい価格となっているが，土地購入時に最も優先されるのは，土地価格だけではなく日常生活における利便性であると考えられる。土地取引上，利便性などを考慮してもさらに低廉な価格であるとか又はその他の特殊要因でもなければ，利便性の高い地域との比較では，劣勢にならざるを得ないのが現状といえる。

第6章　角田市における定住対策の現状と課題　　95

図6-7　出生者数の推移

〔住基　12月末〕

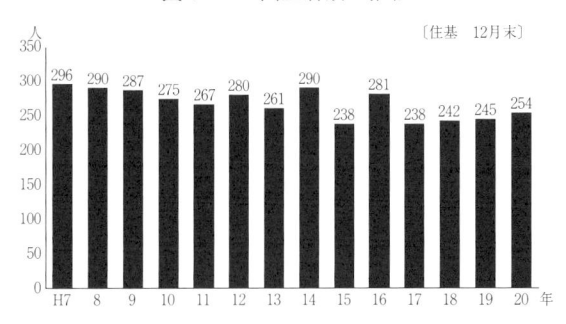

年	H7	8	9	10	11	12	13	14	15	16	17	18	19	20
人数	296	290	287	275	267	280	261	290	238	281	238	242	245	254

図6-8　婚姻件数

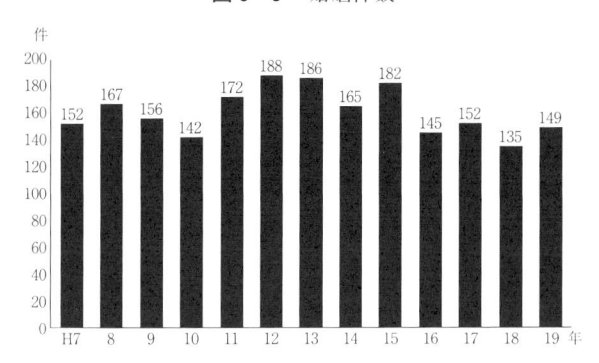

年	H7	8	9	10	11	12	13	14	15	16	17	18	19
件数	152	167	156	142	172	188	186	165	182	145	152	135	149

図6-9　年代別未婚者数

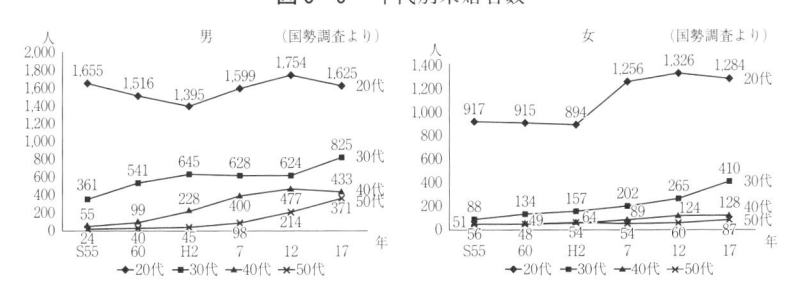

男（国勢調査より）

年	S55	60	H2	7	12	17
20代	1,655	1,516	1,395	1,599	1,754	1,625
30代	361	541	645	628	624	825
40代	55	99	228	400	477	433
50代	24	40	45	98	214	371

女（国勢調査より）

年	S55	60	H2	7	12	17
20代	917	915	894	1,256	1,326	1,284
30代	88	134	157	202	265	410
40代	51	46	49	64	89	128
50代	24	48	54	54	60	87

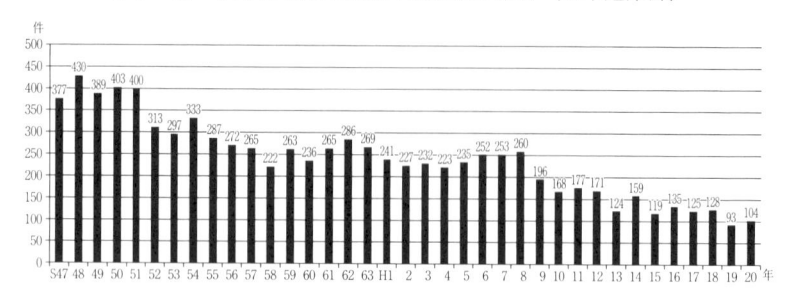

図 6-10　専用住宅建築確認申請状況の推移（土木建築課）

図 6-11　平成21年地価公示価格比較

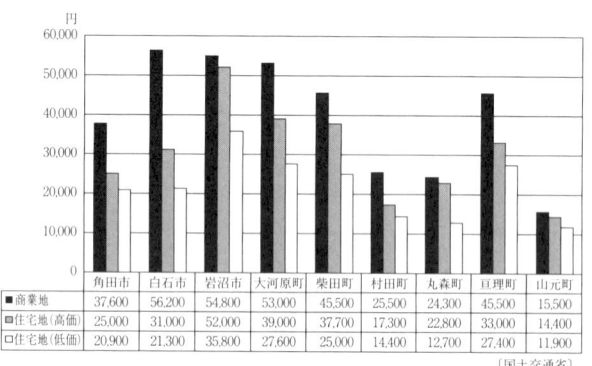

	角田市	白石市	岩沼市	大河原町	柴田町	村田町	丸森町	亘理町	山元町
■商業地	37,600	56,200	54,800	53,000	45,500	25,500	24,300	45,500	15,500
■住宅地(高価)	25,000	31,000	52,000	39,000	37,700	17,300	22,800	33,000	14,400
□住宅地(低価)	20,900	21,300	35,800	27,600	25,000	14,400	12,700	27,400	11,900

〔国土交通省〕

Ⅱ　定住促進対策「角田・いらっしゃいプラン」の現状と課題

　人口減少は市民生活や地域経済の活力低下を招くばかりでなく，市の財政にも影響し，地域の存立基盤に関わる深刻な問題をもたらす。このため，豊かで魅力的な生活環境を整備するとともに本市の最大の課題である道路・交通や買い物等の利便性を向上し，住みよい都市環境の整備を急がなければならない。しかし，都市環境の整備は長期にわたるため人口増加のための短期集中的な対策が必要となる。また，そのことに伴う様々な波及効果に着目した内容にすることにより，地域振興効果を図ることが政策的に重要である。

　このため，本市においては，増加傾向にある市外からの通勤者やＵターン

希望者の転入を促すことや，新婚等若者夫婦の市外転出を抑制するための対策として「住まいの確保」を支援していくことに重点を置き，個人住宅投資を誘導することによる内需誘発や経済波及効果に着目した内容にすることによって，事業効果を高めていくことが重要である。

定住条件の重要な柱として，「住まいの確保」の前提となる「働く場の確保」や「暮らしやすい生活環境の確保」がある。このため，効果的な企業誘致対策の検討をはじめ，豊かな自然環境や農村環境を生かしたゆとりある「いなか暮らし」のための条件整備や，子育て環境の整備など，本市に転入者を呼び込むためのセールスポイントの整備を，早急に検討する必要があると考え，平成17年度に「マイホーム取得等奨励事業」，「企業立地優遇制度」，「子育て支援事業」の3本の施策を柱とした「定住促進，角田・いらっしゃいプラン」を策定し，人口対策の重点施策と位置付けて実施している。

1　マイホーム取得等奨励事業

転入者及び市内居住の45歳未満の新婚等夫婦がマイホームを取得した場合に，転入者が「かくだ大工」「（市内建築業者）で建築した場合，最高で100万円，市内新婚等夫婦が「かくだ大工」で建築した場合，最高で60万円の奨励金を交付し定住を支援する制度で，転入者に対しては民間住宅家賃助成制度もある。この制度は平成17年度から21年度まで5ヵ年のサンセット方式とした。なお実績等については後述することにする。

2　企業立地優遇制度

この制度は，事業所の新・増設又は移設に要した投下固定資産の取得が3000万円以上の企業を対象に支援する制度である。

内容は，企業立地奨励金（固定資産税・都市計画税に相当する額を5年間交付），雇用奨励金（新規採用常用雇用者10万円，新規学卒常用雇用者15万円を3年間交付），用地取得助成金（3000㎡以上の工業団地等を取得した場合，最高1億円交付）である。

平成17年度から20年度までに5社が利用した。この制度の創設により，久しく買い手がつかなかった工業団地が3区画あったが，そのうち2区画を売却す

ることができた。ただし，地価下落の影響で簿価と評価額に相当の開きがあり売却損となったが，長い目で見れば致し方ないことであろう。

また，平成20年からの経済不況により，市内大手の工場でも工場再編の動きがあり，㈱ケーヒン（従業員約2500人）とアルプス電気㈱（従業員約500人）はともに，他工場を閉鎖し角田工場を拠点工場として再編が図られることになったのだが，それは，企業立地優遇制度を含め，本市の企業立地対策への姿勢が評価されたからだと思っている。2つの企業の工場再編により，新たに600人を超える従業員が角田工場に転勤になる予定となっており，転勤者への角田市定住を呼びかけている。

3　子育て支援事業

平成17年度から，かくだコウノトリ事業（不妊治療費助成1年10万円，2年間），かくだ安心マタニティ事業（妊婦健診助成6回，現在14回まで拡大），保育所の改築（定員120人を140人に，待機児童の解消），延長保育，一時保育，ファミリーサポートセンター，学童保育等々を実施し，子育て支援策は他市町に劣らず多くのメニューを実施している。

出生率については，図6-7のとおり若干上向いてきてはいるものの，ほとんど横ばいの状況であり，本事業による効果は計りかねている。女性が子供を生み育てるためには，子育て環境にとどまらず，子供の教育環境や女性の就業環境も大きく左右されると言われており，こういった環境の整備充実にも配慮しなければならないが，抜本的な対策を地方小都市が講じるには課題が大きすぎるように思う。

また，若者の定住率と出生率との相関関係はどうか。若者の定住率を示すデータはここにはないが，図6-8及び図6-9に見られるように，晩婚化と同時に婚姻件数も減っている中で，出生率が伸びないのは当然であろう。しかし，合計特殊出生率（平成20年12月31日現在）では，全国平均1.37人に対して角田市は1.46人と全国平均よりも高い。調査年によって波があるようだが，角田市は比較的安定的な出生率を維持しているのではないか。子育て重視のまちづくりを展開するなど出生率の向上のためにまだ打つ手はあるように思われる。

Ⅲ 「定住促進，角田・いらっしゃいプラン推進事業補助金」の実績と課題

1 事業の概要

Ⅱの1に述べたマイホーム取得等奨励事業について，ここで改めて紹介することにする。この事業にかかる補助金の名称は「定住促進，角田・いらっしゃいプラン推進事業補助金」である。事業の目的は，転入者及び市内在住の夫婦に対し，住宅取得等定住に要する経費について支援することにより，人口の減少を抑制し定住促進と地域の活性化を図るものであり，平成17年7月1日から22年3月31日までの5ヵ年を限定とする制度である。なお，事業実績等については表6-1を参考にされたい。

新規転入者マイホーム取得奨励事業は，転入者（市外に2年以上住んでいる方）の新築（A型「かくだ大工」活用），B型（「かくだ大工」以外）及び中古住宅購入（C型）を対象とし，市外からの転入者を呼び込み定住者の増加を図ることを目的としている。

市内新婚等夫婦マイホーム取得奨励事業は，市内に住んでいる45歳未満の夫婦が新築（A型「かくだ大工」活用），B型（「かくだ大工」以外）及び中古住宅購入（C型）を対象とし，市内から他市町村への人口流失を抑制し，また，夫婦を対象とすることで，結婚を奨励し子育てを応援しようとするものである。

新規転入者民間住宅家賃助成事業は，転入者に対し，賃貸住宅の家賃助成を行うことで，定住者の増加を図る。また，市内の事業所に勤務している方に限定し対象とすることで，市内事業所就業者（特に誘致企業）の定住者の増加を図ることを目的としている。

また，①特定区域用地加算金（新規転入者は市内5地区の土地区画整理地及び市分譲地の取得，市内新婚等夫婦は市分譲地取得），②生垣加算（新規転入者のみで景観に配慮した町並み形成を目指す），③阿武隈急行利用加算金（新規転入者のみで，阿武隈急行線の定期乗車券の費用を助成し利用促進を促す）などの加算金を奨励金に上乗せし，加算効果を狙った。

表6-1　いらっしゃいプラン補助金交付実績

(単位：千円)

区分			奨励助成金	17年度 実績 件	17年度 実績 金額	18年度 実績 件	18年度 実績 金額	19年度 実績 件	19年度 実績 金額	20年度 実績 件	20年度 実績 金額	合計 実績 件	合計 実績 金額
新規転入者	A	かくだ大工	10万円	1	1,000	4	3,797	10	9,739	5	4,533	20	19,069
	B	かくだ大工以外	70万円	2	1,050	3	2,044	3	2,100	9	5,794	17	10,988
	C	中古住宅	40万円	1	220	6	2,024	1	400	8	3,024	16	5,668
		小計		4	2,270	13	7,865	14	12,239	22	13,351	53	35,725
新婚等(市内)夫婦	A	かくだ大工	60万円	9	5,101	10	5,799	8	4,513	9	5,150	36	20,563
	B	かくだ大工以外	40万円	3	1,168	11	4,390	10	3,941	10	4,000	34	13,499
	C	中古住宅	20万円	2	400	4	760	5	955	2	400	13	2,515
		小計		14	6,669	25	10,949	23	9,409	21	9,550	83	36,577
家賃助成	新規	家族	月1万円	1	70	4	240	8	650			13	960
		単身	月5千円			1	60	2	120			3	180
	継続	家族	月1万円			1	120	4	400	6	680	11	1,200
		単身	月5千円					1	60	1	60	2	120
		小計		1	70	6	420	15	1,230	7	740	29	2,460
特定区域加算 (20万円)				1	200	4	800	8	1,600	12	2,400	25	5,000
生け垣加算 (上限10万円)						1	27					1	27
阿武急運賃助成 (1年上限10万円)						1	96	1	53			2	149
		小計			200	6	923	9	1,653	12	2,400	28	5,176
(件数加算再掲)補助金合計額				19	9,209	44	20,157	52	24,531	50	26,041	165	79,938

注：加算金：特定区域加算は新規転入者が土地区画整理地内及び市分譲地を購入して住宅を新築する場合の加算金。生け垣及び阿武急運賃助成の加算は新規転入者のみ。
市内新婚等夫婦は市分譲地の購入者のみに加算。

2　経過及び実績

　表6-1で平成17年度から20年度までの4ヵ年の実績を見ると，新規転入者が32.1％，新規転入者家賃助成17.6％，新婚等夫婦マイホーム取得事業が50.3％となり，新規転入者と新婚等夫婦の割合は半々である。住宅の建築件数で比較すると新規転入者が39.0％，新婚等夫婦が61.0％となり，全体の6割が新婚等夫婦である。また交付額も4ヵ年で約8000万円となり，申請件数及び交付金額が年々増えてきている。

　人数の内訳は，新規転入者が189人（マイホーム取得152人，家賃助成37人），新婚等夫婦が314人となっている。「かくだ大工」活用については，本制度申請者の新築件数は4ヵ年で107件であり，そのうち「かくだ大工」を活用したものは56件，52.3％で半分以上が地元業者を活用している。

3　分析及び評価

　申請者について　　新規転入者の申請者の年代別では31〜35歳が13件，次いで26〜30歳9件，36〜40歳が8件の申請があった。これは全体の約57％を占める数値であり，特に平成19年以降は26〜35歳の若い年代からの申請増加が目立った。逆に，61歳以降の団塊の世代と呼ばれる世代の移住も全体の2割弱を占めたのも大きな特徴といえる。

　新婚等夫婦の申請者の年代別では36〜40歳が25件，次いで26〜30歳が20件，31〜35歳が19件の申請があった。新規転入者同様この年代で全体の約77％を占める結果となった。

　全体的にみても，26〜40歳という若い年代のうちに住宅を持つケースが7割弱にも上ることがわかった。その理由として核家族の増加や，景気低迷といわれるものの，利子が安く，銀行も従来最長であった30年ローンを超える35年ローンを創設するなど，「細く長く返済する」というスタイルが，今の若い世代に合ったのもひとつの要因と思われる。その一方で，申請者の家族構成を分析すると，単身又は夫婦のみなど，2人以内の家庭は全体の2割にとどまり，3人・4人世帯が全体の6割以上を占めていた。

　申請者136件のうち，家族数3人以上の109件の家庭について子どもの数を調査したが，若い年代で住宅を持つ家庭が多いため，約94％の家庭に18歳以下の

子があり，更には約76％の家庭に未就学の幼児がいることがわかった。

事業規模について　当初計画においては，5年間で申請件数411件，総事業費2億1630万円（新規転入者マイホーム取得88件，9910万円　新婚等夫婦マイホーム取得168件，8660万円　新規転入者家賃助成155件，3060万円）を見込んでいた。現在のところ165件，約8000万円となっている。特に，新規転入者の家賃助成の件数が少ないが，これは，大手企業がアパートや借家を社宅として長期間提供していることによるものと考えられる。また，事業費については，補助限度額で試算していることもあり，計画を下回っている。

人口について　当初計画において，5年間で減少人口を1500人と推計し，本制度によって500人増（新規転入者281人，新婚等夫婦537人，民間住宅家賃助成149人＝967人の約2分の1）を見込んで，5年間で人口減少を1000人に食い止めるという計画であった。平成17年度から平成20年度までの4年間の実績としては503人増（新規転入者152人，新婚等夫婦314人，民間住宅家賃助成37人）となっており，4年間で既に目標に届いており，5年間で630人の増加が見込まれる。しかし，実際の減少人口は4年間で1100人を超えており，5年間の人口減少は1300人を超える見通しであるから，人口抑制効果は，200人足らずということになる。達成率は目標の4割程度になろうか。

なお，制度開始以前の3年間の平均は315人の減少だったが，制度開始後は277人の減少となり，減少幅は38人縮まった。また，制度利用による新規転入者は年平均59人となり，人口減少の歯止めに役立っているのではないかと思われる。

住宅新築件数について　全国的には平成18年度は増加したものの近年は減少傾向にある（図6-10）。また，宮城県においても平成20年度は持ち直したものの減少傾向にある。角田市においては平成16年から平成18年までは増加傾向にあったが，その後は減少傾向にある。本制度によって建築件数は増加しているとは言えないが，維持していると言うこともできる。

経済効果について　定住後の経済効果は，固定資産税，地方交付税，住民税を見込んでいる。平成17年度から20年度までの4年間の税収は5300万円と見込んでいる（実額は未調査）。4年間の事業費（奨励金及び助成金）は約8000万円であるから，事業費を税収で回収するには6年かかるが，その後の税収効果

に希望をつないでいる。

　この事業費について，財源は実は遊休の市有地（分譲地を含む）の売却収入を当て込んでいる。本事業開始から4年間で約7500万円の土地売却収入があったが，市の分譲地については，マイホーム取得奨励金とセットで販売した効果も大きかった。なお，制度を活用して土地区画整理地内への住宅建築が進んだ効果も大きい。

　また，住宅建築費の直接的な経済効果として計画では5年間で51億2000万円を見込んでいたが，4年間の実績は約30億円であり，年あたりに換算すると計画比の73％程度となっている。

　地元の建築業者「かくだ大工」を活用して新築した件数が52.3％と半数止まりとなっているのは残念だ。地元業者がこの制度をもっと積極的に利用して建築需要を喚起してほしいのだが，業者と行政が連携して制度のPRを行う方法も検討する必要があるだろう。

制度利用者アンケート調査結果　角田市を選んだ理由としては，転入者の場合，「親が住んでいるから」「子どもの教育を考えて」「自然が豊かだから」の順となった。また，新婚等夫婦の場合は「以前から住んでいるから」「市内に就職先があるから」「親が住んでいるから」の順となっている。転入者は，両親の近くで子育てをしながら暮らしたいとの思いが伝わってくる。また，新婚等夫婦は住み慣れたところでの暮らしを望む傾向が見られる（図6－12）。

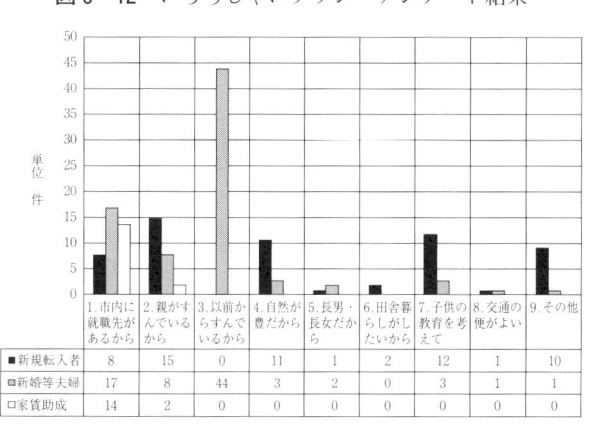

図6－12　いらっしゃいプラン　アンケート結果

単位：件

	1.市内に就職先があるから	2.親がすんでいるから	3.以前からすんでいるから	4.自然が豊かだから	5.長男・長女だから	6.田舎暮らしがしたいから	7.子供の教育を考えて	8.交通の便がよい	9.その他
■新規転入者	8	15	0	11	1	2	12	1	10
■新婚等夫婦	17	8	44	3	2	0	3	1	1
□家賃助成	14	2	0	0	0	0	0	0	0

おわりに

　制度導入当時（平成17年7月）は，住宅に対し補助する制度は全国に数例しかなく大変インパクトがあった。しかしながら，その後，他の自治体も次々と同様の施策を展開し，白石市など近隣市町においても類似した制度が作られてきて，インパクトが薄れつつある。

　本制度が，本当に定住人口増加への呼び水となっているかどうかは，上述したとおり，十分に検証できる事業期間にはなっていないように思うが，転入者による市内への住宅取得が増えており，これは本制度施行以前にはあまりなかった現象であるから，呼び水になっていることは確かであろう。また，景気低迷の折から，現在の段階では少なくとも住宅建築に当たっての経済支援策としては役立っていると思う。したがって，効果を検証するには一定期間継続した後でもよいのではないか。同時に，就業や通勤手段や生活の利便性の確保，また教育や子育てなどと住宅対策との関係について十分な検討を加え，総合的な地域政策の中で新たな定住対策を検討する必要があろう。

　なお，本制度が人口減少社会における地域政策の社会実験としての意義があるのではないかと思い，制度の継続に向けて現在見直し作業を行っているところである。

第7章　広域連携の現場から

はじめに
―第4回ほくとうトップセミナー―

　平成21年11月16日，北海道・東北の8道県の知事，経済連合会，商工会議所等，官民のトップが集う「第4回ほくとうトップセミナー」が行われた。このセミナーは平成18年から毎年開催され，地域が抱える課題，中でも官民が広域的に連携すべき政策課題について意見交換が行われている。

　第4回目となる今回は，地域が戦略的に経済交流を進める，率直に言えば，少子高齢化の進展により，国内市場の縮小が見通される中で，地域が新規市場開拓として「海外との貿易をもっと身近に感じる」ためにどうするべきか，について意見が交わされた。その中で，「海外での共同販路開拓」「海外アンテナショップの共同設置」「輸出コーディネーターの連携」「地域の中小・専門商社の育成」など，道県の枠組みを超えた連携が提案された。

I　広域連携の必要性

　いま，行政と民間の垣根を，県の枠組みを超えての「広域連携」が進められる理由はなにか。その必要性については触れるまでもないが，ここで筆者なりに整理したい。

1　民間のアイデアを地域政策に

　「官から民へ」「国から地方へ」。最近ある種のブレは感じられるものの，政権が代わっても，この流れは基本的に変わらない。国からのお仕着せではなく，地域が自ら考え，政策を立案する。その際は，民間もアイデアを出し，時には

一緒にプロジェクトを進める。企業のニーズやノウハウを地域政策に反映させることで、有利な経営環境、ひいては地域経済の活性化につながることが、地域にとっても、企業にとっても望ましい。

2　財政面からの危機感

また、地方自治体の財政面から見た場合、事業のスリム化という観点から、他地域との連携によるスケールメリット[(1)]の発揮が欠かせない。

1990年代以降、税収はバブル期以前の水準に戻ってきているにもかかわらず、公共サービスは以前の水準を維持している。このため、借金財政が常態化している。家計で言えば、収入が減れば支出（公共サービス）を我慢するのが本来の姿だが、財政面からだけでなく受益者の立場から考えても、一度享受したサービスの質量を落とされることには、大きな抵抗感があるだろう。

3　単一県の取り組みの限界

18年7月、「とうほく自動車産業集積連携会議」が、岩手、宮城、山形の3県、自動車関連企業等約500社で組織された。その後、青森、秋田、福島が参加して、6県をカバーする枠組みとなった。

同会議の取り組みは、6県が「点」ではなく、「面」として多様な技術力を、トヨタグループにアピールすることにある。こうした観点から、毎年愛知県内で、6県合同商談会や知事によるトップセールスを行っている。一方、その成果はどうかと言えば、サンプル供給等、試験的な成約はあるものの継続的な成約につながっているケースはそれほど多くない。もっといえば、ティアワンと呼ばれる完成車部品の1次サプライヤーとの間で、直接部品の取引のある企業は多くない。

東北では、筆者の知る限り、ティアワンと部品供給面で取引のある地場企業は、宮城県、山形県にそれぞれ立地する2社しかない。

---

(1) スケールメリット：規模の経済。ここでは県の枠組みを超えた広域的な圏域で様々な取り組みを進めることにより、人的、経済的資源が増加すること、行政のコストダウンが図られることを意味している。

4 これまでの取り組みを「補完」

こうした背景から読み取れるのは、単一県内だけでは、企業や技術、人材などの「資源が不足している」ということである。一方で連携は「必須」ではない。これまでの取り組みを連携することで補い合える。それが広域連携だと筆者は考える。

II 「北海道・東北未来戦略会議」の設立

平成18年5月、北海道・東北（新潟を含む）の8道県の知事、北海道商工会議所連合会、東北六県商工会議所連合会、新潟県商工会議所連合会、北海道経済連合会、日本政策投資銀行、東北経済連合会のトップをメンバーに「北海道・東北未来戦略会議」が設立された。

同会議は、北海道・東北地域に共通する政策課題について、官民のトップによる議論を行う場として設立された。

1 なぜ、北海道・東北か

「北海道・東北未来戦略会議」には、前身の団体がある。平成4年に設立された「北海道・東北21世紀構想推進会議」だ。同会議では、多極分散型の国土形成に向けて「ほくとう新国土軸」を提唱し、その結果、「21世紀の国土のグランドデザイン」、いわゆる5全総にその理念が採用された。

2 新潟は「東北」か

本来の趣旨から脱線するが、新潟が東北に含まれることに対し、違和感を覚える方も多いだろう。ここで著者なりの整理をしておきたい。

新潟県は、国をいくつかの州に再構築する「道州制」など、広域で考えた場合のデリケートな地域の一つだ。例えば、天気予報では「関東甲信越」、国の地方行政機関では「関東」や「北陸」、一部「東北」と分類される。ちなみに、筆者が所属する（社）東北経済連合会では、新潟を含む東北7県を活動エリアとしている。

新潟を東北に含む経緯は諸説あるが、まずは「東北開発促進法」、その後の「国

土形成計画法」が新潟を含む7県を「東北」としていることが法的な根拠として挙げられる。また，これらをベースとして「北海道東北地方知事会」や「東北開発推進協議会」等，政治・行政分野での組織活動が行われていること，北海道東北開発公庫（現・日本政策投資銀行）により，新潟を含む8道県に政策金融・プロジェクト投資が行われたこと，が実績として挙げられる。

　さらに歴史を紐解けば，旧経済企画庁の所管エリアとして，東北に新潟を含んでいたことに加え，陸軍第2師団や戦後GHQ体制が東北に新潟を含んでいた，新潟側が北海道東北開発公庫の投資に組み込まれることを望んだ，などが指摘されているが，これらは「新潟のいま」「これからの新潟」を考える上での参考資料にしかならない。

　このような背景から言えることは，様々な局面で「新潟」がキャスティングボードを握る機会が出てくる，ということだ。北陸3県は強固なつながりがあり，新潟がいまさら北陸に加わるのは難しい。かといって，関東では新潟が埋没する。「中部」や「東北」でこそ，日本海側唯一の政令指定都市を抱え経済・社会資本の基盤が集積する「新潟の優位性」を発揮できると筆者は考える。

　地域企業にとっても，今後のグローバル戦略を考えた場合，中国や韓国，ロシアに強い新潟港や新潟空港利用の観点からメリットがある。また，冒頭「資源の不足」で触れたように，一部上場企業などの有力企業を数多く有する新潟県が東北と歩調をあわせることは，地域の総合力，スケールメリットの観点から望ましい。

3　北海道・東北ラウンドテーブル　「ほくとうトップセミナー」

　話を本筋に戻す。平成18年当時，九州ではすでに官民トップによる「九州地域戦略会議」が組織され，関西では地方自治法に基づく「広域連合」を視野に入れた「関西広域機構」の設立準備が進んでいた。これを受け，北海道・東北地域において「将来に向けた官民トップによる議論の受け皿」として設立されたのが，北海道・東北未来戦略会議だ。

　冒頭で触れた「ほくとうトップセミナー」は，同会議が主催しており，年に一度，北海道・東北8道県の知事と経済界トップがテーマを絞って議論を行い，同会議の構成団体（各道県や経済団体等）により，課題の克服や提案の具体化

を図ってきた。

4　官民による広域観光の推進　「東北観光推進機構」の設立

平成18年11月に行われた第１回セミナーでは，今後の観光振興（広域観光の推進）について議論が行われた。

例えば，海外旅行でイタリアを訪れる際，首都ローマを訪れるのみで終わるはずもなく，ヴェネツィアやミラノ，フィレンツェにも足を伸ばしたいと考えるだろう。県を超えて周遊ルートを提案する広域観光プロモーションは，観光客誘致に向けた必要条件だった。

当時，「2010年までに訪日外国人観光客1000万人」を目標として，国家戦略「ビジット・ジャパン・キャンペーン」が進められる中，すでに九州では官民により「九州観光推進機構」が設立されていた。

九州で，年間予算規模５億円で広域観光プロモーションが進められる中，東北では，民間主導による「東北観光推進協議会」や行政主導による「東北六県観光推進協議会」など，予算規模の少ない類似団体が存在していた。

この状況を打開すべく，本セミナーで「東北観光推進機構」の設立が決議された。これを受け，平成19年６月に「東北観光推進機構」が設立され，現在，東北７県の観光担当部署，民間旅行会社等から職員を集め，海外での東北の認知度向上や首都圏，関西圏からの誘客プロモーション，教育旅行の誘致活動等を行っている。

このような取り組みにより，19年は東北への外国人訪問者数は51万５千人と50万人を突破した。一方で，20年は世界不況，円高の影響により47万４千人と前年度を下回っている上，2009年度も新型インフルエンザの影響で依然として厳しい状況が続いている。（数値は国際観光振興機構・訪日外客実態調査に基づく）

Ⅲ　北海道・東北未来戦略会議の最近の取り組み

平成19年当時，安倍政権の旗振りのもと，全国的にも「道州制」の議論が行われ始めていた。北海道は道州制特区を，関西は現在の法的枠組みでの道州制の受け皿を，九州は独自の調査研究を行うべく準備が進められていた。

1　広域経済圏の形成に関する調査研究へ

　こうした中，東北では，道州制に対する各県知事の見解が異なることもあり，北海道，東北未来戦略会議では，まずは分権型社会において目指す姿について検討を行うことになった。

　平成21年6月，同会議の下に設置した研究会が「真の分権型社会における広域経済圏の形成に向けた調査研究報告書」を取りまとめた。

　本報告書は，厳しい状況に直面している地域経済を活性化させるため，北海道・東北地域が県境を越えた「広域経済圏」を形成し，自立的発展を図るために何をすべきかといった地域戦略について調査研究を行ったものだ。具体的には，「行政の企業支援が画一化し，企業のレベルごとに対応していない」「地場産品の輸出は各県同じことをばらばらにやっていて効率が悪い」など，民間企業のニーズや指摘を受け，産業集積，貿易拡大，社会資本の3分野について，道県を越えて行政が広域的に連携すべき方策を提案した。特に，産業集積，貿易拡大についてはワーキンググループを作って議論を深めた。

　筆者は本報告書の作成事務局を務めたが，率直に言って取りまとめに苦労した経緯がある。「単一道県の取組みの限界」や複数県にまたがる広域経済圏の「スケールメリットの発揮」は，県の垣根が関係ない民間側に立てば「賛成」であるが，行政側にとってみれば，総論賛成，各論「消極的」である。

　詳しく説明することは避けるが，以下のような事例が挙げられる。例えば，A県に立地する企業が輸出をする際，相手国やリードタイム，コストの都合上，隣接するB県の港湾が最も条件に合致していたとする。この場合，企業が隣県の港湾情報をA県から得ることは難しいし，B県の担当者がA県内の企業に港湾プロモーションを行うことは現実的に難しい。このような事情が，京浜港一極集中の一助ともなっている。港湾や空港など，県単位でのフルセット整備を進めた結果，県の利害が対立する結果となってしまっている。

　こうした事例は，産業集積の分野でも言える。進出企業にとってA県が条件に合わなければ，A県が隣のB県を紹介する，ということは現実的に難しい。

　このように，現状では，他地域VS東北で考えた場合に，地域戦略としての「スコープメリット」(2)がまったく機能していないと言っていい。会議の場でも「妥協点を探りあう」ことに終始し，大局的な観点から「本来こうあるべきだ」と

いう議論が行えなかったことに，事務局としての力量不足を痛感すると共に，残念な点でもあった。

2　産業連携部会，貿易連携部会の設置へ

　結果として「真の分権型社会における広域経済圏の形成に向けた調査研究報告書」は，複数道県が連携すべき施策を提案したが，全ての道県が賛成できたのは産業集積，貿易拡大に向けて「情報共有，意見交換を行う」という程度だった。実は，産業人材の育成や関連する先進事例，海外のバイヤーや地元商社の情報等，情報共有すらされていないというのが，北海道・東北地域としての現実だったということになる。この点は，北海道・東北に限ったことではなく，全国的な課題であることがその後の調査で分かっている。

　このような状況を踏まえ，平成21年度は産業集積，貿易拡大の2分野について「産業連携部会」「貿易連携部会」を新たに設置し，情報共有や意見交換を進め，具体的な連携方策を探ることとなった。

　現在，産業連携部会では，ものづくり産業の人材育成をテーマに部会が行われており，「高度人材の県外流出」や「教育界，産業界，行政をまとめるコーディネートの困難さ」等，現状と課題について整理を行ったところだ。こうした中，22年度から新産業集積活性化法（旧企業立地促進法）に基づく人材育成等への補助事業が「複数県の連携」を前提とすることから，部会において今後の連携について，意見交換を行ったところだ。

　また，貿易連携部会においても，「知名度を上げるためには共同事業が必要」「現状の商談会方式では継続取引に結び付かない」等，現状と課題の整理を終えている。こうした中，冒頭で触れた「第4回ほくとうトップセミナー」により，知事や経済界トップから「共同の販路開拓」「輸出コーディネートの連携」等の具体的な提案があり，今後，連携方策を検討していくこととなっている。

---

(2)　スコープメリット：範囲の経済。ここでは県の枠組みを超えた広域的な圏域でノウハウや技術等，既に蓄積がある部分について連携しあうことにより，シナジーを得られることを意味している。

表7-1　北海道・東北未来戦略会議　最近の動き

年月	内容
2006. 5月	多軸型国土形成を目指したほくとう国土軸を担う「北海道東北21世紀構想推進会議」を，トップダウンの意思決定機関「北海道・東北未来戦略会議に改組」
2006. 11月	ほくとうトップセミナーで東北観光推進機構の設立を決定
2007. 6月	東北観光戦略を策定　東北観光推進機構を設立
2007. 9月	真の分権型社会における広域経済圏の形成に関する調査研究会を設置
2009. 6月	真の分権型社会における広域経済圏の形成に関する調査研究報告書を発表
2009. 9月	産業連携部会，貿易連携部会を設置
2009. 11月	ほくとうトップセミナーで貿易拡大に向けた具体的な提案がされる

Ⅳ　他地域の事例から（関西，九州）

　ここで，他地域の動向について触れたい。地域の将来像について，地域の行政・経済界が議論を尽くし，その具体化を図る組織として関西，九州から2事例を挙げる。

1　道州制・地方分権の受け皿へ　関西広域連合

　関西では古くから地方分権や道州制の議論が進められていたが，19年7月，観光プロモーションや広報センターなど，既存の広域連携組織を統合した「関西広域機構」が設立された。その後，構成団体が増え，現在は，2府8県4政令都市と6経済団体が参加している。

　この機構の延長線上には，地方自治法上の特別地方公共団体「関西広域連合」(3)の設立がある。大阪府の橋下知事が「将来的には，広域連合を地方整備局など国の出先機関の受け皿に」との構想を持つなど，地方分権や道州制による

---

(3) 広域連合：ごみ処理や介護など，自治体をまたぐ広域行政に取り組む組織として，95年6月に導入された。都道府県や市町村が設置することができ，国や都道府県から権限移譲を受けられる。

権限移譲を視野に入れている。

　現在，広域連合の設立案はほぼ出来上がり，府県議会の承認を得る段階になっている。参加府県は2月議会から議会説明に入っていくようだ。広域連合の代表的な取り組みとして新聞報道に挙げられるのが「ドクターヘリ」や「准看護士の資格試験」だが，筆者が面白いと考えるのは「関西限定通訳案内士」だ。プロの観光ガイド資格である通訳案内士は，全国版と地域限定版に分かれる。このうち，地域限定版は，「都道府県内」の業務に限られており，現行法上では，京都の案内はできても，奈良では他の方にバトンタッチをする必要がある。これを関西全域に広げようというものが，「関西限定通訳案内士」である。

　このような構想が進められる中，「負担金を出して参加する意義が見出しにくい」として福井，奈良，三重の3県は設立当初からの参加を見合わせた。また，4政令指定都市も「県境を越えた広域行政に負担金を出すメリットがない」として参加を見合わせている。

　関西広域機構内にある広域連合準備室に伺ったところでは，参加できる府県から，また一部参加も認める「緩やかな連合」により，広域のスケールメリット（特にコストダウンの面で）が生かせる，ソフト部分（予算がそれほどかからない部分）に傾注していく考えのようだ。

　また，広域連合では，広域事務をそれぞれ参加府県が分担することになっている。一般的に考えて，どの府県がどの事務を担うか，調整が難航することが予想できるが，関西の場合は比較的スムーズに決定しそうだ。それは，関西の各府県の「異質性」にある。防災であれば震災を経験した「兵庫県」，観光は資源が豊かな「京都府」，産業は商業の中心「大阪府」，環境は琵琶湖問題を抱える等環境問題に熱心な「滋賀県」といったように，自然とすみ分けができている。この事務範囲・参加府県が拡がっていけば，次第に府県の枠を超えた「道州」の行政の担い手としての性格を帯びることになる。

　22年1月，関係府県知事会議行われ，設立案が了承された。今後，2月議会から順次説明を行い，今年中には設立される見通しとなっている。

2　九州版道州制モデルを検討　九州地域戦略会議

　九州では，官民のトップが議論を行う場として「九州地域戦略会議」がある。

表7-2　関西広域機構　最近の動き

年月	内容
2007. 7月	関西分権改革推進協議会により広域連携組織の整理・統合が図られ,「関西広域機構」設立
	関西2府8県4政令都市と6経済団体による「分権改革の推進」や「広域的な取り組み」の一元化が図られる
2007. 10月	「関西広域連合」設立に向けた検討を進めることが合意される（機構内分権改革推進本部）
2009. 3月	2009年度内の「関西広域連合」設立が合意される（同上）
2009. 8月	各府県の手続き進捗状況について意見交換（同上）
2010. 1月	関係府県知事会議で設立案を了承。2月議会から順次議会説明へ。

注：関西広域機構HPや新聞報道，関係者への聞きとり等から筆者が作成。

　同会議は北海道・東北に先駆けて15年10月に設立された。また，設立当初の試みは，九州観光の司令塔「九州観光推進機構」の設立であった。これも北海道・東北に先駆けて17年4月に設立されている。こうした背景や，東北と九州の経済規模の類似性等から，東北は常に九州を意識して活動を行ってきている。
　九州地域戦略会議では17年10月，「道州制検討委員会」を設置した。何度かの答申を経て，平成21年6月に「九州が目指す姿，将来ビジョン」を取りまとめた。今後は九州地域の住民へのPR活動に比重を移すという。各県知事の道州制に対する姿勢が異なり，この先の議論に入ることは実質的に困難であるということだが，戦略会議として一定の成果を取りまとめたことで，他地域に大きなインパクトを与えた。

3　九州から商社機能を　福岡農産物通商の設立

　「地域の中小・専門商社の必要性」については，冒頭のほくとうトップセミナーの提案でも触れているが，この点でも九州の取組みが先行している。
　まずは，その必要性について整理したい。
　東北では，南部鉄器の輸出が成功事例として挙げられることが多い。ある南部鉄器の製造販売会社を例に挙げるが，同社の鉄瓶は，従来からの高品質とともに，斬新な色づかいなど，外国人に好まれる意匠を用い，欧米で高く評価さ

表 7-3　九州地域戦略会議　最近の動き

年月	内容
2003. 10月	九州・山口経済連合会と九州地方知事会を発展させ,「九州地域戦略会議」を設立
2004. 10月	九州観光戦略を策定
2005. 4月	九州観光推進機構を設立
2005. 10月	道州制検討委員会を設置
2006. 10月	道州制検討委員会答申を発表
2007. 5月	第2次道州制検討委員会を設立
2008. 10月	道州制の「九州モデル」答申を発表
2009. 6月	「九州が目指す姿,将来ビジョン」 「住民及び国の関心を高めるためのPR戦略」を発表

注：九州地域戦略会議HPより筆者が作成。

れており，年間の輸出額は2億5千万円に上る。一方で，同社製品の輸出業務は神戸や名古屋の商社が独占的に手掛けている。同地は中小・専門商社が数多く，古くから京都・大阪の雑貨や多治見の陶器等，地場産品を扱うノウハウが蓄積されていることが，その背景にある。

　これは一事例ではあるが，こうした専門ノウハウの蓄積が，東北ではまだ少ないことが指摘されている。また，大手商社はトレーサビリティやリスク負担，利幅等の都合上，地域の地場産品や食品などの分野の輸出に手が出しにくい状況にある。いずれ，流通部門で東北がノウハウを蓄積しなければ，東京や他地域に流通部分の利益が流れる構図は止まらない。港湾・空港の利用促進の観点からも，喫緊の課題となっている。

　こうした中，20年12月，福岡県，JA福岡中央会が中心となり地域商社「福岡農産物通商」が設立された。同社は，福岡県産の農産物（あまおうやミカン等）の輸出促進を手掛けている。また，「将来的には九州全域の農産物を扱う」ことも視野に入れており，地域一体となった輸出促進が図られている。

　東北でも，八戸商工会議所青年部有志が設立した「ファーストインターナショナル」や岩手県産品を扱う「岩手県産」秋田県産品を扱う「サクラポート」等，

商社機能を持つ企業が存在してはいるものの，広域的な視点で応援する仕組みにはなっていない。地域の売り上げを地域に還元するためにも，地域商社を応援する仕組みを構築しなければならない。

おわりに
—広域連携の方向性—

　国の議論を待たずに地域としての枠組みを作る「関西」，道州制検討や商社機能等，先進的な取り組みが目立つ「九州」は，実際に話を聞くと，知事等による「トップダウン」の傾向が強い。比較して東北は，地道な議論を積み重ねる「積み上げ方式」でやってきたことが分かる。

　ウサギとカメの話ではないが，どちらがよいのかという判断はつけ難い。それぞれの風土や文化も関係しているのだろうが，筆者は，議論を重ね，互いに理解を深めながら一歩一歩進む「積み上げ方式」が東北には一番合っているのだと考える。

1　信頼なくして連携なし

　ビジネスの基本は信頼関係。使い古された言葉だが，広域連携の分野でも最も大事な点ではないだろうか。行政と民間企業では文化や風土も異なり，行政の中でも別の県庁は別会社のようなもの。これを横串で一本につなぐためには，相手との信頼関係が欠かせない。

　携帯電話やＥメール，インターネットを駆使すれば，ある程度の情報が得られるようになったが，その先にある情報や本当のニーズは，相手と顔を合わせないと得ることは難しい。視点を世界に広げれば，隣の県は隣町，東北地域はひと括り。連携を進める上では，何か問題があれば（なくても），すぐに訪ねる姿勢が必要だ。

2　連携なくして拠点なし

　関西では，それぞれの「異質性」が「機能分担」につながったことを先に述べた。翻って東北はどうか。残念ながら，関西ほどの異質性は見当たらず，良

くも悪くも「東北」という「同質性」の中にあるのではないだろうか。

　「機能分担ができるからこそ連携が可能」との見方もできるが，広域連携のメリットはそれだけではないことも先に指摘した。広域連携のメリットは，同様の取り組みを一つにまとめる（機能分担も含めて）ことにより，コストダウンを図る「スケールメリット」に加え，重なり合う部分を協力し合い，相乗効果を発揮する「スコープメリット」の２点に集約できる。

　現在，空港・港湾に代表されるようにフルセット型の社会基盤整備の限界が指摘され，特色ある地域づくりが求められている。東北地域は，同質性の中から，地域づくりの核となる「拠点」をいくつか見つけ出す必要があるのではないだろうか。

　筆者は，広域連携の議論の中から，それぞれの地域が最も強みを打ち出せる「東北の中で自地域が有する比較優位な機能」が分かると考える。まずは，自地域の強みと他地域の強み，そして，協力し合える部分について，もっと話し合うことが必要である。こうした作業の過程から，機能分担とは異なる視点の「連携拠点」が見えてくるのではないだろうか。

　官民の広域連携は，すぐに成果が得られるものばかりではない。一歩一歩を積み重ねることで，改革の芽が出てくるものもある。長い目で見た運動であると思いたい。

第8章　NPOの現状と課題
—自治体行政との関係に注目して—

はじめに

　「地域活動家」という肩書きを使いはじめてから早いもので15年ほどになる。この肩書きを用いたのは，社会の中で人々が受け身の存在として暮らしていくのか，あるいは主体として自覚し暮らしていくかによって世の中は随分と変わると考えたからである。

　当時筆者は，小さい規模の草の根NPO活動に従うとともに，都道府県レベルでのNPO中間支援組織の設立当初からの理事を務めていたこともあり，活動の中で現実と理想のギャップの大きさに苦悩する日々が続いていた。主体として自覚し暮らしていくかによって世の中は随分と変わるという実感を持ったが，その一方で地方におけるNPO活動は遅々として発展せず，危機に直面しているという認識も強くなっていった。こうした矛盾を抱えながら，筆者は鈴木浩先生の門をたたいた。自分が抱いている疑問を解く手がかりを得たいと考えてのことである。

　大学院の入学試験の際，口頭試問である教官が言った言葉に強い衝撃を受けたことが，今でも忘れられない。「地域活動家に研究論文は書けない。物語やエッセイとしてはおもしろいのですけどね」と。はじめから壁にぶつかってしまった筆者に，鈴木浩先生は「思いは熱く，研究は冷静に」，「事実を事実のままに見抜く」ことを説かれた。ややもすれば，熱き思いのみで事を成そうとする姿勢を戒めていただき，研究活動を進めていく上で大きな支えとなった。

　2002年からの2年間を福島大学大学院地域政策科学研究科に在籍し，再び現場に身を置くことになったが，前述の教官の指摘を乗り越え，研究論文といえるような文章が書けるかははなはだ心もとない。しかしともかく，研究の世界

をのぞき見たうえで現場を預かっている者としての視角から，NPOの現状と課題について考えてみたい。

I　NPO法施行10年の成果とその検証

　特定非営利活動促進法（略称：NPO法）は1998年に，市民が行う自由な社会貢献活動の発展を促進することを目的とし，議員立法により制定，施行された。この法律の施行後，約10年を経た2009年7月31日現在，NPO法人の認証数は全国で約3万8000団体となっている（内閣府NPOホームページによる）。

　特定非営利活動促進法の成立・施行からの10年間で，いくつかの成果があった。1つは，法人認証数が4万に手が届くほどの多数となったことである。わずか10年あまりで急速にNPO法人の設立が進んだことになる。一般市民が日常生活の中でNPOの活動に触れる機会が飛躍的に増え，知名度が高まってきたことは疑いない。

　2つめは，個々のNPOが何らかの公益の担い手という社会的役割を果たすのみならず，同じ分野で活動するNPO同士が，大部分のNPO法人の認証機関である都道府県の枠をも超えて連携をとりながら，ひとつのまとまりを持つようになってきたことである。たとえば，国の制度の強力な後押しを背景に地域でのシステムづくりが模索されていることを追い風ととらえ，全国的な組織を結成した子育て支援活動分野の団体などを挙げることができる[1]。公共の担い手として市民活動団体が育ってきている一例といえよう。

　3つめは，市民の力に対する社会的な認知が高まってきたことである。これは，NPO法人等の市民活動団体が，自治体に代わる公共サービスの提供者あるいは地域課題の解決者として登場してきている事例が増えてきていることからも窺えるのに加え，自治体が市民活動団体を協働の相手先として位置づける協働の指針づくりや協働の評価などへの取り組みが増してきていることにも現れている。NPOは公共の担い手とともに，自治体などとの協働の担い手としても存在感を増している。緩やかではあるが，行政と市民の関係が確実に変わっ

---

[1]　たとえば，NPO法人子育てひろば全国連絡協議会（http://kosodatehiroba.com/）など。

てきているのである。

　ところで，法制定から10年を経た現在，自治体や大学などを中心にあらためてNPOの実態調査による課題の把握が進められつつある。最近では，宮城県[2]，中国電力株式会社エネルギア研究所[3]，明治大学[4]，および千葉県[5]などがある。

　自治体によるこうした調査が多いことは，自治体がNPOを協働のパートナーとして一層注目するようになっていることを反映している。しかし現状ではまだ，自治体行政側の理解度は低く，NPOという存在を捉えきれているとはいえない。

　さて，NPOが協働の担い手として自治体行政との関わりを深めつつあるなかで，NPOと自治体行政の関係，またそれに関連するNPO間の関係にはさまざまな問題が生じているのが現実であり，その多くは上述のような行政側の認識不足や不適切な対応が要因になっているように思われる。以下では，このNPOと行政との接点の現状をみることにより，NPOが直面している現代的な課題を浮き彫りにしていきたい。

II　NPOと行政の接点における問題

1　協働とNPOの資金調達

　これまでの実態調査の中で，多くのNPOが課題項目として挙げているのが，「財源の確保や資金の調達」の問題である。たとえば前述の宮城県による調査では，50.6％が「資金不足」を活動上の問題点に挙げており，最も多くなっている[6]。それぞれのNPOが活動を継続的に展開し，事業の内容がその組織のミッションに照応するものであるために必要とされる資金を原資という。現状では，

---

[2]　宮城県環境生活部NPO活動促進室『平成20年度宮城県NPO活動実態・意向調査報告書』2009年。
[3]　中国電力株式会社エネルギア総合研究所『NPO法人の活性化に向けて～事例調査からみたNPO法人の展望と課題～』2008年。
[4]　明治大学非営利・公共経営研究所ほか『2007年度全国NPO中間支援組織アンケート調査中間報告書』2008年。
[5]　千葉県『平成19年度NPO活動実態・意向調査報告書』2008年。
[6]　宮城県環境生活部NPO活動促進室，前掲書，67ページ。

その資金をめぐる大きな流れのひとつが「協働」という概念により取り扱われ，自治体との協働に関連する諸施策がひろく実施されている。そこでまず，協働とは何か，どのようにしてNPOの原資をめぐるキーワードとなってきたのかをみておこう。

　協働という言葉は，1970年代にアメリカで生まれたとされるが，地域社会をどうやって一緒につくっていくかという概念から出てきたといわれている。日本においては阪神淡路大震災のときに，地域住民と自治体職員との協力体制の重要性が再確認されたことから大きく始まったということである。行政用語として取り上げられたのは，1997年に自治省（現：総務省）の報告書の中で行政と民間非営利団体の協力・協働が大事とうたわれたのが最初とされる。その後1999年には横浜市の「市民活動との協働に関する基本指針」が登場し，自治体行政に定着していく。[7]

　2007年総務省がまとめた「コミュニティ研究会中間取りまとめ」の中で，地域コミュニティの現状に応じたプラットフォームの整備の必要が答申された。そこでは，「地域コミュニティの持っている総合力を活性化するという観点から，各種活動をコーディネートすることが有益」であり，「連携の場をプラットフォームとして構築・整備」するとされている。また，「行政の関与のあり方」では，行政と地域住民の関係として「行政は，地域住民の主体性を重視するという観点から，地域住民と協働する姿勢で地域形成を進めていくべき」と述べている。協働のあり方として「行政の役割は地域コミュニティ活動を補完するところにある」とし，住民主導の協働をうたうに至った。[8] NPO法人等の市民活動団体は，まさに「新たな公」を担う重要な役割を与えられたといえる。こうして全国的に協働のガイドラインづくりやルールづくりの取り組みが進められており，[9] 自治体と市民の連携協力事業の実績が蓄積されてきている。

---

(7)　以上は石田直裕（財団法人地域活性化センター理事長）「地域の未来　市民参加と協働の地域づくりを展望する」山形創造NPO支援ネットワーク主催『地域の未来を展望する10周年記念フォーラム』記念講演記録，2009年3月17日。
(8)　総務省コミュニティ研究会『コミュニティ研究会中間とりまとめ』2007年。
(9)　愛知県県民生活部社会活動推進課・NPOと行政の協議の場づくり実行委員会『NPOと行政の協議の場づくり基本ガイドブック』2008年。

ところでこの協働に対する取り組みを促す要因には，さきに述べたように市民の力に対する社会的な認知が高まってきたことがあるのは当然として，ほかにも次のような事情がある。自治体にとっては財政難による財政改革との関連で行財政改革推進策として位置づけられている場合が多く，行政サービスの外部化による経費節減策の要素が濃い。一方市民側にとっては，前述のようにNPO側の組織運営上の問題である原資の調達に対する重要な解決策として捉えられていることがしばしばである。双方の思惑が重なり，協働という形態で相互の接点が増え，また深まるとともに，協働の名を冠した各種施策事業の展開が進んでいる現状である。

その中で生じている問題を，筆者が経験した事例を通して，「市民協働基金」と「指定管理者制度」の２つのキーワードから論じていきたい。

2　市民協働基金（社会貢献基金）

山形県は，平成20年度に「やまがた社会貢献基金」（正式名称：山形県社会貢献活動促進基金）を創設した。この基金を創設するにあたり，裏付けとなったのが，「平成19年度新世紀やまがた課題調査」（2007年８月）や「県内企業の社会貢献に関するアンケート調査」（2007年６月）（いずれも山形県）等であった。

前者によれば，前提条件はつくものの，NPO活動に対する県民の寄付意識は高く（42.7％），「寄付する気はない」（24.1％）を大幅に上回っている。そして，寄付の前提条件としては，「寄付金の所得控除など税制上の特典」(34.7％)と，「支援先のNPOを選べること」（32.8％）が特に多い。逆に，寄付しない理由としては，「NPOそのものやその活動内容を知らないから」（57.5％）など，NPOに関する情報の不足を指摘する声が多い，としている。

また後者の調査では，NPOを支援する基金への寄付については「条件によっては寄付してもよい」（41.8％）と約半数近い企業が関心を示している。その際の条件として「寄付のための事務手続きが簡単なこと」（33.5％）が最も多く，ついで，「寄付金がどのように使われたか情報が開示されること」（30.2％），「寄付額の損金算入など，税制上の特典」（29.7％），「団体の活動内容が開示されること」（29.7％）となっている。

山形県は，行政がNPOに絡むメリットとして信用力を挙げている。行政が

関与することで預かるお金の使い道の面で信用を得，企業や県民の高い社会貢献に関する意識を生かす方法として，やまがた社会貢献基金を創設した。企業にとっては，社会貢献につながる「寄付」をするという形で税制優遇制度を効かせ，全額が損金算入されることになる。また，個人に対しては，「ふるさと納税制度」を適用し，この基金に組み入れるというものである。

第三者組織として基金運営委員会が設置され，基金制度の信頼性や透明性等を確保していくために，中立的な立場から運営面等に意見を出し，それに基づき制度の改善等を進めていくものとされている。

筆者は，この「やまがた社会貢献基金」の運営委員として公募事業の選定に関わっているが，提案される事業は内容が豊かで，審査員自らも一緒に参加してみたいと唸らせるものも増えてきている。なお寄付の種類は3種類であり，①対象を限定しない一般的な寄付（一般型），②希望するテーマを挙げる寄付（テーマ型），③団体支援寄付（この基金から寄付をもらいたい団体が登録）となっている。

この基金には10年をかけて企業や県民からの寄付7500万円，県の拠出金7500万円，合計1億5000万円を集めることを想定していたが，寄付金の方は1年で殆ど目標が達成されているとのことである。

地元新聞は，「この方法なら，地方公共団体に対する寄付となり，税制面で寄付控除の対象になるほか，法人税の取り扱いにおいては全額損金算入することが可能になる。NPOに直接寄付しても税制面の恩恵はないが，県の基金に寄付することになれば税金面で優遇される仕組み」（山形新聞，2007年1月25日付社説）と歓迎している。

3 指定管理者制度

この制度は，地方自治法の改正に伴い2003年9月に導入された制度であり，公共施設の管理運営主体としてNPO法人や民間事業者等が参入できるようにすることがねらいである。本制度により期待される効果として，2003年7月17日付で総務省自治行政局長が各都道府県知事にあてた「地方自治法の一部を改正する法律の公布について（通知）」によれば，「多様化する住民ニーズにより効果的，効率的に対応するため，公の施設の管理に民間の能力を活用しつつ，

住民サービスの向上を図るとともに，経費の節減等を図ることを目的とするもの」と記載されている。

　従来の公共施設では自治体の直営あるいは「普通地方公共団体が出資している法人で政令で定めるもの又は公共団体若しくは公共的団体」に限られていた施設の管理を，地方議会の議決を経て承認を受けた団体が指定管理者に管理を委託できるものである。この制度により，地方自治体とNPO法人の接点が増え，双方の関わりを深めていく要因のひとつになったのである。

　今後資金調達を課題とするNPO法人が指定管理者制度を手段のひとつとして捉え，指定を受けようとするケースが増えていくと考えられる。この指定管理者制度が導入された当初は，様子をうかがい指定管理者候補選定に応募しなかった団体でも，数年後に巡ってくる更新時期に応募するケースが増加していくものと予想されるからである。

　NPO法人のなかには，公共施設の指定管理者になることを目的に設立された団体もみられ，法人の定款の目的や主な事業に挙げられていることもある。こうした法人のなかには，指定管理者に選定されることを目指して，自治体幹部職員OB等をメンバーの中核に据えて設立された例もみられる。

　指定管理者に選定されることによる資金確保を一種の「利権」として争うと疑えるような例も生まれている。NPO法人同士にとどまらず，指定管理予定施設の募集に関わる職務に従事する職員が，自分が参加するNPO法人に便宜を図ったと疑われる事例にも，筆者は実際に遭遇している。

　指定管理者制度にゆだねられる公共施設が増加するなかで，特にNPO法人等の市民団体がその活動の場を広げようとしているものに，社会教育の三大施設といわれる公民館，博物館，図書館がある。しかしこうした公共施設への制度導入には懸念の声もある。一例として指定管理者制度を導入した岩手県立図書館を見てみよう（山形県作成資料）。

　岩手県は県立図書館の運営部門に指定管理者制度を導入した唯一の県であり，そのためもあってか，詳細な自己検証をおこなっている。そこで示された問題点は次の通りである。

　①管理が行き届かない面があり，数名のリーダーを抜擢配置したものの，センターの管理組織が確立されておらず，組織マネジメントの確立が必要で

ある。
②スタッフのスキルアップのための研修，モチベーションの維持に努める必要がある。
③県と館の折衝窓口が不足しており，逐一協議又は館長決裁を得なければ執行できない。
④利用者の苦情などを県と館のどちらが対応するのか線引きが難しい。
⑤市町村連携や指導がスムーズにできない。

　このような問題を受けて，参議院文教科学委員会（2008年6月3日）で当時の渡海文部科学大臣は，「指定期間が短期であるために，長期的視野に立った運営が（中略）難しい。また，職員の研修機会の確保や後継者の育成等の機会が難しくなる。（中略）こういうものがちゃんと払拭されて，指定管理者制度が導入されるなら導入されるべきであろう。」と述べている。[10]

　このように，民間組織に包括的な運営をゆだねることには多くの問題がある。たとえば，自治体の長期的な方針を適切に反映させられるか，指定管理者の得たノウハウを開示させることができるのか。また，指定管理期間終了時に，公共サービスや職員の質的水準の維持向上をどのように図るか，蓄積されたノウハウを次期指定管理者に継承できるか，などの課題にも対応することが求められる。

　NPOにとっても単なる資金源対策として指定管理者になろうとすることは危険である。本来のミッションを忘れることになりかねない。民間企業との競争のなかに投じられ，気づいたら変質していたようなことがないよう，心がけねばならない。

4　NPOと行政の接点に生じた問題点

　上に述べた「市民協働基金」も「指定管理者制度」も，NPO（指定管理はNPOに限らないことは言うまでもないが）が原資を獲得できるかどうかは，行政側が組織する選定組織の判定＝審査にかかっている。いわば生殺与奪の権限を

---

[10] 参議院『参議院会議録情報　第169回国会　文教科学委員会　第8号』による。（http://kokkai.ndl.go.jp/SENTAKU/sangiin/169/0061/16906030061008a.html）

握っていることになる。審査基準や決定に至るプロセスなどの情報公開による透明性の確保が課題であり，今後これをクリアしていくことが必要である。

筆者はこれまでにいくつかの指定管理者候補選定委員会の委員として参画してきているが，選定委員会委員の名前や審査に関する議事録の公開等の情報の開示が十分に進んでいるとは言い難い現状があり，まだ未整備なことも多い。それでも，1施設の管理期間はおよそ2年から5年というものが一般的で，予算は年間3000万円から1億円近くになる。NPOにとっては大きな金額である。ただし施設の管理費にかかる経費が殆どを占める予算の構成になっているため，市民団体が得意とするソフト事業や自主事業等に充てる予算の確保が難しいのが現状である。一般企業に対してNPOの優位性は出にくく，評価されにくいことが多いといえよう。

また，一般企業と同等にプロポーザル方式事業に手を挙げこれを勝ち取るためには，市民側では，個人情報保護の視点から取り扱いに関する対応策を確立していくこと，加えてISO関連に対する認識と対策を明確にとっていくシステムを内部に整える必要がある。こうした点をクリアしていくことは事業体としての力量を高めていくことにつながる。しかし他方では運動体としての特性を犠牲にする危険もないとはいえない。

さて，しだいに公益の担い手としての市民団体の力量形成が進み，自治体からの協働の担い手としての位置づけが確立されつつある中で，行政との協働に取り組むNPOのなかにはさまざまな問題が生じているように思われる。現在進行中だけに具体的な事例を挙げることは差し控えるが，筆者の見る限りでは次のような現象が起きている。

1つは，NPOの現場に営利企業と同様に「市場原理」が持ち込まれ，競争に打ち勝つことで，資金獲得や組織経営，事業の継続化を目指すという風潮が一部のNPOにみられることである。

2つめは，このような状態を続けているうちに，自治体からの委託事業をつぎつぎと受け，「第2市役所化」と呼ばれるような事態に陥ってしまうことである。財政難のもとでコストの外部化を図ろうとする自治体の下請けのような存在になり，事業体としては安定しても，社会的使命は忘れられかねない。

3つめは，NPOに市場原理が持ち込まれる中で，競争に打ち勝つ優位な

NPOが現れ，しだいにNPOの「ブランド化」が起こり始めていること。自治体にとって，あそこのNPOに頼めば安心，誰からも文句を言われずにすむ，という信仰にも似たような状況が生まれてきていることである。1つのNPO法人がある特定の地域内領域で4つの公共施設を次々と受託した例もあるなど，占有率が高まり独占化が進行しつつある。

指定管理者制度や市民協働事業によって現場に持ち込まれた市場原理に乗って，競争に打ち勝つために力量を蓄えた特定のNPOがいわば大企業並みのNPOとなり，大きな影響力を持ち始めている。しかし一方で地域レベルでのNPOの担い手の未熟さ加減も露呈しており，ライバル心むき出しで闘争を繰り返し，応募事業で採択されなかったNPOが群れを形成し採択された組織に対して敵対するといった，ムラ社会の再現を思わせるようなケースも一部には生じている。

III　サードセクター経営者協会の発足とその意義

1　JACEVO＝ジャキーヴォの登場

全国にはNPO法人が約3万8千あるが，収益事業を確立できている一部の分野を除けば，資金難により経営基盤が脆弱な団体が大半であり，それが運動の継続や広がりの阻害要因となっている。そしてこのことが誘因となり，資金面での行政依存を深めていくことから生じる問題については，前節で見てきたとおりである。

つい最近発足した「日本サードセクター経営者協会」（JACEVO＝ジャキーヴォ）は，こうした問題の解決を図るうえで一つの可能性を示すものと思われる。同協会は，全国の特定非営利活動法人や財団法人，社会福祉法人など，社会貢献に取り組むさまざまな非営利団体の経営者が集まり，自立した経営力を持つ人材の育成や，政府に対して政策提言をするのが主なねらいである。なお同協会のいう「経営者」とは，日本ではNPO等の理事長・専務理事・事務局長等の総称とのことである。

JACEVOでは，NPOが競争ではなく相互連絡，援助をし合うことでNPOの財政規模や専門性を高める支援を行う。これまで個々に活動してきたNPO

の経営力を向上させるとともに，政治や行政に対して非営利団体の視点から提言や意見の発信を目指している。JACEVOは，ロンドンに本拠地を置くACEVO（全英サードセクター組織リーダー協会）のコンセプトが着想のモデルになったと言われており，その名称も日本を示すJを頭につけたものになっている。2009年9月5日に仙台市で開催された日本サードセクター経営者協会発足記念講演で，ACEVO全英サードセクター協会事務局長スティーブン・バブ氏は，実績の中でも特筆すべき事として，①メンバーが2千名を超えたこと，②セクターの長期的資金委託の達成がなされたこと，③フルコスト回収トレーニングの一般化を得たこと，④ヨーロッパのサードセクターリーダー達が会える場をつくったことでリーダーシップのサポートが実現できた事，等であると語った[11]。

　JACEVOは，「多くの組織は，資金や人材に乏しく，掲げる社会的目標を達成するにはほど遠い状況で」，「日本のサードセクター経営者の力量が不十分であり，次の世代を担う人材の層が薄いことを認め」ている。また，「公益セクターとしての文化の定着や国民的な認識が未成熟であることも大きな課題である」と指摘している。

　このような課題を直視し，「今後，経営者個々人を横断的につなぎ，力量形成を支援することを通じて，ビジョンと活力に富む広範なサードセクターを日本において確立し，政府・行政セクターや企業セクターとの間で，相互の自律性が尊重され，協力して大きな社会的成果を挙げられるような連携関係とそのためのインフラを構築していくという巨大な課題に挑戦していく[12]」ということである。

2　JACEVO登場の意義

　経営者団体というイメージから，JACEVOを単なる親睦組織と見る向きもあるかもしれないが，注目されるのは人々や組織を「つなぐ」というその基本

---

[11]　聴講した筆者のメモによる。
[12]　一般社団法人（申請予定）日本サードセクター経営者協会『日本サードセクター経営者協会設立趣意書（案）』2009年。

姿勢であり，またNPOセクターやその個々の分野にとどまらない，サードセクターのリーダーを横断的につなごうとする視野の広さである。

なおサードセクターという言葉は，政府・行政（第1セクター）や企業（第2セクター）に対する3番目の勢力という意味で，英国などで使われている。日本の「第3セクター」という用語とは異なり，「社団法人・財団法人，社会福祉法人，学校法人，医療法人，宗教法人，更生保護法人，協同組合，社会的企業，NPO法人を含めた，社会的課題を解決する広範な組織群を示」すとしている[13]。

これまでもNPOがNPOを支援する「中間支援組織」はあったし，NPOの全国組織も存在する。しかしそれらはあくまでひとつの組織であり，NPOの個々のメンバーをつなぎ，成員とする組織は，ほとんど見当たらなかった。JACEVOがはじめて実現したNPOリーダーたちのネットワークは，次のような点で第2節に述べた問題の解決につながる可能性を開くものと思われる。

個別に行政と対峙し，また他のNPOなどと分断され，競争を強いられる環境のなかで，孤独と不安に陥りがちなNPOリーダーたちの精神的な支えとなることで，ミッションからの逸脱やNPO間の敵対的関係を生じにくくする。

自らのミッションに関する意識をサードセクターの使命や役割のなかに位置づけることができ，個々の資金獲得競争の成功や失敗に左右されにくい活動理念やモチベーションを保持することができる。

情報交換や学習によって多角的な経営原資を得るためのノウハウが得られやすくなり，資金面での行政依存を軽減しやすくなる。また自治体との交渉や協力を適切に進めるための力量を高めることが可能になる。

目的のひとつに示されている非営利団体の視点での政策提言により，国や自治体行政に対して行きすぎた市場原理の導入や協働事業の下請け化に歯止めをかけるなど，協働の条件整備を図りやすくなる。

単なる事業経営に堕することなく，いつも自らの社会的使命の追及に立ち返って活動を続けたいと願うNPOリーダーほど，悩みを抱えながら孤独と闘っ

---

[13] 一般社団法人（申請予定）日本サードセクター経営者協会『日本サードセクター経営者協会　入会のご案内』2009年。

ているというのが，中間支援に従事してきた筆者の実感である。多数派になるのは容易ではないとしても，JACEVOはそのような人々にとってきわめて魅力的な組織と映るに違いない。

Ⅳ　今後に向けて
―課題と展望―

　日本のNPOはこの10年あまりで法人格を取得したものに限っても延べ4万に達する勢いであり，大きな社会的勢力になった。しかしその多くが資金面ではきわめて脆弱で，財源の確保の問題を訴えていることをみた。このことが日本のNPOの現状のきわだった特徴のひとつであり，また解決が求められる大きな課題でもある。

　次に，多くのNPOが資金調達のために自治体行政による市民協働事業や指定管理者制度，また基金制度などを利用しようとしていること，そのなかでNPOとその活動にさまざまな弊害が生じていることをみた。本章では，こうした弊害を取り除き，NPO活動を本来の姿で発展させていくための課題と展望について考えることを主題に据えてきたつもりである。

　結論を先にいえば，NPO活動の原点に立ちかえってみる必要があると思う。それは言葉の正確な意味でのヴォランティア活動である。見返りを求めない反面，慈善や気まぐれではなくしっかりした社会的使命の認識と，その遂行への責任が伴わなければならない。NPO活動はその持続のために事業収入を確保するべきという理解があり，それは間違いではないが，社会的使命の遂行としておこなう活動が費用に見合った収入をあげられるとは限らない。NPO活動の価値を予算規模や収入の多さ，収益性などを物差しとして測るのは誤りであり，たとえお金にならないとしても，それが掲げるミッションの社会的価値によって測られるべきである。

　日本NPOセンター副代表理事の山岡義典氏は，「NPOには"運動性"と"事業性"の2つの側面がある」といい，「運動性とは，お金は入らないが社会的に必要なことをして，社会を動かしていく側面」であり，「これらの活動には，費用として寄付や補助金・助成金・会費等の『支援性の財源』が必要」だと述

べている。そして，日本では制度の特徴も手伝って，「運動型のNPOがあまり育たず，(中略)運動型として始まったNPOも，経営が難しいということで事業型にシフトして」いったとする。さらに，「我が国の民間非営利セクター全体として，運動性が弱く事業性が高いという傾向がある」とも述べている。[14]

　山岡氏は運動型のNPOが育ちにくい理由のひとつに指定管理者制度の登場を挙げている。たしかに，指定管理者制度や，協働の名の下におこなわれる事業委託は，繰り返すがさまざまの弊害を生んできた。これに対し，同じく第2節でみた「市民協働基金」の事例では，特に問題はみられなかった。運動型のNPO支援に適した「支援性の財源」として，基金やひもつきでない助成金，補助金の更なる充実が求められよう。その際同時に，NPOが掲げる使命や行動計画の社会的価値に見合った審査の基準をいかに確立するかという点や，審査過程の透明性の確保などが課題となるであろう。

　第3節でとりあげた「日本サードセクター経営者協会」(JACEVO＝ジャキーヴォ)は，NPOのリーダー層がこうした民間非営利セクターの理念や課題を繰り返し確認し合う場を提供するであろうし，その総意を国や自治体，またもうひとつのセクターである企業等に向けて提言する場ともなるであろう。また，個々の主体の力量形成に加え，エンパワーメントされた市民やNPOと行政・企業等を構成メンバーとして地域経営の智恵を醸成するラウンドテーブルを設定し，住民主体の地域社会を創っていくうえでも，重要な役割を果たしうる可能性が感じられる。こうした意味で，将来につながる新しい動きとして注目した次第である。

　最後に，論文には不釣り合いなことを承知のうえで，思いの一端を述べさせてもらうことにする。

　運動体として，地域経営の視点をもったNPOと自治体等との協働の内実がいままさに問われている。NPOをはじめとする市民セクターはその智恵を蓄積し，ネットワーク力を駆使して地域のシンクタンクの役割を担い，NPO，行政，企業，そして地域のみんなで議論する場を作り出していく推進力となって

---

[14] 山岡義典「『運動型』のNPOを育てる　民間非営利セクター全体の自立と発展に向けて」『自治体チャンネル＋』No.108，株式会社三菱総合研究所，2008年，10～13ページ。

いきたい。

　成熟した地域社会を創り上げていくためにNPOセクターはもっともっと頑張る必要がある。その先には，JACEVOの発足にみられるように，サードセクターとして新しいまとまりを形成して取り組む仕事への展望が見えてきている。現在バトンを持ち走っている当事者である私達は，未来の市民社会の実現に向けてこのバトンをつないでいかなければならない。

第2部　都市計画

第9章　コンパクトシティの展開と今後の展望

I　都市計画へのアプローチとコンパクトシティ研究への軌跡

　私の都市計画への接近は，居住空間や居住地を都市の中でどう位置づけるかという視点からである。生活を包括的・構造的にとらえる「生活構造論」を方法論のベースに据え，人々の生活と住まいとの関わりを「住生活」と呼び，その分析の視点について，建築学会などで理論的な展開を蓄積してきた恩師・佐々木嘉彦先生からの教えによるものである。[1]

　この住生活の地域的な広がりが住宅地あるいは居住地と呼ばれるものであり，その社会的な結びつき，つまり町内会・自治会あるいは小学校や中学校の学校区などの地縁的な関係によって括られる地域的な広がりを地域社会あるいはコミュニティととらえ，建築学や都市計画学の領域でも居住地計画，コミュニティ計画などの研究として取り組まれてきた。

　筆者が研究活動をスタートさせた時期には，そういう潮流が台頭してきていたのである。建築学会や都市計画学会の論文集などを渉猟するうちに，いわゆる居住地研究が台頭していく状況にふれ，住宅や住生活を基本的視点に据えた居住地研究を展開することにした。住田昌二先生による居住地階層の考え方，牛見章先生による「居住立地階層論」，広原盛明先生らによる神戸市長田区丸山地区に関する研究，高見澤邦郎先生による密集市街地に関する研究，さらには三宅醇先生らの東京を中心とした住宅の類型化やその中での木賃住宅密集地区の抽出などの研究論文などから，既成市街地研究の視点などを学ばせていただいた。もちろんこれらは大都市圏における深刻な住宅問題の課題を出発点としており，当時，筆者が研究活動をしていた仙台のような地方都市では，住宅

---

[1]　佐々木嘉彦『住生活論』佐々木嘉彦教授退官記念事業会，1990年。

問題の量や質が大きく異なっていたので、研究がほとんど取り組まれていなかったし、行政の課題としても取り上げられてこなかった。しかし、上述の先行する研究論文の数々を読み進めていくと、そこで解明されている事態やその背景、そしてそれら惹起させる経済社会構造は深く通底するものであり、量や質こそ違っても地方都市にもさまざまな形で横たわっているのではないかと考えたのだった。

地方都市を研究拠点として、既成市街地問題に取り組むことにしたが、時には少し頭でっかちな発想ではないか、地方都市でそのような課題が存在するのか、といった批判も受けることもあった。今からおよそ40年近く前の都市計画研究や居住地研究はそのような環境にあった。大都市と地方との格差問題が今日のような深刻な状態ではなかったともいえるが、当時の建築学科の同級生などが取り組んでいたセツルメント活動や当時のマスコミで頻繁に取り上げられていた出稼ぎ問題などから地方における地域問題や居住の問題に関心を向けていったことはまちがいない。

1978年1月に提出した学位論文は、「既成市街地における居住地再編成計画に関する研究」だった。その直後の1978年6月、宮城県沖地震が仙台市を中心に大きな被害をもたらした。地形・地質的な断層一帯や低湿地帯に建設されたオフィスビルやマンション、そして傾斜地に開発された住宅団地などが大きな被害を受けた。直下型地震を経験して、あらためて現代の都市開発の問題性を確認することができた。さらにいえば、都市規模が拡大するごとに都市を支えるライフラインもそのまま巨大なシステムとして対応することになり、それが被災後の復旧を著しく困難あるいは長引かせることを確認できたのも大きな教訓であった[2]。

都市における居住や居住空間を基軸に据えて都市計画の課題に取り組み始めたが、その後、栃木県小山市や福島市などの地方都市で研究を展開する中で、さらに新たな視点をもたらしたのは地方都市において、その中心市街地の衰退

---

[2] 阪神大震災の後に神戸市復興活性化推進懇談会が発表した「『コンパクトシティ』構想調査報告書」(1999年)で都市の構成単位として「自律生活圏」＝コンパクトタウンを位置づけているのも、都市の巨大化に対する対応方向を示している。

第9章　コンパクトシティの展開と今後の展望　137

を目の当たりにしてからである。

　1980年代後半のバブル経済と地価狂乱ともいえる状況は地方都市にも及んだが，そこでは決して実需要が地価を押し上げたのではなかった。都市再開発において大都市型の発想が地方にも導入され，容積率の増大を梃子にして再開発を誘導するものの過大な床面積が逆にテナントが見つからず四苦八苦している姿があちこちで出現した。地方大学に身をおいてみると，地域におけるさまざまな課題に接する機会が多いこと，専門性の近い研究者が限られていることなどから「私は居住地計画や住宅政策が専門です」などとは到底いえないことになる。都市計画制度，都市再開発制度，国土利用計画制度，さらには全国総合開発計画，自治体総合計画，中心市街地活性化計画などへの視野を広げながら，都市計画の課題に取り組むことになった。

　そんな背景もあって，都市計画に関する研究課題はさまざまに広がっている。

　一つは，都市居住空間の動向と都市居住を支える専門家のあり方についての研究である。1978年，すでに述べたように宮城県沖地震後に仙台市内のすべてのマンションの被害やその後の対応についての調査を行った。従来からの一戸建て住宅と違って，マンション全体を支える構造材や二次部材の区別やそれらの被害も居住者には十分に理解できていないので，「過度な不安」や「過度な楽観」に陥っている状況や，資産価値を守りたい一心から深刻な被害を被っていても"あからさまにしたくない"などの思いから抜本的な補強工事まで至らないケースなどを明らかにしてきた。結局，区分所有法に基づくマンションは，その後も都市居住空間としてさらに普及していくが，全体を支える空間や構造と個別空間との所有や維持修繕そして建て替えなどの管理問題に根本的な矛盾をはらんでいる形態であることを指摘せざるを得ないのである。しかし，根本的な矛盾を指摘するだけでは問題は解決しない。マンションに住む人々や管理組合が，この矛盾に対して共同的，組織的に立ち向かっていく方法を研究していくことが大きな課題になっているのである。

　都市居住空間の動向について，学位論文以来，継続してきた研究テーマとして取り組んできたのが，既成市街地における居住空間の集積形態と質的構成とその変動過程である。一方で地方都市における既成市街地居住空間が大都市ほどの大きな経済的な激動要因が発生しなくても確実に衰退していく実態に触れ，

それらが若年層の流出と相続時の不動産継承の脆弱性などに起因していることに注目した。また，それら内発的な変動要因を捉えながら，どのように地方都市既成市街地における居住空間の継承性や安全・安心の居住を実現できるのかが大きな課題であった。それは今日では，後に触れるように街なか居住の課題として，さらに大きな課題として取り上げられつつある。

　他方，都市居住を支える専門家のあり方については，1986年に墨田区の助成を受けて東京土建墨田支部，つまり地域に密着した生活産業として成り立っている地元の大工・工務店の組合の取り組む「第一次産業振興計画」の策定に関わったことが契機になっている。その後，1996年に「第二次建設産業振興計画」，2004年に「第三次建設産業振興計画」を策定した。と同時に，都市計画研究としておよそ20年間にわたって，墨田区に広がる木造密集市街地の実態とそこでの都市計画政策の展開について目撃してきたことになる。防災上一刻の猶予も出来ない劣悪な居住環境を整備し改善する課題に対して，公共事業として街路整備や公共住宅供給などで対応してきたのだが，それらも遅々とした進捗度である。実は木造密集市街地での住生活は，居住空間の権利の複雑さ，高齢化と低所得化などに特徴づけられており，個別の居住空間や生活全般を改善していくことは極めて困難な状況に至っている。密集市街地における都市計画は，ハード事業とともに地域居住支援などのソフト事業の展開が大きな課題となっていることを明らかにしてきたのだった。

　墨田区が2006年より開始した「墨田区木造住宅耐震改修促進事業」はこのような中で生まれた制度である。ここでいう「簡易改修工事」は「(財) 日本建築防災協会が定める『木造住宅の耐震精密診断と補強方法』による建築物の耐震性の判定基準に係る総合評点が1.0未満の建築物について，改修工事前に比較して耐震性能が向上する改修工事」としている。つまり，いわゆる「新耐震基準」をクリアできなくてもよいという意味で「簡易耐震補強」である。木造密集市街地の居住環境改善は，個別の世帯の居住についての安全・安心を生活の実態に即したところから出発させ，そういう取り組みを続けていく中で次のステップに向けて合意形成していくという迂遠のようだが，確実なプロセスを踏むことを重視したのだった。

　これらの都市計画的な課題，地域居住政策の課題が密接に関わったところか

ら，特に専門家のあり方なども視野に入れて，その後の密集市街地における居住支援システムに関わる研究に取り組むことになった。「地域居住支援システム」を構想し，2007年には民間非営利活動法人「すみだされやかネット」を設立することになった。

都市計画における二つ目の研究課題は，市街地拡大と中心市街地衰退問題に関する研究である。1994～1995年度にかけて，福島市商工会議所の依頼を受けて「福島市における都市計画に関する調査」を取り組んだ。ここでは福島市のおびただしい郊外化の状況が明らかになった。やや乱暴な言い方になるが，福島市では郊外農村部にまとまった土地があれば工業団地が飛び地的に開発されていたし，卸商団地，福島大学，福島県立医科大学，総合病院などがあちこちに郊外化していった。そして多数の住宅団地が郊外に建設された。

その後，すでに「第1章　地域計画の射程」で述べたように，「ふくしま西道路沿道風景づくり検討委員会」への参加や「福島県商業まちづくり推進条例」制定，日本商工会議所「まちづくり特別委員会」における「まちづくり三法」改正への取り組みにつながっていった。

これらに関わる研究活動を経て，今日の地方都市や周辺の農山漁村を含む生活圏の抱える課題が明確になってきた。右肩上がりの高度経済成長期の都市政策のもとに，空洞化や衰退化が進行中にも関わらず依然市街地の拡大を続ける都市政策や後景に追いやられてきた農山村漁村とその土地利用の間には，統一した地域思想や都市思想が見出せないできたことをあらためて深く認識することになった。

それらを貫ぬく都市思想として「コンパクトシティ」を提起することになったし，喫緊の課題として提起してきたのが地域社会・コミュニティの再生であった。

三つ目は，東北地方という広がりの中で，広域ネットワーク形成と地方都市のあり方についての研究である。その直接的なきっかけは1996年，東北地方建設局による「未来都市検討委員会」である。大都市圏と違って，地方都市の多くは人口規模が3～30万人程度の中小都市であり，それらが20～40kmの距離で分散配置されている。それぞれの中小都市がそれぞれにフルセット主義で施設やサービスを充足しようとしてきたことが大きく軌道修正を迫られるように

なってきて，広域連携をしながらそれぞれの役割や機能を補完しあうような地域政策が見直されてきた。当然，中小規模の都市であっても，それぞれの個性的な中心市街地の賑わい，特色ある都市機能や観光の発展が求められ，そのことが広域連携の必要性をさらに高めることにつながっていくことになる。

　東北地方の今後のあり方として，地方都市がそれぞれに賑わいや活力を取り戻すためにはコンパクトなまちづくりが求められるとともにそれぞれが連携しあえるような広域連携のネットワークの整備の必要性が確認されることになった。この「未来都市検討委員会」の提言を受けて，1998年に「街なか居住研究会」，その後「コンパクトシティ研究会」，「コンパクトシティ推進研究会」などを継続的に進めてきた。そして2009年には「国土形成計画」のブロック版である「東北圏広域地方計画」が策定され，その中で地方都市と農村との連携や共生のもとに成り立たせる「東北発コンパクトシティ」が位置づけられることになった。

　とくに，この二つ目と三つ目の研究課題を通して，地方都市におけるコンパクトシティの考え方を明確に導き出すことができるようになった。そして，世界でのコンパクトシティやサステイナブルシティの潮流と比較しながら，わが国独自の課題や視点が必要であることを考慮して「日本版」のコンパクトシティの考え方をまとめることになった。

Ⅱ　コンパクトシティの課題と展望

　「日本版コンパクトシティ」は2007年２月に発刊した。同時に上述した東北地方整備局のもとでの「コンパクトシティ研究会」の活動は続けられ，新潟を含む東北地方の７県と市町村などの参加のもとに，報告会や現地調査などが進められた。人口規模が３〜５万人程度でもコンパクトシティが有効であることについての調査研究[3]，青森県三沢市・十和田市を核とした広域地域連携を基礎にしたコンパクトシティの可能性についての調査研究，山形県鶴岡市の「非線

---

[3]　東北地方整備局『『東北地方の中小都市』のコンパクトシティ提言書』2007年３月。
　　 同「東北発コンパクトシティのすすめ」2009年８月。

引き都市計画」から「線引き都市計画」への転換事例や秋田県横手市の「非線引き都市計画・白地地域」全地域に対する「特定用途制限地域」の適用事例などの調査，などに取り組んでいる。

表9-1　日本版コンパクトシティモデルの構築に向けた課題[4]

(1) 人口減少・高齢社会への対応
(2) 中心市街地再活性化と街なか居住
(3) 市街地と周辺農村との土地利用の整合化
(4) 広域公共交通システムの再構築
(5) 循環型地域経済システムの構築
(6) 低炭素型社会への貢献

また，日商の「まちづくり特別委員会」も，その後も継続的に開催され，「まちづくり三法」改正以降もさまざまな課題に取り組んでいる。中心市街地の活性化にとって周辺の農村部との連携が重要であるという基本的な課題を取り上げ，農水省，経産省に働きかけて「農商工連携」事業の発足に貢献している。

福島県では，「商業まちづくり審議会」を設置し，すでに述べたように大型ショッピングセンターの立地誘導の方向づけを柱にした「基本方針」を定めるとともに，県下の市町村が「商業まちづくり基本構想」を策定することを支援しているし，それが「中心市街地活性化基本計画」を策定する際の指針として位置づけられている。

これらの具体的な取り組みを通して，コンパクトシティの概念やその課題について検討し続けてきた。そして，現段階では，「日本版コンパクトシティ」の研究課題として次のように整理できると考えている。

以下では，それぞれの課題と展開方向を概説することにしよう。

1　人口減少・高齢社会への対応

少なくともわが国の21世紀前半は，人口減少が進み，その結果としてより一層の高齢社会化の流れが続くことはほぼ確実である。つまりそれをマイナス現象としてとらえ，人口の維持を図る政策展開を期待するとしても，そこには「男女共同参画社会」や「男女雇用機会均等」などの課題が横たわっている。そし

---

[4] ここで「コンパクトシティモデルの構築」としたのは，コンパクトシティのコンセプトを検討する段階から，その実現化のための具体的な課題を追求する段階に一歩進めて，コンパクトシティの姿についてモデル的に提起することを意図したからである。

て，それに向けたロードマップ（道すじ）が示され，企業や行政そして個人のライフスタイルなどに大きな変革の潮流を生み出す必要である。しかし残念ながら，そのような潮流を生み出す社会的な運動や活動が成熟しているとはいえない実情である。

コンパクトシティモデルは，少なくとも人口減少・高齢社会時代の有力なモデルとして提起しているものである。人口減少や高齢社会の急速な進行が，私たちの望む社会に向けた道すじを示しているのではなくて，今日までのわが国の政治・経済や都市・地域社会そして家族・生活様式などの矛盾の現れである限り，その問題点を是正し解消していくことが必要である。ここで考えられる課題やプログラムは次のようなものである。ここで最初の2項目は，すでに多分野の専門家によっても提起されているので，コンパクトシティモデルの観点からの視点を簡単に触れることにする。

男女共同参画社会，子育て支援　コンパクトシティモデルでは，その中心市街地に，これらの課題についての情報発信機能や市民運動の拠点などが充実していることが重要である。中心市街地の魅力がそのような機能の充実によってもたらされることも考えていくことが必要である。

ユニバーサルデザイン　これまでのわが国の高齢社会の進行は農村社会で先行してきたが，最近では都市部にも同じような現象が現れていることが指摘されるようになってきた。公営住宅団地であり，郊外住宅団地である。前者は大都市の団地において顕著であり，後者は地方の郊外ニュータウンにおいて著しい。これらの現象は，都市においても農村においても地域社会を維持することや日常生活での交通移動などにおいて，弱者を生み出す可能性を拡大させている。コンパクトシティモデルは郊外化を抑制し中心市街地の賑わいを取り戻すことであるが，そこへのアクセスにおいて，マイカー利用者以外の移動手段の確保が重要である。格差を生み出さない都市空間や移動手段の整備はコンパクトシティの基本的な課題である。

自己実現の舞台づくり　すでに第1章で紹介したように，これまでの，とくに高度経済成長期以降の都市計画が非人間的な側面を助長してきてしまったことは，都市計画の専門家としても猛省しなければならない事実ではないかと思う（この点すら，合意が得られないかもしれないが）。地域社会や都市の豊かさ

の目標は，人々が望んでいる活動を展開できるチャンスが可能な限り多く準備されていることであろう。もちろんここで言う人々が望んでいる活動というのは，地域や社会との関わりのもとで成り立つ活動である。自治体との関わり，地域社会との関わりなどを充実させていくことで生きがいを見出し，高めていくことである。そのために自己研鑽を進める生涯学習なども含まれる。例えば，地域の課題について包括的・横断的に話し合える，住民，NPO，産業界，マスメディア，政治家，専門家，行政などによるラウンドテーブルや具体的な計画立案や事業の展開における情報公開や進行管理，事業評価などにおける人々の参加の場を一層充実させていくことなどがあげられる。

日常生活圏における医療福祉，生活文化，居住環境，移動交通システム　地方における日常生活圏は中心市街地と周辺市街地そしてさらに広範に広がる農山漁村によって構成されている。そして高次の医療機能や高等教育機能は隣接する生活圏との連携のもとに成り立っている。日常生活圏内においては中心市街地に集積させることで賑わいや利便性を高めることが必要であるし，そのための都市機能や空間的特性そして土地利用のあり方を追求していかなくてはならない。さらに隣接する生活圏との連携を高めるためにネットワーク型の広域連携が重要である。

資産継承問題（不動産の維持管理）　人々が一生の間に居住地を移動する機会は飛躍的に増大している。国土全体に産業立地や就業機会の格差が拡大すればなおさらである。両親に育てられた故郷の家や地域社会に戻ることは難しい。それは実は，持家取得に執着することと矛盾するようにも思われる。土地神話などが存在していた時代，土地を高く売ることができた時代であれば，たとえ，その土地や建物を継承したり住まなくなったとしても売却すればよいと考えてきた。そういう資産価値の運用を期待する時もあった。現在地方都市などで起きていることは，大都市などに出て行ってしまった子どもたちが戻ってくる見通しがなく，これまで所有していた不動産を次の世代に継承できないという事態である。それが不動産の流動性が増し，新たな投資を生み出す環境を拡大していくことになる，というのは一定規模以上の都市の話である。80年代，90年代まで営々として築いてきた地方都市の既成市街地はもちろん，郊外ニュータウンや農村における居住空間の集積は，次世代に継承する方法がこれまでのよ

うにはいかず，全く新たな局面に至っている。例えば，これまで安定的な居住地だったエリアでも，居住空間が空家化したり，暫定的な駐車場になったり，突然全く異なった種類の建物や高層建築物が建設されることも珍しくない。

絶対的所有権に守られて個別的な対応に任されてきた不動産とそれらが集積した居住地の不安定な状況が目立っているし，それは持続可能な地域社会の形成という視点からしても好ましいことではない。現在，主に商店街などで不動産の所有と利用とを分離し，少なくとも商店街としての機能を充実させていくための利用促進を進める事例が生まれてきている。つまり，個別の不動産を個別の所有と利用に委ねておくのではなくて地域社会や商店街としての将来像に即した不動産利用のあり方を共同でルール化する取り組みである。不動産をより適切な形で管理運営していくための仕組みが必要になっており，プロパティマネジメントを確立させていく課題である。

2　中心市街地活性化と街なか居住

中心市街地再活性化はこれまで主に二つの観点から取り上げられてきた。一つは郊外化を抑制することであり，もう一つは中心市街地商店街の賑わいを取り戻すことである。「まちづくり三法」でも，主には都市計画法と中心市街地活性化法が対応している。しかし，地方都市中心市街地の空洞化や郊外ニュータウン，農村地域の衰退の同時進行に直面して，中心市街地の活性化は周辺農村の土地利用との整合性を図っていくことが重要であることをあらためて認識させられた。この点は次項で触れることにするが，ここでは，そのような土地利用計画を前提として，いくつかの個別的な課題に触れておこう。

「目抜き通り」の復活　一昔前までは，地方都市であっても，「目抜き通り」といわれた中心市街地のメインストリートが存在していた。多くの場合は，そこにはその都市の老舗といわれた店舗や新しい息吹を感じさせ若者たちを引きつけるファッションや音楽などの店が存在していたし，もちろん家族や友人たちが楽しむレストランや食堂・喫茶店・居酒屋そして八百屋や魚屋なども街並みを形成する重要な業種であった。さらにいえば，その都市の歴史・伝統，産業・経済，教育・文化を集約的に発信する機能も有していたし，金融機関や郵便局そして公共的な集会施設なども溶け込んでいた。とくにどこの店に行くと

いうわけでなくても，ぶらぶらしても退屈させない魅力が「目抜き通り」にはあった。それが車社会と共に郊外の大型店などに取って代わられてしまったが，あらためて車社会の軌道修正と共に，歩いて楽しめる賑わいのある「目抜き通り」の復活が求められてくるのではあるまいか。歴史的に付与されていた「目抜き通り」の素地をもう一度見直したり，その通りのもっている社会性や公共性を重視したりして，あるべき姿を共有することがまず必要であろう。空き店舗や空き地になっている土地の所有と利用との関係を見直し，利用を重視しながら新たな業種構成や通りとしての集積を図っていく，合意形成のシステムが必要である。

郊外立地施設の街なか誘導策　すでに郊外化してしまった公共施設などについて，もう一度街なかに戻ってきてもらうためには，50年位の長期的な戦略と戦術が必要である。例えば，すでに郊外化していった施設に対しても，将来建替えるときには街なかに戻ってきてもらうような要請を倦まず弛まず依頼していくことも必要かもしれない。そのような行為が，実は街なかに立地し，将来の建替えや立地変更を模索する企業や事業所などに大きなメッセージを送ることになるはずである。都市マネジメントの観点からは，中心市街地のインフラの維持管理と郊外対応のインフラ整備の費用便益についてシミュレーションすることでより合理的かつ効果的な施設立地の判断をしていくことも合意形成の重要な資料を提供してくれるはずである。

複合的土地利用・空間計画の促進，パイロット計画の推進　中心市街地は，一定の効率的・効果的な土地利用の集積が求められていることは言うまでもない。それは形態や用途の上でも，所有関係の上でも複合的な土地利用によって得られるプラス効果でもある。それはこれまでわが国でしばしば事故を起こしてきた雑居ビルではない。つまり，わが国において戦後際立った性格として指摘されてきた"土地所有の絶対性"を軌道修正し，利用を優先する考え方を重視しようというものである。中心市街地の望ましい姿に基づいて，土地の所有と利用を調整する方法論が求められている。そして，そのような考え方に基づく事例を蓄積させていくためにも，先導的なパイロット計画を展開することも有効な方法であろう。

街なか居住の推進　昨今，地方都市においても市街地にマンションが立ち

並ぶようになってきた。市街地への人口の回帰という側面では望ましいともいえるが事態は複雑である。マンション建設と供給によって発生する投資や購入などの住宅市場が地域経済にほとんど還流しない，周辺の地域社会や街並みと著しく異なった景観を突然出現させる，これまで長い間築き上げてきた街なか居住（や周辺の商店街などとの関連）の継続性，継承性を断ち切ってしまう，ことなどの問題点が指摘されるようになってきた。地方都市における街なか居住の基本的な課題は地域社会における居住継続の可能性の追求である。これまでに蓄積されてきた地域社会を構成する居住空間や居住様式そして人々が支えあう仕組みなどを安全・安心に裏打ちされた次世代の居住に繋げていくことができるかが問われている。そのための地域居住支援や居住空間の改善さらには個別建替えや資産運用に対する共同的・地域的対応の仕組みなどが必要になっている。上述の複合的な土地利用・空間計画の重要性とあいまって，プロパティマネジメントやエリアマネジメントが注目されてきている背景でもある。

3　都市と農村との土地利用の整合化

　今日の地方都市は，中心市街地の空洞化と郊外化・市街地拡大が同時進行していることに大きな特質がある。それらの現象は次のことを意味する。郊外開発の進行つまり市街地の拡大は，いまや市街地の経済活動の拡大や人口増大，つまり市街地の側からのプッシュ要因によって引き起こされているのではない。近郊農村地域における農業そのものの衰退や後継者不在などによって農業的土地利用を転換し都市的な土地利用を受け入れようというプル要因が大きいのである。しかも，都市計画における「線引き都市計画」の「市街化調整区域」,「非線引き都市計画」におけるいわゆる「白地地域」，そして農振法による「農振農用地域」などの土地利用制度としての不連続性が農村・農業・農家・農地に不安定さをもたらしてきた。つまり，中心市街地の活性化は周辺農村部の土地利用政策の確立，あるいは市街地における土地利用政策との整合性の確保が大きな課題なのである。大きな課題であるが，次のような対応の方向が考えられるし，すでに具体的に展開している自治体も生まれてきている。

　①「非線引き都市計画・白地地域」を「線引き都市計画・市街化調整区域」にする（例：山形県鶴岡市）。「線引き都市計画」と「非線引き都市計画」のい

ずれかの運用について，自治体が選択できるようになって以来，「非線引き都市計画」を「線引き都市計画」に転換した全国初のケースである。豊かな農村地域，農業を守っていくことについての合意形成が重要な課題だったに違いない。そして，農振農用地は基本的には市街地調整区域になり，これまで以上に開発抑制の網がかけられた。一方で従来の農村集落については，集落や家族生活の継続を保障するために，一定の建築行為も許容する都市計画制度を適用している。

②「非線引き都市計画・白地地域」を「特定用途制限地域」の運用によって「第2の用途地域」を運用する（例：秋田県横手市）。横手市も「非線引き都市計画」を運用してきた。8市町村の合併を機に，また引き続く中心市街地空洞化の課題に応えるために，都市計画マスタープランでは，コンパクトシティをめざし，周辺の農村地域に「特定用途制限地域」を当てはめ，農業を守り育てる地域とすることを再確認したのだった。

③「国土利用計画法」にもとづく「土地利用調整基本計画」による独自の土地利用制度を運用する（例：長野県安曇野市，福島県三春町など）。

④「都市および農村計画法」[5]を実現し，一体的土地利用のルールを設ける。これは国の新たな法制度を実現しなければ成り立たないが，今日の国土利用調整基本計画や非線引き都市計画・白地地域における特定用途制限地域の運用などの蓄積を通して，将来的には俎上に上ってくるのではないかと思われる。

⑤「都市および農村計画法」という法制度に至らなくても，都市および農村の土地利用を一体的・整合的に運用していく方法を検討する際に有力な方法として次のようなものが考えられる。

一つには，河川，水路，地下水，公園，森林などのいわゆるエコロジカル・インフラストラクチュアを都市計画や国土利用計画などに明確に位置づけることである。例えば，「緑の基本計画」を「緑と水の基本計画」にするだけで水

---

(5) イギリスの"Town and Country Planning Act"におけるTownは実質的に市街地というイメージである。したがって，イギリスでは昔からタウンとは何か，市街地とは何か，という議論が底流にあったという（小山善彦氏による。彼はバーミンガム大学大学院在学中に，都市計画の著名な研究者だったGordon Cherryの講義のなかでそのような内容の話を聞いたことがあるとのことである）。

循環を視野に入れたエコロジカル・インフラストラクチュアの計画に移行できるはずであるし，その際に地下水の挙動なども含めて，GISによるエコロジカル・インフラストラクチュアの解析技術を応用できるようにすることも有効であろう．

二つには，最も有力なのは河川流域全体を一体的にとらえた「流域圏土地利用計画」を策定することである（現状では河川部局と都市計画部局，農村計画部局との連携が不十分であるが，「阿武隈川流域整備計画」では，流域沿川の農地や湿地そして工場や住宅の建つ市街地などについて河川の洪水の確率などから，「調整池」設定，災害危険地区指定による土地利用制限と「輪中堤」などによる宅地の嵩上げ，など都市計画や農村計画にも関わりをもつ取り組みを含んでいる）．

いずれにしても，都市と農村の土地利用を統合的なルールの下にコントロールしていくことは，わが国において今後きわめて重要な課題になっていくが，その際に，「都市生態学」のような自然科学と人文科学とを関連づけた分野を学際領域として充実させていくことが必要であろう．[6]

4　広域公共交通システムの再構築

コンパクトシティの考え方は，今でも郊外ニュータウンや周辺の農山漁村を切り捨てるのではないか，都市側からの一方的な計画論ではないかという批判や不安を提起されることが多い．しかし，いずれにしても地方都市や農山漁村は，それぞれが単独で地域の生活や産業を成立させることは難しい．いくつかの市街地や周辺の農山漁村がネットワークを組むことで生活圏を成り立たせていく必要がある．そういう点からも生活圏間を結んだり生活圏内の広域交通ネットワークの形成は極めて重要な課題である．その広域交通ネットワークにおいては鉄道・道路・後湾・空港の連携と役割分担について，今まで以上に研究されるべきである．

---

[6] 例えば，下記の文献などはその端緒的な業績といえよう．
　　イアン・L・マグハーグ著，下河辺淳・川瀬篤美総括監訳『Design with Nature』集文社，1994年9月．

地方都市は，車社会真只中である。車社会対応型の郊外化が進んでしまった結果，中心市街地の空洞化がもたらされたのである。鉄道インフラが存在しているにもかかわらず，ニュータウンは，わざわざ鉄道駅から遠い丘陵地や山あいに開発されてきた。その一方で，鉄道の利用者が減り，無人駅に変わったり，廃線に追い込まれたりする。コンパクトシティは，車社会からの軌道修正を目指しており，公共交通が地域社会，中心市街地，地域経済を支える公共インフラとして位置づけられるかどうかにかかっている。富山市における公共交通戦略と土地利用政策とのリンケージは，(7)中心市街地への交通利便性を高めることによって，いわゆる交通弱者といわれてきた人々を含めて，市民の交通移動性を着実に高めてきている。周辺の広大な農山漁村を含む地方都市の生活圏における地域経済の総体は，郊外に立地する限られた企業や大規模ショッピングセンターなどだけが支えるのではない。多くの企業にとって，地域社会，中心市街地，公共インフラとそれらの集積を有効につなぐ公共交通インフラなどが，ビジネスチャンスに結びついていくはずである。それがサステイナブル社会の姿である。

そして，車社会の軌道修正をしていく上でも，人々が議論しながら共通の課題や目標を確認するための生活圏における交通ネットワークのイメージづくりが必要であろう。

5 循環型地域経済システムの構築

ここではコンパクトシティ論の経済的な背景として，循環型地域経済システムの構築が欠かせない課題であることを指摘するに留めたい。何度も繰り返し述べてきたように，都市とくに地方都市の成立は周辺の農山漁村との有機的な関係なしにはありえない。と同時に，町の賑わいや人々の豊かな生活の成立は，地域経済の再生なくしてはありえない。地域の自然や資源，人材，金，情報などが地域や都市を成り立たせる経済循環にきちんと位置づけられていくことは，都市や地域社会の最も基礎的な条件である。詳しくはすでに第1章で触れたと

---

(7) 交通政策と土地政策のリンケージのモデルは，アメリカ合衆国オレゴン州ポートランド都市圏である。

ころである。

6 低炭素型社会への貢献

　コンパクトシティは，土地利用をいかに合理的なものに再構成し直し，地域社会の再生を実現していくかという課題に立ち向かおうとして提起してきたものである。一方，欧米においてコンパクトシティが提起されてきた背景には，環境問題，CO_2排出問題，地球温暖化問題などへの危機感が横たわっている。わが国でのコンパクトシティ論では，正直に言えば，まだこの視点が十分論点として位置づけられているとはいえない。しかし，コンパクトシティ論がより包括的で，しかも説得力のあるものになっていくためには，環境問題への関わり方，その有効性を明らかにしていくことが必要である。もちろん，コンパクトシティへの取り組みは，低炭素型社会への道である。つまりコンパクトシティの展開によるCO_2排出削減効果の実態把握やシミュレーションなどの調査研究を展開していくことが必要である。その具体的な研究課題として，次のような課題をあげておこう。

　①コンパクトシティは，モータリゼーションの軌道修正をしていくために交通政策と土地政策のリンケージが前提になる。それは地域社会における交通移動量，とくに自家用車のそれの削減効果をもたらすはずである。大都市や地方の中枢都市で行われてきたパーソントリップ調査などを活用して，交通移動量の把握とコンパクトシティによる削減予測ができれば，それによるCO_2削減効果も定量的に予測できるはずである。

　②これまでは，郊外への施設立地や道路建設や公共下水道整備などのインフラ整備も地域における公共事業として歓迎されてきた向きもないわけではない。しかし，公共サービスとして展開すべき課題の重点は確実に変わってきているし，行財政の逼迫などの現状からも，郊外開発についてはその公共投資（初期投資ばかりでなく，その後の維持管理経費も含めて）の抑制が求められている。したがって，コンパクトシティの思想が，このような郊外開発とその公共投資の抑制にもたらす効果を定量的に示していくことが求められている。

　③上記の課題とは対照的に，中心市街地の複合的土地利用や新たな街なか居住の推進による郊外化抑制効果やこれまで中心市街地に蓄積してきたインフラ

の稼働率向上効果についての検討も有効であろう．ただし，これらの検討は，机上で行う場合と具体的な都市政策や都市計画行政を担っている部局そして中心市街地活性化や街なか居住再生の具体的な展開を進めている組織や住民組織などと進める場合とでは，そのリアリティが大きく異なってくるのではないかと思われる．純粋に理論的な検討として取り組む場合と具体的な展開過程の中で取り組む場合とでは，調査研究の役割が異なってくることも考えられる．

④わが国のほとんどの都市は，1960年代以降の急速なモータリゼーションの進行と共に，道路整備に追われてきた．それまでの水路を埋め立てたり暗渠にして，舗装された道路に置き換えてきた．市街地にはコンクリートの建物が集積し，個別住宅でも駐車場を確保するために敷地内が舗装されてきた．今日では地方都市中心市街地の衰退は，あちこちに空き家や更地そして暫定的な土地利用としての駐車場が目立ってきた．それらも大半は舗装化されている．これらは市街地にさまざまな負担を強いるようになった．つまり，ヒートアイランドや降雨が地中に浸透せず，直接公共下水道や河川の流水となってしまうことによる流量の激変による被害の増大である．そこで，河川や公園・緑地などのエコロジカル・インフラストラクチャの重視や舗装道路の改善などによるヒートアイランド緩和効果や公共下水道・河川の負担軽減効果などの定量的な把握がコンパクトシティ論をさらに説得的にしていくはずである．

　日本型コンパクトシティの展開にはなお多くの課題が残っている．地方都市や地域社会の再生にとっても重要な思想であり方法論であると考えているが，都市と農村の対立や経済や都市の衰退に直面し，今後それらを適切にマネジメントしていくための方法論などについての議論もまだ深まっているとはいえない．さまざまな専門分野から地域社会再生やコンパクトシティの議論が深まることを期待したい．

第10章　復興都市計画とコミュニティ

I　復興都市計画のミッション

　災害後の復興都市計画のミッションとは何であろうか。
　第1には，災害によって破壊された都市・市街地などハード面の回復である。道路や鉄道，橋といった都市の基盤施設を元通りに回復することは必要であり，そのこと自体を否定する意見はないであろう。しかし，復興都市計画は単にもとの施設を復旧するというだけでなく，復興を機会により高度な都市の基盤施設を作り上げることを常としてきた。
　江戸は火事のたびに街をつくり替えてきたし，明治の銀座煉瓦街も大火後の復興まちづくりとしてつくられた。東京は関東大震災の震災復興や戦災復興の事業によって都市の骨格を作ってきた。東京のみならず第2次世界大戦で被災した全国115の戦災都市は大なり小なり復興の過程をへて今日の姿に至っている。
　こうした歴史を持っているがゆえに，都市建設に携わる行政当局は，災害が起これば直ちに復興都市計画を想起するDNAを内包しているといっても過言でない。その根底には，わが国の都市は発展途上にあり，あらゆる機会を捉えて都市の基盤整備をしなければならないという認識がある。その格好の機会が戦災や災害なのである。
　しかし，このような都市形成が常に肯定的に捉えられるべきものかといえば，そうとはかぎらない。
　なぜなら，都市が未成熟で，都市への人口集中が活発で新たな建設が求められている場合や，従前の都市が否定される対象である場合は，復興において新たな都市建設が目標となりうるが，都市化の時代が終わり，都市の追加的建設よりは質的充実が求められる時や，従前の都市を再生することが求められる場

合には，復興都市計画は異なったものとなろう。第2次大戦においてナチスドイツに徹底的に破壊されたワルシャワの歴史的市街地を完全に復元した事業などはその好例である[1]。

　第2に，復興都市計画は，復興というかぎりにおいて，被災者の生活の回復に資するものでなければならない。被災者は住宅をはじめ生活の基盤を失っており，その生活を再建することこそが復興の最も重要な目的であるから，復興都市計画もそれを実現するものでなければならない。被災者がもとの生活を再建するうえで最も重要なことは住宅の確保や，従前の営業の再開，地域コミュニティの回復といったことであるが，復興都市計画はそれらを支援し，促進するものでなければならない。

　しかし，復興都市計画事業はその反対物となってきた歴史を持っている。関東大震災における復興都市計画でも，また戦災復興都市計画でも，被災住民の反対運動はいたるところで展開され，苦難のなかで事業を行ってきた。都市計画事業が関係権利者や住民との間にあつれきを招くことは，個と全体あるいは私と公の間の矛盾として，いわば常であるが，災害後の復興都市計画では特別な意味を持つ。それは災害被災者が生活の基盤を失ない，その回復・復興を求めている中で展開されるからである。復興都市計画事業は被災者の生活再建を支援するどころか，これを妨げ，被災者をいっそうの窮地に追い込むことがあるのである[2]。その理由は，わが国の都市計画がハードな施設整備を目的とし，そこで暮らす人々の生活の向上を必ずしも主眼としていないからである。いいかえれば，都市計画の事業制度はハード整備の制度でしかなく，生活の向上や営業の発展を直接の目的としていない。この性格は復興都市計画事業においても変わらず，その限界性は阪神・淡路大震災の復興においても露呈した。本稿ではその経験から，復興都市計画がコミュニティに与える影響を検証し，ある

---

[1]　アンソニー・M・タン，三村浩史監訳『歴史都市の破壊と保全・再生』海路書院，2006年。
[2]　西山康雄『危機管理の都市計画』彰国社，2000年。西山は復興計画そのものが被災者の生活再建を困難にするという意味で「計画災害」という用語を使用している（Peter Hall, *Great Planning Disaster*, 1981）。筆者は災害後の復興過程で生じる被害を「復興災害」と呼んでいる。計画災害はそのひとつであるといえよう。

べき復興都市計画を考察したい。[3]

II　住宅復興と復興都市計画

　復興都市計画事業が必要となる背景には2つの側面がある。
　第1は，個人の住宅再建にとって必要となる面である。
　例えば，震災前の住宅が4m未満の狭い道路に面していた場合，以前と同じように住宅を再建することはできない。建築基準法で4m以上の道路に2m以上にわたって接しなければ建築はできないことになっているからである。建築基準法が制定される前から住宅が建っていた場合にこういうことがしばしば起こる。既存不適格建築物という。
　こういう場合，前面道路が4mになるように，両側の住宅は各々道路の中心から2m後退して建築しなければならない。しかし，もともと敷地の狭い住宅ではそんなことをすればまともな家が建たなくなる。こういう問題は個人の力で解決することは難しく，何らかの市街地整備事業が必要になってくるのである。
　第2に，都市や地域全体にとっての防災，交通利便，土地の高度利用などの必要性である。災害に強いまちづくりのために避難，消火，延焼防止に有効なように広い道路や公園をつくる。あるいは，広い道路や駅前広場をつくり，交通の利便性を高める，高層の建築物を建てて土地利用を高度化するといった公共的な要請である。
　つまり市街地整備事業には，個人の住宅建設などに直接寄与する面と公共的な必要性の両面がある。しかし，この2つの側面は必ずしも統一されて実現するわけでなく，しばしば乖離する。被災した個人の住宅確保は一刻を争う緊急の課題であるが，災害に強いまちづくりや利便性・土地利用の高度化などは将来を見据えて長期的に取り組む課題である。
　つまり，個人の住宅再建に寄与する市街地整備は被災後早く実施する必要が

---

[3]　本稿は拙著『住宅復興とコミュニティ』（日本経済評論社，2009年）をベースとしており，詳細は同書参照。

あるが，公共的な都市づくりとしての市街地整備は本来災害時にやる必然性はない。

復興都市計画事業としてよく用いられるのは，土地区画整理事業や市街地再開発事業である。土地区画整理事業は戦前からある制度で，関東大震災や戦災復興でもさかんに用いられた。日本の大都市のほとんどはこの事業で骨格ができており，区画整理は「都市計画の母」などといわれる。市街地再開発事業は1969年に法制度ができたもので，駅前整備などでよく目にするものである。

区画整理事業は基本的に土地に関する事業で，上物（住宅など）は個人が自分で建設する。再開発事業では従前の権利に見合ったビルの床を取得することができる。また，ビルには保留床が作られ，一般分譲用の住宅が作られる。再開発事業では，従前の土地建物の権利が小さかった人でも，事業によって住宅を失う人は従前居住者用の賃貸住宅（通称受皿住宅＝公営住宅）に入居することができる。区画整理事業では，こうした扱いは必ずしもないが，阪神・淡路大震災では，後述の住市総事業を合わせて行うことによって受皿住宅が作られた。

住宅地区改良事業は都市計画事業ではなく，不良住宅の集中している地区を改良する事業で，改良住宅（公営住宅と同種の公共賃貸住宅）が供給されるが，道路や公園などの基盤整備も行う。

大雑把に言って，再開発では1 ha当たり100億円，区画整理では10億円，住宅地区改良事業では20億円程度の事業費がかかる。再開発は建物を建てる事業であるので，1桁大きい巨額の費用がかかるのである。

都市計画事業が行われると，住民にどういう影響があるのだろうか。事業地区では，個別の建築活動などは制限され，公権力による事業に従わなければならない。しかも一旦都市計画事業が決定されると，後戻りすることはほとんどない。従前の土地に自分の住宅を建てることはできず，あらたに定められた土地（換地）や再開発ビルの一角に移動することになる。あるいは補償金をもらって地区から出て行くことになる。事業はきわめて複雑で長期間を要する。土地の所有権や借地権をもっていなかった借家人は，権利者ではなく，事業の埓外におかれ，たいていの場合地区から転出しなければならない。住宅再建や商売人の営業にとって，きわめて重大な影響を及ぼすのである。

しかし一般市民がこのような都市計画事業の意味するところをよく知ってい

るとはいえない。阪神大震災の場合でも，区画整理や再開発という言葉さえ聴いたことがないという人が多く，ましてや事業の仕組みや権利・義務などについて，大半の人が知らないままに事業に巻き込まれてしまったのである。

Ⅲ　復興都市計画事業の論点
―何が問題だったのか―

　阪神・淡路大震災でおこなわれた復興都市計画事業には大きくわけて，手続きの面と内容の面で問題があった。

　第1は，個々の被災者の住宅復興に重大な影響をもたらす都市計画の決定が，当事者の同意をほとんど得ないままにわずか2ヶ月の間に決定されてしまったということである。いったん決定してしまうと，強制力を伴い，後戻りがきわめて難しいだけに，このことは重大である。また，決定のいきさつが，事業を進める上でしこりともなり，後々にも大きな影響を及ぼした。

　第2は，都市計画事業の進め方において，当事者（権利者，居住者）の参加が十分に保障されたかという点である。十分な同意を得ないままに強行されたことへの「反省」として，事業の実施は，住民の意見をよく取り入れて行うということが宣言され，「協働のまちづくり」という言葉がスローガンとなった。いわゆる住民参加であるが，はたしてその内実はどうだったのかという問題である。

　第3は，都市計画の内容が妥当なものであったかどうかという点である。この点は，区画整理事業と再開発事業で分けて考える必要があるし，また地区別にも事情が異なる。復興都市計画が地元の実情をよく反映した計画であったかどうか，被災者がこの事業によって住宅確保や営業再建の面で救われたのかどうかという視点から検証される必要がある。

　そして，第4に，事業の採算性がどうかという点である。この点は都市計画の内容と深く関わることである。一般に，こうした都市計画事業（公共事業）には莫大な費用がかかる。国の補助金が大量に投入されるが，地元自治体の負担も大きい。採算が取れないままに推移すれば，結局は地元自治体の財政を圧迫する結果となる。そのリスクは，特に事業費の大きい再開発事業において，

顕著に現われる。

Ⅳ 区画整理事業は何をもたらしたか

　道路が狭く基盤整備が必要な地域では，区画整理事業は個人の住宅再建にとっても必要となる側面があることを先に述べたが，基盤整備の必要性があった地区では，実際にどのような結果をもたらしたのだろうか。以下では長田区御菅地区を取り上げてみてみよう。

　御菅地区は長田区東部にある面積約10.1haのエリアである（図10－1）。震災時の人口は1872人（世帯数855），現在は954人（世帯数533）と半減している。震災被害は，大火の発生もあり約8割の建物が全焼・全壊した。小規模な店舗や工場と住宅が混在し，細街路（路地）の多い密集市街地であった。震災前には概ね十数軒単位の「隣保組織」が存在し，地蔵盆などの行事も盛んであった。

　神戸市において復興区画整理が施行された11地区のなかで，御菅地区（西地区・東地区）は，事業の進捗に関しては決して特異な位置にはないが，人口回復率（2005年11月末の人口÷震災前〈1995年1月〉の人口）は最も低い。11地区全体の平均回復率は81.4%であるが，御菅地区は51%にとどまっている。

1　区画整理による市街地の変化

　区画整理事業による市街地の変化はきわめてドラスティックである。[4]

　まず，道路，公園などが大きく変化した。路地は消滅し，ほとんどすべてが幅員6m以上の道路になった。以前は小さな公園が1つしかなかったが，街区公園（面積0.1～0.15ha）が4箇所に作られた。

　店舗や業務施設，工場などが減少し，逆に多数の空地が生まれた。震災前には空地はごくわずかであったが，現在は，特に西地区で多くみられる。その大半は市の所有地で，事業に伴って市に売却された土地が空地のまま残っている

---

[4] 田中正人・塩崎賢明・堀田祐三子「復興土地区画整理事業による市街地空間の再編とその評価に関する研究―阪神・淡路大震災における御菅地区の事例を通して―」（『日本建築学会計画系論文集』第618号，2007年8月）

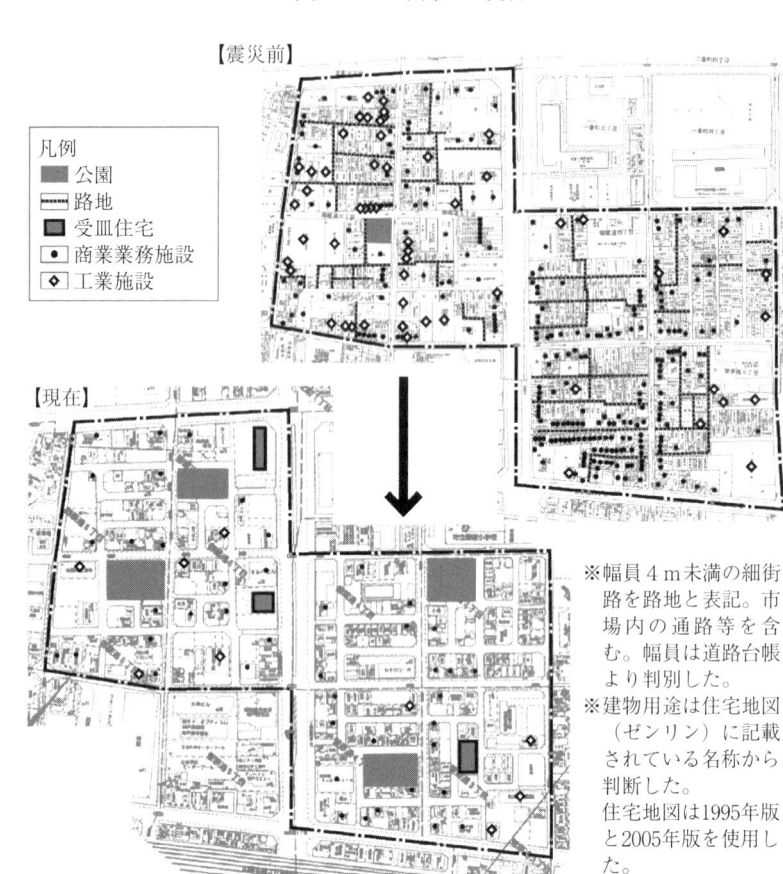

図10-1　市街地の変化

【震災前】

凡例
　■　公園
　▦　路地
　■　受皿住宅
　□•　商業業務施設
　◇　工業施設

【現在】

※幅員4m未満の細街路を路地と表記。市場内の通路等を含む。幅員は道路台帳より判別した。
※建物用途は住宅地図（ゼンリン）に記載されている名称から判断した。
住宅地図は1995年版と2005年版を使用した。

のである。

　さらに，受皿住宅が建設され住宅ストックが変化した。震災で長屋や木賃住宅は壊滅し，それに代わるものとして中高層の共同住宅である受皿住宅が立地した。

　区画整理は土地に関する事業であるため，土地の所有権や借地権をもたない借家人は事業の埒外におかれる。元の家主が借家を再建しない限り，地区から出て行かざるをえないのである。災害復興における区画整理事業とは，市街地

整備が目的であって，住民の住まいを確保することを必ずしも目的としていない。

　都市部の区画整理事業において，このことはかなり重要な問題である。長らく人々が住み続けてきた町，特に下町といわれる地域では，借家人といえども，短期間だけそこに住んでいる学生や転勤でやってきたサラリーマンといった人々もいれば，何十年も（場合によっては何世代も）住み続け，さまざまな人間関係や仕事の関係をつくり，各種のネットワークに根を下ろしている人々もいる。こういう人々は，土地の権利がなくても地域を支える重要なメンバーである。しかし，区画整理ではこうした事情は一切考慮に入らない。結局のところ，多様な人々によって成り立ってきた町を，区画整理では一旦，土地の権利者だけのまちにしてしまうのである。この問題に対するひとつの対応策が，いわゆる受皿住宅である。

　受皿住宅とは，都市計画事業によって住宅を失うことになる人々に対して供給される公的な賃貸住宅である。神戸市における11の区画整理地区のうち森南を除く8地区では，そうした借家世帯を含む従前居住者への配慮から，区画整理とは別に，住宅市街地総合整備事業や密集住宅市街地整備促進事業の網をかけ，受皿住宅の整備を行ってきた。

　御菅地区においては，御菅第一住宅，第二住宅，第三住宅の3棟（計108戸）の受皿住宅が建設された。入居開始時期は，震災から4年後の1999年1月〜11月となっている。

　御菅地区における受皿住宅は他地区と比べてもそれほど少ないわけではないが，人口回復率はあまり高くない。

2　人口はもどったのか

　ここで，区画整理事業の前後で人口がどのように変化したのかをやや詳しく見てみよう。ただし資料の関係から，御菅西地区について検討する。[5]

---

[5]　田中正人・塩崎賢明・堀田祐三子「市街地復興事業による空間再編システムと近隣関係の変化に関する研究—阪神・淡路大震災における御菅地区の事例を通して—」（日本建築学会計画系論文集第618号，2007年8月）

御菅西地区（面積約4.5ha）では，震災前（1994年）に382世帯が居住していたが，震災のあった1995年にはその8割に相当する306世帯が転出，地区に残留したのは76世帯であった。その後，転出した306世帯のうち4世帯が地区に戻ったが，残りの302世帯は転出したままである。

結局，震災前から（途中転出したケースも含め）地区内に住み続けている世帯は80世帯であり，震災前（1994年）の世帯のわずか2割ということになる。他方，地区内に新たに転入した世帯は117世帯で，合計197世帯が現在の世帯数である。世帯数の6割が新規転入者である。

従前居住世帯の2割しか残らず，現在世帯数の6割が新規転入者という事実を見ると，区画整理をおこなって道路や公園はできたが，元のまちの人間はいなくなったという思いがするのも当然であろう。

借家人の住宅を確保するねらいで受皿住宅という手法が導入されたことは，今回の区画整理事業における明るい側面である。御菅西地区で94戸の受皿住宅が供給されたが，そのうち従前の住民はわずか20戸に留まっている。受皿住宅が，従前住民の定住にあまり効果を発揮しなかったのはどうしてであろう。

御菅西地区の転出者に対する調査によれば，転出して賃貸住宅に入居した8世帯は全員が受皿住宅に「入居したかった」としており，持家を取得した世帯でも13世帯のうち3世帯が希望していた。

ではなぜ入居しなかったのか，その理由をみると，「（募集の時期には）入居の意思が薄れていた」「募集の時期が遅かったから」「募集を知らなかったから」などが上位を占めている。

募集の情報入手は，「友人・知人」といった，いわば口コミが中心である。募集の時期がもっと早ければ，あるいは公的な手段で適切に伝達されていれば，賃貸住宅入居者の多くは受皿住宅に入居していた可能性が高いのである。

注目すべきもうひとつの理由として，「入居の資格がなかったから」という回答がある。その「資格」の内容であるが，持家取得層においては「収入が入居要件に合わなかったから」，賃貸入居層においては「すでに他の公営住宅に申し込んでいたから」「元の地家主が土地の権利を所有したままだったから」という点が挙げられている。

確かに神戸市の制度では，これらの世帯は資格が与えられないことになって

いる。しかし「すでに他の公営住宅に申し込んでいたから」「元の地家主が土地の権利を所有したままだったから」という理由で資格が失われるのでは，区画整理が行われる地元で住宅を失う人を救済するという趣旨にそぐわない。

　また，受皿住宅の建設やその入居募集が遅かったという点も大きい。この地区で受皿住宅が供給されたのは震災から2年～5年後である。被災者は，その間，何らかの手段で住宅を確保しなければならないわけで，公営住宅に応募するのは当然であるし，別の住宅に落ち着いてしまえば，さらに移動することが困難になり，入居意欲が薄れるのも当然である。受皿住宅の建設が遅すぎたという意見は，この地区に限らず，千歳地区の住民からも聞かれた。区画整理事業の最初の段階で，どういう住宅確保の選択肢があるのかを示すべきだったのである。

3　区画整理で住まいはどう変化したか

　表10-1は，区画整理の前後で各世帯がどのように移動したかを示したものである。区画整理では，基本的にはあまり離れた場所に移動しないようにするのであるが，相当離れた移動をしている例もある。

　移動の状況を詳しく調べるために，東西2つのブロックを幹線道路で4つの街区に区切ってみる。

　震災前の居住地からの移動先が同じ敷地または隣接敷地にとどまっている場合を「同敷地」，同じ街区にとどまっている場合を「同街区」，同じブロック内の別街区に移動した場合を「別街区」，ブロックをこえている場合を「別ブロッ

表10-1　残留世帯の住宅・居住地の変化状況

住宅の変化	居住地の移動	移動なし	移動あり		
		同敷地 (81)	同街区 (22)	別街区 (28)	別ブロック (15)
変化なし	1戸建→1戸建 (70)	小変化 (57)	中変化 (24)		
	共同住宅→共同住宅 (11)				
変化あり	長屋→長屋 (32)	中変化 (24)	大変化 (41)		
	1戸建→共同住宅 (16)				
	長屋→共同住宅 (17)				

注：（　）は世帯数。

ク」とすると，同敷地にとどまっているのは約半数である。

次に，住宅形式の変化についてみてみると，約半数の世帯は，区画整理の前後で変化なく，一戸建に住み続けている。しかし，長屋建から一戸建へ変ったものが21.2％で，一戸建や長屋建から共同住宅へ移動した世帯もそれぞれ1割以上あり，震災前後で住宅形式が変わった世帯は約44％である。

ところで先に見た居住地の移動と住宅形式の変化は，じつは互いに関係している。つまり，居住地の移動が少ない「同敷地」の場合には，一戸建に住み続けている割合が高く，「別街区」や「別ブロック」など居住地が遠くへ移動したケースでは，共同住宅に変わっている割合が高いのである。

ということは区画整理の前後で，居住地の場所も変わり住宅の形式も変わってしまった人と，どちらも変化せず以前と同じという人がいるということである。これは，区画整理が地区の住民に与える影響という点で，きわめて大きな問題である。

そこで，居住地の変化と住宅の変化を組み合わせてみると，問題がいっそうよくわかる。

居住地も移動し，住宅形式も変化した世帯は41世帯で，これを大変化世帯とよぼう。居住地か住宅形式のどちらかが変化した世帯は48世帯で，これは中変化世帯である。そしてどちらもあまり変化しなかった世帯は57世帯である。これは小変化世帯としよう。区画整理では，地域住民に同じような影響があるのではなく，このように，大中小の異なった変化を及ぼすということである。

4 以前のコミュニティはどうなったか

住宅・居住地が大変化すると，当然生活も影響を受ける。住まいは単なる箱ではなく，周囲の人々とのつながり，すなわちコミュニティが備わっていてこそ，人間らしい生活の場となる。そういう観点から，区画整理による住宅・居住地の変化を検討してみよう。

コミュニティがよいとかしっかりしているといったことを客観的に計るのはなかなか難しいが，ここでは，隣近所とどの程度の付き合いをしているかをひとつの尺度にしてみる。

「互いの家を行き来する」という関係を最も親密とし，次に「立ち話をする」

程度，さらに薄い付き合いとして「あいさつをする程度」という具合に設定する。

震災前に，一番親しい人が「向こう三軒両隣」の範囲にいた人は55％で，その人との間で「互いの家を行き来する」という親密な交流があったとする割合がもっとも多く44％，次いで「立ち話をする」が3割強となっていた。

このような近隣での付き合いは，区画整理の事業前後でどのように変化したのだろうか（図10-2）。

住宅・居住地が少ししか変化しなかった小変化世帯では「より親しくなった」，「変化なし」という人が8割近くを占める。

これに対して，大変化世帯では5割強にとどまっている。

逆に，大変化を受けた人たちでは「つきあいが消滅」したというものが26％に及ぶ。小変化の人々では，付き合い消滅は5％しかいない。

近隣の人たちとの付き合いは，当然ながら相手との距離によっても変わってくる。親しかった人との距離が遠くなるほど，「より親しく」なったという割合は少なくなり，逆に「つきあいが減少した，消滅した」という人の割合が多くなる。相手が「少し遠くに」行くと38％の人が「付合いが減少または消滅」し，「かなり遠くに」行くとその割合は56％を超える。

近隣の人たちとの付き合いは，相手の住宅形式とも関係がある。「以前より親しく」なったという人は，相手が一戸建または共同住宅に住み続けている場合，つまり住宅形式が変化していない場合のみに限られる。逆に，相手が一戸建や長屋建から共同住宅へ変わった場合は「つきあいが減少，消滅」する割合

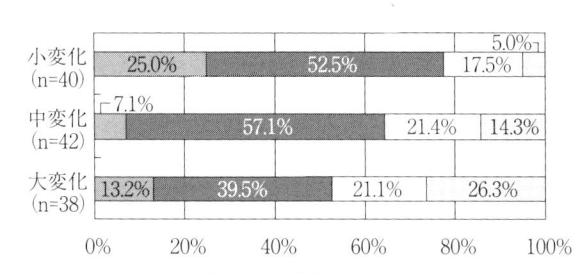

図10-2　住宅・居住地の変化とつき合い

	より親しく	変化なし	つき合い減少	つき合い消滅
小変化 (n=40)	25.0%	52.5%	17.5%	5.0%
中変化 (n=42)	7.1%	57.1%	21.4%	14.3%
大変化 (n=38)	13.2%	39.5%	21.1%	26.3%

が高い。また，長屋建から一戸建に変わった場合も，「付合いが減少，消滅」する傾向がある。

　住宅形式と付き合いの関係がなぜこのようになるのかという理由については，はっきりしない点もある。ひとつには先に見たように，一戸建住宅の人は居住地を動いていない場合が多いため，付き合いを維持しやすいのではないかと思われる。逆に共同住宅に住む人は居住地を移動している場合が多い。また，共同住宅では2階以上の階に住む場合も多く，互いの行き来が疎遠になるといったことも考えられる。

　いずれにしても，地域のコミュニティには，自分自身と，付き合いのある相手の住宅・居住地の変化が関係しており，区画整理はそれに重大な影響を及ぼすことが明らかである。地域のコミュニティを維持するには，地域における「住宅・居住地の相互関係」を壊さないことがきわめて重要なのである。

5　コミュニティ・ふれあいの場がなくなった

　住宅・居住地の変化に加えて，区画整理は近隣の人々の付き合いの場，接触の場も変えてしまう。

　震災前に人々がよく接触していた場所は，玄関先，路地，買物場所，道路などであった（表10-2）。

　地震前，約6割の世帯が玄関先で接触を持っていた。ところが区画整理後では，4割に減少している。これは区画整理によって住宅・居住地の変化を大きく受けた人たちにとって特に影響が大きい。大変化を受けた人は，玄関先での接触が62％から32％へ，中変化を受けた人は63％から35％へ減少している。ところが住宅・居住地の変化が少なかった人たちでは53％から51％へと，ほとんど減少していない。つまり，住宅の場所が変わり，建て方も長屋からアパートに変った人たちは，玄関先でのあいさつや立ち話といった交流機会が半減してしまったということである。

　また路地や道路で接触・交流の機会を持っていた人も多いが，区画整理によって路地は消滅してしまい，広い道路しかない。ここでも，住宅・居住地の大変化を受けた人たちは，路地での接触の機会を失い，広い道路では，以前ほど接触がなくなっている。

「買物場所」もまた接触場所として重要な機能を果たしていた。5割近い人たちが接触の場としていたが，区画整理後33％程度に減少している。飲食店も同様で，20％から13％に減少した。以前は住宅に混じって飲食店や身近な商店が存在していたまちが，区画整理によって住宅だけのまちになってしまったことがこうしたことをもたらしている。

「公園」は震災前には1箇所しかなかったので，あまり，たいした役割を果たしていなかったが，震災後4箇所もできたので，接触の場となっているが，それでも16％程度である。住宅・居住地の大変化を受けた人たちは，むしろ低下している。

区画整理は路地を広い道路に変え，商店を消滅させ，公園をつくった。そして同時に，個々の居住者の住宅・居住地を変化させた。その結果，近隣におけるコミュニティを失わせることとなったのである。

ここで，改めて区画整理がどのようにまちを変えてきたかを振り返ってみよ

表10-2　近隣の人との接触場所　　　件数，（％）

	震災前		区画整理後	
玄関先	72	(59.0)	51	(41.8)
路地	60	(49.2)	0	(0.0)
道路	51	(41.8)	65	(53.3)
公園	15	(12.3)	20	(16.4)
飲食店	25	(20.5)	16	(13.1)
買物場所	57	(46.7)	41	(33.6)
回答者数	122	(100.0)	122	(100.0)

表10-3　区画整理によるまちの変化　　　件数，（％）

	震災前	区画整理後
路地（本）	49	0
公園（箇所）	1	4
受皿住宅（戸）	0	108
商業業務施設（件）	263	44
工業施設（件）	53	9

う。

　先に区画整理前後のまちの変化をみたが，これを整理してみると表10－3のようになる。路地が消滅して広い道路になったのだが，それだけでなく，商業施設，工業施設が激減している。この路地・商店・工場が重要である。

　震災前，この町では路地を媒介にして商店や工場が立ち並んでいた。ここに住む人々，工場で働く人々は，喫茶店のモーニング・サービスで朝食をとった。昼にはうどんやお好み焼きをたべ，夕方は銭湯で風呂に入るといった生活をしていた。喫茶店は応接間がわり利用された。工場や店舗の間を中間製品や商品が循環していた。そのようなこのまちの仕組みは必ずしも土地の権利を持つ人たちだけで成り立っていたわけではない。地主も借地人も借家人もいて，まちのくらしが成り立っていたのである。区画整理は結果的にそれらを跡形もなく破壊してしまった。

　町の様子は一変し，263もあったお店が44店に減ってしまったのでは，友達と食事したり，出会ったりすることがなくなってしまうのも当然である。

6　店や工場はなぜなくなったのか

　では，商店や工場はなぜなくなってしまったのか。区画整理は土地の区画を整理し，道路や公園などの公共施設を整備する事業であるが，そのため，①土地の権利者だけを相手にする，②減歩や換地を行う，という2つの大きな特質をもっている。第1の特質が借家人を追出すことになるが，これを防ぐ（もしくは緩和する）ために，借家人を救済する受皿住宅という仕組みが阪神大震災では行われた。しかし，この受皿住宅も，狙いはよかったのだが，実行が遅すぎたため，借家人が地元にたくさん留まることには結びつかなかった。

　第2の減歩・換地は区画整理の根幹に関わる仕組みで，権利者の資産に大きな影響を与えるものである。多くの権利者は簡単には納得できず，合意に至るまでには長い時間を必要とする。権利者の数にもよるが，早くても数年はかかるのが普通である。

　一方，商工業者の状況を考えてみると，土地の権利を持っている者もいれば持たない者もいる。店舗・工場と住宅が一体になっている者や別々の者など，様々である。さらには，資金力にも違いがある。こういう状況のもとで，区画

整理事業がふりかかってくるとどうなるか。

　事業に時間がかかり，その間，建築制限がかかるから，土地所有者であっても自由に店舗や工場を建てることはできない。簡易な仮設建築物でしのぐか，別の土地で仮の店舗・工場を手当てして（建設もしくは賃借りなど），営業を続けざるを得ない。無論それにも資金が要る。地権者であれば，後で何らかの補償がついてくるとの期待もできるが，借家人には何の補償もない。つまり，借家で商工業を営んでいたものは，この段階で，転出や廃業といった道を選ばざるを得ない。店舗・工場と住宅が一体であったいわゆる併用住宅の者は，住宅部分は受け皿住宅で救われる可能性があるが（それも遅くてあまり役に立たなかったのであるが），受け皿住宅で営業することはできない。区画整理事業中の地域には人口も少なく，顧客の確保もままならない。結局，転出か廃業かといった選択肢になるのである。

　持地・借地で営業していたものも，数年間，自分の土地が定まらないとなると，別の土地で営業を再開せざるを得ない。その間に，新たな取引関係を構築して売り上げの確保に努めざるを得ないから，区画整理がまとまってきた段階で，元に戻って営業を再開したほうがよいかどうかは定かでない。せっかくできた取引関係を捨てて，元に戻るべきか，悩ましいところである。

　このように，被災して店舗や工場がそのままで使えないような状況のときに，区画整理事業がかかってきた場合，よほどの資金力がない限り，現地に留まったり一旦転出して戻ってくることは難しい。長田区のように，小零細の商工業者が密集しているような地区では，大半が転出してしまうことは，区画整理の原理からして，当然の結果なのである。

7　コミュニティ喪失がもたらす引きこもり

　近隣の親しい人がいなくなり，接触場所も失われたことにより，居住者の外出行動にも変化をきたしている。

　表10-4，表10-5は「一日中，一歩も外に出ない」「誰とも顔を合わさない」という状況をみたものである。1歩も外に出ない日が増えたという人は，全体で36人（26％）にのぼっている。また，1日中誰とも顔を合わさない日が増えたという人も42人（30％）いる。

表10-4　1歩も外に出ない日　　　　　　　　　　　　　　件数，（％）

住宅・居住地の変化	増えた	変わらない	減った	計
大変化	17（42.5）	23（57.5）	0（0.0）	40（100.0）
中変化	10（22.7）	33（75.0）	1（2.3）	44（100.0）
小変化	9（17.0）	41（77.4）	3（0.1）	53（100.0）
計	36（26.3）	97（70.8）	4（2.9）	137（100.0）

表10-5　誰とも顔を合わさない日　　　　　　　　　　件数，（％）

住宅・居住地の変化	増えた	変わらない	減った	計
大変化	23（56.1）	17（41.5）	1（2.4）	41（100.0）
中変化	10（23.3）	33（76.7）	0（0.0）	43（100.0）
小変化	9（16.4）	43（78.2）	3（5.5）	55（100.0）
計	42（30.2）	93（66.2）	4（3.4）	139（100.0）

　区画整理による住宅やまちの変化がこうしたことをもたらしているが，特に住宅・居住地の大変化を受けた人たちの間でその影響が大きく，4割〜5割の人たちが，外に出ない日や誰とも顔を合わさない日が増えている。

　「一歩も外に出ない」とか「誰とも顔を合わさない」というのは，いわば「引きこもり」状態で望ましいものではない。「孤独死」につながりかねない危険性を秘めている。

　そこで，この「引きこもり」状態が区画整理による住宅・居住地の変化とどのような関係があるかをみておこう。

　「一歩も外に出ない」「誰とも顔を合わさない」日がどちらも増えた人を仮に「引きこもり」状態とし，どちらか一方のみが増加した人を「やや引きこもり」状態，どちらも減少した又は変化なしの人を「普通」とする。そうすると，これらの引きこもり状態は，区画整理による住宅・居住地の大変化・中変化・小変化と，みごとに関係しているのである（図10-3）。

　区画整理で住宅・居住地が大変化を受けた人では，「引きこもり」状態の人が36.6％，「やや引きこもり」が24.4％もいる。これに対して，余り変化をうけ

図10-3　住宅・居住地の変化と引きこもり

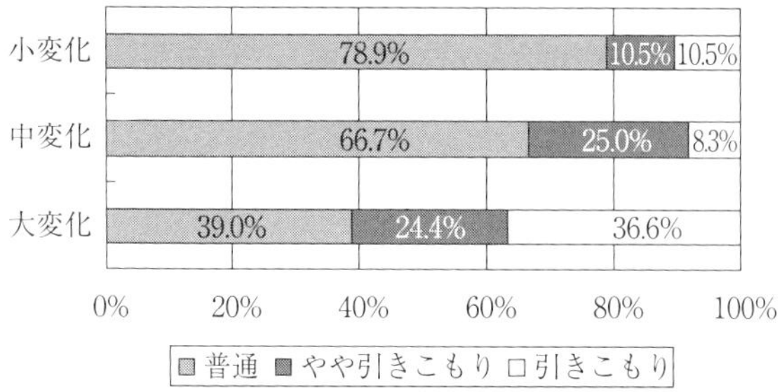

変化	普通	やや引きこもり	引きこもり
小変化	78.9%	10.5%	10.5%
中変化	66.7%	25.0%	8.3%
大変化	39.0%	24.4%	36.6%

なかった人は，約8割が「普通」である。

もちろん，「引きこもり」には本人の年齢や健康状態，仕事や家族関係などいろんな要素が影響しているであろうが，住宅・居住地の変化がかなり大きな影響を与えたことは確かなようである。

おわりに

都市の密集市街地において復興都市計画に区画整理事業を用いることが被災者の生活に何をもたらすかを見てきた。阪神・淡路大震災では区画整理のほかにも市街地再開発事業も大規模に展開され，より深刻な問題を引き起こしている[6]。

他方，尼崎市の築地地区では区画整理と住宅地区改良事業の合併施行が，また芦屋市若宮地区では住宅地区改良事業が行なわれ，ここで見てきた問題を相当程度回避している。

これらの経験を踏まえるならば，今後の都市部での災害復興においては，これまでのように区画整理事業を当然のごとく適用することはやめなければならない。

第1に，復興都市計画は被災者の生活再建と地域の再活性化を支援することを目的とし，その実現に寄与する事業を行なわなければならない。

---

[6]　塩崎ほか『現代都市再開発の検証』日本経済評論社，2002年。

この点で，都市計画の主要な事業手法である現行の区画整理事業や再開発事業は，原理的に被災者の生活再建を目的とするものでなく，復興には不向きであり，住宅地区改良事業のほうが相対的に適しているといえよう。しかしいずれにせよ，基本的に既存の制度メニューを選択して当てはめるのではなく，地域に即して被災者の置かれている条件を踏まえて必要な事業を行なうというスタンスをとるべきである。

　第2に，区画整理について言えば，復興においては借家人を元の地で救済する事業にしなければならず，そのためには少なくとも受皿住宅のプログラムは最初から組み込んでおかねばならない。また，商店・工場といった事業がすばやく再開できる仮設店舗や仮設工場などの仕組みが不可欠である。この点では，住宅地区改良事業における改良店舗など仕組みのほうが適しているが，築地地区でも事業後の店舗経営は成功しているといえない。さまざまな都市機能が複合するからこそ活力が生まれるのであり，その再生に寄与する事業を工夫しなければならない。

　第3に，これらのことを総括すれば，災害後の復興において被災者の生活再建，地域活性化を目的とした新規の都市計画事業を創設することが早道であると思える。その詳細はこんごの研究に待つことになるが，あらゆる階層の被災者と住宅，商工業などさまざまな機能を保全し再活性化するためには，メニューの当てはめではなく，地域に必要な事業をそのつど生み出していく方式が必要であろう。

第11章 「コンパクトシティ」の実践論
―まち育てのススメ―

はじめに

　そもそも，私がコンパクトシティという言葉に初めて向き合ったのは，鈴木浩先生と御一緒させていただいた東北地方整備局企画部主催の街なか居住研究会（平成10年10月～平成14年3月）の中であったと思う。その影響で，平成16年2月から平成19年2月までは，研究会の名称をコンパクトシティ研究会と変え，そして平成19年11月からは，コンパクトシティ推進研究会という組織で，議論を重ねてきている。一方で東北発コンパクトシティという発想の提言が2009年3月に出されることとなったが，それにも鈴木先生共々参加させていただいてきた。

　この約10年にわたる議論の過程の中で，私なりにコンパクトシティに関する独特のとらえ方ができてきたように思える。これを機会に，本章ではそれをまとめさせていただきたいと思う。

I　コンパクトシティを科学する

　コンパクトシティという言葉が一人歩きをしている。誤解を含んだまま，急速に拡がったこのキーワードは，中心商店街の商店主たちには窮地を救う最後の砦のような間違った印象を与え，また農地転用を期待する兼業農家に対しては，農家の敵のようなきつい印象を与えてしまっている。コンパクトシティ政策で有名になった青森市に至っては，マスコミまでもがコンパクトシティを中心市街地へのハコモノ行政であると誤解し，その間違った認識が市長選挙の一つの争点にまで昇華してしまい，現役市長の落選にまでつながっている。

そもそもコンパクトシティが，1973年にG. B. ダンツィヒとT. L. サティの二人組から出された都市モデルであったことは，今やさまざまな著書で紹介されている。地球環境問題への一つの解答として，自動車交通に過度に依存しない都市を提案する過程で，直径2.65km，高さ72m（8層）の構造物が人工地盤のように積み重ねられる形が生み出された。この直径であれば大人なら約30分で端から端まで歩くことができるであろう。

都市の内部を徒歩や自転車を中心とした交通手段を用いて移動するという提案はヒューマンコンタクトを育てる都市として，クリストファー・アレグザンダーあたりからも提案されたような気がする。実際に私は，同時期に東北大学建築学科の卒業設計を手がけた学生として，ほぼ同じ形態のモデル都市を月面につくるという提案（クレーター・シティ）を若気の至りでしてしまったのであった。しかもそのエスキース担当の先生は，鈴木浩氏（当時，東北大学工学部助手）であった……。

とにもかくにも，この二人組が提起した都市モデルは，その独特の形態イメージが先行していまい，コンパクトシティ論を非常に狭い意味での都市形態論に引きずりこんでしまっている。計画論に成り得ていないというのが正直な感想でもある。例えば山形県は都市計画の中心コンセプトとして，スマート・シュリンク（賢い縮退）という概念を提起している。国土交通省も用いているこのシュリンクという英語を聞いて，一般県民は，どのように思うのであろうか。今さら都市を縮めることなど不可能であると直感的に疑問を持つに違いないのである。

米国では，そもそも縮退ではなく，スマート・グロース，すなわち賢い成長だったはずである。スロー・グロースという表現もあった。しかし，どちらにしても，一般県民に対しては伝えやすい概念である。成長神話のもとに，ただ単純に都市を拡大させていくのではなく，地球温暖化や都市経営の観点からコンパクトに成長させていこう。これなら都市計画の目標概念として信仰するに値するような気がする。

それはヨーロッパ発の計画概念で言い換えれば，持続可能な経済開発，いわゆるサスティナブル・ディベロップメントという言葉に還元される。「縮める」という言葉と，「持続可能」という表現は，けっして一致していない。1990年

に出された EC の「都市環境に関する緑書」が，この持続可能という概念を表舞台に出すきっかけとなったことは，あまりにも有名であるが，そこで提起されたテーマは，①都市部での環境汚染を防ぐ，②緑地での新規開発を抑える，③歴史的文化財を保全する，④都市の再生，持続的な経済開発を進める，という4つであった。ここで注目すべきは，単に不様なスプロールをさせないということだけではなく，歴史的なストックを十分に活用していくという考え方であり，また，そのようなある意味では禁欲的な政策を進めていきながらも，結果的に都市を再生させて持続的な経済発展を目指していこうというスタンスである。

経済発展＝都市の拡大という神話を信仰してきた人々には，この考え方はほとんど理解できないに違いない。新たな開発を抑制していくということと，持続的な経済発展を目指すという考え方は，明らかに矛盾していると感じてしまうはずである。しかし，まさにこの一見矛盾に感じてしまう部分こそが，コンパクトシティ政策の真髄であると私は言いたいのである。縮退や非成長などというネガティブな表現を使ってしまった戦犯たちに敢えて問いかけたい。あなたたちのせいで，コンパクトシティは明らかに誤解を受けてしまっている。ストックの活用を中心に置きながら経済的な発展が可能となる都市のことを，コンパクトシティ（ただやみくもに，拡大するだけの都市ではないという意味）と表現するのであれば，もっと違う日本語があったのではないか。

そもそもコンパクトティの本質は，単純な形態の縮小ではないのである。Development から Management への転換というように語られることが多い現在の都市計画シーンそのものが目指す都市像を，わかりやすく表現するために必要な概念なのである。今や明らかに，まちを「つくる」時代からまちを「育てる」（マネジメントする）時代にシフトしてきている状況において。その目標像としてコンパクトティを設定するのであれば，現在のような誤解を受けることもなかったように思われる。

そもそも，Management という言葉も，わが国ではかなり間違った捉えられた方をしている。この英単語を「管理」と訳す限りにおいて，最近流行の「都市マネジメント」あるいは「エリアマネジメント」の本来の意味は十分に伝えられないはずである。manage to という英語表現が，「なんとかする，どうに

かする」という意味である以上，我々はマネジメントという言葉を，単純に「管理」を意味するような位置づけにしてはならない。それはストック社会においては必須であると言ってもよい。

芸能界のアイドルタレントを育てるマネージャーは，17歳の世間知らずの女性が，非常識なことをしないように丁寧に躾（しつけ），そして数年後に大河ドラマに抜擢されることを夢見ながら必死に育てていく。日本の親たちは子どもたちの成長を夢見て，何か一つでもいいところを伸ばしてあげたいと溢れる愛情とエネルギーとお金を投与し続け，今のうちに直しておかなければならない欠点を躾けるためにお尻を叩く。まさに，これこそがマネジメントではないのか。すなわち，マネジメントという言葉の中には，「育てる」という意味が間違いなく内包されているのである。

Development から Management へのシフトは，「まちづくり」から「まち育て」への移行に他ならない。鈴木先生と同様に東北大学工学部建築学科の都市計画研究室（旧建築計画第一講座）から文系学部に移った私が提起した「まち育て」は，ややもすると「管理」と訳してしまいがちな Management をわかりやすく一般市民に伝えるのにもっとも効果的な言葉ではないかと密かに自負している私である。

言い換えれば，コンパクトシティの核心は，如何にコンパクトにまちをマネジメントする（育てていく）ことができるかという一点に懸かっているのである。それは，郊外に拡散した薄いライフスタイルだけではなく，街なかの魅力を満喫する濃いライフスタイルも選択できる都市という表現にもつながっていく。それこそがコンパクトシティの現実的な解釈ではないか。単純な郊外の否定ではなく，街なかに選択肢を確保するためのマネジメント（編集作業）。それを，前面に打ち出すことができるのは，豊かな自然環境，農業環境を周辺部に持ちながら，人口増加や経済効果という言葉と引き替えに，拡大を続けてきた地方都市なのである。

そのような想いを込めて，私はコンパクトシティを，敢えて「成熟都市」と表現することにしている。成長をしないとか，縮んで退いていくなどという否定的な表現をこれからの都市計画の目標に据えること自体に抵抗を覚えるからである。それはリンゴで有名な津軽に居を移したことが大きいかもしれない。

リンゴは成長を続けて，ある時期を過ぎるとそれ以上には大きくならず，あとは，真っ赤になりながら，熟していくのである。

　都市はまさに，そうあって欲しい。中心市街地に空き地や空き家が目立つ地方都市は，まさにスカスカのリンゴになってしまっている。どうやってこれを味の濃い蜜一杯のおいしいリンゴに成熟させることができるのか。すなわち，どのようにして市街地を編集し直して，活性化させることができるのか。それがコンパクトシティ実現の鍵を握っている。

II　コンパクトシティの本質は「まち育て」

　コンパクトシティ実現を都市計画の目標に上げている地方都市は，かなりの数に上っている。しかし，最も心配なことは，何のためにコンパクトシティを目指すのかという答えを明確に理解しないままに，ブームに乗って買ってしまう商品のように手に取ってしまう都市が多いのではないかということである。

　そもそも，都市が持つ固有のストックを如何にマネジメントしていくかということが，中心テーマにならなければならない。それにはまず，それぞれの地域において活かすべき資源を再発見して，それを再生，活用させるための方策を，地域で考え出していくしかないのである。文部科学省が2002年から全国の小・中学校で導入した「総合的学習」は，まさに，児童・生徒自らが課題を発見して，それを調べて，考えて，創造的な提案に結びつけることを目的として提案されたものであり，そこでは児童・生徒に「生きる力」を身につけさせることを目論んだものであった。「まち育て」は，まさに地域で「生きる力」を育むマネジメントに他ならないのではないか。

　コンパクトシティ実現のための施策は，単純に密度の高い空間の提案ではなく，地域で味わうことが可能な濃い物語の提案でなくてはならないのである。そこで，演じる役者は，子どもから高齢者まで誰もが可能性を持っている。そして，彼らはどこでどんな物語を楽しむことができるのか。スカスカの「空間」に，人々の想いと活動が重ねられることによって，そこは間違いなく「場所」に変わる。なぜその「場所」にこだわってみたいのか。それこそが，コンパクトシティ実現の動機付けとなるはずである。そして，個々の物語をどうやって

つなげていくか。それが都市計画的な観点の真骨頂であろう。

しかし、ここで我々都市計画に関与する人間が、物語をつなげようとしてつい実施してしまう方法について、少し考え直す必要がある。一般に、都市計画の担当者は、二次元の都市計画図を見ながら、土地利用いわゆるゾーニングを都市全体のバランスを考慮しながら決めていくプロセスをいつも選択している。これに慣れすぎてしまっている感覚は、もしかしたら真のコンパクトシティを目指すマネジメントにとって、邪魔な存在になるかもしれない。そんな思いに至った数年前の出来事を紹介したい。

福島県いわき市では、宝物としてのストックを大人も子どもも関係なく地域で発見し、それを絵地図に発表するという「まちづくりコンクール」を数年間続けて開催していた。そこで、ある年に応募された二つの作品の視点が見事に異なっていたのである。

左上の写真は、大人3人組が制作した街なかマップである。いわき市中心市街地の様々な宝物を写真に撮り、それを模造紙に描いた絵地図上に貼付したものであり、「ひまつぶしバスラリー」という循環バスの提案をしている。

一方で左下の写真は、「私の停留所」というタイトルの小学校6年生の女の子が応募してきた作品である。スケッチブック10枚程度に、様々な停留所の絵が描かれていた。もちろん、この児童はバス通学をしているわけではなく、毎日通う小学校の登下校路から、お気に入りの

「場所」を停留所としてセレクトして，それをスケッチしているのであった。最初は「〇〇さんちの縁側」であり，笑顔のおばあちゃんがミカンを食べていた。次の停留所は，「猛犬注意の〇〇さんちの玄関」であった。スケッチはすべて立面図であった。考えてみれば大人の絵地図は，ほとんどが鳥瞰図なのである。

　この二つの作品にはこのように大きな視点の違いがある。都市計画的な視点，すなわち上からの目線では，舞台をどこに配置するかが重要になる。すなわち土地利用，あるいは施設配置計画が終われば問題ないのである。しかし，この少女の場合は，全く異なる身の丈の視点である。どう配置するかではなく，どう見えるか，どういう物語を味わえるのかということを大事にしている視点である。この少女の視点を，我々は都市計画にどのように生かしていくことができるのか。ストックを育てて活用していく「まち育て」としてのマネジメントには，その視点が必要になってくるはずである。

Ⅲ　コンパクトシティを育てるための3つの手法

　中心市街地において密度の濃いライフスタイルを実践できる都市をコンパクトシティと定義する立場から，その実現のための手法として，以下の3つの動詞を提示したい。

　①つなげる，②つかいまわす，③うらがえす

　どれも，ストックを活用して育てていくためのマネジメントには欠かせない手法である。以下に，それぞれの手法に関する具体的な事例を紹介していきたい。

1　つなげる

　密度の濃いライフスタイルは，「場所」と「場所」とをつなげることから始まる。ここでは，全国最初に中心市街地活性化基本計画の認定を同時に受けた，青森市と富山市の事例からコンパクトシティにおける「つなげる」手法の必要性について触れてみたい。

　青森市のアウガは，コンパクトシティ戦略で有名な青森市のシンボルとして

あまりにも有名な施設である。JR青森駅前に存在するこの複合施設は，もともと駅前再開発で地元の市場と中央資本の大手百貨店との共同による建設計画であったものが，百貨店の中途での足抜けにより，再開発そのものが頓挫する形となった。それを市民図書館の郊外部からの移転，および市民ホールやインターネットフロア，貸し会議室等を内包する公共スペースの整備により，何とか危機を乗り切ることができたのであった。

　しかし，ここで注目したいのは，太宰治とホタテ貝をつなげる発想である。それは完成当時，おそらく全国でここにしかなかった公立図書館内の冷蔵ロッカーの設置となって現れることとなった。考えてみればあたりまえの工夫とはいえ，この配慮が，地階の生鮮市場と最上階の図書館とをつなげる縦動線を演出することになるのである。夕飯の買い物をするという日常的な行為と文化施設で余暇を楽しむという行為とがつながることによって，かけがえのない「場所」が街なかに登場することとなった。施設の複合化は空間が密接につながっていることに意味があるのではなく，単一施設では登場してこないような複合の妙とも言うべき新しい物語が生まれる可能性があるという点にある。そもそも街とはそういう場所であった。こういう発想があって初めて，市街地内部の編集作業（マネジメント）は，着実に進んでいくのではないだろうか。

　一方で，『団子と串』というキャッチコピーで「つなげる」戦略を表現しているのが富山市である。LRTという時代の先端を走る公共交通に目が奪われてしまいそうになるが，コンパクトシティの本質を確実に理解した上で進められているマネジメント戦略として高く評価されるべきものであると考える。

　具体的に言えば，この富山のLRT（ライトレール）には，「つなげる」戦略を3つ見いだすことができる。

　第1は，都心部の路面電車と郊外部に向かうJRの廃線の線路とを「つなげる」新たな交通軸線の創出である。しかも，郊外のLRT

第11章　「コンパクトシティ」の実践論（まち育て）　179

の駅には駐輪場が整備され，フィーダーバスの接続が用意されている。これらの交通機関をつなげる発想が，自動車に依存しすぎないコンパクトシティのライフスタイルを支援することになる。

　第2は，LRTの駅周辺に建設される高齢者優良賃貸住宅への補助をまちづくり交付金を用いて整備している事実である。すなわち，交通施策と住宅政策を「つなげる」ことにより，交通需要を増大させることに寄与することとなるのである。

　第3は，LRTの導入が生み出す，新たなまち歩きの機会の創出である。駅と駅を「つなげる」散策路の創出が，新たな街なか観光の登場につながっており，富山のコンパクトシティ戦略は，LRTという一つの媒体をもとに，多面的に実を結んでいると言えよう。

2　つかいまわす

　コンパクトシティにおいて，ストックを活用しながら育てていくという視点から言えば，「つかいまわす」という述語が重要な戦略となることは，自明であろう。

　私も関わった奈良美智展弘前は，2002年に始まりこれまで三度の「つかいまわし」を経験してきている。美術館というハコモノを持たない弘前市で，国際的にも評価の高いアーティストである奈良美智氏の個展を大正時代から建ち続ける煉瓦倉庫で開催したこのプロジェクトは二つの意味で，「つかいまわす」というコンパクトシティ戦略を我々に提示してくれている。

　一つは，2002年の最初のプロジェクトの際に，煉瓦の壁面に登場した展覧会のキャッチ・ロゴの文面である。I DON'T MIND, IF YOU FORGET ME と

いうコピーが訴えかける意味は深い。「忘れたって，いいんですよ」という美術作品からの問いかけが，私には，数年ぶりでたった二ヶ月間スポットライトを浴びることとなった煉瓦倉庫のやや自嘲的なつぶやきに聞こえてならないのであった。「ああ，なんだか楽しい二ヶ月だったなあ」。「まあ，これからこんなことがなくても，私的には大丈夫なんだけどね」。「いや，まあ，もう一回くらい声をかけられたら，がんばってみるかな」。

そんなつぶやきが本当に聞こえてきそうな感じの数日間を過ごしている時，それぞれの地方都市でそのようなつぶやきを静かに人知れず発している空間が確実にありそうな予感がするのだった。このつぶやきを感じ取ってつかいまわしていくマネジメントこそ，コンパクトシティの重要な戦略の一つであろう。

さてもう一つ，ここで特筆すべきは，このエポックとも言うべき出来事を，街なかで「つかいまわす」市民たちのしたたかさである。

2007年に開催した奈良美智展 AtoZ では，ついに街が動き始める。中心市街地の街路灯には，奈良美智氏デザインのバナーがまるで当然の場所だと言わんばかりに飾られ，洋菓子店やレストラン，駐車場，老舗の和菓子店にまで，オリジナルの奈良グッズが置かれていくのだった。煉瓦倉庫の美術展を楽しむ人々は，レンタサイクルを使って市内に散りばめられたそれらのアートを，半日をかけて発見し続けるのだった。

まさに，街なか物語がつながりを持った瞬間であった。

3 うらがえす

　最後の戦略は，ユニクロのフリースのように，「うらがえす」魅力を生かす編集手法である。それを，「こみせ」で有名な津軽の黒石市のまちづくりの実践から紹介してみたい。

　私的空間を公的な中間領域としてまちづくりに生かした黒石の事例を，私は様々な場面で紹介しているが，ここで示すのは，「こみせ」よりももって私的な領域である「かぐじ」を活用する「まち育て」である。

　いわゆるガワとアンの議論から言えば，アンの真っ只中の空間を，「場所」として生かす戦略であると言ってよい。「かぐじ」とは，垣内あるいは隠庭と津軽では表記されている敷地内部の私的領域性の強い空間である。

　一般の地方都市の中心市街地でも見られるように，このような空間は，都市計画的にはほとんど活用不可能な状態に追い込まれるだけである。間口が課税の対象となっていた近世を引きずるかたちで，短冊形の敷地が連続する市街地にあって，裏宅地を生かす手法はそれほど用意されていない。敷地の統合が可能であれば，共同建て替え等のプロジェクトが登場することになるが，普通は総論賛成であっても，実際にはそのようには動かないのが一般的である。

　したがって，結果的には，使いようのない蔵や倉庫が放置され，また北国では雪を片づける空間として裏に追いやられているのが現実である。

　しかし，黒石市はこの「かぐじ」を，あらたなフローとして中心市街地に登場させることに成功している。使いようのないストック空間が，市民にとって意味のある「場所」として甦ることになるのである。市街地内部に「場所」を見いだすことができずに，地価の安い郊外に「空間」を求め続けたモダンの都市計画とは全く逆の方向で，中心市街地の奥深くに，「場所」を見いだすことに成功した黒石市の都市計画担当者の慧眼に，高い評価を与えたい。

「空間」に人々の想いとソフトとしての工夫が加わると，そこはとっておきの「場所」になる。コンパクトシティの編集は，まさに，そうあって欲しい。

Ⅳ　コンパクトシティで考える郊外住宅地の持続可能性とは

さて，ここまでは東北の都市を中心として，本当に必要なコンパクトシティ戦略のヒントになるような事例を紹介してきた。しかし，ここでは，東北だからこそ，顕在化する可能性の高いコンパクトシティ戦略の落とし穴について触れておきたい。

それは，地方中心都市の郊外住宅地の問題である。図11－1は，平成13年から18年に青森市の中心市街地に立地したマンションの全居住者を対象にしたアンケート調査で明らかになった，ショッキングなデータである。従前に戸建て持家に居住していながら，敢えて街なかマンションを購入した世帯に対して，従前の住居について質問したところ，「とりあえずそのままにしている」，「売りたくても売れない」という回答を合わせると，実に4割近くの世帯が，未だに住宅を手放せていないのである。

これは，地方都市において中古住宅市場がほとんど成立していないことと関係している。

「とりあえずそのままにしている」回答の大半は，子ども夫婦が戻ってくることに対しての淡い期待である。国が設置を後押しした移住・住み替え支援機構は，首都圏を中心に，このような中古住宅を賃貸住宅として若い世帯向けに供給する戦略を進め始めているが，昨年度に大垣理事長に実施したヒアリング調査では，この手法が地方都市においてリアリティを持てるかどうかという懸念を感じざるを得なかった。

そこで平成20年度文部科学省科学研究費補助金の採択を受け，盛岡市の郊外団地を対象に，盛岡市都市整備部都市計画課との共同により住民アンケート調査を実施し，郊外住宅地の持続可能性に関する課題を明らかにするための調査研究を実施している。

調査対象としては，近年，中心市街地内部におけるマンション立地傾向の強い盛岡市の南西部郊外において，約30年の歴史を持つ湯沢団地を選択した。計

第11章 「コンパクトシティ」の実践論（まち育て）

画戸数1170戸　面積63.6haで県住宅供給公社が開発した住宅団地であり，253戸の県営住宅も含まれている。昭和55年から入居が開始されているが，平成17年度国勢調査結果によれば，人口3279人，1065世帯となっている。

　本調査は，戸建て住宅居住者に対して，将来の住み替え志向等に関する質問を実施することを目的として，上述の県営住宅居住者を除いた世帯から50％抽出により選定された424世帯に，盛岡市から各町内会への説明を経た上で，平成21年2月25日～3月10日を調査期間として郵送アンケートを実施した。回収数は255件であり，60％を超える回収率の高さは，この問題に関する居住者の関心や不安の大きさを物語るものであるとみなせよう。

　入居開始から約30年を経過する湯沢団地では，大半が持家であり，借家居住者は4％しか存在していない。供給開始の昭和55年入居の世帯が最も多くなっており，その後，平成元年前後に再度の入居ピークを迎え，近年においても若干数の入居が継続している。

　その内訳は79％が住宅新築入居者であるが，15％の中古住宅入居者の存在も軽視できない。また，世帯主が50歳代以上の世帯が全体の8割を超えているという事実は，今後のこの団地が，いわゆる「限界集落」の定義に向かって高齢化が進んでいく可能性の高さを改めて我々に突きつけることとなっている。

図11-1

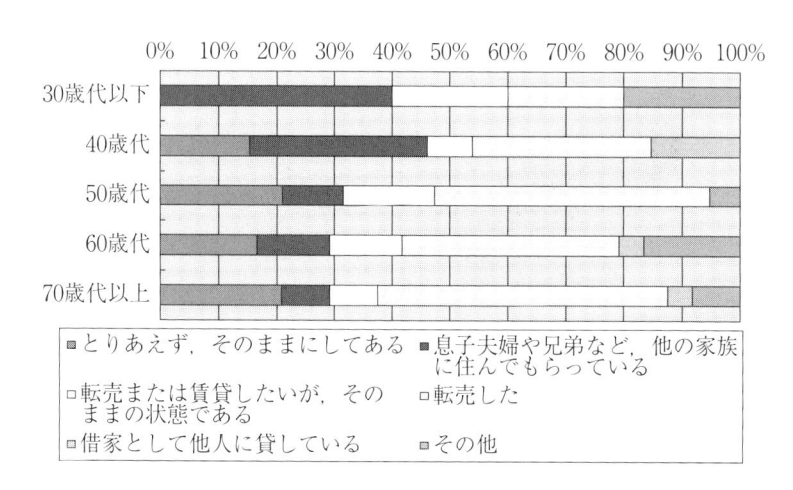

家族構成をみると，夫婦二人だけの世帯と，親子二世代の世帯がそれぞれ大きな比率を占めている。世帯主が50歳代以上の世帯では，当然，入居してから家族人数が減少している比率が，他と比べて圧倒的に大きくなっており，その比率は入居期間が長期化するほど増加している。

一方で，居住者のうちの7割近くが今のまま住み続けていくと回答している。特に60歳代以上では8割以上を占め，リフォームや建て替えが必要という回答の比率がそれなりに高くなっている50歳代との違いが明らかである

ところで，そのような一般的傾向にあって，転居を考えている世帯の最大の理由は，「雪かきや買い物，通勤通学などが大変なので，街なかに移りたい」という項目であった。

さて，その場合に，現在居住する住宅をどのようにするかという回答が下の図である。

「売却して転居の資金にしたい」との回答が群を抜いて高くなっている。移住・住み替え支援機構が提供する住み替え制度は，自分の所有する住宅を売却するのではなく，機構が借り上げて，それを賃貸住宅として一定期間活用するというものであり，回答者の考え方とは結びついていないことがわかる。賃貸住宅として活用しようという回答は6％しか存在しておらず，首都圏に比べて，賃貸住宅市場が成熟していない東北地方の特徴がそのまま現れていると言えよう。

そこで敢えて賃貸住宅としての活用の可能性について尋ねた設問では，「貸すくらいであれば，売ってしまってすっきりしたい」という回答が4割を占めているものの，「金銭的に有利な賃貸住宅ができるなら，貸すことに抵抗はない」との回答も

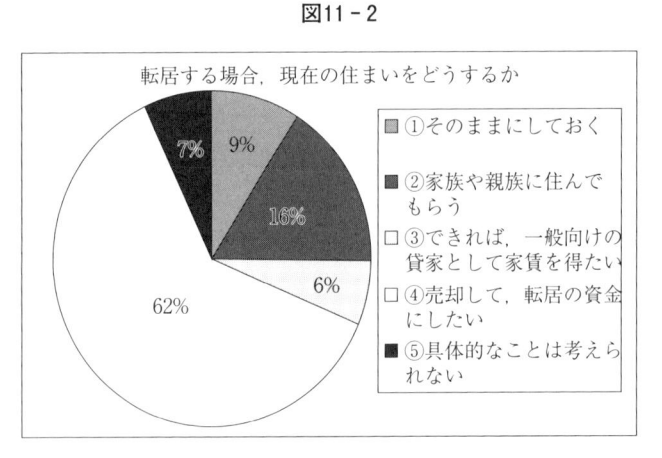

図11-2 転居する場合，現在の住まいをどうするか

- ①そのままにしておく 9%
- ②家族や親族に住んでもらう 7%
- ③できれば，一般向けの貸家として家賃を得たい 6%
- ④売却して，転居の資金にしたい 62%
- ⑤具体的なことは考えられない 16%

3割を超えており，今後の施策次第では，可能性がありそうである。

　しかし，もし制度を活用して転居をした際に，転居先として想定する住まいとしては，持家住宅を希望する世帯が半数以上を占めており，賃貸住宅としての活用による収入のみで住み替えを行える可能性は，極めて低いものとなっているのである。

　一方で住み替えを全く考えない世帯に対しての関連設問で特徴的な点として，「終の棲家として入居しており，このまま住み続ける」という回答は，単身世帯で，特にそのほとんどを占めている。相談する身近な相手がなく，諦めるしかない世帯が数多く含まれていることが予想される。たとえ，効果的な住み替え制度が提供されたとしても，そのような環境においては，容易に転居の決断ができる状況にない。

　それは，住み替え制度の活用に効果的な方策についての設問への回答に顕著に現れている。「資金を低金利で融資してもらえる」が4割強で最も多いものの，単身高齢世帯では，転売や賃貸の仲介や中古住宅情報の整備が効果的であるとの回答がそれを上回っている。

　しかし，自分の所有する住宅を最終的に賃貸住宅として活用して，自らは賃貸集合住宅に入居するというライフスタイルに対して，非常に否定的な回答が多い。特に首都圏に比べて地価や建設コストが安い地方の場合，一生のうちに家を持ちたいという願望は強く，しかも取得した以上はずっと持つことが当然だという考え方からの脱却にはかなりの困難性があると言わざるを得ない。30年前には誰も想定していなかった核家族の世代交代は，地方都市における郊外住宅地の持続可能性に大きな影響を与える要因となってきており，ライフステージに対応して住宅を選択していくという居住観の浸透が，大きな一つの課題となりそうである。

　一方で，コンパクトシティ戦略としての街なか居住の推進とは裏腹に，郊外住宅地が存在感をなくすことを，住民は望んでいない。終の棲家として居住し続けたいという志向に対する住環境整備施策を続けながら，住み替えによる新住民との新しいコミュニティ形成のためのマネジメント方策が必要になってくると思われる。仮に，若い世帯への住み替えが円滑に進んだとしても，コミュニティとしての持続可能性は担保されるものではない。そのような住宅地のマ

ネジメント方策の検討がもう一つの大きな課題であると言えよう。

V 東北発コンパクトシティのススメ

とはいえ，東北ならではの感覚で，コンパクトシティ戦略を身の丈のスケールでイメージするための努力が続けられている。

東北地方整備局では，都市計画および農業を専門とする研究者および東北7県の都市計画担当者，国の関係機関で構成する「東北発コンパクトシティ検討委員会」を平成20年11月に設立し，東北圏の特性に配慮したコンパクトシティの考え方やその進め方について議論を重ねてきた。筆者はその委員長として議論をとりまとめてきた経緯があり，本章の結びとして，今年の7月に出された報告書「東北発コンパクトシティのすすめ－持続可能な社会の実現に向けて－推進の手引き」に触れることとする。

本書は，持続可能な社会を構築するため，東北圏の特性に配慮した中小規模の市町村でも取り組めるコンパクトなまちづくりが必要であるとの認識から，以下の3つの視点を挙げている。

①拡大型のまちづくりから「コンパクト」で質の高いまちづくりへ
②都市の周辺に広がる農山漁村地域への配慮
③中小規模の市町村が分散する地域構造への配慮

さらに，これらの視点をもとに，構築されていく東北発コンパクトシティのイメージは，都市の周辺に広がる農山漁村との有機的な共生を図り，近隣市町村と都市機能を補完しあう都市像であると定義している。

基本方針は以下の通りである。(1)個々の市町村が，東北圏の伝統文化や地域性豊かな景観などを活かしながら，市街地の計画的な土地利用のコントロールと適正な都市機能の配置により，魅力的かつ利便性の高い空間を創出する。(2)都市と農山漁村地域の相互において土地利用の整合を図り，水・緑豊かな環境に囲まれた市街地を形成する。(3)基礎的な都市機能を強化しつつ，より高次な都市機能については近隣市町村と補完し合うことで，効率的にサービスを提供する。

ごく当然のことが書かれているだけであるとの印象を持つ人がいるであろう。

しかし，この方針を実直に丁寧に推進していくことこそ，粘り強い東北人が目指すべきコンパクトシティ戦略ではないだろうか。だから私も，鈴木先生と同様に東北で闘い続けたい。

おわりに

本論考は，平成21年度日本建築学会大会の都市計画部門パネルディスカッション「都市コンパクト化による地域まちづくり」に，筆者がパネリストとして寄稿した原稿「東北のコンパクトシティ戦略」をベースに，いくつかの研究成果および既出の著述内容を合わせて再編集し，また，鈴木浩先生の笑顔を思い浮かべながら新たに加筆して作成したものである。

最後に，筆者が大学院生として指導していただいて以来，研究者としての生き方，そして行政とのスタンスの取り方，指導する学生たちへの眼差し等，様々な面で目標にさせていただいた先生に，ありったけの感謝の意を込めてファイルを保存する（ペンを置く）。

関連文献

北原啓司（2007）「津軽に登場した「公」と「私」の複合化戦略－コンパクトシティにおける『まち育て』－」『Bio City』No. 36, 34-43ページ

弘前大学教育学部住居学研究室：平成17年度都市再生プロジェクト推進調査費（2006）『「郊外住宅地からの円滑な住み替えによる街なか居住と中心市街地活性化の推進」に関する調査報告書』国土交通省住宅局

北原啓司（2009）『東北のコンパクトシティ戦略』日本建築学会大会PD資料，4-9ページ

北原啓司・佐々木望（2009）『郊外住宅地の持続可能性に関わる二つの課題』日本都市学会大会梗概集

第12章　地方都市における都市計画の課題
—地方自治体の現場から—

はじめに

1　地方都市の課題

　いわゆるバブル経済崩壊後，大都市圏の地価は近年上昇傾向にあるが，地方都市ではまだまだ下落傾向が続いており，地価と連動するように地方都市の経済は低迷から脱却できていない。さらに最近の原油高，物価高にも係らず給与所得が増えず，可処分所得の減少による消費控えなどにより経済の循環が悪化しており，近年の財源不足に拍車をかけるように，ますます地方自治体の運営は厳しさを増している。そんな中，アメリカのサブプライローン問題に端を発したと言われる国際的な金融危機は，100年に1度のともいわれる世界同時不況を巻き起こし，折からの不況に追い討ちをかけるように地方経済は，疲弊の度を増している。

　中心市街地においては，昭和60年代以降居住人口のスプロール化が顕著で，蔓延する市街地の拡大傾向に歯止めがかかっていない。その結果，既存ストックを活かせないばかりか，後追い的な都市基盤整備を強いられ，再投資，さらには維持管理費の増加という不経済な財政運営が繰り返されてきた。また，公共交通網が未発達の地方都市においては，自家用車の保有率も高く，郊外型の大規模店舗が盛況で，中心市街地の経済的な地盤沈下が甚だしい。

　わが国の人口は図12－1にあるように2007年をピークに減少傾向に向かい，高齢化率は2030年には31.8％に達すると想定されている。図2は，国勢調査及び国立人口問題研究所の人口統計情報によるところの，現時点（2005年）と，30年前（1975年），30年後（2035年推計）の年齢別人口のグラフである。30年毎の推移を追っていくと，ピークの年齢層が高齢化していくことがわかる。また，

住宅需要層となる20歳から59歳の枠組みのトレンドをみると，右下がりが右上がりに極端に変化し，さらに層全体が減少していることがよくわかる。厚生労働省人口動態統計特殊報告によると，合計特殊出産率は2007年で1.34と，少子

図12−1　人口動態の今後

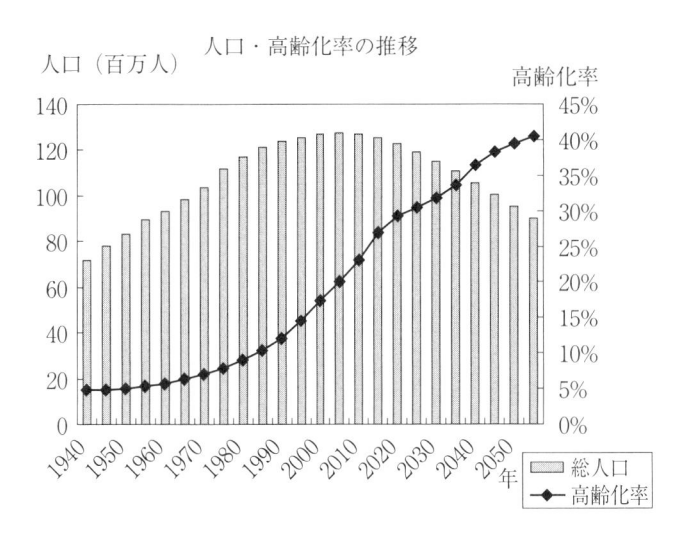

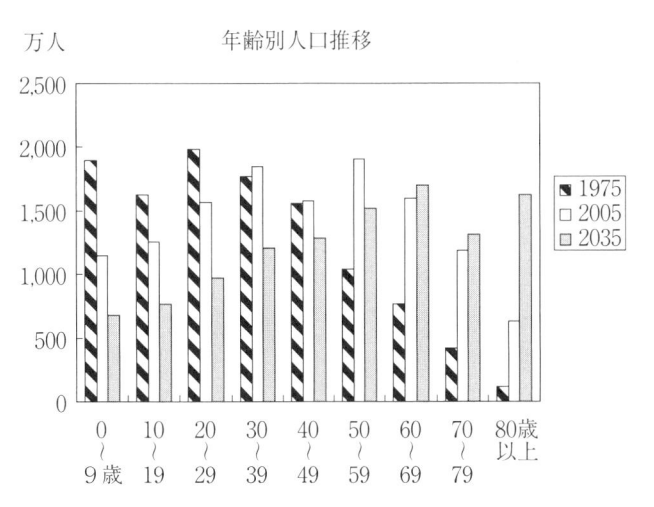

化を示す極端な数字となっている。子どもの数で相続という観点を見た場合，1975年当時は，人口増，人口構成上の要素だけで判断すると両親からの住宅の継承を受けることが難しかったものが，2035年には個別の事情を除けば，数字上は全て可能な状態となってくる。つまり，新規住宅需要が見込めなくなることを意味している。少子高齢化が進行する日本で，今後の年齢別人口構成を考えれば，新たな住宅需要が増えることは考えられず，従って宅地価格があがることも難しいと考えることができる。事実，既存住宅数は総世帯数を上回っており，新規需要に後押しされた住宅価格の上昇は難しいことがわかるはずである。したがって，「市街地を拡大せよ」という議論から，「既成市街地の拡充，若しくは維持」という議論に論点が移行することが予想される。今後，過度な道路拡幅，駐車場整備は必要なくなることとなる。効率的な都市運営を図るうえで，コンパクトシティや，中心市街地活性化の議論は避けて通れない課題となる。

　本章においては，このような都市の変換期において，地域づくりの課題として，住み続けるための仕組みづくり，公共交通政策，都市政策実施の体制づくり，公共公益施設のシビルミニマム，都市づくりの目標設定について着目し，地方都市における都市計画の課題について，一提言を発することを目的とする。

I　住み続けるための仕組みづくり

1　都市居住の原点

　本来，都市に人が集まって住みだしたのは，農耕の発見により，食糧獲得手法が狩猟から農耕へと変化したことが，土地への定着化を促進し，集落をつくり共同生活をおこないはじめたことに端を発している。自然を克服することにより，食糧の備蓄や居住が可能になり，食や住など生活をするため便利な所に人が定住し，かつ，集積してきた。やがて工業社会の到来が，直接食糧の生産に携わらなくても食生活が可能な職業の分業スタイルを確立させ，農村部から都市部への爆発的な人口の集中を流出することになった。つまり，都市に人が集まって住むということの基礎的要因は，食住を中心とした日常生活の利便性の享受に他ならなかった。高齢化社会，低消費型社会の到来を迎えて，都心居

住の必要性が高まってくるはずである。そのためには，本来都市に人が集まって住もうと欲っした要因である，都市に失いつつある居住の快適性，安全性の追及という原点に戻って，都心居住政策の展開を模索していく必要がある。

2　マンションの現状と課題

　分譲マンションは平成20年度末で約545万戸，推計居住者数は約1400万人と，総人口の1割を超える居住形態を占めている。居住者数は，年間約20万戸ずつ増加しており，わが国の重要な居住形態として定着してきているとともに，今後も増加することが見込まれている[1]。

　地方都市においては依然として郊外の一戸建て志向が強いものの，中心市街地の地価の下落がマンション価格を押し下げ，廉価なマンション提供がマンションニーズを増加させ，中心部の人口回復の契機となりつつある。また，地方財政を考慮すると，蔓延する市街地の郊外化への追随的な都市基盤整備等は非現実的で，既存ストックを活かした都心居住の形態の充実を模索せざるを得ない実情となっている。大都市，地方都市ともにマンションという共同体の居住環境の整備が求められている。

　しかしながら，共同生活の難しさや，建築物の経年劣化への対応など，マンション居住の課題は多い。最近の調査では，居住者の高齢化，賃貸化率の増加などは築年数が増すごとに高くなる傾向が報告されており，管理組合員の高齢化や非居住者の増加が，管理体制の脆弱化につながっていく恐れがある。また，管理組合自体も，役員のなり手が不足し，管理費の滞納が増えている状況から，管理組合の維持自体が難しいケースが増えている。実態的にも，騒音やゴミ出し，ペット飼育などの居住マナーのトラブルが増えており，日常の交流の気薄さや，管理体制の不備が大きな要因となっている[2]。

　また，根本的な課題としては，管理費や修繕積立金の滞納率の上昇や，修繕積立金の積立額の低さにより，大規模修繕や建替え費用に大きな欠損や不足額

---

[1]　国土交通省推計値，2008年。
[2]　（財）マンション管理センター『マンション管理の新たな枠組みづくりに関する調査検討報告書』2008年3月。

を生じ，多額の一時金を賄えないことにある。高齢化が進むにしたがって，年金生活者が増えることが想像され，入居後数十年を経て建替え時期を迎えた時に，新たな拠出金を負担することは難しい。マンション販売の際，購入し易さをアピールするため，毎月の支出額を少なく設定し，管理費や修繕積立金を安くしている物件が見受けられる。その金額で，将来の維持管理や建替えをどうするのか，すぐ疑問に思う。よく，マンションは「管理」を買えといわれるが，目先にとらわれない，将来も含めた管理体制のしっかりしたものが本来の優良物件と言われる由縁である。建築物は恒久的なものではなく，ましてや時代の流れと伴に陳腐化の問題は避けてとおれない。将来に対する修繕計画は，マンション取得時から直ぐにも始まっていなければならない。短中期的な課題としては，管理費や修繕積立金等の不足などにより，定期的な清掃や修繕などの日常的な行為が，中長期的には大規模修繕や建替の資金不足が懸念される。それらの課題を放置すればするほど，維持管理や建替えに対する合意形成がより困難となることとなり，マンションのスラム化や荒廃がはじまる大きな要素となる。特に，昭和40年代以降大量に供給されたマンションが，耐用年数を超える時期を迎えてはじめており，各地で抱えられていた火種が次々と火炎を吹き上げることが想像される。

　1981年の建築基準法改正前の旧耐震基準で建てられたマンションは，阪神淡路大震災のマンション倒壊を契機に，耐震補強や建替えの機運が高まっているが，対策はいっこうに進んでいないというのが現状である。その多くは修繕積立金不足や，補強か建替えかの選択が分裂したり，それらの合意形成を得ることも難しいことにある。建物の区分所有等に関する法律により，区分所有者及び議決権の各5分の4以上の合意により建替えが可能であり，マンション建替えの円滑化等に関する法律でその円滑化をはかっているが，個々の思惑も絡み合意を得ることは容易ではなく，対策事業を完了できたマンションは2008年10月時点で129戸に留まっている。

3　解決に向けて

　マンション単体の居住環境の悪化は，ひいては周辺の住環境や，都市環境の低下など，深刻な問題となりうる。マンションという共同体の管理体制を整備

していくことが，良好な居住環境の維持や向上につながり，地域で住み続けるための栄養素となりうる。地域活性化は，新たなインフラ整備や商業施策など，大規模な外科的改造に留まらず，居住の充実という内面的な活性化施策も重要な要素である。

マンション管理の支援については，管理組合の体制強化のため，管理規約の充実や，専門家の派遣など，行政の管理組合への支援は徐々に広がりをみせている。しかしながら，まだまだ充分とは言えず，良好な都市空間形成のための財源的な支援の充実や拡充，管理組合への支援を，地域に根ざした形で実現させることが今後の課題となる。

II 道路整備と交通計画

1 都市計画と交通計画

わが国の都市計画は，都市計画法を中心に運用されてきたため，都市政策として総合的に交通計画を行うには至らず，増大する自動車交通への対応は，道路整備や拡幅による物理的に流量を処理する手法がとられてきた。それには過去の国の政策体系が，都市計画は建設省，交通・運輸政策は運輸省と縦割りの構造が両者を引き離す要因の一つとなり，都市計画が交通計画を包括しきれなかったことに一因があることが指摘されている。

都市内での交通網整備は，戦後の高度経済成長期の産業優先の流れの中で，政策的に自動車交通の大量輸送，時間短縮を目指して，自動車優先の道路網整備が行われてきた。つまり，「より早く，より大量に，より快適に」を目標に，直線的で広幅員の設計速度の速い道路が建設されてきた。それらは道路構造令にもその一端を垣間見ることができた。そのため，かつてはコミュニティ場であった道路は，自動車のための道路になってしまい，前の家との関係が道路で分断されたり，子供たちにとってかつては遊ぶことが出来る空間でもあったものが，必ず危険なものとして教えなければならなくなってしまった。しかしながら，最近では生活の豊かさを求めて，産業優先の道路から，人間優先，住人のための道路であるべきことに気がつき，コミュニティ道路や歩車共存道路に

造り直されている例が多く見受けられるようになってきた。これまでの道路整備の方向性の変化として、受け止めることができる。2009年国土交通省「道路の人間重視の道路創造研究会」の報告書では、自動車を中心とした道路行政から、人間重視の道路創造への転換が提言されており、道路整備方針の軌道修正に期待したい。

2　地方都市の公共交通の衰退

交通手段の面では、モータリゼーションの波は、市街地が低密度である地方都市ほど機動性に富んだ自動車利用の需要を拡大し、さらに、その結果として需要の集中する都心部での渋滞がバスの定時制を狂わせる結果となるなど、公共交通から自家用車への転化が進んだ。また、政策的には、増え続ける自動車交通に対して、拡大する絶対量を道路整備の絶対量で克服することをその対策としてきた。しかしながら、道路整備が増え続ける自動車交通に追いつける術もなく、ましてや集中する都心部でのピーク時交通をさばききることは不可能に近かった。様々な道路に大量の自動車交通が進入し、歩行者の安全性や快適性が低下していった。根本的な都市内での公共交通と自動車交通のあり方という議論は行われないまま、いかに自動車交通を円滑に最大量処理するかが課題とされてきた。その結果、公共交通は交通計画の中でも片隅に追いやられ、経済ベースに乗らなくなった公共交通は時代の変化に柔軟に対応できず、［利用客の減少］→［路線廃止や本数削減、運賃値上げ］、またその繰り返しといった悪循環を招いていった。

地方都市では、都市内で重点的に道路網整備が行われた結果、自家用車を持っている成人は、比較的都市内へのアクセスが容易になった。自家用車利用者の成人であっても、公共交通機関を利用する機会は多いが、移動する区間内やその区間の一部に公共交通機関が存在しないか、アクセスが悪いため、自家用車の利用が中心となっていると考えられる。連続性の欠如、接続の悪さ、さらに接続点の整備の悪さが公共交通を遠ざける要員となってきた。ハード整備に重きを置き、ソフト整備が後回し、若しくはお茶を濁す程度の対策しかとってこなかった結果として、また都市計画と交通計画との不適合のため、利便性が低下し利用頻度が落ちてきた。公共交通は独立採算制を基本とする運営のため、

採算性が落ちた分野は縮小若しくは廃止となってきた。またそれが利便性の低下につながり，増々住民を公共交通から遠ざける悪循環を生むことになる。それらの悪循環が都心部への自家用車乗り入れを加速させてきた。機動性と連続性を持った自動車交通の独り勝ちの状態が続いている要因でもある。その結果，公共交通に頼らざるを得ない交通弱者である老人，子供，身体障害者に対して，近年の公共交通の衰退，若しくは減少により公共交通としての社会サービスは甚だしく低下してきている。都市に老人や子供が容易に近づけない，拒みはじめている状態にある。都市づくりの目標が見えなくなっている。また，都心へのアクセス低下が，都心の商業の地盤低下をもたらし，活気が失われていく一因ともなってきた。

高齢化社会を迎えるに時代に，高齢化する住民自身が，自動車中心の郊外生活に適応していけるのか疑問が残る。ヒューマンスケールで考えた場合，歩いて暮らせる都市づくりが基本であるのに，それに逆行した都市づくりが実態として進められてきたことになる。

3　都市計画と交通計画の融合

都市交通の計画的立場は，これまで述べてきたように，都市計画上の明確な位置づけをもってこなかった。都市計画法におけるマスタープラン等とは対照的に，交通システムと道路計画が別個に議論・計画され，おそらく唯一，街路と一体的な駅前広場のみが議論の対象となってきた。公共交通の利用現象を食い止め，逆に公共交通への転換を誘導することは，今まで行ってきた渋滞対策のための道路整備費の減少につながり，利用の選択肢の拡大や利便性の向上につながることは簡単に説明がつく。しかしながら，公共交通が独立採算制を基本とし，鉄道高架事業などのハード分野への補助を除くと，バスなどの赤字路線への補助がその対策とされてきた政策に限界があったことは歪めない。都市基盤整備は道路中心のハード面での都市づくりであったため，交通ソフトが置き去りにされ，交通計画として強力なイニシアチブを取れてこなかった。都市計画として，都市交通のビジョンを明確に打ち出す必要性がそこにあった。

4　道路空間の再配分

　人間中心の道路づくりを理想とする発想は，上述したような道路交通容量の最大化との対立の歴史であった。交通手段が自動車中心に移行する社会現象に対し，市場追随型の都市政策が行われたため，郊外居住やロードサイド型の店舗展開などの促進を招き，結果として都市構造や都市軸そのものを歪ませる結果となってきた。しかしながら，モータリゼーション自体が，転換期を迎えはじめており，2020年代には，全車走行台キロ，全車保有台数はピークに達し，自動車交通量は減少し始めることが予想されている[3]。したがって，いままでのような増大する自動車交通への対応を，道路整備や拡幅による物理的に流量を処理する手法から，大きな転換期を迎えることとなることが必至となる。地方自治体が，交通計画を前提においた，都市計画の執行を行う発想に転換する時代が必要とされてくる。

　新規に造る時代から，現有都市施設を維持，管理していく体制に本格的に移行していくことになる。道路の分野でも，老朽化した施設の更新は必至だが，逆に言えば更新に際し生活の質の向上を目指し，人間中心の道路空間に再配分するチャンスともいえる。車，自転車，歩行者の通行区分や幅員などを，あらたに生活や人間目線に応じた再配分を行い，歩行者が安全に道路空間を利用し，活用する工夫をすることができる。また，同じ車でも公共交通空間の優先設定をすることも可能である。再配分は既存の利得者である車至上主義から，必然的に空間を奪うことになるため，その合意形成には多大なる労力を要することになる。従来までの，車社会に対応した郊外型の都市構造の軌道修正がなぜ必要かの説明責任と，合意形成が求められてくる。しかしながら，地球環境の将来や，エコロジーへの理解が進み，不況下の現時点だからこそ，都市政策の転換期のチャンスともいえ，わかりやすい政策目標の住民との共有化が，転換を可能ならしめることとなる。低廉ながらも相当量の道路ストックが蓄積されてきたのは事実であり，大きな可能性をしめた資源であることは間違いない。

---

(3)　国土交通省道路の将来交通需要推計，2002年11月。

Ⅲ 地方自治体における都市計画法と都市計画事業

1 住民参加

　都市に生活するなかで骨格になる都市基盤や施設，居住や商業活動のための土地利用は，都市計画法や建築基準法などの法体系の中でその多くが規定され，その運用によって計画，実施されてきた。しかしながら，都市計画法や建築基準法の目的には，それぞれ「公共の福祉の増進」が謳われているが，その目的が達成されてきたとは言いがたい。公共の福祉の増進のための都市計画の目標がどう定められ，どう実行されてきたのだろうか。都市全体としては，それぞれの市町村が目標とする地域像が記載されている。しかし，実生活の中で自分たちが住む都市の将来ビジョンがどう描かれ，そういう政策が施されているかは，どの程度理解されているのだろうか。まちづくりの学習として，基本的な都市計画に係ることが義務教育の課程でなんら位置づけられてはいない。一般的には都市計画がどういったプロセスで計画され，誰が決定しているのかは知られてはいない。都市計画とは行政のものという認識になっており，それらに関する情報量が少なく関心も少ないのではないのか。都市計画に住民が参加していない実態，住民が知らない実態が，都市計画がいまだ官制都市計画の枠を脱し得ず，住民が幸せになるための都市計画とはなっていないところに，その要因が存在するところである。

2 都市計画法の運用

　都市計画というと，一般の住民にとっては道路づくりや公共施設づくりと考えられがちで，行政にとっては都市計画事業と，用途地域の運用という側面に重きがおかれがちである。つまり，行政においては都市計画法の運用と執行が都市計画であって，都市づくりが都市計画とは捉えられていない傾向にある。地方自治体の規模が小さくなればなるほど，専門的分野の職員が存在しないせいもあり，その傾向は顕著になる。また，地方自治体内部の個別事業も都市計画にコントロールされているとは言いがたく，都市計画法の枠組内に収まっているかを確認する程度に留まっている。都市計画の実現目標や，政策目標を達

成する，若しくは目指すための個別事業ではなく，事業のための事業に傾く傾向になる。

　都市づくりに関する行政組織内部は，道路，公園，下水道，住宅，再開発など実際に個別事業を担当する事業部門と，都市計画などの基本構想や基本計画策定など計画部門に大きく分かれて組織されているのが一般的である。つまり，形態的には個別事業を計画部門が束ねるという組織図が出来上がっている。しかしながら，国の局ごとの補助事業の執行を中心とした各事業部門の独立性が高く，計画部門がコントロールできてはいない。

　地方分権改革に向けての全国知事会における決議にもあるように[4]，権限委譲と財源，人材確保は，地方自治体の急務になっている。ましてや，近年の財政危機や，経済不況による税収の落ち込みは，もはや地方独自の事業実施の体力が残されてはいない。しかしながら，地方自治体は様々な工夫や努力で，限りある予算を切り盛りしてきた。その中で，出来うる限り国の補助事業を見つけてきて，事業適用させることが最重要事項とされてきた。そういた体制の中で，各事業部門が出来る限り国との関係を重視し，関係を強化させてきたことは無理からぬことである。また，国の新しい事業ができると，それにあわせて地方自治体での計画が作られ，それが国の施策の変更によりそのまま放置されてきた。どの地方自治体でも，倉庫に過去のお蔵入りになった計画が眠っているものである。田村明氏は，自らの横浜市での行政経験を踏まえて，地域づくりの欠点を，時間の経過の中で進行する計画を一貫して運営する仕組みに欠け，計画が分断的単発的になっていると述べて，戦略性と総合的実践力が必要で，システムづくりと人材育成を強調している[5]。主として，国庫補助事業にあわせて事業を展開しているために起こる現象であり，地方自治体が目指す都市づくりのための計画であれば，本来継続性は高くなるはずである。

3　国庫補助事業

　国庫補助事業は，全国の都市基盤整備を行うに際し，事業の目的を達するこ

---

[4]　全国知事会「地方分権改革の推進に関す決議」2008年12月。
[5]　田村明著『まちづくりの発想』岩波新書，1987年。

とが可能で、最も効果が上がるように、様々な基準を設け、それに適合したものを補助対象事業としてきた。これは、全国平等に、かつ迅速に膨大な事業量を的確に処理するためにはやむを得ない部分もある。しかしながら、この画一的な補助事業の枠のために、全国的に標準化されたまちづくりがおこなわれてきたとの批判もある。地方自治体では、予算上個性を強く打ち出すより、画一的でも安価で一定の基準を満たしたインフラを受け入れるのには妥当性はあった。補助事業という枠組みを取り払わない限り、自発的に地方自治体側からいらないという姿勢にはなかなか為り得ない。勿論、決められた枠の中でも効率的かつ斬新に活用している例が多いことは否定できない。また、国庫補助事業は国の局ごとの事業区分で、会計検査院の会計実施検査を概ね2年に1度受けることになる。無論地方自治体の会計年度ごとに監査を受ける体制になってはいるが、内部検査と、外部検査は同じものとは言い切れない。こういった会計検査対策を考えると、独創的な事業内容は、検査の中で苦労して説明しなければならず、現実問題として難しいものとなる。また、技術職の設計積算において、時間に追われる事業執行の状態や、会計検査対策もあいまって、極力標準化されたマニュアルを利用したいと考えることに無理からぬところがある。ここにもまた、事業の適正な執行の諸刃の剣として、事業の画一化の要因が隠されている。

4 権利調整と権利者対策

土地区画整理事業などでよく使われる住民組織に、「まちづくり協議会」という組織がある。最近では他の事業も含めて、行政側が好んで使う言葉となっている。本来の意味のまちづくりというよりは、実態的には権利調整組織、若しくは説明の場となっているケースが多い。また、行政や住民おける協議のテーブル上でも、まちづくりの議論より事業の進捗に従って個々の権利の主張の場になりがちで、行政の職員は、ほとんどの労力を権利調整に裂かれることになる。まちづくりの理念よりも、いかに権利者を説得し、迅速・円滑に事業を進捗させるかに重きが置かれるようになってしまう。日常業務の中で、強力な都市づくりの理念がないと、予算消化や業務消化に念頭がおかれるようになることは止むを得ない面もある。また、その業務が多くなり、複雑になればなるほ

ど回りは見えなくなる。常に一歩引いて全体を見て，都市づくりの理念を思い出す意識付けが重要となってくる。

Ⅳ　負の遺産たる公共公益施設の蓄積

1　質の悪い公共公益施設

　公共施設は，造れば造るほど，都市のストックとして評価されてきた戦後復興期や，高度成長期と違い，近年の急速な経済不況下においては，ようやくそれらの質が注目されるようになってきている。しかしながら既に大量生産大量消費時代に，劣悪な製品や，都市施設が都市の中に蓄積されてきた。また，都市は常に経済性追求の洗礼を受けるため，無秩序な開発は都市自身を痛めつけることになり，それはすべて住民に跳ね返ってくることになる。大量生産，大量消費の中で，安く，早くという至上命令のため，急ぎ過ぎて見過ごされてきた大事な観点が，冷静に振り返ったときに負の遺産であることに気づくことになる。現時点において，その更新や，社会生活に応じた質の向上を図ろうとした時に大きな障害となって襲いかかってくることとなる。

2　道路占用

　具体的な例を列挙すると，狭い道路の両側に建てられた電信柱がいい例である。地方都市の既成市街地では，道路が狭い上に両側に電力柱，電話柱が別々に建てられている路線が多く見受けられる。最近では共架柱を利用し電柱の集約化を図るようになってきたが，つい最近までは，電力，電話とも別個に電柱を管理することが前提で，基本的に単独で建柱されてきた。そのため，狭い上に，道路幅員を有効に利用出来ないでいたというのが現状である。せっかくの道路ストックが，活かしきれない訳である。しかも，道路側溝工事等の際には，大抵の場合に電柱が支障となるため，移設を与儀なくされるなど，二度手間の典型的な事例でもある。勿論この負担は，最終的には受益者たる住民の負担となる。

　道路の地下空間でも，地下埋設物の占用位置の乱雑さが，負の遺産となって道路の地下に蓄積されてきた。戦後の復興期から高度成長期にかけてのインフ

ラ整備は，特に地方都市の場合は，飲み水である水道管路の拡大，拡充をはじめに行ってきた。埋設する横断位置は，道路幅員が狭いほど，道路の真ん中となる。道路の端を掘ると，民家のブロック塀の養生のため効率が落ちる。さらに，重機等の作業効率を考えて，道路の中心部が好まれてきた。そうやって効率をあげ，どんどん水道管の普及が進むのである。次のインフラ整備は，ガス管路の埋設となる。先に水道管が埋設されている路線が殆んどのため，水道管を避けた，埋設し易い位置に敷設されてきた。次に埋設されるのは，いよいよ下水道管である。福島市の場合も昭和39年に下水道処理場が完成し，ようやく本格的に下水道の普及が始まることとなる。そこで，負の遺産という壁が普及の促進を妨害することとなる。既に概ね真ん中に埋設されている水道管やガス管のため，占用位置が無いのである。さらに，道路法で水道管，ガス管の埋設深さは，最低1.2mとの定めがあるため，そのほとんどは土被り1.2mが埋設深となっている。[(6)] そこへ最低1.5mの埋設深さが必要な，自然流下を原則とする下水道管をそれらの下に埋設するためには，水道管ガス管の埋設位置を再配置する必要が生じる。しかも，場合によっては一度水道・ガス管を仮設してから下水道管を埋設し，再び水道管ガス管を本設することもある。勿論，道路舗装も打ち替えしなければならない。このため，後追い的に整備される下水道管の普及は，コストが割高になるため延々として進まなくなるのである。住民の生活のために整備された筈の都市施設のため，下水道法第1条の目的にある「都市の健全な発達及び公衆衛生の向上に寄与し，あわせて公共用水域の水質の保全に資することを目的とする。」ことを難しくしている。

問題は時代背景にあったかもしれない。懸命な戦後復興や，高度経済成長を経て，ようやく生活の質の向上を目指したとき，都市の中の矛盾に気がつき，それを是正するための再編成に大きな労力を払わなければならなくなるのである。都市の骨格整備のあるべき姿をコントロールする都市管理ができていれば，

[(6)] 道路法施行令第12条3項では，「水道又はガス管の本管を埋設する場合においては，その頂部と路面との距離は1.2m（工事上やむを得ない場合にあっては，0.6m）以下としないこと。」と規定されているが，平成11年3月31日付建設省道政発32号建設省国発第5号建設省道路局路政課長・国道課長の通達が出るまでは，各道路管理者とも実際には1.2m以上で許可するのが一般的であったが，通達後は土被り0.6mで許可されるようになった。

防げたことかもしれない。道路台帳をしっかり整備し，あとからやり直さなくてもいいような占用をコントロールできていれば，こうも負の都市施設は増えていなかったかもしれない。しかしながら，上述のような時代背景もあいまって，今もって地下空間も把握した形での道路台帳を整備している道路管理者たる地方自治体は，僅かというのが現状である。

3　開発行為

都市計画の用途地域や線引きは，線を一つ挟んで商業的経済価値を大きく変化させている。開発行為という面的開発では，経済優先で設定される場合が多く，乱開発の典型的な事例になることが多い。

特に市街化区域周辺に開発が多く，事業者は開発可能な区域でより多くの宅地等を供給する前提で道路を設定するため，開発区域周辺との連続性や，整合性がとれなくなってくる。場合によっては，写真のように開発行為区域自体の道路さえ，意図的につながらないものさえ出てくる。また，極端な事例では，道路幅員の基準はあっても，交差角の基準があいまいで，変則交差点を計画する場合もある。地域住民にとって不利益ではあるが，開発者にとっては自ら負担して造った道路を，後の開発で何の負担もなく接続させては損だという発想や，より多く売れる面積で宅地を配置したいがための，区画割り優先の考え方である。都市が受ける経済性追求の洗礼ため，無秩序な開発が都市自身を痛めつけることになり，それがすべて住民に跳ね返っている。

地域として，しっかりとした地区計画で，開発を誘導出来るのならこういった問題は生じない。都市開発が，開発行為（都市計画法第29条）で運用されていては，いつまでたっても都市のコントロールは思うように行うことは出来ない。都市をコントロールしてこな

かった，わが国の都市行政が招いてきた負の公共公益施設である。これらを解消するには，都市計画法という法の執行中心ではない，本来のしっかりした「都市計画」をもち得ない限り，今後も負の財産は増え続けざるを得ないかもしれない。「都市をコントロールする。」できなければ負の都市施設のストックが，これからも蓄積されていくことになる。

V　住民と共鳴する都市づくり

1　都市問題の分析と解析

　都市には，様々な構造的・社会的問題が発生する。それを解決するため試行錯誤を繰り返しながら，色々な問題を包括しつつ都市は成長を続けている。都市が現在抱える様々な問題の根本原因は，都市構造の構成原点であるその成立過程に内在している場合が多い。都市構造を成立ならしめた手法や手段の違いが，それらの長点や欠点を包括しながら存在させ，それが時間の積み重ねと伴に様々な歪みを複雑に発生させている。住宅密集地の狭幅員や未接道問題は，都市の成長を個別開発に任せ，放任した典型的な事例といえる。したがって，都市構造の成立過程を整理することにより事前に抽出することも可能である。勿論，都市構造はそれぞれの時代的背景により複雑に重なり合い成立しているため，問題解決のための処方箋は単純な方法では有り得ない。しかしながら，都市基盤整備の目的や，成立過程を整理し，現在抱える問題を把握することにより，今後発生する可能性のある問題を予測し，事前に対応するための有効な手段となる可能性を含んでいる。都市政策の基本は，過去を振り返り，反省することにある。都市の成立や住民参加の発展過程は，そのまま現在の都市問題や矛盾の蓄積の過程であり，現在の都市問題を解決するために過去を振り返る作業は欠かせないものである。地方都市が，大都市の若しくは欧米の制度を，画一的にそのまま適用して成功するとは限らない。その都市の歴史や風土，その都市が抱える問題点をよく分析・解析し，うまく利用していくことが重要になってくる。起こりうる問題に事前に対処し，より快適な環境に誘導するのも都市計画の重要な課題であるからである。政策課題を解決する都市計画の推進が求められる。

2　わかりやすい目標設定と説明責任

　全国の地方都市の中には，豊岡市の「コウノトリと共に生きる」環境経済戦略，富山市の「コンパクトシティ」など，インパクトがあり，かつ，しっかりとしたまちづくりの目標を掲げて都市づくりに取り組んでいる地方自治体もある。地域の実情や問題を把握し，その政策課題の解決のため，未来を見据えた上での政策目標を，一般市民にわかりやすい形で示すことは行政の使命ともいえる。さらに重要なことは，その説明責任を果すということである。

　かつて福島市は「福島市24時間都市構想」を掲げ，都心部における人口のスプロール化，ロードサイドショップの台頭や中心市街地で空き店舗が点在することなどによる商業地盤低下の是正を図るため，都心部の人口の呼び戻しを提唱してきた。しかしながら，この政策も時間の経過の中で，一貫して計画を運営する仕組みに欠けたため，先駆的な政策は消滅していくこととなる。また，もう一つの問題は，「わかりにくさ」にあった。市民の反応の多くは，コンビニみないた24時間眠らない街は必要ない。東京みたいに一日中明るいような街は福島には似合わないというような反応であった。これらにも，丁寧に説明していけば理解されるのだろうが，理解されないまま，言葉だけが先行したため，受け入れられづらかったのではないかと筆者は理解している。わかりやすさと，説明のタイミング，公報の仕方により，住民への浸透力や共鳴の度合いは大きく変わってくるもの思われる。

　俳優の柳生博氏は「確かな未来は，懐かしい風景の中にある」という言葉をずっと言い続けている。生き物として正常な状態を続けていける環境は「懐かしい風景」に原点があり，現在の人工的な高層ビルや，農薬散布みたいなものは，昔の風景にはなかったはずである。自然環境の保全や回復が，自分たちの子や孫達に残すべき大切なものであることを伝えている。全ての人々が，共通してイメージができる言葉を大事にしていく必要がある。

　ここまで，高齢化時代に対応した新しい都市づくり，居住政策，総合交通体系整備，都市計画の運用や執行について提言してきた。また，それらを実現しうるための，住民と共鳴する都市づくりの目標の重要性についても強調してきた。社会構造の転換期を迎えて，今こそ人間中心のまちづくりにシフトする好機であるといえる。

参考文献
国土交通大学校(2008)「地域活性化コーディネーター研修資料」
福島市の都市計画に関する調査研究委員会(1995)「福島市の都市計画に関する調査研究報告書」
福島・都心居住研究会(1999)「福島市における都市居住の展望と課題に関する調査研究報告書」

第13章　自己実現を可能とする都市計画の展望
―ラウンドテーブルによる自己実現と中心市街地の再生―

はじめに

　21世紀に入り，わが国の社会基盤の整備や経済発展の状況から，都市の生活や文化についても，より高質で豊かな生活を享受できることを期待させた。しかし現実の都市社会では，ホームレスや若年のフリーター問題，ワーキングプア等の生活の格差，高齢者の孤独死や近所付き合いの断絶，人口や世帯の郊外転出，空き家や空きビル，ゴミや廃棄物の環境問題，教育の荒廃や若年層の犯罪の多発，外国人労働者とのトラブル等多くの社会・経済の問題が指摘されている。これら都市問題の多くは，その原因や背景が複雑に絡み合い，解決の手法や手段も未だ模索中である。都市計画においても，都市社会が抱える様々な問題解決への有効性は持っていない。筆者は，この都市問題の背景の一つに経済の発展を優先し，人間の心の満足や安らぎをないがしろにした都市づくりにあったのではないかと考えている。　近年の都市整備の経過をたどると，経済性や効率性を追求した都市整備にあり，これらを効率的に実施していくため，都市の基盤整備や都市活動を数値としてとらえ，数値目標を設定し整備を進めてきた。その施策や事業の評価指標を見ても，整備率や販売額等の「量」としての指標が掲げられてきた。これら「量」の数値目標の達成は，社会経済の成長として，都市の発展に大きな役割を果たしてきたのは事実である。しかしこれら数値目標の達成とは別に，人間の豊かな感性や心の満足を高めるためのまちづくりの手法は未だ確立されていない。人間のスケールを超えて巨大化し，複雑化した都市と人間の問題を解決に導き，人間が人間らしく生きられる理想の都市に近づく「新しいまちづくり」の手法が求められている。それには，都市に住み都市を生活の場とした市民（人間）の「心や感情，精神と行動を評価

する新しい指標」を設定し，人間性の成熟や自己実現ができる理想の都市を追求していくことが必要と考える。

このため，中心市街地の空洞化を例に都市開発の経過をたどり，人間の心の満足度から中心市街地活性化の課題を抽出し，中心市街地の再生に向けた自己実現を可能とする都市計画のあり方について考える。

I 都市活動の変化と中心市街地空洞化

1 商業の空洞化

1960年代から現在までの社会・経済をみてみると，高度経済成長と消費生活を謳歌し，その後バブル経済の崩壊といった激動の時代を歩んできた。先ず大都市への産業や経済の集中と過密から，地方都市へ産業業務の分散が進められた。地方都市においても，自動車の普及に合わせ都市の拡大が進んだ。都市の商業に関しては，高度経済成長の1970年代は大型店の中心市街地への立地需要が強く，既存商業の保護を名目に店舗面積の削減や営業時間などについて出店調整が行われてきた。1980年代からの日米経済摩擦から規制緩和が動き出し，1990年の日米構造協議の中で，大型店舗の出店規制緩和の方向で大店法の見直しが示された。1998年には大店立地法が成立し，大型店の出店に関し地元商業者との商業上の調整は不要となり，交通渋滞や騒音対策など生活環境上の協議に限定されてきた。

その間，都市商業の中核となっていた大型店の地理的な立地動向は，中心市街地の駅前繁華街から市街地の外延化にあわせた郊外型に変化し，中心市街地の賑わいは郊外の大型店舗に奪われていった。この様な都市社会と中心市街地の変化の時代背景みてみると，①就業機会を求めて農村部からの人口の流入と世帯の増加，②市街地の世帯の成熟と世帯分離，③自動車の普及と市街地の拡大，④新住宅地の需要発生と市街化区域の拡大，⑤農業の低迷と農家の土地ビジネス等が進められた。また中心市街地においては，⑥核家族化や高齢化，単身世帯の増加，⑦地域コミュニティの衰退，⑧生活者のライフスタイルの変化，⑨商業者の職住分離，⑩商業施設を含む様々な都市機能の郊外移転，⑪古い住宅の放置や空地・空き店舗の発生等が発生し，都市の拡大と中心市街地の空

洞化は進んでいった。

2　都市再開発からみた空洞化

　1970年代から始まった大型商業施設の規制緩和の動きは，都市への投資を拡大させ，都市の再開発を加速させた。中心市街地の地価は高騰し，土地の高度利用と経済性から再開発事業等が進められた。特に中心市街地の駅周辺が再開発の対象となり，大型店を核店舗にした商業開発が進められた。これら事業は，土地利用の拡大と地価の上昇や経済活動の活発化による，収益性を前提にした開発事業であり，土地の経済的利用を前提に実施されてきた。再開発の対象地は，商店や町工場の混在した住宅地や家内工業等，職と住が近接している所も多く，市民の居住地としてまち中の生活文化やコミュニティを継承してきた地域であった。都市の拡大に合わせ世帯分離や高齢化が進み，住宅も老朽化し，まちの所々に空地が見られるようになったが，都市計画は拡大する市街地整備に重点がおかれ，まち中の世帯減少や高齢化，単身化などの生活の問題に対し，住み続けることのできる都市計画はなされなかった。

3　中心市街地空洞化とまちづくり三法

　空洞化が続く地方都市の問題に関し，1998年からは中心市街地活性化法を始め大店立地法，改正都市計画法のいわゆるまちづくり三法が施行され，空洞化した中心市街地の活性化の切り札として期待された。空洞化問題に苦しむ多くの地方都市は，中心市街地の商店街の再整備と都市基盤整備に向け，中心市街地活性化法に期待し，活性化基本計画を策定し事業を推進した。2005年2月時点の全国631都市から652地区の中心市街地活性化基本計画の評価を分析したデータ[1]（表13-1の中心市街地活性化法前後の中心市街地の推移）をみると，
　　①人口や商店数，商業販売額，事業所数，事業所従業員数は，多くの中心市街地で活性化法の施行後に減少している
　　②中心市街地活性化法の施行前後の地域比較をしても，中心市街地の状況は

---

[1] 「みずほリサーチ　April 2005」みずほ総合研究所主任研究員岡田豊「中心市街地活性化の課題」の研究論文

改善せず，むしろ郊外部より中心市街地の方が悪化している

が指摘されており中心市街地活性化法の施行前後の政策効果を比較しても，中心市街地の状況は改善せず，むしろ郊外部より中心市街地の方が悪化していることがわかる。中心市街地活性化法による主要な支援施策である商業の活性化や都市基盤整備が，中心市街地の居住人口の回復や商業の活性化と商店や事業所の活性化には，さほど有効でなかったことが明らかになった。

表13-1 中心市街地活性化法前後における中心市街地の人口，商業，事業所関連統計の推移

（単位：％）

中心市街地の数値が減少した市町の割合	
人口数	69
商店数	93
商業販売額	94
事業所数	93
事業所従業員数	83

当該市町に占める中心市街地の割合が低下した市町の割合	
人口	72
商店数	80
商業販売額	88
事業所数	86
事業所従業員数	73

人口，商店販売額，事業所従業員数の3項目で当該市町に占める中心市街地の割合が低下した市町の割合	
3項目すべてで低下	61
どれか1項目で上昇	27
どれか2項目で上昇	10
3項目すべてで上昇	2

注：1．人口は97年と2003年を比較，商業関連は97年と2002年を比較，事業所関連は96年と2001年を比較した。
　　2．2000年度以前に基本計画を作成した市町のうち，五つの統計指標の基本計画作成前後の動向が把握可能な121市町を対象にした調査。
資料：総務省「中心市街地の活性化に関する行政評価・監視」（2004年）より作成
出所：「みずほリサーチ April 2005」

Ⅱ　中心市街地活性化の課題

　中心市街地については，整備された社会資本や高度な都市機能を有している等の様々な論拠で必要性や重要性はうたわれている。しかし中心市街地活性化法による活性化施策の実施をもっても，中心市街地の活性化にはつながらなかった。都市基盤の整備や商店街の整備が，中心市街地空洞化解消の切り札ではなかったことは，今までの全国の事例を見ても明らかである。地方都市の中心市街地の商業や，商店の現状を消費購買動向調査[2]で見てみても，市民生活から見ると中心商店街の衰退はあったとしても，市民がショッピングにさほど困る状況は見て取れない。そもそも中心市街地に居住者はいなくなり，市民からは「郊外の居住地には，大型で安く品数も多いショッピングセンターがあり，幹線道路沿いにはコンビニエンスストアもある」との声も寄せられている。たまに中心市街地の昔の繁華街に来てみても，日中の人通りの少なさに驚きはするが，今の郊外での生活に支障があるわけではない。昔の賑わいを知っている市民からすれば，廃れたと感じるかもしれないが，初めて見る外来者にはこれが現状として受け入れられる。

　この様な状況を考えると，市民生活において「中心市街地の活性化が本当に必要なのか」また「活性化とは何か」「何を以って活性化とするのか」等を，市民生活の面から明らかにすることが必要である。

1　マズローの欲求五段階と都市活動

　都市の整備された社会基盤や経済活動とは別に，人間の欲求が生活行動の意思決定に表れ，それが結果的に様々な社会現象や都市問題を引き起こしていることに気づく。このため中心市街地の空洞化問題も，市民の欲求行動からとらえ見つめなおしてみる必要がある。そのため人間の行動の原点に戻り，人間の

---

[2]　福島市消費購買動向調査（平成18年3月）によると，福島市においては平成17年度の買物場所利用頻度において，中心市街地の東口周辺と西口周辺は第4位で，郊外の幹線道路沿線の大型店がある地域に1位を明け渡した（34-37ページ）。

第13章　自己実現を可能とする都市計画の展望　211

心理と行動から都市を解析するには，人間の欲求と行動の理論「マズローの欲求階層」と都市問題を重ね合わせる事が可能である。

図13-1　マズローの欲求階層

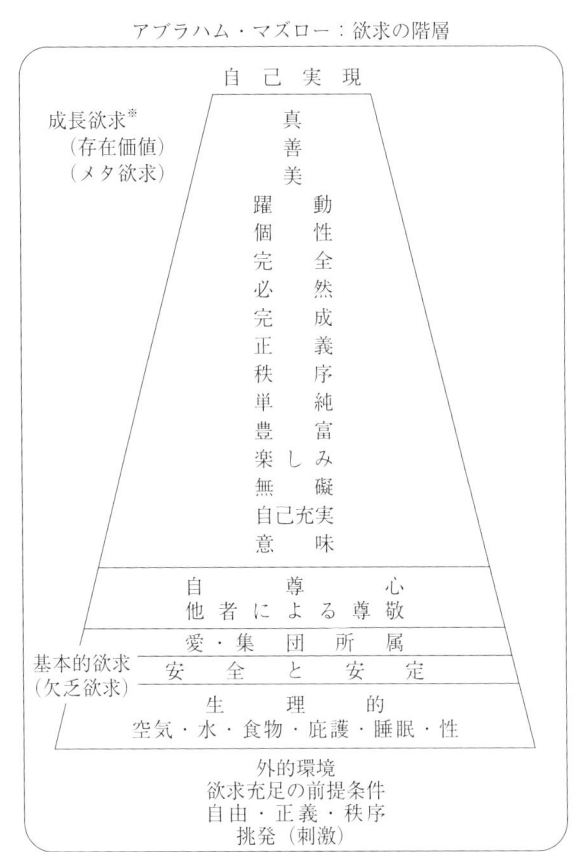

アブラハム・マズロー：欲求の階層

```
                自 己 実 現
成長欲求※          真
 (存在価値)         善
 (メタ欲求)         美
               躍    動
               個    性
               完    全
               必    然
               完    成
               正    義
               秩    序
               単    純
               豊    富
               楽  し  み
               無    礙
               自 己 充 実
               意    味
          ─────────────────
             自    尊    心
            他 者 に よ る 尊 敬
          ─────────────────
           愛 ・ 集 団 所 属
基本的欲求   安  全  と  安  定
 (欠乏欲求) ─────────────────
               生  理  的
           空気・水・食物・庇護・睡眠・性
          ─────────────────
               外 的 環 境
             欲 求 充 足 の 前 提 条 件
             自 由 ・ 正 義 ・ 秩 序
               挑 発 （刺 激）
```

※　成長欲求はすべて同等の重要さをもつ
　　（階層的ではない）

出所：フランク・ゴーグル『マズローの心理学』（小口忠彦訳）産業能率大学出版部。

マズローは「人間は本能的な起源を持つ無数の基本的欲求によって動機付けられている」として，その基本的欲求は「生理的欲求」と「安全の欲求」があり，また「所属と愛の欲求」，「自尊心と他者からの承認の欲求」，「自己実現の欲求」があるとした。この他にも「知ることへの願望」と「理解することへの願望」，「審美的欲求」，「成長欲求」などがあり，これらの欲求に対する動機こそが行為の前提であるとした[3]。そして欲求には階層があり，基本的欲求としての「生理的欲求」の上に「安全の欲求」，その上に「所属と愛の欲求」と「承認の欲求」があり，最上位に人間の生き方として究極の「自己実現の欲求」があるとした。人間はほとんどの基本的欲求を部分的には満足させながら，人間的，社会的，精神的な成長欲求により行動しこの階層を昇段していく。そして人間にとって最も重要な影響を与えるのがこの「自己実現に向けた欲求」であるとした。

　マズローの欲求と人間の動機付けに関する理論は，都市の生活や活動に当てはめることができる。都市に置きなおしてみると，都市は人間の欲求行動の場であり，その行動の形が都市の現状を生み出す。そして都市の荒廃や中心市街地の空洞化等の様々な都市問題についても，人間の欲求行動の反映としてとらえることが出来る。

〈第一段階　生理的欲求〉

　都市の現状をマズローの欲求五段階に当てはめると，表13-2に示すとおり，第一段階の「生理的欲求」は，人間の欲求の中で最も基礎的な欲求であり，生命維持に関係する欲求である。それは食欲や性欲，睡眠等の生存のための本能的欲求であり，個人的な欲求の安定的な確保のため集団的な社会行動が開始された。

〈第二段階　安全の欲求〉

　第二段階の「安全の欲求」は，第一の「生理的欲求」の充足に加え，暮らしや身体等の安全，安定を求める欲求である。「生理的欲求」の安定的な確保のため，集団的な社会行動が開始され，集団から集落へ，集落から市の発生と都市の誕生につながって行った。安全で安定した暮らしには，社会的インフラの

---

[3]　フランク・ゴーグル『マズローの心理学』（小口忠彦訳）産業能率大学出版部。

表13-2　マズローの欲求段階　㈠生理的欲求と㈡安全の欲求

マズローの評価段階	都市の成長過程と活動	人間と都市の抱える問題
第一段階　生理的欲求 　　食欲や性欲等	本能の欲求を満たし，余剰物の備蓄や交換としての仕組み 市や原都市の発生	略奪，征服，闘争。
第二段階　安全の欲求 　　身体や暮らしの安全安心	都市の発生と成長 安全安心の仕組みづくり 空間的インフラ整備や政治，経済等の仕組みづくりと発展 産業と労働のしくみ	社会資本整備の充実と都市への集中と拡大。 個人の格差，身分，差別の発生。 法律やルールの制定。

注：表は筆者作成。

表13-3　マズローの欲求段階　㈢社会的欲求

マズローの評価段階	都市の成長過程と活動	人間と都市の抱える問題
第三段階　社会的欲求 　　愛や集団への所属	都市社会の個人と集団の行動の仕組み 教育や会社等の個人と組織，社会のルールづくりと維持・発展 産業と労働の仕組みと組織化	集団と個人，民族や宗教の対立。 多様な価値観の萌芽。 法律やルールの整備改定。 都市問題の認識。

注：表は筆者作成。

整備が不可欠であり，都市や地域整備の所要な課題はこれを充足することにあった。そのため都市基盤としての上下水道や電気・電話，交通等の公共サービスの拡充整備が進められ，都市生活を支える公共施設や住宅，商業や市場，飲食や遊興，医療・福祉・介護，教育等の都市が整備されていった。

〈第三段階　社会的欲求〉

　第三段階の「社会的欲求」は，基本的欲求の「生理的欲求」や「安全の欲求」の充足をベースに「愛や集団への所属」として，表13-3に示す都市社会における個人と集団の行動の仕組みが整備され，産業における労働の組織化や教育等の社会システムが整備され発展してきた。わが国においては，市民生活は町内会や自治会といった地縁団体が，地域自治については大きな役割を担っており，快適な社会を構築するため，連携や共同により生活の相互扶助を支えてきた。

表13-4　マズローの欲求段階　㈣自我と尊敬の欲求

マズローの評価段階	都市の成長過程と活動	人間と都市の抱える問題
第四段階　自我と尊敬の欲求 　　自尊心や他者からの尊敬の欲求	街づくりなどへの強い自我 社会活動や労働運動等のリーダーの誕生 集団や社会からの尊敬 産業の成熟化	多様な価値観の拡大と認知。 多様なライフスタイルから環境問題や中心市街地の空洞化など問題の発生と対応。 個の尊重や共生のルールの確認。

注：表は筆者作成。

　しかし都市化の進展やライフスタイルの変化などから，日常生活においても核家族化や単身世帯が増加し，地域高齢化の進展などから近隣とのつながりが希薄になってきている。ホームレスや孤独死など社会の歪みも見られ，この様な問題に取り組む新しい形での市民運動や社会活動の発生も見られる。

〈第四段階　自我と尊敬の欲求〉

　第四段階の「自我と尊敬の欲求」は，表13-4の「他者からの評価，承認，信頼の獲得」であり，社会的活動やゆとりある暮らしを支える取り組みに関する「自尊心や他者からの尊敬」などの欲求行動である。まちづくりや暮らし等に当てはめてみると，「生理的欲求」から「安全の欲求」に昇った欲求行動は，社会経済の急激な発展から物質的豊かさを求め，資源浪費型の生活スタイルが拡大してきた。この結果，良好な自然は破壊され環境問題や地球温暖化等の地球規模での問題が発生した。このため資源浪費型の生活スタイルを見直し，新しい人間関係を築く地域コミュニティづくりの市民活動も拡大してきている。しかし，中心市街地の空洞化をはじめ様々な都市問題は解決されずにある。

〈第五段階　自己実現の欲求〉

　第五段階の「自己実現」は人間としての最高の動機であり究極の欲求である。人間が都市に生まれ，都市で人生をすごし，都市で死んでいくとすれば，都市こそ自己実現の空間であらねばならない。自己実現の欲求活動についてみてみると，表13-5のとおり都市の成長と人間の活動が，生活・伝統・地域文化の継承や学術・芸術・教育・文化・スポーツ等創造的で豊かな都市活動に広がっていく。

表13-5 マズローの欲求段階 (五)自己実現の欲求

マズローの評価段階	都市の成長過程と活動	人間と都市の抱える問題
第五段階 自己実現の欲求	生活・伝統・文化継承発展活動 学術・芸術・教育・文化・スポーツ活動 新産業創造活動 情報・交流・地域コミュニティ活動 地球と環境の保全活動 ヒューマニズム（人道主義）活動 まちづくり活動	活動が個別的で深化，地域毎の様式内容や成果の評価が困難。 創造型産業の芽生え。 活動が，新たな活動や価値観に継承発展していく仕組みの整備。 活動を支援する場や機会の確保。 評価，支援や継続性。 分権化，住民参加，情報化公開と民営化の導入。

注：表は筆者作成。

　マズローの欲求段階と人間の都市活動を重ね合わせると，第一段階から第二段階までは欠乏への欲求で，生命維持に関する食物，飲み物，保護，性，睡眠，酸素などへの生理的活動であり，人間としての「生理的欲求」や「安全欲求」の充足に向け都市や社会が形成されてきた。そして欲求行動は次の充足を求めヒエラルキーをつくり昇段していく。第三段階からは「成長への欲求」行動に進み，社会経済の発展に対し都市の現状や問題課題に対処することにより，快適な社会や都市を求める社会的欲求の活動が顕著になる。そして第四段階には市民の「自我と尊敬の欲求」行動が発現し，民族，文化，宗教等の多様な価値観が主張される。そして最終段階の「自己実現の欲求」行動に達していく。このように，それぞれの欲求は，次の欲求にステップアップし，人間の最高欲求の「自己実現」に向け欲求行動を継続する。「自己実現の欲求」と市民の都市活動の相関性について，自己実現を追求している人間のインタビュー調査[4]によると次のようなキーワードが集約された。

---

[4] インタビュー調査は「都市の再生を測る新たな評価指標の研究」（福島大学地域政策科学研究科修士論文拙稿）2009年2月，88ページ。

①自己実現や創造性の発揮には市民に『強制されない自由な生き方や意志を貫く価値観』が存在する
②祭りや伝統行事のように，街に狂わせるものがある。それが市民の自己実現の表現であり自己の創造性の発揮である。この様に『自己実現には場が必要』であること
③自己実現には人の交流や機会の活用が不可欠であり，『自己実現には機会の確保が必要』であること
④人間の共同，共感，感動を得られるのが自己実現であるとの意見のように『自己実現や創造性の発揮には，それを理解し評価し応援する仲間が必要』であること
⑤自己実現を図ろうとする仲間同士の交流や連携から，『自己実現や創造性には異業種や他の地域からの連携交流が必要』であること
⑥そして，『自己実現や創造性の活動が多くの人に支持され，良い影響を都市と市民に与え続ける』こと

が自己実現の生き方とまちづくり活動であり，中心市街地が自己実現の場として不可欠な場所である。

2　市民の自己実現が可能な中心市街地の課題

　中心市街地の空洞化問題は，自治体の財政問題や社会資本活用の不効率性など，都市経営の視点や環境問題等からマクロの視点で論じられることが多い。その反面市民の活動の基準となる生活感覚や価値観，感性等の面からとらえられることは少ない。まち中には市民や事業者の日常生活や経済活動があり，それぞれの価値判断により行為がなされ都市の現状となって現れる。この様な個人の生活評価上の欲求行動から，中心市街地の隠れた問題をとらえてみると
　①中心市街地のお互いの商売や生活の仕方が，隣接する商業者や生活者の暮らしに様々な影響を与えること
　②子供たちの安全や安心，隣近所とのコミュニケーションの断絶，来客数の減少のように日常の生活や商売を危機に陥れる様々な問題は，個人の生活や経営に直結する問題のみならず，他の市民もまき込む地域社会全体の問題であること

③建物やインフラが使われないまま放置されたり，まだ使える建物が業態や採算に合わないから取り壊されたりする個人資産の動向は，隣接する他人の生活や資産評価にも大きな影響を及ぼすこと
④個人の権利の主張と生活のスタイルは，一人の問題にとどまらず都市全体にも影響を与えるものであること
⑤中心市街地の利便性や集積整備された社会資本を十分に活用し，居住や生活のスタイルを再構築することは持続可能な社会の形成に不可欠であること

等がわかる。

　この様に中心市街地の空洞化は個人の生活上の問題だけではなく，市民が保有するそれぞれの土地，建物の自己資産の減少や生活環境や生活利便性の低下といった大きなデメリットを発生させる。市民の生活資産や財産保全の観点のみならず生き方や心の満足を高めるためにも，自己実現できる生き方の追及の場として，中心市街地が求められている。

3　私的財産の保全とまちづくり

　現在の日本においては，私的財産の活用が地域へ様々な影響を与えている問題等について，日常的に話し合う場は存在していない。それは個人の財産への不干渉が前提であり，現実の生活上は私権の問題に立ち入るべきでないという考えからと思われる。

　しかし都市生活は様々な私権の調整の中で成り立っている。まち中の市民生活と自己資産の利活用，商売や事業経営等が地域社会に与える影響について，意見交換や調整を行う場と機会が必要である。そのためにはまちづくりの理念と手段を共有する必要がある。そして，「まちづくり活動」として生活をマズローの欲求五段階から確認し，欲求の最高位である「自己実現のできる都市」を目指すことが必要である。市民や行政が新しいライフスタイルや文化の創造について「自己実現」と「まちづくり」を議論し，生活の中でまちづくり活動を推進することが求められている。

　そのような場と機会を設定するには，
①市民は，都市に対しての「価値観」や「意思」が必要であり

②街には，市民の生き方や価値観，意思を貫く「場」が必要であり
③場には価値観や意思を発揮する「機会」と「人」が必要であり
④市民が自己実現の活動を発揮したことに対し，「評価」や「応援」する仲間が生まれ
⑤その仲間はあらゆるジャンルを飛び越えて「連携」「交流」が生み出され
⑥連携や交流が新たな価値を創造するなど良い「影響」を都市と市民に与え続ける

というまちづくり活動のリンケージの中で，市民自らが主体的に，私的財産の保全とまちづくりを調整する活動を推進していくことが求められている。

Ⅲ　自己実現の可能なまちづくり条例の検討とラウンドテーブル

　都市生活とまちづくりにおいて自己実現を図り，都市の再生や中心市街地の活性化を進めるには，人間の心と欲求行動から都市活動を評価し推進する新たな視点が必要なことを指摘してきた。それは「社会的コストの削減」や「自己資産の減少」の問題，「環境問題と持続可能性」や「新しい都市生活のスタイルの確立」に加え，まちづくりに人間の生き方として「自己実現」を追求し，市民の欲求行動の高次化とまちづくりを連動させることにある。

　特に市民生活において，すべての市民が参加した自己実現が可能な「まちづくり活動」が今こそ必要である。すべての市民の参加には，まちづくり活動に積極的な市民層に加え，中心市街地に私有財産としての土地・建物等を所有するが都市活動に無関心な「いわゆる顔の見えない市民」をまちづくりにどの様に引き込むかが重要な課題である。そのためには，すべての市民がまちの現状や課題を日常的に議論するまちづくり活動の「場と機会」を設け，問題解決に向けた都市活動を推進することが必要であり，このテーマは「自己実現のできるまちづくり」である。

　この様な例として，日常的にまちづくりを議論し中心市街地の再生と生活の権利の調整を実現したイタリアの事例は参考になる。

1　イタリアのまちづくりとラウンドテーブル

　中心市街地の再生の事例として，イタリアにおいては都市計画に関し欧米でも最も強い規制を実施してきた。歴史的環境と実生活のバランスをとるため，都市計画と私権の制限について，地区詳細計画と建築規制を行い，歴史的な中心市街地の保全と市民生活や商業，業務活動を調和させ発展させてきた[5]。その根底にあるのが市民，土地建物所有者，商業者，居住者等による地区議会である[6]。地区議会は20年以上も毎週のように続けられた生活と歴史的遺産の保全のまちづくり住民ワークショップである。この作業を通じて，都市計画規制・事業内容を学習した住民・事業者は，自らの生活と生業を向上させるための努力・投資の方向性を共有化していった[7]。日常の生活の中でまちづくりが議論され，利害がぶつかり合い本音が共有される。その議論が市民の私的財産の制限や商売の仕方についても議論され，ルール化され，法に基づき都市計画規制や建築行為等の日常生活の規制も含むまちづくりに直結していった。

　わが国の現状を見ると，中心市街地活性化の議論は，具体的事業でも提示されない限り利害関係者からの本音は現れてこない。都市計画法や中心市街地活性化法においても，日常生活とまちづくりに関する利害関係の協議や調整を行う場は制度的にも設けられていない。都市における土地や建築物の私的財産の利用計画や活用と，中心市街地活性化や，街並み整備に関る自己資産の活用や具体的利用—例えば業種・業態—のテナント導入等を，市民生活の中で議論し「まちづくり活動」として都市計画を生活の中に取り込む法制度の整備と市民レベルのまちづくり議論の場（それをラウンドテーブルと呼ぼう）の設置が求められている。

---

[5]　イタリアの1942年都市計画法並びに1967年の橋渡し法。
[6]　イタリアの地方自治制度は日本の市町村に当たる「コムーネ」があり，議会が設置されている。議会はおおよそ居住区単位で地区議会が置かれ生活に直結する計画や規制を議論する（『にぎわいを呼ぶイタリアのまちづくり』263ページ）。
[7]　宗田好史著「都心を活かすまちづくり―イタリア都市計画の30年」『にぎわいを呼ぶイタリアのまちづくり』学芸出版社，2000年，27ページ。

2　必要な中心市街地活性化まちづくり基本法と条例の検討

　都市計画法をはじめ中心市街地活性化法等も基本計画の作成を求めてはいるが，市民の日常生活を権利の面で規制しまちづくりを誘導する実行計画とは必ずしもなっていない。基本計画や実施計画の作成に当たる機関としても，様々な協議会があるが，個人の土地建物所有者や居住者等直接的に利害関係を有する市民の参画は少なく，地域の代表者や機関の代表者で構成されることが多い。

　しかし都市計画や中心市街地再生には，イタリアの例をみても中心市街地に居住や所有や使用の権限を有する市民こそが，日常の生活として関らざる得ない仕組みが必要と考える。それには，「まちづくりの基本法」とも言うべき新たな法的制度が必要である。また都市づくりに共同の責任を有する基礎自治体と市民が，日常の生活である暮らしと建築行為や開発行為，商業の営業等の計画と規制を定めることが出来る「まちづくり条例」の検討も必要である。

　その条例案としては，中心市街地を構成する土地建物並びにそこで行われる都市活動は都市全体に影響を及ぼすものであり，市民のまちづくりに権利と義務を有することを前提として，①まちづくり計画の策定と改正に関る参画の義務と権利の明確化，②議論と合意の機会と場の形として，ラウンドテーブルの位置づけ，③議論の内容の公示と調整と合意の方法，④まちづくり計画に適合した建築行為や開発許可の事前調整，⑤土地の譲渡や建物の用途変更や営業許可の事前協議，⑥まちづくり計画に適合する事業計画への低利融資や税の減免，補助助成などの支援施策の充実などが考えられる。いずれにしても基礎自治体の自治としての都市計画の推進方策の確立と市民参加が求められている。

3　自己実現の欲求と都市文化の創造

　イタリアやスペインなどで，産業構造の変化の荒波にもまれた都市が，その再生の手法として選択したのは，生活に根ざした中心市街地の歴史と建築物の保存と活用，まち中の生活と商工業や芸術・文化との共存と創造である。地域産業や芸術文化の持つ創造性は，市民生活における自己実現として，都市観光や都市商工業に反映され，新しい都市産業として息づき始めている。都市再生のメカニズムを支える合意形成として，宗田好史は著書「にぎわいを呼ぶイタリアのまちづくり」において，「イタリアの中心市街地の再生の成功の裏には，

市民参加を通じて一貫して市民の意思を尊重し，時間がかかっても合意形成過程を尊重する計画決定システムがあったこと，或いは創り上げた」ことを指摘している。そして「その調整に多くの時間が費やされ，利害関係者が自ら緩やかに妥協しながらまちづくりと生活をあわせることが出来た」として「決定のための時間とコストは，間違った開発を決定することによる損失を考慮すると小さい投資である」と主張している。

　わが国においても都市をどのように創るか，都市生活をどのように創るかが問われている。自己実現に向けての市民一人一人の参画の権利と義務を明確にした，新たなまちづくり活動が必要である。このためにはまちづくりの理念と手法を定めた基本法や都市の実状に応じた条例と，市民参加の手法としてラウンドテーブルの議論は早急に検討すべき課題である。市民の自己実現が可能なまちづくり活動は，都市の再生と中心市街地の再生には不可欠であり，市民を主体とした新しい都市づくりの哲学と手法の構築が待たれている。

参考文献

フランク・ゴーグル（1987）『マズローの心理学』（小口忠彦監訳）産業能率大学出版部

伊藤滋・小林重敬・大西隆監修（2004）『欧米のまちづくり・都市計画制度』ぎょうせい

室田好史（2000）『にぎわいを呼ぶイタリアのまちづくり』学芸出版社。

紺野浩（2009）「都市の再生を測る新たな評価指標の研究」（平成21年度福島大学大学院地域政策科学研究科修士論文）

第14章　非線引き白地地域の開発実態
―日光市（旧今市市）を事例として―

I　線引き制度の背景と経緯

　ドイツやフランスなど西欧諸国においては，国土全体の開発を原則禁止とし，一定の計画が策定された場合にのみ禁止を解除して，開発を認める「建築不自由の原則」を適用することで，計画的な土地利用規制・誘導が行われ，その結果として秩序ある街づくりがなされてきた。

　一方，わが国においては，原則的に開発は自由で，一定の土地利用制限がある場合のみに開発が規制されるといった「建築自由の原則」の考えの基での土地利用政策が行われてきた。つまり，国土・地域づくりは本来，土地利用計画と連携を図りながら行うべきものであるが，戦前においては欧米の経済水準に追いつくため，また，戦後においては，疲弊した国土や経済の復興が喫緊の課題でもあったことから「建築自由の原則」を基本に据えたといえよう。そのようなことから,確かな土地利用のグランドデザインを背景にした土地利用規制・誘導がなされない中で，まず四大工業地帯を中心に重化学工業化が進み，1960年代には，全国総合開発計画（以下全総計画）を基に新産業都市や工業整備特別地域の拠点開発が全国展開された。さらに東京，大阪，名古屋の三大都市圏では，首都圏整備法などに基づく都市開発で予想を上回る高度経済成長を成し遂げてきたのは周知のことである。なお,その結果として，経済的に豊かになったことは否定できないが，「公害」「スプロール」「地域間格差」などの負の側面が現出した時代でもあった。つまり，終戦から1960年代までの四半世紀は，経済優先の時代背景の中で，ゾーニング規制などの土地利用政策は本格的には導入できなかったといえよう。

　そのような中で，1968年に秩序ある土地利用や街づくりを図るべく「線引き

制度」と「開発許可制度」をセットにした新都市計画法が制定され，市街化区域と市街化調整区域のゾーニングによる規制・誘導が開始された。

ただし，その後においても1969年に農振法，1971年に農村地域工業等導入促進法，1972年には工業再配置促進法などの個別法が制定され，全総計画に基づく開発は続くことになる。

また，わが国の土地利用法制は個別法が中心であったが，1974年に土地投機などを規制する目的で国土利用計画法が上位法として制定されると共に，バブル経済末期の1990年には土地関係の憲法ともいうべき土地基本法が制定されたことにより，個別法から基本法までの土地利用の法体系はどうにか整った。

しかし，バブル経済崩壊以後においては，グローバルゼーションや市場万能主義の潮流の中で，特に都市計画の根幹をなす計画的な法規制は後退を余儀なくされた。いわゆる「都市計画規制の大幅な緩和」である。以上のことから勘案すると，欧米先進国の水準に追いつくといった時代背景はあったとしても，わが国の土地利用計画は，経済政策の実現や，それをサポートする社会基盤整備のための「後追い的計画」であったといわれても致しかたない。

つまり，本来であれば「計画なきところに開発なし」と言われていることからも，ドイツのFプランやBプランのような土地利用のマスタープランや詳細土地利用計画を策定し，それを踏まえて開発を行うべきところを，経済振興及び都市開発を底流に据置いた結果，公害，スプロール，地域間格差を起こしたともいえよう。

しかしながら，すべての都市で線引き制度を導入することが出来たのであろうか。確かに線引き制度は，1968年に新都市計画法が制定された時から，法の趣旨としては，すべての都市計画区域を対象にしていた。しかし，附則で当分の間は線引き可能地域の要件が決められており，それを満たしていない地域は2000年の法改正まで事実上線引きを行うことができなかった。そのようなことから，線引きのなされていない状態に対し，2000年以前を「未線引き」，以後を「非線引き」と区分して呼ぶ。

それでは以下に，2000年以前においての線引き可能地域の要件内容を示す。
①三大都市圏の既成市街地，近郊整備地帯，都市整備区域。
②三大都市圏の都市開発区域。

③新産業都市の区域，工業整備特別地域。
④10万人以上の市の区域。
⑤前各号に掲げる都市計画区域と関係の深い都市計画区域。

図14-1　首都圏地域指定状況図

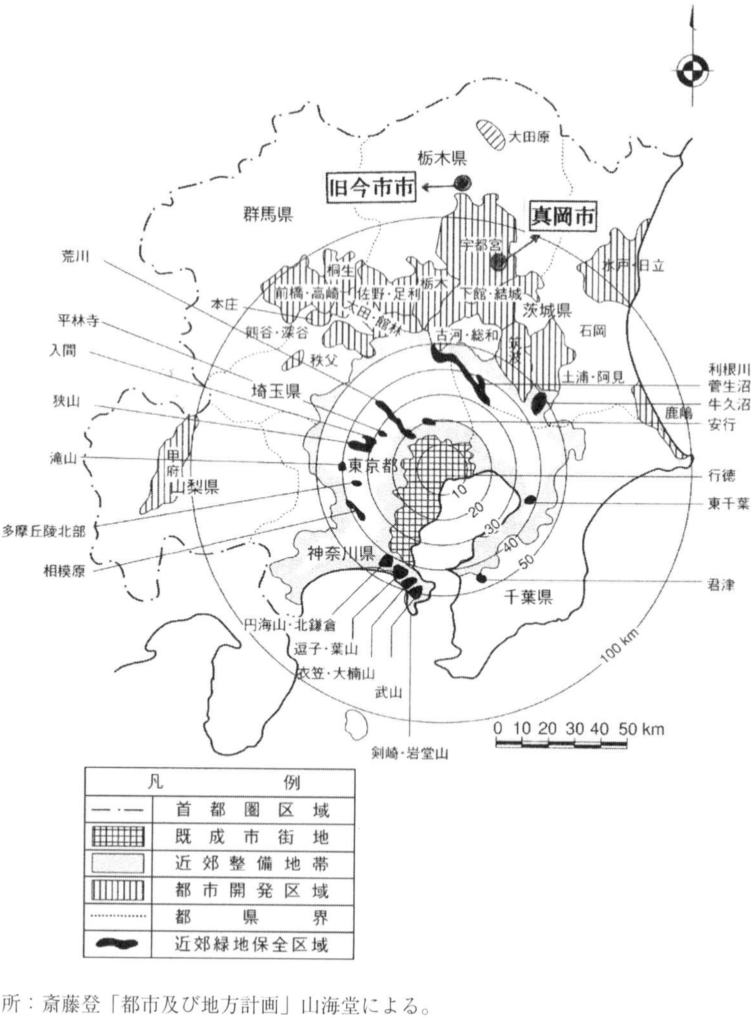

凡	例
—·—	首都圏区域
▦	既成市街地
▭	近郊整備地帯
▥	都市開発区域
······	都県界
●	近郊緑地保全区域

出所：斎藤登「都市及び地方計画」山海堂による。

つまり，2000年の法改正までは，以上の要件を満たした都市には線引きの可能性があったが，それ以外の都市は線引きを実施したくても出来なかったのが現実であり，非線引き都市に大きな課題を残すことになった（首都圏の地域指定状況を図14-1に示す）。

Ⅱ 日光市（旧今市市）の開発実態と課題

最初に線引き制度の有無による影響を総括的に捉えるために，北海道，東北及び北関東の線引き・非線引きの各12中小都市（人口5.5万人～8.5万人）における様々な事項比較を行う。

表14-1からは次のようなことがわかる。まず，新幹線，高速道路，港湾などの交通・運輸インフラに恵まれ，かつ，地理的優位性を持つ都市は，都市的開発や経済振興策が導入しやすい地域指定がなされており，線引き要件も備えていることから，市街化区域と市街化調整区域の線引きが行われている。その結果として，DID人口比からも明らかなように，DID地区に人口が集積し，合理的な土地利用コントロールがなされていると考えられる。

なお，市街化区域の指定がなされた区域は，10年以内に「優先的かつ計画的に市街地を図る区域」との位置付けがあることから都市基盤整備や経済基盤整備が導入しやすい状況にある。その結果，土地区画整理などの面的整備が推進

表14-1 12線引き・非線引き中小都市の平均値比較

	人口（万人）	DID人口比（％）	高齢化率（％）	工業出荷額（億）	面整備率（％）	財政力指数	主な地域指定
線引き	6.9	56.2	19.1	2351	27.8	0.71	都市開発・新産都市
非線引き	6.6	25.1	26.6	988	14.1	0.44	過疎・山振

注：2005年国勢調査，2004年工業統計調査，2005年決算カードによる。
12線引き市：恵庭，北広島，塩釜，名取，多賀城，天童，須賀川，鹿嶋，真岡，栃木，館林，藤岡
12非線引き市：五所川原，むつ，宮古，気仙沼，栗原，能代，大館，湯沢，喜多方，二本松，南相馬，日光（旧今市）
出所：筆者作成。

されるとともに，企業立地や雇用創出などによって経済力の向上が図られた。そのことは，工業出荷額や財政力指数が高いことでも明らかである。

　つまり，平均値比較の結果から見ると，線引き制度は秩序ある土地利用や街づくりにとって有効な手段の一つといえる。

　ただし，本格的な人口減少社会問題や地球温暖化をはじめとする環境問題，さらには，大幅な経済成長が望めない成熟化社会の到来を踏まえた時，法制度に基づく土地利用や国策による開発だけでなく，地方分権やローカルガバナンスの視点からのボトムアップによる土地利用計画や都市基盤整備を推進することも当然大切になる。

　以上総括的な分析を踏まえ，事例として非線引き白地地域を多く抱える日光市（旧今市市）の開発実態と課題を概観していく。

　2006年に今市市，日光市，藤原町，足尾町，栗山村の5市町村での新設合併によりわが国で三番目に面積が広い新日光市が誕生した。しかし，旧今市市以外は山間地域にあるため，可住地が限られており，かつ，大部分が国立公園などのエリアに含まれていることから厳しい土地利用制限が加えられたことから開発が少ない。そのような中で，旧今市市には平地があり，平均的な可住地をもつことから事例として取り上げたところである。

　まず，旧今市市の位置は，図14-1からもわかるとおり都心から100km圏外に位置しており，そのことが，大きく土地利用や街づくりに影を落としたことから，100km圏内の同都市規模の真岡市と相対比較を行ってみる。

　1962年に全国総合開発計画が策定されたことで，首都圏整備法に基づき都心から50km圏域が近郊整備地域として指定がなされ，ニュータウン開発（多摩・成田・千葉・港北ニュータウン等）や大学移転（八王子・つくば等）の受け皿になると共に，100km圏域（水戸〜宇都宮〜高崎ライン）は，都市開発区域として位置付けられ，大規模工業団地の整備がなされる方向にあった。そのような中，栃木県では県央，県南部が都市開発区域に指定されたことで，1964年真岡市は都市開発区域に編入され，旧今市市はそのエリアからはずれた。これによって，以後の都市基盤整備及び経済基盤整備などに差が現れたといえよう。つまり，真岡市においては，旧住宅都市整備公団による都市計画事業として300haを超す工業団地造成事業が実施されたのに対し，旧今市市では，1996年に県土地開

発公社によって，農村地域工業等導入促進法に基づく20haのミニ工業団地造成がようやく行われたことがすべてを物語っている。

　また，線引き制度の導入には，指定要件があることは既に述べたところであるが，その要件を満たす真岡市は線引きが実施され，要件を満たさない旧今市市は未線引きとなった。その結果，真岡市では市街化区域において土地区画整理事業，また，市街化調整区域では圃場整備事業の面整備が促進されたことから，用途地域やDID地区に人口を集中させると共に農地の虫食い的なスプロールが抑制できた。そのことが，コンパクトで秩序ある街づくりの形成につながったことは，明らかである。

　一方，旧今市市は首都圏からはずれたことで，未線引き都市計画区域になると共に，100km圏域内の近郊整備地域や都市開発区域等の都市的整備・開発を支える後背地としての位置付けがなされた。その結果，スプロールを抑制することが困難になるばかりか，水，エネルギー及び食糧などの供給基地としての役割を担うことで，流域を越えた取水計画や発電・送電施設などの建設がなされた。その中でも首都圏への水の供給を目的の一つとした「思川開発構想」による大谷川取水計画は，旧今市市が水を大量に使用する工業団地造成などの国策による都市的開発を図る上で大きな支障となったといえよう。

　次に未線引きの影響による実態・課題の詳細について，具体的な考察を行う。

　まず，第一点として白地地域における開発実態を明らかにする。旧今市市においての開発行為は，面積が1000㎡～2999㎡までは市の要綱に基づいた協議で，3000㎡以上は都市計画法に基づく許可になっていた。そこで，2000年度から2006年度までの7ヵ年間の協議及び許可の実態を調査してみると，総計は126件（面積79.34ha）であり，うち，94件（面積68.15ha）が都市計画区域の白地地域になっている。つまり，件数で75％，面積で86％が白地地域の開発である。一方，農地転用の状況であるが，2001年度から2005年度までの5ヵ年間の転用の総計は，397件（面積46.75ha）であり，うち，305件（面積38.81ha）が白地地域であり，件数で77％，面積で83％が白地地域での転用になっている。以上のことから，非線引きの白地地域は，規制が弱く，かつ，用途地域内に比べ地価が安いことから，多くの開発や農地転用が現在も行われていることがうかがわれるところである。

第二点として白地地域の圃場整備事業から考察を行うこととする。栃木県の圃場整備事業の進捗率は，平成19年度末で線引き市町の平均が76.8％であるのに対し，非線引き市町の平均は60.3％と低い。特に，日光市の中で農地面積の大部分を占める旧今市市の進捗率は，28.6％と極端に低い。本来であれば，農業地域を多く抱える非線引き地域の進捗率が高いことが自然であるが，現実は逆に遅れている。その理由を推察すると，線引き地域においては農地が規制の強い市街化調整区域に指定されていることから転用がままならないのに対し，非線引き地域は，農地の大部分が転用の可能な白地地域に含まれる中で，先行き不安な農業情勢や農地を資産と捉える傾向が強いことから，圃場整備がなされることで優良農地になり，転用が難しくなることを嫌う意識が働くことも一つの理由と思われる。特に，旧今市市は大観光地を背後に有していることから，リゾートブームの再来や郊外型商業施設への転用を望む農家にとっては，市街化調整区域になるより白地地域のまま転用可能な状態にしておくことを望む傾向があることも否定できない。

　なお，現在の土地利用の上位法である国土利用計画法は，農地転用を規制できない現実にあり，また，個別法の農振法や農地法では農地保全に限界のあることから，都市計画法の線引き制度を中心にして農地利用のコントロールをしているのが実態である。しかし，それには無理があり，結果として将来に禍根を残すことになるといえよう。

　第三点としてスプロールの課題を考察する。表14－1を見ると，線引き都市はDID地区（人口集中地区）に総人口の56.2％が集中しているが，旧今市市を含む非線引き都市は25.1％であり，30ポイント以上の差があることがわかる。この原因は，先にも述べたように，非線引き都市の白地地域は地価が安く，規制が緩やかなため，郊外部に虫食い的開発が行われ，そこに人口が流れてスプロール化していることが最大の要因である。しかし，非線引き都市の高齢化率が高いことは表14－1からも明らかであり，このまま推移すれば，高齢者福祉・医療の観点からも大きな問題になることは明白である。特に，1960年代中ごろから開発された郊外分譲地は車利用が前提であり，既に居住者が高齢になっていることから，マイカー利用が困難になる近い将来において，福祉，医療面はもちろんのこと，買い物など日常生活にも支障をきたすことが予想される。そ

のような意味においても，今後いかに，非線引き市の秩序ある土地利用計画や街づくりの構築を図るかが重要な課題といえよう。

　ここで，視点を変え開発を時系列から概観する。1975年4月に未線引き都市計画区域においても都市計画法に基づく開発許可制度が導入された。当然旧今市市も法適用になったが，白地地域の開発が用途地域内の開発を数，面積ともに大きく上回っている状況が続いている。一方，法適用前の1960年代後半から70年代前半にかけて多くの大規模開発がなされたことや，逆に法適用後においては，3000㎡未満の許可対象外のミニ開発が許可対象開発を上回って実施されている状況にある。

　そこで，旧今市市においての大きな課題である法適用前（1975年3月以前）の大規模開発と，法適用後（1975年4月以後）における制度の問題点及び官製スプロールについて具体的に述べることにする。

　まず，法適用前の大規模開発である。1968年の新都市計画法の施行に伴い，線引き制度と開発許可制度が同時に導入された。その内容は，線引き都市計画区域内の市街化区域では原則1000㎡以上の開発行為，また，市街化調整区域についてはすべての開発行為に対し，知事の許可を義務付けるものであった。しかし，先に述べたように未線引き都市計画区域の場合は法適用がなく，基本的には自由に開発が進められることから様々な問題が噴出した。そこで，1975年4月1日から未線引き都市計画区域においても法附則により3000㎡以上の開発は許可対象となったが，「時すでにおそし」の感があった。つまり，許可制度導入前の空白期間に，投機・投資目的も含めた宅地分譲が規制の少ない未線引き都市計画区域の白地地域に数多く集中し，スプロールを引き起こす結果となったのは周知のことである。

　そのような中で，旧今市市は大観光地をバックに首都圏からの交通アクセスや自然環境にも恵まれ，かつ，図14－1に示すとおり，都心から100km圏外に位置した未線引き都市計画区域であったことから，郊外の白地地域に別荘地分譲を中心とした宅地造成が1960年代中頃から行われ始めた。その結果，1975年の許可制度導入前に開発された宅地造成地は大小合せ「箇所数：126箇所，総面積：607ha，総区画数：1万6000区画」にも及んだ。しかし，それらは許可の必要もないことから，道路（幅員・構造）や排水（雨水・雑排水）などに欠

陥を抱えていた造成地が多く，造成後30年以上が経過した現在「ほころび」が表面化し，対応に苦慮しているところである。その最大の原因は道路敷地が公有地化されていないことに尽きる。つまり，1975年以降の開発行為は，都市計画法の許可に基づき道路を含めた公共用地は市に帰属するが，1975年以前の開発は，私有地として残るケースが大部分であった。具体的には，道路敷地の所有権形態が，「道路敷地を分筆しないで各宅地購入者に私道負担付きで販売する。」「道路敷地を分筆して各宅地購入者に私道負担付きで販売する。」「道路敷地を分筆して開発業者が所有する。」の三つのケースがあり，いずれにしても私道のままであった。そのようなことから，道路や側溝を補修しようにも各地権者の承諾なしには手が付けられない状況にあり，まして，大部分の不在地主は東京中心に居住していることから承諾を得るにも容易ではなかった。

しかし，この問題解決は行政だけでは無理であるとの認識の中，1991年の新市長誕生を契機に分譲地対策室を設置し，問題解決に向けてのスタートを切った。つまり，「地域のことは，地域住民と行政の協働で行う。」「自らの地域は，自らが守り育てる。」という理念の下，地元住民で組織する「分譲地管理委員会」が組織化され，住民と行政との協働により道路を中心とした公共施設の公有化を図っていくことになった。その結果，現在までに37箇所に管理委員会が立ち上げられ，22haの道路敷地などが公有地化されたところである。

なお，現在は公有地化と併せて，「分譲地公共施設整備事業」を開始したところである。これは，公有地化を待つことなく，各地権者の施工承認を受けた道路の舗装や側溝敷設などを地元事業として管理委員会が施工し，要した費用の多くを市が補助する制度である。これによって，公有地化できない私道の補修が可能になった。

次に，法適用後における制度の問題と官製スプロールの実態について述べる。

まず，はじめに縦割り組織からの問題についてである。開発行政については，都市計画法が柱であり，国の所管は国土交通省の都市・地方整備局が担っている。一方，建築行政は建築基準法が中心であり，所管は住宅局である。しかし，かつては「局あって省なし」と揶揄されるように，互いに関係が深い部局でありながら，縦割りの中でお互いが口を差し挟むことは難しい状況になっていた。また，県は勿論のこと，市町村においても土地開発行政を所管する部署と建築

を所管する部署が分かれている場合が多い。事実，人口10万人に満たない日光市においても土地開発部門は都市計画課の所管であり，建築部門は建築住宅課の所管になっている。そのようなことから現場での弊害が出てくる。

　一つの例としては，開発行為の周辺道路の取り扱いである。現在，建築基準法上の集団規定による道路の定義は幅員4m以上が原則である。一方，都市計画法による開発許可基準は開発面積にもよるが，最低6mが原則である。そのようなことから，仮に5000㎡以内で開発行為を行う場合は，4mの建築基準法上の周辺道路に接続すれば開発が可能となるが，その場合の開発区域内道路は当然6mであり，使い勝手の悪いボトルネックの道路形態と成る。また，旧今市市は非線引きであることから，都市計画白地地域での4mの農道整備を行った後，一元的な道路管理を図るため農道を市道認定するケースが多い。その結果として，建築基準法上の道路要件が満たされることからそれらに接道する建築や開発が可能となり，図14−2からもわかるように，結果として白地地域のスプロールを起こす要因になっている。つまり，このケースは開発行政，建築行政，農業行政がバラバラであることに起因するといえよう。

　次に，公共下水道整備や農振地域の見直しなどからの官製スプロールの問題

図14−2　農道（市道認定済み）を接道要件とした宅地開発

出所：筆者作成。

である。

　まず，公共下水道整備である。公共下水道の定義は，「市街地における下水を排除し，処理する為に地方公共団体が管理する下水道」と定められている。しかし，非線引き都市においては，市街地から離れた白地地域も公共下水道区域に組み込んでいる例が見られる。事実旧今市市においても，下水道処理面積が1267haの内，35％に当たる449haが白地地域である。このことは，スプロール化した白地地域内の居住環境は向上するが，スプロールがさらに進む問題をはらんでいる。

　また，白地地域内のバイパス整備などに対しての行政による農振地域指定の見直しの問題がある。つまり，5年ごとの農振地域の全体見直しの際に特別管理で行政がバイパス道路沿いの農振地域指定を外すことがある。それによって，大型商業施設などの立地が可能になる。これも旧今市市をはじめとする地方中小都市には多いケースであり，現状に合せるという点では理解できるが，将来に向けてはスプロールの課題を残すことになる。

　以上が，旧今市市を事例とした未線引き白地地域の官製スプロールの問題である。それでは最後に，非線引き地域全体を念頭に置き，旧今市市白地地域の課題を整理し，以下にまとめる。

　①法制度の空白地域

　旧今市市は，都市開発区域や新産都市などの都市的整備・開発を図るエリアには含まれておらず，かといって，低開発地域や過疎・山振地域といった格差是正を図る地域指定もなされていない。つまり，国策が入りづらい空白地域であることから，経済・財政的には厳しい地域環境にあると共に，都市計画の線引きもなされず，結果として白地地域を中心にしたスプロールが現在も続いている。

　②脆弱な都市・農業基盤

　非線引き都市計画区域であり，白地地域での開発が可能であることから，用途地域に土地区画整理事業や開発許可による宅地造成のインセンティブが働かない。その結果として，社会資本の蓄積がある中心市街地を含めた用途地域内に優良住宅のストックや人口の誘導がなされない現実がある。

　一方，白地地域における圃場整備による優良農地整備の遅れや，白地地域内

の農地転用が進行していることから，農地の合理的な規模拡大や，農地の虫食い的スプロールの面からも課題が残る。

③郊外地域における高齢化

特に日光市の高齢化率は，2005年度には24.6％であり，旧今市市においても21.5％と全国平均を上回っている。そのような中で，高齢化も進み，世代交代もままならない郊外住宅地では，運転が困難になった場合には，福祉，医療面はもちろんのこと，買い物などの日常生活にも支障をきたす事態になることが予想される。

④白地地域のスプロール

白地地域のスプロール問題は，先に述べたように法制度の空白地域と表裏をなすものである。つまり，強い規制がかけられないエリアであることがスプロールの最大の原因でもある。その結果，環境負荷，ノーマライゼーション，財政運営などの視点からも課題が多い。

⑤厳しい財政状況

日光市の財政状況は，20年度当初予算の土木費の割合が9.4％と，非常に低い状態にあり，合併した現在も豊かになったわけではない。なお，通常の予算編成は，人件費といった経常経費が優先され，残りを投資的経費に回すといった考え方が強いことから，経常経費が増えれば自動的に土木費などの投資的経費は少なくなる。つまり，土木費の割合が低いということは，予算が硬直化し，財政運営が厳しいことを意味する。

以上の課題からわかるように旧今市市を中心とした新日光市はスプロールによる経費のかかる都市構造にあり，「選択と集中」の考え方を踏まえた効率的なコンパクトシティへの脱却が今後必要である。同時にそれは喫緊の課題ともいえよう。

Ⅲ　日光市(旧今市市)の土地利用と街づくりの秩序形成に向けて

田園調布は，民間人である渋沢栄一が1918年に庶民向けとして都市と農村の統合イメージをもって開発した田園住宅で，100年の大計による都市計画でもあった。

一方，現在のグローバル化した世界で，100年に一度といわれる世界的な経済不況が起き，その対策に住宅減税を始め，経済対策が組み込まれている。しかし，宅地造成や住宅建設は，経済対策のために推進すべきものなのか筆者は疑問に思うところがある。つまり，宅地・住宅の整備は，経済の視点からではなく，秩序ある土地利用や，将来にわたる社会資本整備の視点が大切と考えるところである。なぜならば，過去においても，わが国の不動産投機によるバブル経済問題や，米国のサブプライム住宅ローン問題でも明らかのように，スプロールなど負の資産を将来に残す可能性があるからである。

それらのことも踏まえ，日光市（旧今市市）の土地利用の構築について考察を行う。

旧今市市は，50万の人口を有する宇都宮市に隣接していることや非線引き都市計画制度を導入していたことから，白地地域を中心としてスプロールが現在も進行している。

一方，新日光市において唯一平坦地があることから，今後とも様々な都市的機能を備えた中心的役割が強まることが予想される。

そのようなことから，旧今市市のベースとなる土地利用は，既に鶴岡市で実施されている「緩やかな線引き制度」の導入を提言する。

そこでまず，「緩やかな線引き制度」の内容を説明する。一般的な線引き制度は，市街化区域の外を一律に市街化調整区域として規制してしまう問題を抱えている。また，逆の立場から見れば農業集落や既成市街地までも規制する理由はなく，そのことで市全体の街づくりや地域振興にも支障をきたすとの見方もできる。そのようなことから，市街化調整区域を農地，既成市街地，農業集落，工業地などに分類し，農地以外は，規制を加えつつ，建築・開発を認める「条例地区」を都市計画法に基づき指定し，線引き前とほぼ同様の土地利用を保障する方法である。なお，鶴岡市が唯一この方法を実施しているが，順調に運んだのは条例地区指定の権限が県から市に委譲されたことが大きい。ただし，これらの仕組みは新制度を創設したものではなく，地方分権の流れの中で既存の制度をうまく組み合わせたものであり，「目から鱗が落ちる」といったところである。

それでは，以下に旧今市市の土地利用に「緩やかな線引き制度」を導入する

理由を述べる。
　①2000年の法改正で線引き可能地域の指定要件が外されて，すべての都市計画区域において線引きが可能になった。
　②日光市においても，開発許可の事務が，権限委譲により県から日光市に委譲されたことで，条例地区指定が可能になった。
　③旧今市市においては，すでに，白地地域に多くの開発に伴う既存住宅が散在しており，そこを市街化調整区域に指定することが難しい状況にある。
　④現在の日光市においては，都市計画税の課税は用途地域のみである。しかし，先にも述べたように，旧今市市においては，白地地域内の住宅地に公共下水道が敷設されているところもあることから不公平感がある。よって，下水道などの都市施設の計画されている既存市街地は，条例地区に指定をし，都市計画税の課税をすることで公平性を保つこともできる。
　⑤旧今市市においては，白地地域内の農振地域での農地転用がまだ続いている。それを抑えるためには，白地地域の農振地域内に存在する農地を市街化調整区域にすることが有効な手段でもある。
　⑥過去において，旧今市市においては様々なスプロール対策を展開してきたが，スプロールの抑制には至らなかった。そのことからも，法的拘束力を持つ「緩やかな線引き制度」の導入は将来を見据えた場合やむを得ない選択といえる。
　以上，旧今市市の土地利用は「緩やかな線引き制度」をベースにした上で，地区計画，建築協定などのリージョナルな手法も組み合わせながら，将来にツケを残さないことが大切である。
　最後に日光市の中心地である旧今市市の中心市街地の街づくりについて述べる。
　旧今市市の中心市街地は，日光広域圏の中心として古くから繁栄してきたが，大型商業施設などの都市機能の郊外移転などに伴い，衰退が著しい。しかし，鉄道・バスなどの公共交通機関や図書館，病院，銀行などの公共・公益施設はまだ集積している。
　一方，「高齢化社会」，「環境の時代」，「経済の成熟化」などの潮流から「コンパクトシティ」が叫ばれている。そのようなことからストックの蓄積のある

中心市街地の再生は重要である。

　そこで，現在総務省で進めている「定住自立圏構想」を筆者は注目している。この構想は，安心して暮らせる地域をつくるため，中心市と周辺市町村が連携・役割分担をして，生活に必要な都市機能（民間機能・行政機能）を確保しながら定住自立圏を構築するものであり，構想の実現により都市機能が中心市街地に再構築できるものである。しかし，構想に位置付けのある中心市になる要件が3つあり，その内の1つである「昼夜間人口比率：1以上」が問題である。つまり，今の要件では，既に地域の中心となっている市のみを支援する構想と言われても致し方ない。日光市においては，地域の中心市である旧今市市の昼夜間人口比率は0.88であり，合併した新日光市においても1に及ばないことでこの構想には乗れない。最初の「線引き制度の背景と経緯」で述べたように，旧今市市は国の制度の狭間で国策に乗れなかったことにより，都市・経済基盤整備に後れをとり，就労・就学環境に恵まれないことから，隣接都市に通勤・通学をしているケースが多い。その結果，昼夜間人口比が1以下に甘んじている。つまり，新しい構想に乗れないとすれば，いつまでも自立できない悪循環に陥りかねない。

　そのようなことから，本来の構想の究極目的でもある地方中小都市の定住自立圏構築という趣旨を大きく捉え，中心市の昼夜間人口比の要件を1以下に緩和することを提案し結びとする。

参考文献
本間義人（1999）『国土計画を考える』（中公新書）中央公論新社
柳沢厚ほか（2002）『都市・農村の新しい土地利用戦略』学芸出版社
東洋経済新報社（2007）『都市データパック2007年度版』
都市計画協会（2008）『都市計画年報2007年度版』
柳沢厚ほか（2007）『自治体都市計画の最前線』学芸出版社
総務省（2008）『定住自立圏構想の概要』
鈴木浩（2007）『日本版コンパクトシティ』学陽書房

第3部 地域居住政策

第15章　わが国住宅政策と自治体住宅行政の基本課題

I　既成市街地における居住地再編問題から自治体住宅政策へ

　すでに「第2部第9章　コンパクトシティの展開と今後の展望」で述べたように，筆者がこれまで取り組んできた住宅問題・住宅計画・住宅政策の一連の研究は，学位論文がその出発点になっている。遡って1967年3月，学部卒業後2年余りの設計事務所勤務の後に修士課程に進学したが，その頃には設計事務所での公共住宅設計の経験などが大きく作用して，住宅計画や都市計画に問題関心が大きく転換していった。

　1978年1月，博士論文「既成市街地における居住地再編成計画に関する研究」を提出した。地方都市の産業特性と都市計画上の用途地域区分の構成の関連性に注目し，密集住宅地や細街路に接する住宅地の立地状況を把握し，そこでの居住改善の必要性と可能性を分析したものだった。要するに，地方都市においても，密集状況や老朽度合いを見れば居住改善の課題も広範に横たわっており，その必要性は高いのだが，それを実現できないさまざまな条件が横たわっていて，可能性となると大変な状況であることを認識させられたのである。その後，80年代半ばから東京・墨田区京島地区などの調査を始めることになるが，この時の視点や方法が，その後の展開につながっていった。

　1978年4月，東北大学工学部の助手になった矢先，1978年6月12日宮城県沖地震が発生し，都市直下型地震として注目され，その被害調査が建築学会によって取り組まれた。筆者は大学院生と共に，当時地方でも供給が始まっていたマンション調査にしぼった。都市居住の姿としての集合住宅の防災のあり方は重要であると考えていたからである。そして集合住宅とはいえ，区分所有法による持家という形態の特質が，防災対策や地震などの災害時の対応，復旧対策などはどうなるのだろうかと考えたのだった。もちろんわが国における持家志

向の強さから発生してきた分譲集合住宅という特殊な形態の問題性も把握できるのではないかとも考えていたが，それぞれに居住者や所有者がいるので，そのことを前面に出すのではなく，居住の安全性をいかに確保するかということを当面の課題として取り組んだ。しかし，分譲集合住宅という形態は，長年住み続けていく中で所有権と利用や維持管理との矛盾が必ず発生するはずであると考えていた。他方，集合住宅の究極の姿は賃貸であるべきであると考えてきたし，今日のさまざまな管理問題や修繕問題，建替え問題に接するたびに，区分所有による分譲形態には根本的な問題が横たわっているという認識は深まってきている。そういう矛盾を抱えた形態のマンションがどのように居住者の安全・安心を確保できるのか，という課題の立て方による研究も多くの研究者が取り組んでいるところであり，その帰趨を注意深く見つめていく必要があると考えている。

　1979年10月には国立小山工業高等専門学校に赴任し，新たな環境の下での教育と，建築学会関東支部の住宅問題部会に所属して研究の活動のスタートを切った。そして，1981年2月下旬に，神戸大学の塩崎賢明氏から，ロンドンで開かれる国際会議に参加しないかという電話をもらった。それまで海外は1979年9月に建築学会の企画で中国・北京から山西省・大寨を経て上海までの農村調査に行っただけで，ヨーロッパ出張は初めてだった。しかも，ロンドンの国際会議を中心にして前後に，ストックホルム，ハンブルグ，パリなどの現地調査と政府関係機関や研究者との会議などが組まれており，大変刺激的な日程であった。ストックホルムでは現地で設計活動を行っている建築家・渡辺満氏とお会いし，彼の設計する住宅が日本の典型的な上下足履き替えになっていて，彼の地でも衛生などの理由から大いに評価されているという話を聞いて，わが国の住まい方の特質をあらためて確認する機会もあった（会議を終えてから，塩崎氏と京大大学院生2名と共にマドリッド，トレド，グラナダ，バルセロナへも出かけた）。今思い起こしてみると，この国際会議が私の研究活動を大きく転換させていくきっかけになった。

　1981年5月，ロンドンでの国際都市住宅問題シンポジウムに参加した[1]。これは，篠塚昭次早稲田大学教授，早川和男神戸大学教授，大谷幸夫東大教授，柴田徳衛東京経済大学教授，宮本憲一大阪市立大学教授，山田浩之京都大学教授

などの各研究分野の第一線で活躍されている研究者による都市研究懇話会が主催したものだった。ロンドンに行ってから，当時ロンドン大学に留学しておられた内田勝一氏が，準備段階から深く関わっておられたことも分かったが，それ以降，民法を専門とする氏とさまざまな形で，研究活動などを共同で取り組むきっかけとなった。この国際会議には西山卯三京都大学名誉教授，佐々木嘉彦東北大学名誉教授，湯川利和奈良女子大学教授，五十嵐敬喜弁護士（現法政大学教授），本間義人毎日新聞編集委員（後に九州大学教授，法政大学教授を歴任），内田勝一早稲田大学助手，塩崎賢明神戸大学助手，アーヘン工科大学留学中の水原渉氏，山川元庸弁護士，全国農協中央会・石原健二氏，その他さまざまな分野の研究者が参加していた。さらに東京大学，京都大学，大阪市立大学，明治大学などの大学院生も参加していた。

　会議の内容については，脚注に紹介した文献に譲るが，ロンドンでの国際会議の際に，ロンドン大学のD. ダイアモンド教授（LSE，地理学），同・C. ホワイトヘッド教授（LSE，経済学），同・S. メレット教授（バートレット校，経済学），バーミンガム大学・C. ワトソン教授（都市・住宅政策），ブリストル大学・A. ミューリ教授（住宅政策），グラスゴー大学・D. マクレナン教授，環境省・A. ホルマンズ氏などに会った。彼らにはその後渡英する際にも何度かお会いする機会があった。そこでは大変印象深い事柄があった。一つは，この国際会議では，都市政策や住宅政策について，地理学，法律学，経済学，社会学など実にさまざまな分野の研究者によって議論されたことであり，そのような研究実績の広がりがあることであった。とくにイギリス側からの参加者には筆者のような建築学の研究者は見当たらなかった。二つには，イギリスにおいて住宅政策の役割を中心的に担っているのが地方自治体であるということであった。なぜ地方自治体か，なぜ地方自治体の公共サービスの一角に住宅政策が大きく位置づけられてきたのか，ということに非常に興味をもった。その後，メレット教授やホワイトヘッド教授，ワトソン教授などとコンタクトをとり，イギリス留学を決

---

(1)　この国際会議の内容は次の書籍を参照されたい。
　　都市研究懇話会・篠塚昭次・早川和男・宮本憲一編『都市の再生　日本とヨーロッパの住宅問題』NHKブックス，1983年。この書籍の出版企画には当時の若手研究者も参加させていただき，筆者はその時の様子を含めて「あとがき」を書かせていただいた。

意することになった。

この時の問題意識は二点であった。①なぜ土地所有がわが国のように資本主義的な原則に基づいて商品化しないのか、②住宅政策の担い手が地方自治体であることの実態、である。ストックホルムでスエーデン政府担当者からも「土地で利益を上げることはスキャンダルである」という発言を聞いたときには、資本主義的な経済行動の行き過ぎに対抗する公共の力が働いていることを目の当たりにして感心させられたとともに、なぜそうなのかという疑問がさらに湧いたのだった。

イギリス留学前に大きな取り組みに参加することになった。1982年11月、この国際会議に参加した研究者などが中心になって「日本住宅会議」を設立した。最初の事務局長に、神戸大学早川和男教授が就任し、多方面にわたり活動を開始することになった。住宅問題の解決に向けて、住宅運動を展開してきた多方面の運動組織や住民と研究者が協力して、実践的な研究活動の展開をめざすところに大きな特徴があった。発足後、さまざまな住宅運動団体との連携による研究集会やわが国の住宅政策の理論的な分析、そして「居住人権」という視点からの政策提言などを精力的に進めた。同時に、この住宅会議に参画した若手研究者らによる理論合宿が数年にわたって開催され、研究分野をまたいで議論できた。筆者自身にとっても、学際的な視点などを広げることができた。経済学の佐藤誠氏（現北大教授）、法律学の内田勝一氏（現早稲田大学常任理事）、弁護士の山川元庸氏、そして建築学からは三宅醇氏（現東海学園大学教授）、塩崎賢明氏（現神戸大学教授）などであった。

1986年3月から10ヶ月の在外研究のため、ロンドン大学バートレット校に赴いた。3月24日ロンドンに着いた直後、家を探して落ち着くまもなく、メレット教授に会うためにロンドン・ハリンゲー区役所を訪れた。彼がアドバイザーになって策定を進めていたロンドン・ハリンゲー区の「ローカル・ハウジングプラン」のドラフトを渡され、自治体住宅政策の最新の状況に触れることになった。新たな地域住宅計画のドラフトを読んだり、ハリンゲー区役所を訪問し、担当のティム・デービス氏などから詳しい状況などを聞いた。ある時にデービス氏がハリンゲー区が住宅局のスタッフを募集している新聞を見せてくれた。住宅局への応募条件に「人種差別をしないこと」と書かれている一行が印象的

だった。また，住宅政策が，自治体において教育，福祉と並んで主要な政策分野の一つであることを知った。またメレット教授によって，さまざまな人々を紹介していただいた。タワーハムレット区で地域活動をしている人たち（そのうちの一人，アン・ローズウォーン氏は大阪で開催した1987年国際居住年のシンポジウムに招いた），全国的な住宅運動団体のリーダーたち（1997年にシェルターの事務局長になったクリス・ホームズ氏，シェルターの研究員レス・バロー氏－彼も1987年国際居住年シンポジウムに招いたし，帰国後も渡英の度にシェルターを訪ねることになった）などと交流することができた。労働党本部も紹介していただき，労働党の住宅政策に関する情報を入手した。印象的だったのは，ロンドンに到着した1986年3月，GLC（Greater London Council）が廃止されることになっていたことである。とにかくCity Hallに出かけて，GLCの住宅政策情報について問い合わせると，情報提供サービスをしていて，手続きをすると毎月，自宅にその情報が届けられてきた（それは1987年帰国してからも日本の自宅にしばらく届いた）。そういう情報提供の充実ぶりには感心した。住んでいたのはロンドン・エンフィールド区であったが，区の総合計画も2ポンド程度で購入できた。

　当時，メレット教授の下に，ロバート・スミス氏が研究員として活動していた。筆者が留学中に，論文を書いたり，イギリス国内の自治体への情報収集依頼をしたりしたときには彼からさまざまなアドバイスなどをいただいた（彼は現在カーディフ大学都市・地域計画学部のスタッフとして活躍している）。自治体への住宅政策に関わる情報収集では，とくにHIP（Housing Investment Programme：自治体が策定し政府に提出する住宅投資計画）を入手し，政府が発行するHIPを総括する報告書とともに分析を行った。次節で検討するが，このHIPに書き込まれる自治体ごとの住宅実態情報やその実践的な投資計画の内容などを検討して，自治体が住宅政策を担っている実態を改めて知ることになった。そして，わが国でこのような自治体の役割を発揮できるようになるには，大変なハードルがあることをあらためて認識することになった。筆者のイギリス留学は，当初の目的を十二分に果たせたかと問われれば心許ないが，今日まで続く友人たちとの交流が最も大きな成果だったともいえるかもしれない。[2]

さて，留学を終えて，すぐに二つの課題に取り組んだ。一つは1987年国際居住年の取り組みを日本住宅会議の活動として市民レベルで組織していくことであり，もう一つは，イギリスの住宅政策に関心を持ち続けてきた友人たちと「イギリス住宅政策研究会」活動を進めることであった。

国際居住年記念シンポジウムは大阪市立大学田中記念館で開催した。これには4人のイギリス人を招聘することが大きな取り組みとなったが，留学時代の友人たちに声をかけ，来日してもらった。ロンドン大学のS・メレット教授，同じくC・ホワイトヘッド教授，ロンドン・タワーハムレット区で地域活動を進めていたA・ローズウォーン氏そしてシェルターのL・バロー氏の4氏であった。実は留学期間の最後，帰国直前の1987年1月に，イギリスの住宅運動団体が連帯して，国際居住年に向けて「住宅人権法案」を独自に作成して，キャンペーンを繰り広げていた。レス・バロー氏などがその中心的な役割を果たしていたのだった。わが国政府などによる国際居住年に対する取り組みは，国民を巻き込むほどの大きな展開にはならなかったが，当時，日本住宅会議は市民レベルでの国際シンポジウムにこぎつけるほどの高揚期だった。シンポジウムに参加したイギリス人4人を案内して，東京では江東区の高層公団住宅，中央区の佃島や墨田区の京島地区などを見学した。印象的だったのは，彼らには共通する目線があって，コミュニティとそこに住み続けること，そして居住に関する権利だったことである。

イギリス留学を終えて帰国された早稲田大学の内田勝一氏や住居管理マネジメントに関する研究を進めていた中島明子氏らと相談して，イギリスにおける住宅政策の共同的な研究に取り組むことにした。住宅総合研究財団の助成を得

---

(2) 2009年8月から9月にかけてバーミンガム大学を訪問した。旧知のクリス・ワトソン氏，都市・地域研究センターの所長であるピーター・リー氏，また同大学のジャパンセンターの副所長やバーミンガムにあるグランドワーク財団本部の日本担当責任者を永らく続けてきた小山善彦氏らとも再会し，昨今の住宅政策や都市政策の動きについての意見交換をした。
(3) 拙稿「イギリスにおける住宅人権を求めるキャンペーン」土地住宅問題研究センター『土地住宅問題』第156号，1987年8月。
　同「イギリスにおける『住宅人権法』を求めるキャンペーン」社会保障研究所『社会保障と住宅政策との関連に関する理論的・実践的研究』1988年3月。

て3ヵ年の研究を実施した。[4]

　この「イギリスにおける地域住宅政策の展開に関する研究」は，自治体主導の住宅政策に対してサッチャー政権によるさまざまなコントロールが強化されている過程の追跡であったし，逆の見方をすれば，福祉国家政策の中核に位置づけられた住宅政策を主に担ってきた自治体のこれまでの分厚い蓄積を検証することにもなった。

Ⅱ　比較研究：イギリスの自治体住宅政策

　それまでイギリスの住宅政策に関しては，「揺りかごから墓場まで」をキャッチフレーズにした福祉国家政策の一翼を担っていること，公営住宅の比率が高いこと，そしてオクタビア・ヒルの先駆的な取り組み以来，住宅管理についての蓄積があること，家賃補助制度など応能負担制度が取り入れられていることなどがわが国にも紹介されてきた。

　わが国の建築学や都市計画分野では，エベネザー・ハワード以来の田園都市論や1950年代以降のニュータウン政策などが主に紹介されてきた。筆者の身の回りの研究者も，ボーンビル，レッチワース，ウェルウィン，そしてテームズミード，ミルトン・キーンズなどの視察に行くことが多かった。

　筆者の関心はイギリス留学を終えてから，住宅政策を担っている自治体の政策展開の実態そして政府との関係などを包括的に理解することが必要であると考えるようになっていた。上述したように，イギリスの住宅政策や都市・土地政策研究に取り組んでいる研究者が身近にいたことも，このような研究をしやすい条件をつくり出してくれた。

　それらの研究活動の具体的な成果については，脚注などで示す報告書や論文に譲り，ここでは今後の研究活動に結び付けなければならない課題などを中心に触れておきたい。

---

[4]　「イギリスにおける地域住宅政策の展開に関する研究」（鈴木浩・内田勝一・中島明子・金子道雄・安斉俊彦・笠原秀樹ほか，住宅総合研究財団）1993年1月。

1　自治体住宅政策

　1986年当時，イギリスでは住宅政策を担当する政府機関は環境省（DoE：Department of Environment）であった。政府の住宅関係予算は，毎年全国の自治体から提出される「住宅投資計画」(HIP：Housing Investment Programme）に基づいて，自治体に配分されていた。したがって，このHIPは自治体や政府にとってはもちろん，住宅政策に関わる機関や住民組織などにとっても極めて重要な情報源であった。[5] S・メレット教授がアドバイスしながら策定したロンドン・ハリンゲー区の地域住宅計画，そのもとになったHIP，さらに全国の自治体から集めたHIP，そしてHSMOによるその総括文書などを比較しながら分析を進めた。もちろんその中心はHIPである。それは区内の住宅ストックの実態，基本設備の不備や狭小過密居住などの一定基準以下の問題を抱える住宅の実態などが示された後に，自治体による住宅投資計画が示されている。

　例えば，わが国の実態把握から比べて目を引くのは，空き家の把握である。そこでは公共，民間の別に，1年以上空き家になっている戸数（公営住宅では，〜3週間，3〜6週間，6週間〜6ヶ月，6ヶ月〜1年，1年〜，とさらに詳細な空き家の期間が把握されている）。なぜ，これほどまでの実態把握が可能なのだろうか。ハリンゲー区やバーミンガム市役所などでその実態把握の方法などをヒアリングした。ハリンゲー区は1986年当時，人口は20万人，住宅担当部局の職員が約500人，バーミンガム市の場合は人口100万人，住宅局職員2000人であった。

　ハリンゲー区の場合，7つのエリアオフィスつまり3万人（約1万世帯）前後の地域ごとに，それぞれおよそ50〜60人ずつ配置されていたことになる。これらのエリアオフィスには，団地の管理をするいわゆるマニュアル・ワーカーも含まれていたが，これだけのスタッフが住宅行政に関わっていたのである。自治体の最も基本的な行政サービスとして位置づけられていることをこういう数字が物語っていた。また，サッチャー政権による中央集権化政策も一方で進められている中で労働党主導の自治体では，逆に自治体内における地域分権化

---

[5]　政府刊行物センター（HMSO：Her Majesty's Stationery Office）で，政府が全国のHIPを包括的にまとめた報告書も手に入れることができた。

政策（decentralisation）を推進している場合が多かった。ハリンゲー区，バーミンガム市ともに労働党主導の自治体だった。HIP の内容やその作成能力の背景がこのようなところにあったことを認識することができたし，わが国の自治体住宅行政システムとの違いをあらためて知ることになった。

2　政府と自治体との緊張関係

　1979年政権についたサッチャー首相は，住宅政策の分野でも次々に改革を進めた。最も基本的な政策転換の一つは，1980年に踏み切った公営住宅購入権（Right to Buy）であった。公営住宅の居住者にその住戸を購入する権利を付与するものだった。さらに居住年数を考慮したディスカウントを実施した。この事業が実施されてからさまざまな影響がもたらされたが，確実に公営住宅の戸数とその全住宅における比率が低下した（1981年当時公営住宅の比率は29％であったが，2007年には約10％まで低下している）。この公営住宅の売却は，住戸として専用庭のある，居住水準の高いテラスハウスやセミティタッチド・ハウスに住んでいる居住者の方が希望が多かった。中層や高層のアパート形式のいわゆるフラットと呼ばれる住戸は，売却が進まなかった。その結果，自治体は，管理の難しい，よりコストのかかるフラットを多く管理することになり，一層困難な状況に追い込まれることになった。

　1985年には団地再生事業によって，公営住宅の住宅協会（Housing Association）への移管が促進されていった。90年代以降には自治体がイニシアティブをとって新たな住宅協会を設立すると共に，公営住宅団地を住宅協会に一括移管する大規模自主的移管（Large-Scale Voluntary Transfers）方式が導入された。荒廃していた公営住宅団地を移管するに当って団地再生を合わせて展開するために団地再生機構（Housing Action Trust）が設置されていった。このように公営住宅払い下げは，イギリスにおける住宅政策の根幹を大きく転換させていくことになったし，自治体の住宅政策の権限を弱めていった。

　イギリスでは，このように中央政府と地方自治体との関係は，中央政府を担う政権交代が頻繁なこともあり，住宅政策に限ってみても流動的であるとともに緊張関係にあるといってもよい。そのような流動性と緊張関係にありながら，住宅政策が自治体政策の根幹を支えているのはなぜだろうか。一つには，この

流動性と緊張関係が，自治体の住宅政策を絶えず漸進させていく力になっているのではないか。成熟した市民社会とは，そのような政治的な緊張関係の中から漸進する力を発揮していくのではないかと思えるのである。二つには，中央政府と地方自治体の緊張関係，そして政策のめまぐるしい展開にも関わらず，市民がその動きに対応し，場合によっては政治情勢を切り開くことにまで結び付けてきたのは，市民社会に非政府組織（NGO）やボランタリー組織などが大きな力を蓄え，市民社会を支えてきたからではないかと考えている。イギリスにおける住宅政策と住宅運動の展開を通して，筆者は市民社会の発展を支える四つの力とそのバランスとしてとらえる視点を見出したともいえる。このような市民社会を支える四つの力を地域社会再生の視点で整理しなおしたのが，第1章で紹介した図である[6]。

　いずれにせよ，市民社会を成熟させていく力，政治や行政そして産業経済などに対してものを言い，変えさせる力まで発揮したのが，ヨーロッパの市民革命やアメリカにおける公民権運動であったり，環境運動，そして60年代の消費者運動や反戦運動などであった[7]。イギリスでは住宅運動の歴史も長く，これがイギリスの住宅政策の動向に与える影響は極めて大きいのではないかと考えてきた。

3　住宅運動

　ホームレスを支援し，住宅政策の改革を目指す代表的な運動団体であるシェルターのホームページを見ると毎年の活動を紹介する年報をフルペーパーで検索できる。2007／2008年度版の年報によると，この年度の収入総額はおよそ4700万ポンド（日本円に換算すると143円／ポンドで67億円を超える），そのうちの45％は寄付行為に基づくものである。それらの財政基盤の確立自体も運動の中心的な課題であり，街頭募金やグッズの販売などを初め，最近ではインターネットによる寄付も受け入れている。もちろん，ホームレスの支援活動が中心

---

(6)　「図1-1　地域社会を支える四つの力」本書，15ページ参照。
(7)　1990年にサンフランシスコに行き，CDC（community development corporation）を訪ねたときにも，公民権運動，消費者運動，ベトナム反戦運動，環境保護運動などを含めて市民社会の成熟を実感し，わが国における市民力の位置づけをイメージすることができた。

であり,支援の窓口を全国的なネットワークとして張り巡らしている。緊急避難的なシェルターのサービスや公営住宅などの斡旋を進めている。と同時に,時々刻々変わる住宅政策に対して,国民の側からの対応のしかたや問題性を明らかにする理論活動や啓蒙活動も盛んである。[8]

シェルターが発足したのは1966年12月1日。60年代の民間賃貸住宅の劣悪な状況と悪徳な不動産業者たちのために,家族が離散したり居住不安に直面する実態が社会問題になっていた。シェルターの発足する数日前に,BBCがホームレスと家族崩壊を扱った"キャッシー,帰っておいで"(Cathy come home)を放映した。丁度その時の社会世相を反映したもので,人々の大きな関心と怒りを呼び起こしており,そういう背景の下に,シェルターは発足した。彼らの発足とその後のキャンペーンなどによって,ホームレスに対する施策が具体的に展開されていった。1968年には政府の委員会によるシーボーム報告書,1969年にはカリングワース報告書が相次いで出され,シェルターなどのボランタリーな組織だけでなく自治体による住宅支援・助言センターが全国に数多く設置されていったし,公営住宅の入居基準も社会的な要因への配慮など,見直されていった。1977年にはいわゆるホームレス法(1977 Housing 〈Homeless Persons〉 Act)が制定されたが,シェルターはこの制定に最も大きな役割を演じた。1987年国際居住年の際の「住宅人権キャンペーン」においてもシェルターが大きな役割を演じたのはすでに触れた。

いずれにせよ,社会全体の矛盾とその影響が人々の生活や住まい・居住環境に及ぶときに,それを個人の努力によって切り抜けようとする,あるいは切り抜けさせようとする風潮を醸成してきたのがわが国であったことと比べると対照的である。

Ⅲ 地域居住政策へ

わが国では,自治体における住宅行政は,従来,公営住宅を中心とした公共

---

(8) 拙稿「イギリスの居住支援組織シェルター」『行政社会論集』(福島大学)第10巻第1号,1997年。

住宅の供給と維持管理が中心であった。一部の自治体を除いてはそれだけであったといっても言い過ぎではないし，そもそも住宅行政が建設行政や開発行政の片隅に位置づけられていて普段はほとんど機能していない自治体も少なからず存在する。公共住宅の供給・管理も政府からの限られた予算の中でしか進められない仕組みだから，たとえ公営住宅の必要戸数が算出できたとしても，実際には極めて限られたものだった。それは，公営住宅の空家募集の際の高い応募率にも現れていた。その限られた公営住宅戸数の限界性を切り抜ける方法が，入居基準としての収入階層の下位への限定化と収入超過者などへの厳格な管理であった。限られたパイを「平等」かつ「公平」に配分するための方策である。つまり，地域における居住実態の科学的・総合的な把握や分析そして公共住宅の必要性についての裏づけが十分とはいえないままに，公営住宅は供給と維持管理がされてきたのである。

　さらにいえば，民間住宅市場や居住実態については，自治体住宅行政の及ぶところではなかった。基本的には持ち家や民間賃貸住宅は自助努力で頑張ってもらうというのが，わが国の住宅政策であった。しかし，2006年，「住生活基本法」が制定された。「住生活」という概念は極めて包括的であるし，それは住宅供給中心の住宅行政からの転換を意味しているようにも思えるのである。果たして，そういう理念に向けて，自治体が住宅政策を担えるのか，これから担っていく方向が見出せるのか，なお重要な今後の研究課題の一つである。筆者は，このような課題を研究課題として位置づけて，1990年代から「地域居住政策論」を展開してきた。

　その研究方法は正直にいえばやや乱暴といえるかもしれない。イギリスの住宅政策に学び，そこからわが国の住宅政策がめざすべき方向を組み立てなおし，その枠組みを予め措定し，そういう方向に結び付くような事例を手繰り寄せながら，自治体における住宅行政への提言を続けていくという方法である。そういう意味では，「住生活基本法」という概念自体は，切り結ぶことができる提示であり，議論の契機を与えているともいえるのである。

　わが国では，1990年代から，地方分権の議論と政府レベルでの取り組みが具体的に動き出してきた。そういう潮流の中で，筆者は「自治体住宅政策」の可能性を課題としてきた。イギリスの自治体住宅政策の展開の具体事例としてハ

リンゲー区の地域住宅計画（Local Housing Plan）を取り上げて検討したこと，そして自治体全体としてではなくコミュニティ単位での取り組みを重視していたことから，自治体をベースにした「地域住宅政策」の方向性を探ろうとしたのだった。

一方で，「市場原理」，「競争原理」そのための「規制緩和」が政府によって強力に推し進められ，安全・安心が社会全体で問われるようになってきた。ホームレスや高齢者への支援などが社会的な関心が高まっている中で，筆者の地域政策の研究の中でも居住支援の重要性を位置づけ，1990年代後半には「地域住宅政策」から「地域居住政策」という概念に切り替えることにした。

この課題に対するこれまでの具体的な研究活動は以下の通りである。

①イギリスにおける地域住宅政策の研究（すでに触れたのでここでは省略する）
②わが国におけるホープ計画，住宅マスタープランの策定作業への参画

1983年にスタートした「地域住宅計画」（HOPE計画）は当時，建設省としての取り組みとしては自治体から歓迎され，多くの自治体が策定事業を受け入れ，さまざまな取り組みが行われた。とにかく，公営住宅の供給と維持管理が主な住宅行政であった自治体にとって，地域独自の住宅政策の可能性を探るものであり，画期的な事業であった。筆者も，いくつかの自治体の「HOPE計画」策定委員会などに加わらせていただきながら，自治体における住宅政策能力形成の課題として検討することも進めてきた。

何年かの蓄積を踏まえて，建設省から各地の事例集が発刊されたので，それらを比較しながら，自治体による「HOPE計画」が，大きく括ると地域の気候風土にふさわしいデザインを志向するタイプのそれと，地域の居住や住宅に対する要求を把握するとともに地元の住宅供給の仕組みを結び付けていく計画プロセスを重視するタイプのものとが並存して展開されていることに気づいたのだった。もちろん，地域の気候風土や街並みにふさわしいデザインを見出すことは大変重要な課題であり，そのプロセスを重視することは今後の街並み形成などを考えた場合に重要であるが，当時のデザイン志向の「HOPE計画」の多くは，建築家のアイディアを提供してもらうというものが多かった。中には，大都市のタレント建築家のデザインを地域のデザインとして採用し，それが住宅建設に結びつくと，個別にデザイン料が支払われる仕組みを採用してい

る場合があったりして，やや複雑な思いにさせられたこともあった。

　福島県三春町の「HOPE 計画」は，策定後実施過程に入って以降の見直し作業などに加わらせていただいたが，計画志向の色合いが強かった。初めて，計画の内容を担当者から聞いたときに，一年間におよそ100戸の住宅が建設され，総額はおよそ20億円になり，それは当時の町の公共事業に匹敵する総額になるという説明がされ，そのことに大変興味をそそられた。毎年およそ100戸の住宅が建設されることを認識した上で，町の設計事務所や工務店・大工がどう関わっていくか，個別の住宅建設に対してどう計画的な誘導をしていくかという枠組みを整備していくことが町の住宅政策の柱になっていったのだった。そういう枠組みの中で，戸建て住宅団地におけるコーポラティブ方式などが生み出されたのだった。

　その後，HOPE 計画や，その後統合されていった「住宅マスタープラン」の策定に関わる機会があったが，自治体の住宅政策能力を高めていくための取り組みは予想していたよりも困難な課題であった。それは，繰り返しになるが，自治体の住宅政策担当部局は，これまで公営住宅の供給と維持管理がその中心で，地域の住宅事情全般にかかわる課題を受け止めるような組織や予算ではなかったのである。まして，住宅政策を福祉部局と連携して展開するというようなことは考えられなかった。福祉部局との連携がにわかにクローズアップしてきたのは「介護保険法」の制定によって，在宅介護に比重が移り，住宅改善が介護の観点からも重要な課題として位置づけられてからである。

　一方，建築学会建築経済委員会・住宅の地方性小委員会に設置されていた「地域からの住まいづくり WG」が2005年度から「地域居住政策 WG」に名称を変更して活動を始めた。実質的には，「住宅建設計画法」の改正問題が日程にのぼり，「住宅基本法」（仮称）などの枠組みが検討されていたので，その後の「住生活基本法案」などについても検討を開始し，それらを「地域居住政策」という観点から組織的に議論する場面もできてきたのだった。

　③福島県の住宅マスタープランとその後の「住生活基本計画」策定過程への参加を通して，県と市町村との連携や役割分担，地域における住宅供給と地域経済活動との関係などについての検討から「地域循環型住まいづくり」についての検討が進められ，あらためて自治体主導の住宅政策の重要性についての認

識が深まっていった。[9]

④墨田区の地元大工・工務店そして弁護士・税理士・社労士・看護師・建築家などと準備を進めてきた「NPO墨田さわやかネット」が2007年11月に立ち上げられた。この立ち上げの準備とともに区役所が検討を進めていた「簡易耐震補強制度」に積極的に関わることになった。というのも，細街路に面した老朽住宅に筋交いなどの簡便な耐震補強をしようというわけだから，建築基準法に即していえば「新耐震基準」の水準をはるかに満たしていないし，前面道路の基準も満たしていない，そういう住宅への補助制度は成り立たないし，担当部局にとってはとても責任の負えるものではないという課題を突破しなければならなかったからである。地元の設計事務所や大工・工務店の人たちも，責任ということになると，尻込みするような按配だった。

その後，私は二つの観点から，そのような疑問や「尻込み」に対して意見を述べてきた。一つは，迫り来る大地震への対策として，木造密集市街地での対応が迫られていること，新耐震基準に対応できる居住者が圧倒的に少ない中で現実的な対策が必要なこと。そしてもう一つは，この簡易耐震補強は建築基準法に照らして対応を考えるというよりも，年金，家族，健康，土地住宅の賃貸関係などの課題を抱える人々への居住支援の一環としてとらえるべきであるということである。[10]墨田区役所が簡易耐震補強制度を開始したことは，地域居住支援への取り組みの出発と位置づけることもできるのである。

「墨田さわやかネット」では，東京土建墨田支部の手摺りを取り付けるボランティア活動と連動して，それらの効果についての追跡調査などの研究活動も進めている。さらに2009年には，京島地区にあるキラキラ橘商店街の空き店舗を借り受けて「キラキラ茶屋」を開設し，相談業務や自由に語らい会える場を提供する事業を始めている。いよいよ地域居住支援と住宅政策が結び付けられる「地域居住政策」の枠組みを少しずつ形成しているが，地域居住政策の枠組みを明確にした上で，行政との協働の場をさらに強めていくことが必要である。

---

(9) 「地域循環型住まいづくりに関する調査研究」（総括，特定非営利活動法人超学際的研究機構）2007年3月。
(10) 「密集市街地における住宅・居住支援政策－墨田区における取り組みを例に」（日本都市計画学会『都市計画』第273号）2008年。

⑤当初「住宅建設計画法」を改正し「住宅基本法」（仮称）を制定しようという動きだったが，その後「住生活基本法」を制定することになった。

そして前後して「地域における多様な需要に応じた公的賃貸住宅等の整備等に関する特別措置法」が制定された。これらの一連の動きや具体的に策定される「住生活基本計画」や「地域住宅計画」などの枠組みを批判的に検討することになった。これらの作業を通じて「地域居住政策」の内実を検討するといういわば，住宅政策の展開過程の分析と概念の検討とを同時にやってきた。

2006～2008年度，科学研究費助成を受けた「自治体における地域居住政策の展開に関する研究」では，「住生活基本計画」や「地域住宅計画」の策定プロセスを分析し，現在の「住生活基本法」や「地域住宅計画」制度の問題点や課題が明らかになってきた。あらためて基礎自治体の住宅政策における包括的な役割についての検討が求められている。

わが国の住宅政策研究の中で，余り分析が進んでいない課題として国・都道府県・市町村の権限や役割分担を含む住宅行政機構論がある。「住生活基本計画」がマスタープランであるとすれば，「地域住宅計画」はそのアクションプランとしての役割を担うべきではないか，という議論も，上記の研究で進めてきた。いくつかの都道府県のヒアリングでも尋ねてみたが，そういう位置づけをしている自治体は少なかった。住宅行政において位置づけられている基本計画や実施計画を通して，どのような国・都道府県・市町村の役割分担があるべき姿なのか。高齢社会・人口減少社会などに直面して，居住問題は基礎自治体にとっても最も基本的な課題の一つになるであろう。建設行政だけでは限界があり，福祉や地域産業そして都市計画などとの関係はさらに深まっていくはずである。そのような課題を抱えている住宅行政機構論は今後展開していかなければならない課題であろう。

⑥世界的金融・経済危機と住宅政策の行方[11]

2008年秋，アメリカにおけるサブプライムローン破綻そしてリーマンブラ

---

[11] 2009年8月，日本建築学会大会・研究協議会「世界的金融・経済危機と住宅政策の行方」を開催したのも，そのような趣旨からであった。筆者はその際に同じタイトルで主旨説明をした。

ザーズの倒産に端を発して，世界的金融・経済危機に陥った。それは金融市場における過剰流動性の拡大によっていることが明らかになったが，新自由主義経済の崩壊を意味していることを警告している専門家も多い。わが国において，新自由主義経済への展開を主張し，政府に経済財政諮問会議を設置させ，金融経済の方向付けをリードしてきた経済学者の中で，この深刻な事態に立ち入った後に，新自由主義経済への主張が間違っていたことを表明する学者がいるかと思えば，他方，今日金融・経済危機に陥ったのは，わが国における構造改革，つまり市場原理への改革が不十分なためであると強弁する学者もいる。いずれにせよ，これらの金融・経済危機がわが国の産業構造や人々の雇用や生活全般に及ぼす影響は，計り知れないものがある。

このような事態の中で注目すべきことは，わが国でも取り上げられてきたはずの"セーフティネット"が，言葉だけ先行し機能していない実情が次々に明らかになってきていることである。そして，いうまでもなく，その中で居住の問題が最も基礎的なセーフティネットであることも明らかになってきた。安全・安心の生活を支えるセーフティネットの根幹に居住や住まいがあるということであり，それをわれわれは長い間「居住人権」として提唱してきたのだった。イギリスにおけるシェルターの理念もそこにある。

さて，世界的金融・経済危機が，わが国の住宅事情・住宅市場や住宅政策にどのような問題を投げかけているのか，また今後の住宅政策の展開方向はどうあるべきか。今日の根本的な矛盾をどう克服していくのか。産業経済の危機，そして逼迫する行財政危機という二重の危機に直面する住宅政策の展開方向をどのように捉えていくべきか。これまで展開してきた「地域居住政策」の展望はどう描けるのか。こういう課題として受け止める必要があると思う。

筆者は，この世界的金融・経済危機によって，わが国はもちろん世界の経済社会構造が次のような基本的な矛盾関係を孕んでいることを認識すべきであると考えている。

第1は，計り知れないほどの過剰流動性をもたらした金融市場と実体経済の乖離である。ここで当面課題にしている住宅政策や地域居住政策が立脚すべきは地域に存在している居住要求である。そこに市場性の論理を必要以上に介入させることによる一つのほころびが，アメリカで発生したサブプライムローン

であった。第二次世界大戦後わが国では，持ち家取得への支援は住宅金融公庫が公的資金を使い，直接持ち家取得者に固定・低利・長期の融資制度として発足していた。それは実需に基づいた支援策であった。住宅金融公庫はその後，住宅金融支援機構に衣替えをしていった。それは従来型の実需に基づく支援の枠組みを踏襲しているわけではない。そこに，さまざまなリスクをともなうことになる。

　第2には，ハイリスク・ハイリターン原理と持続可能性を求める論理の矛盾である。

　どう考えても，ハイリスク・ハイリターン原理すなわち市場原理と競争原理を至上の原理として標榜することと，持続可能性を求める論理とは相容れない。環境や資源・自然にやさしい住まいづくりやまちづくりには適切なスピードと政策の相互関連に基づく成長管理が必要である。

　第3に，グローバリゼーションとローカリゼーションの対抗関係である。この両者は原理的には対立しない。しかし，市場原理に基づく規制緩和は，それぞれの国や地域に根付く生活文化や産業経済などを根こそぎ消滅させようとする力が働いてきた。わが国の地方の姿を指して"ファスト風土"と指摘されたが，言い得て妙である。グローバリゼーションへの大きな期待は，世界各国の情報や地域ごとの文化に触れることである。世界を巨大な資本や政治力が牛耳ることではない。その意味で，ローカリゼーション，つまりそれぞれの地域の自然や環境，歴史文化，産業や生活をさらに磨いていくことが，極めて重要な課題になっていくはずである。そうでなければ，それぞれの国や地域がもっていた魅力が埋没してしまうことになり，それはひいては人類全体へのマイナス効果しかもたらさないであろう。

　さらに第4を加えるとすれば，とくにヨーロッパでは絶えず議論されていることであるが，資本主義社会における「効率性」と「公正性」の対立関係である。ごく最近には1997年，トニー・ブレア政権が誕生したときに「第三の道」が掲げられたが，そのなかでも，保守主義が重視する「効率性」と，社会民主主義が掲げる「公正性」を止揚する考え方が提起されていた。残念ながら，その後も，新自由主義が台頭する中で，「公正性」が著しく損なわれ，21世紀に至って，居住をはじめとする新たな貧困の拡大に直面することになってしまった。

少し抽象的な議論に偏ってしまったが，住宅政策に引き寄せていえば，上記のような矛盾や不安定な状況が世界を席捲していて，住宅政策の内容もその間を揺れ動くことになるであろう。地域居住政策は，実体経済や地域の居住要求に基づき，民主主義や社会的公正性を重視し，そして地域に立脚した政策内容を希求したものであることが，改めて再確認できるであろう。

　さて，筆者がこれまで取り組んできたこれらの研究課題については，注に示すような研究成果としてまとめてきた。[12]

　いよいよ全国の都道府県や市町村が住宅政策に取り組むことやその際の基本的な枠組みや方向性についての基本視角として「地域居住政策論」の提起が必要になっていると考えている。今後，「住生活基本計画」や「地域住宅計画」の内容をいかに「地域居住政策論」の視点で再構築していくか，自治体の住宅行政機構はそれらの枠組みとどう対応していくべきか，などについての具体的な検証を通して，「地域居住政策論」そのものの枠組みを提起していきたいと考えている。

---

[12]　地域居住政策に関する拙著，拙稿は以下の通りである。
　　「東京の住宅政策－地域住宅政策の提言1991」（共著）東京住宅政策研究会，1991年。
　　「イギリスにおける地域住宅政策の展開に関する研究」（代表）住宅総合研究財団，1993年。
　　「地域住宅政策の構図」『地域と住宅』勁草書房，1994年。
　　「地域居住政策の胎動と展望」『講座現代居住3　居住空間の再生』（編著）東大出版会，1996年。
　　「地域再生をめざす地域居住政策の展望」『地域からの住まいづくり－住宅マスタープランを超えて』（共著）ドメス出版，2005年。
　　「東京の住宅政策－地域居住政策の提言2006」（共著）東京住宅政策研究会，2006年。
　　「自治体における地域居住政策の展開に関する研究」（代表）科学研究費補助金研究報告書，2009年。

第16章　地域居住政策における「住宅セーフティネット」論

はじめに
―イギリス研究から「ホームレス」研究へ―

　鈴木浩さんとは日本建築学会若手の会の活動や，1982年に設立した日本住宅会議でお目にかかって以来だから，もう四半世紀を超えたお付き合いになる。鈴木さんの研究領域が，主として地域再生と住宅政策とすれば，私は後者の側面で深く影響を与えられてきた。特に，1980年代後半から90年代にかけて行ったイギリスの住宅政策にかかわる共同研究において，住宅政策における国と自治体と住民の相互関係や，「地域」や「参画」概念を議論した。こうしたイギリスの地域住宅政策の研究の経験を生かしながら，東京都の住宅政策から地域居住政策研究へ，さらには日本の地域居住政策を展開してきた[1]。そして，ハコモノ供給政策としての「住宅」政策ではなく，人々の居住権保障と居住の安定をキーコンセプトとする「地域居住政策論」を構築する過程で，私自身の研究の視角も明快に組み立てることができた。

　鈴木さんがコンパクトシティ，中心市街地活性化に取り組む一方で，住宅政策においてはコミュニティ再生とのかかわりに強い関心をもって取り組まれるのに対し，私自身は「住宅」や「居住」にこだわり，イギリス研究の成果から「ホームレス」研究に向かっていった。

　私たちが調査研究を実施していたサッチャー政権下のイギリスでは，新自由主義改革により公営住宅政策の解体が推し進められ，雇用の不安定化により「ホームレス」の人々が急増した。乳児を抱えた若い女性がターミナル駅で物

---

[1]　イギリス住宅政策にかかわる共同研究の成果は種々の研究報告書等の他に，学位論文『イギリスにおける住居管理－オクタヴィア・ヒルからサッチャーへ』にまとめている。

乞いをする姿に出会い，ビクトリア駅前では中年の路上生活者が劇場のガラスを鏡にして髭を剃っている光景を目にしながら調査を行っていた。

当時の私のテーマは，ロンドンの基礎自治体区（Borough）における地域分権政策が中心であったが，その基礎自治体の住宅局において，公営住宅の供給・管理・購入権による払下げ（Right to Buy）と併せて，「ホームレス」対策は重点課題になっていた。イギリスでは1977年に住居（ホームレスの人々）法を制定し，住宅を失った人々や失う危機にある人々への公営住宅の優先入居が導入され，ロンドン区（Borough）では緊急一時施設としてのシェルターの提供，B&B（朝食付宿泊所）やホステルへの宿泊費補助等を行っていた。労働党主導区ではこれらの施設を直接供給して，就労斡旋や精神障害者への対応を行い，保守党主導区では民間施設を利用した消極的な対応であった。その後，薬物やアルコール中毒の人々の増加，精神障害者の地域移行政策によるホームレス化の問題が大きくなり，住宅という器を提供するだけでなく，個々の人々が抱える課題に対応した包括的支援が必要となり，労働党ブレア政権下では首相直轄の「社会的排除対策室」において重点的に取り上げられるようになった。

日本の新自由主義改革は，英米に比べて10年以上遅れて登場し，住宅を失った路上生活者が増えるのは1990年代である。しかし，日本の住宅政策は「ホームレス」状態の人々には無縁であった。イギリスの「ホームレス」問題が住宅政策から包括的政策へと転換する中でも住宅政策の役割は大きいのに対し，日本の住宅政策ではなぜ「ホームレス」問題を掲げないのだろうか。こうしたイギリスと日本の住宅政策の大きなギャップをどのように理解したらよいか，これが私のイギリス研究以降の大きな課題となり，今日に至っている。

本章は，「ホームレス」研究の視点から，今日の住宅危機と，これに対する"住宅セーフティネット"について検討することが目的である。

I　住生活基本法から住宅セーフティネット法へ

わが国最初の住宅に関する基本法として住生活基本法が制定され，これに基づき住生活基本計画（全国）が策定されたことは，日本の住宅政策史上の画期となった。住宅マスタープランの改訂期にあった都道府県は，住宅マスタープ

ランあるいは住生活基本計画を策定し，続いて基礎自治体においても策定が行われるようになっている。

こうした中で，基礎自治体における住生活基本計画策定においては，都道府県の住生活基本計画よりも，"住宅セーフティネット"の構築がより重点課題の一つに浮上しており，これに対する視点及び課題を整理しておく必要がある。

とりわけ，2008年9月の米国リーマンブラザースの経営破綻に発した世界的金融危機は日本にも波及し，社宅や寮で居住していた派遣労働者が，雇用を打ち切られると同時に，住む場所を失うといった深刻な状況が生じた。新自由主義的施策が展開する中で，短期雇用，派遣労働といった不安定雇用が拡大し，その人々が仕事を失うと同時に住宅も失う状況が続いている。年末から正月にかけて設置された派遣労働者を支援する「派遣村」は，こうした居住の危機を象徴する出来事であり，住宅関係部局としても無視できなくなってきた。その状況は未だに続いている。

こうした居住の危機に対応した住宅セーフティネットは，雇用の不安定と居住の危機を前提にしている限り，また公的支援を限りなく縮小しようとする新自由主義的政策の下では限界がある。

結論から言えば，居住の危機に陥った人々を救済する住宅セーフティネットではなく，居住の危機に陥らないための居住保障に基づく，居住政策が必要なのである。

1　住生活基本法，住生活基本計画

2006年6月に公布施行された住生活基本法は，1966年に始まる住宅建設計画法とこれに基づく住宅建設五箇年計画を廃止し，これに代わるものとして成立した。名称も「住宅基本法」とせず，「住生活基本法」として，従来のハコモノ（公営住宅）の供給が目的ではなく，住宅ストックを重視し，住生活を構成する地域環境・景観も含めた質の確保が謳われている。住生活基本法は，日本における住宅にかかわる最初の基本法であり，住生活基本計画策定は都道府県の法定義務になるなど，日本における新たな住宅施策の頁を開いた。

その背景には，1995年の住宅宅地審議会答申に基づき，市場主義の住宅政策へと大きくギアチェンジする潮流の法制化に加え，1995年の阪神淡路大震災と

引き続き発生した災害による住宅被害，2005年の分譲マンションを中心とした耐震偽装問題等の欠陥住宅問題があり，これらが拍車をかけた形になっている。

2 住生活基本法の性格

注意しなければならないことは，この法律の核心は「住宅政策の市場化」にあることである。住生活基本法の成立に伴って公共政策の解体ともいえる方向が加速された。公営住宅については新規建設を抑制し，住宅困窮者・低所得者層のセーフティネットと位置づけられたことをもって，"真に"住宅に困窮する人の入居とするために，公営住宅法施行令が一部改正され，2009年4月以降の公営住宅の入居収入基準は現行の政令月収20万円から15万8000円に改訂され，限られたパイ（戸数）の中で，より入居者を限定するものとなった。この結果，公営住宅団地は困窮者が集中する「福祉住宅」化が急速に進んでいる。またUR（都市再生機構）の賃貸住宅の売却計画が発表され，2007年には住宅金融公庫は自立的経営を行う独立行政法人住宅金融支援機構に変わり，「民間金融機関による長期固定金利型住宅ローンの供給を支援する証券化支援業務」が主要業務となっていった。戦後に確立した住宅政策の主要な柱の市場化による解体である。

こうした住宅政策の市場化に対応して，住宅関連事業者の責務や，消費者の自己責任を担保する国・地方公共団体における消費者教育・広報活動の重要性があげられている。しかし，市場主義者の言うように，規制を緩和し市場の自由によってこそ健全で公正な住宅の供給ができるというのは，耐震偽装問題をみても分かるように誤りである。住宅の安全性能等について消費者も賢くならねばならないが，限界がある。近代における住宅政策の基本的機能は，住宅は人々が住むところであることを忘れて暴走する市場のコントロールであり，改めて市場のコントロールこそが必要なのである。

3 自治体における住生活基本計画の策定

都道府県において住生活基本計画の策定が法定計画となり2006年度から2007年度にほぼ策定が終わり，現在政令指定都市，その他の自治体で策定が行われようとしている。

住宅マスタープランの策定から住生活基本計画への転換の中で大きく変化したことの1つは，成果指標を設けたことである。住宅セーフティネットの関係からみると，①最低居住面積水準未満率と②高齢者のいる住宅のバリアフリー率が上げられている。しかし，本来であれば需要，即ち住宅困窮世帯数（低所得者で最低住面積基準未満の世帯，住宅に困窮する低所得の高齢者・障がい者・ひとり親・外国人世帯，非住宅居住世帯，路上生活者）が把握され，これら要支援者に対する支援策がどこまで到達したのかを明らかにする指標が必要であるがそれは無い。これでは居住問題の解決にはならないだろう。

4　地域住宅計画，地域住宅計画交付金

住生活基本法成立に先立ち，2005年に「地域における多様な需要に応じた公的賃貸住宅等の整備等に関する特別措置法」が成立し，公営住宅にかかわる施策については補助事業をまとめて交付金とした。ここでは「基幹事業」（公営住宅や，高齢者向け優良賃貸住宅の整備，密集住宅市街地の整備などの地域の住宅政策のための中心的な事業）と，従来対象にならなかった事業を含めて提案できる「提案事業」があり，多様な事業の展開の可能性が導入された。例えば住宅の耐震診断や助成，住情報の提供，福祉施設の建設，さらには人的サービスとしての居住支援も利用可能である。しかし現実には提案事業を実施するためには公営住宅に関連した基幹事業が必要であり，交付率はほぼ45％で自治体の持ち出しがあり，基幹事業と提案事業比率は概ね8：2であるといったことから，小規模自治体等では独自でこれを使えず，都道府県の地域住宅計画に乗らざるをえない自治体も多い。事実十分に活用されていない状況にある。

さらに問題は，地域住宅計画と住生活基本計画の整合性である。地域住宅計画が先行して進められたために，自治体では住生活基本計画とは切り離して考えているところもある。これをセーフティネット機能に特化しつつある公営住宅と関連施策を全体の計画につなげ，積極的に活用する必要がある。

5　「住宅確保要配慮者賃貸住宅供給促進法」（通称：住宅セーフティネット法）

住生活基本法成立の翌年，市場主義では必ず一定の質をもち，安定した住宅を確保できない人がいるとして，2007年7月に「住宅確保要配慮者賃貸住宅供

給促進法」(通称：住宅セーフティネット法) が成立した。対象は低額所得者，被災者，高齢者，障害者，子どもを育成する家庭その他住宅の確保に特に配慮を要する者とされ，ホームレスの人々も含まれる。そして，第三条には「国及び地方公共団体は，住宅確保要配慮者に対する賃貸住宅の供給の促進を図るため，必要な施策を講ずるよう努めなければならない。」として，国と自治体の責務を定め，公的賃貸住宅と民間賃貸住宅の活用が提起された。

　また，注目すべきは居住支援協議会の設立があげられ，「地方公共団体，宅建業者，賃貸住宅管理業者，居住支援を行う団体等は，住宅困窮者の民間賃貸住宅への円滑な入居を促進するための協議会を組織することができる。」としている。ホームレス支援団体は，これにより，路上生活者の住宅確保の可能性が広がるとして，居住支援協議会へ期待しているが，全国的には広がらず，2009年1月段階で設置されているのは愛知県だけである。愛知県では1年目ではまだ具体的成果はないものの，協議の中で，団体相互のネットワークができ，また従来の政策枠組みでは考えられなかった民間レベルでの施策が検討されるようになっており，都道府県レベルでの協議会の効果があることを示唆している。

6　国土交通省「あんしん賃貸支援事業」(2006年度)

　公的賃貸住宅，特に公営住宅のセーフティネット機能には限界があることから，早くから民間賃貸住宅の活用が政策課題としてあげられており，その具体的施策として「あんしん賃貸支援事業」が導入された。この制度の前史には，中野区の高齢者用民間アパートの借上げ，東京都防災建築まちづくりセンター，川崎市の居住支援制度の経験があり，そこで実施していたものを国の制度に載せたものである。

　この事業では，支援対象を4つの分野——高齢者，障がい者，子どものいる世帯，外国人に限定し，家賃が支払える人を対象としている。ホームレスの人々はそのままでは対象にならないが路上生活から居宅を得て生活保護を受給した高齢者，障がい者であれば施策対象となる。

　この事業は，民間賃貸住宅を活用し，自治体と協力不動産業者，それに居住支援団体による制度である。最も特徴的なことは困難な世帯の入居にあたって

居住支援団体がつくことである。国土交通省の予算枠でH＆C財団を通して資金提供と助言が行われ，自治体と居住支援団体が協定を結ぶ。自治体自体はこうした居住支援にかかわる主体との連携（協定締結）を行えばよく，自治体の財政負担が少なく民間の善意を組織する事業としては成果が期待される施策である。高齢者や元路上生活者の居住の安定にとって，人的支援は不可欠であり，そうした支援を住宅政策において実施することは画期的ともいえるものである。

しかし，現状ではこの事業は進んでいない。全国では2009年度に入り，ようやく13自治体（39の支援団体）が実施するのに止まり，東京都レベルでは板橋区だけである。全体に障がい者の入居支援事業の利用が多く，札幌市では16団体が登録している。

事業が進まない理由の一つは，住宅に困窮して支援を求める人と，紹介される物件とのミスマッチ（家賃が高い等）であり，第2の理由としては，居住支援を行う組織の不在である。これに対して，困窮者の立場で物件を探し，家主を説得して入居に持ち込み，入居後も何かあれば相談にのれる，いわば"社会貢献的住宅仲介業者"が生まれつつあり，また居住支援を行えるNPO団体も育っている。こうした主体を育て，事業への参入を意識的に促すことが，こうした居住支援を実施するためには必要である。

しかし，事業が普及しないより大きな理由は，この事業が2010年度で居住支援団体への財政支援が終了することである。自治体は，とりわけ対象者が困難を抱えているだけに，支援をしておいて2010年度で終了となる事業にうかつに手を出すことはできない。その後は各自治体が地域住宅交付金を利用する等の方策が検討されているが，他の住宅施策との関係等で難しいことも考えられる。施策のサステナビリティー（持続可能性）が必要であり，実績のないことをもって事業が打ち切られることを懸念する。

II 「ホームレス」課題を居住政策に埋め込む

今日の住宅政策と住宅セーフティネット法の限界と課題を述べてきたが，さらに，住宅を喪失するという最も厳しい状態にある人々，「ホームレス」の人々

に対する住宅政策への支援の可能性について考えてみよう。

　戦後の日本の住宅政策の確立において，住宅を失う程窮乏化した人への支援は，住宅政策ではなく，社会福祉政策（生活保護）で実施することになった経緯がある。住宅政策は住宅のある人々を対象にするのであって，「ホームレス」の人々への支援は欠落している。しかし，人間が人間らしく生きるための居住保障を実施する上では，住宅政策・居住政策においてホームレス問題を位置づけ，まずは居住の確保と安定を図り，その上で，雇用・医療・福祉・教育との連携が必要である。そうした文脈で国の住宅政策，自治体の住宅政策で「ホームレス」課題をいかに導入するかである。

1　セーフティネット論ではなく，居住保障論へ

　「住宅」は，衣食と併せて人間として生きるための不可欠の生活手段であり，自己責任による解決には限界があり，そこから居住の権利が発生する。さらに，住宅（住所）を失うことにより就職の機会を失い，生活を再建するための様々な社会保障制度は表16-1の通り住民要件を求めるものが多く，当たり前の生活への復帰を困難にしている。

　このように，住宅は生活の器であると同時に社会的地域的な存在証明でもある。したがって誰にとっても住宅は絶対に必要であり，市場で適切な住宅を確保できない人，個人の努力では限界がある人には，社会が住宅を保障すべきである。

　そして，「ホームレス」の人々への支援としては，何よりもまず居住の場の確保が必要なのである。

　その根拠として，憲法第13条「生命，自由及び幸福追求に対する国民の権利」（幸福追求権），憲法第25条「すべて国民は健康で文化的な最低限度の生活を営む権利を有する」（生存権），憲法第27条「すべての国民は，勤労の権利を有し，義務を負う」（勤労の権利と義務。正当な労働が与えられない時は，その必要な生活費が配慮される。）をあげておきたい。

　居住の危機で住宅を失った人々を助ける住宅セーフティネットより，住宅を失わない施策を構築する居住保障に基づく居住政策の方が，人的損失を伴わず，財政的にも効率がよいことを早急に実証しなければならない。

表16-1　社会保障制度における住民要件

社会保障制度			必要要件
広義の社会保障	狭義の社会保障	社会保険	住民・雇用関係・保険料
		公的扶助	国籍・生活困窮
		社会福祉	住民・年齢・障害等
		公衆衛生及び医療	
		（後期高齢者医療制度）	住民・年齢
	関連制度	恩給	住民・年齢・公務，戦役等
		戦争犠牲者援護	帰国者等
関連制度	住宅対策	公営住宅等	住民
	雇用対策		住民

資料）東京都特別区人事厚生組合，大迫正晴氏研修資料より。

2　「ホームレス」の人々の動向

「ホームレス」の人々とは日本では路上生活者をさす。しかしヨーロッパのホームレスの人々と共に活動する全国組織連合（FEANTSA）の定義では，以下の4類型が示されている。

①ルーフレス：いかなる種類の住宅もなく野宿をしている人々
②ハウスレスの人々：一時的施設や緊急シェルターに居住している人々（非住宅居住）
③不安定な住居で暮らしている人々：不安定な賃借権，立退き，DVといった深刻な住宅の排除に脅かされている人々
④不適切な住居で暮らしている人々：不法キャンプ地のトレーラーハウス，水準未満住宅，過密居住にいる人々

この定義からすれば日本の「ホームレス」の人々は「ルーフレス」に該当し，FEANTSAの「ホームレス」概念の一部しか対象になっていないことがわかる。

1990年代末以降の不安定雇用の増加と不安定居住者（非住宅居住者）の増加の中で，"ネットカフェ難民"がマスコミで取り上げられ，住宅を失いネットカフェで寝起きする人々が増えてきた。路上と安定した住宅の間には，何とか

屋根はあるが，非住宅居住で暮らす人々がいる。24時間営業のカプセルホテル，簡易旅館（ドヤ），サウナ，個室ビデオ店，マンガ喫茶，ネットカフェ，24時間営業のマクドナルド等で夜を明かし，収入を失えば路上へ押し出される人々である。これらの人々は，FEANTSAの定義では②ハウスレスにあたり，隠された「ホームレス」でもある。厚労省は「日雇い派遣労働者の実態調査結果」，「住居喪失不安定就労者の実態に関する調査」を発表した。ネットカフェ調査では，全国オールナイトのネットカフェ，マンガ喫茶等3246店舗を調査した結果，常連2万1400人，東京23区約3000人で，ここから5400人と推計した結果であった。

　従来，このような雇用の不安定と居住の不安定があった場合には，家族の元に帰ればよかったが，近年日本の家族扶養機能が後退したこともあり，もはや家族が最終的なセーフティネットではなくなった。欧米型の家族形態となったともいえよう。したがって社会的なセーフティネットがなければ「ホームレス」化，路上化への危機につながる。

　ところで，日本及び東京の路上生活者の人数は2003年前後から減少している。

表16-2　全国の「ホームレス」の人々の概数

調査年次	1	1999.03	2	1999.10	3	2001.09	4	2003.01	5	2007.01	6	2008.01
人数		16,247		20,451		24,090		25,296		18,564		16,018
調査自治体数		77		132		420		581		552		503

表16-3　東京都区部における「ホームレス」の人々の概数と施策（各年度2月調査）

調査年	2001 H13	2002 H14	2003 H15	2004 H16	2005 H17	2006 H18	2007 H19	2008 H20	2009 H21
人数	4,997	5,316	5,333	5,365	4,619	3,773	3,402	2,611	2,341
緊急一時保護センター数	1	2	3	4	5	5	5	5	5 緊急一次宿泊事業
自立支援センター数	2	4	5	5	5	5	5	5	5 新型自立支援センター
その他				2004～地域生活移行支援事業 2006～巡回相談事業			2008モデル事業		

表16-2，表16-3は全国調査と，東京都による調査から作成したもので，全国的にはピーク時2万5000人であったのが，2008年には1万6000人に減少した。東京都でも同様の傾向がみられる（調査の技術的な問題から，実際にはこの人数の1.5倍から2倍いるといわれている）。

この人数の減少は，これらの人々が，自治体の支援施設（自立支援センター，無料低額宿泊所，生活保護施設等や東京都の地域生活移行支援事業）や，民間非営利組織等による施設（第二種福祉事業による宿泊所や福祉住宅等）の屋根の下や，居宅保護を得てアパートに入居したことによる。但し，前述したFEANTSAの定義に基づく広義の「ホームレス」の人々としてみると，それ程減っていないし，2008年末以降，増加している可能性があるが，まだデータがない。

3　「ホームレス」関連施策の枠組み

現在日本では，「ホームレス」の自立支援に関する法的枠組みは，10年の時限付の「ホームレスの自立の支援等に関する特別措置法」（2002年法律第105号）があり，これに基づく「ホームレスの自立の支援等に関する基本方針」（2003年厚生労働省・国土交通省告示，2008年に見直し）が基本となっている。基本方針に基づき，都道府県，政令指定都市等でも実施計画が策定され，各自治体でもさらに見直しが行われた。新たな基本方針における特徴は，生活保護の適用を強調している点である。

大都市では，ホームレスの人々への自立支援策としては，①生活保護の受給により居宅保護へ（主として高齢者・障害者），②稼動層については自立支援センターを経て就労自立や必要なサービスを受ける，といった2つのルートがある。東京都ではこれにもう一つのルートとして，2004年から公園にテントを張って暮らしていた人々を中心に，2年間のサブリースでアパートに入居し，自立のための支援（居住支援，生活支援，就労支援）を行う「ホームレス地域移行支援事業」を実施した。これによりほぼ2000人近い人々が路上からアパートに入居したのである。

東京都の「ホームレス地域移行支援事業」に類似した施策は，千葉県市川市で2005年から実施されている。民間アパートを市とNPO団体が借り上げて自立支援住宅とし，これをステップとして一般のアパートに移行するもので，

NPO団体はアセスメント，相談，アフターケアを行う。この市川方式は，自立支援センター等の施設を経ずに自立をはかるものであり，一般のアパートで居住の回復を行うことにより，施設入所よりも当たり前の生活への復帰がしやすい。この方式は支援組織の存在が前提となるが，他の諸都市におけるホームレス支援のモデルとなるものといえよう。

これらの施策はいずれも福祉部局で実施しているものであるが，内容の核心は居住保障であり，住宅政策課題であることに注目したい。

4 ハウジング・ファーストアプローチ

住宅を喪失した人々への支援としては，まず居住の場を確保した上で，それぞれの人の課題に応じた支援－就労支援，健康回復のための支援，生活支援等の人的支援が必要であることが次第に明らかになってきた。居住の場を支援の第一義的に位置づけるハウジング・ファーストアプローチともいえるこの方式は，家を失った人々が生活を回復する上で重要な視点である。

住居費負担に関しては，支援の必要な人々の状態に応じて以下の施策が考えられる。

・路上生活者：既存の就労自立支援，生活保護（住宅給付）の拡充。
・住居費を支払うだけの収入の無い人：生活保護の住宅給付の単独給付制度の創設。
・低所得者：公営住宅または公営住宅の補完としての家賃補助制度の創設。

これらの受け皿としては一定の質をもった低家賃住宅が必要である。現状ではやむなく低家賃住宅＝低質住宅へ入居することになるが，人間の尊厳を満たす質の低家賃住宅は市場では確保できない。公営住宅の供給拡大と民間非営利組織によるアフォーダブル住宅の開発が必須である。

このように，①人的支援としての居住支援，②家賃補助，③公営住宅の拡充を含むアフォーダブル住宅の供給は住宅政策あるいは居住政策の課題であり，住生活基本計画に可能な限り盛り込むことが不可欠なのである。

むすび

　不安定雇用と不安定居住が結びついて，居住の危機が起こっていることを考慮するならば，新自由主義，新市場主義による「住宅セーフティネット」は自己矛盾であり限界がある。「居住の危機に陥った人々を救済する住宅セーフティネットではなく，居住の危機に陥らないための居住保障に基づく居住政策」が必要であり，地域居住政策の確立と実現が切実に求められている。居住権に基づく住生活基本法への枠組みの転換，これを実施する国や自治体における住宅部局の拡充や居住支援部局の新設が期待される。そのためにも，まず居住困窮者（最低住面積水準未満の住宅居住者，非住宅居住者）の需要推計と，公営住宅等の政策捕捉率の把握が不可欠であり，これに基づいた政策評価と政策立案を行うこと。公営住宅の供給とこれを補完する家賃補助の創設，低所得者に対応するアフォーダブル住宅の開発を早急に行う必要があるだろう。

　しかし，居住保障に基づく住宅政策の展開が行われない限り，住宅政策の市場化と，新自由主義改革による雇用の不安定は，今後暫くは弱い人々の居住の不安定をもたらすに違いない。そうした中で，既存の資源を最大限活用して，何よりも住宅を確保する対策を打つ必要がある。都道府県における居住支援協議会の設置，あんしん賃貸支援事業の普及・継続がすぐにもできる施策である。自治体における公営住宅等公共住宅の拡充は国の予算の増額が必要である。家賃補助制度の創設については東京都特別区の経験等で既に実績あり，地域に密着して実施すべき課題である。

　このような居住の不安定に対する居住支援の多様なルートを用意することが，今後の居住政策を，居住者の要求と地域の実情に併せて，豊かに展開する布石になるだろう。

第17章　東北地方の住生活基本計画

はじめに

　平成18年6月に施行された住生活基本法はわが国の住宅政策の転換点といわれており，第二次世界大戦後のわが国の住宅供給中心の施策から生活支援の施策へと変わることが求められていると受け止められている。しかし，この法律が施行されたことはわが国の国民が遍く恵まれた住環境を享受していることを示しているとは言えず，むしろ住宅格差が固定化され，さらに拡大する恐れを秘めているとも考えられる。

　そこで，住生活基本法とそれに基づく住生活基本計画がどのような内容で，わが国の住宅政策をどのような方向に向かわせようとしているのか，それは国民の生活をどのように変えるものなのかを概観し，住民が地域の中で安心して生活できる政策の在り方を論じてみたい。

I　住生活基本法の意義

　住生活基本法（平成18年6月8日施行）は住宅建設基本法を廃止して制定された法律で，当初は住宅基本法という名称で国会審議されていたものである。骨太の方針といった新自由主義の実現のために住宅政策を縮小していく旗印として公が関与する「住宅」から民が行う「住生活」への流れを明文化したような性格をもたされて平成18年6月に公布・即日施行され，国は第15条に基づき，平成18年9月に住生活基本計画（全国計画）をまとめた。この住生活基本計画を念頭に全都道府県は平成19年3月までに都道府県版の住生活基本計画をまとめ発表した。東北6県ももちろん平成19年3月に住生活基本計画を発表している。

しかし「地域における多様な需要に応じた公的賃貸住宅等の整備等に関する特別措置法」(平成17年8月1日施行,以下特措法という)に基づいて公営住宅等の補助事業を中心に行われていた地域住宅計画に基く地域住宅交付金制度が,住生活基本計画の実現手段の一つとして,後付けで位置づけられるなど,必ずしも実現手段や国・公共団体等の役割まで総合的,包括的に決定された制度ではない。むしろ第9次住宅建設五箇年計画の立案に着手する前に,公的住宅部門を縮小するため大急ぎで成立させた法律の性格が強い。

また,後付けで実現方策と位置付けられた特措法に基づく地域住宅計画は「提案事業」の枠内では様々な事業を行えるものの,公営住宅補助の色合いを残しているため,公営住宅等の「基幹事業」のない自治体ではこの制度を活用できず,基幹事業を持つ自治体(主に都道府県)と共同でなければ地域住宅計画を策定し実行することができなくなっている。

II　住生活基本計画の視点

1　新自由主義(小泉改革)の功罪

　平成13年4月に成立した小泉内閣は新自由主義に基づく構造改革を推し進めた。この構造改革は①選択と集中,②規制緩和,③小さい政府を理念に郵政民営化をシンボルとして公共投資の削減,特区制度,合併促進,商品の過剰供給による市場の拡大を行った。住宅政策においても公営住宅の建設鈍化,公団や公庫の組織改編,地方住宅供給公社の廃止などが進められ,「住宅は民の役割」への流れを加速させていった。すべてにわたる競争原理は国民を「勝ち組」「負け組」に分ける単純な風潮を助長し,公共セクターの役割は民では手に負えないセーフティネットに限定しようとしてきた。しかし平成20年9月のリーマンショック以降,小泉改革の目指した構造改革が弱者の救済ではなく,振興勢力が国民の犠牲の上に新たな「勝ち組」となることであったことが明白となった。実際,派遣切りといわれる雇用不安が顕在化し,過去最高の利益を出した企業でさえも派遣労働者をいとも簡単に社宅から追い出した。これは政府の施策が「小さい政府」として国民へのサービスを低下させつつ,既得権をもつといわれるような大企業と規制緩和によって成長した新興企業に公的資源を集中しよ

うとしたことの表れであり，公共施策の柱としていたセーフティネットさえも十分機能しなかったことを意味している。小泉改革の目指した「選択と集中」は裏返せば「除外と排除」に過ぎず，政府や国民が平等に支えあう姿とは全く逆の，弱者を排除するような世界を目指していたといっても過言ではない。

　また，新自由主義は供給過剰状態をつくり出し，価格決定権を需要者側に持たせようとする。消費だけする者にとってはありがたい話だが，生産者は常に原価割れの恐怖と隣り合わせになり，多くの者が市場から撤退する。生き残った企業のみが価格決定権を手に入れられるが，その時には市場から撤退したかつての生産者たちは，商品を買える余裕など全く無い名前だけの「消費者」になっているのだ。

2　持ち家政策との関係

　戦後の住宅政策は420万戸といわれる住宅不足の解消を社会的使命として，持ち家政策を強力に推し進めてきた。この間，昭和43年には住戸数が世帯数を上回っていることがわかり，住宅政策は量から質へ，そしてセーフティネットの整備へと変わってきたものの，一戸建ての持ち家を「持つこと」が人生の目標であることは変わらなかった。しかし，核家族化よって地方に取り残された高齢者の住まいは介護や居住継承問題を顕在化させている。大都市近郊の住宅地にあっても居住者の高齢化がすすみ，福祉では支えきれない居住問題が想起されている。これまでの持家政策をどのように変えていくのか，そんな視点が必要になっている。

3　地域居住システムの構築

　住宅や住生活は単独では成立せず，建設から居住，管理，撤去に至るまで周囲の環境の支えが必要である。何万kmも離れた国からはるばる運んできた材料がこの地域の気候風土と調和し，安心で安全な環境を提供できるという保証はどこにもない。また，地域の材料を採取し加工してきた技術を持つ職人は建築技術の工業化に押されて衰退の一途をたどっており，大工職人の減少は地域に根差した住宅の建設のみならず維持管理をも困難にしていくことが推測されている。完成した住宅の中で行われる生活をみても，核家族化によって継承で

きなかった生活文化が廃れていく現実，先祖崇拝の希薄化による世代間の文化継承の断絶など，個人主義的生活が利己的な欲ボケを助長し住まい方を文化として伝承していく必要性さえもが失われていく姿があたりまえになっている。住まいをつくる文化や住まいでの生活を地域に根差して再構築していく視点が必要である。

4　地域循環システムの構築

地域根差した住宅や住生活はさらに地域での資源循環の中に位置づけられる必要がある。地域で成長した木材を使い，地域の中で加工・商品化し，地域の中で技能を身に付けた職人が組み立てる。建設時に出た廃棄物を資源として再利用したり，日常的な維持管理を地域のコミュニティの中で行っていくシステムを構築することで，農林業から工業，商業の需要と雇用を創出し，持続可能で地域に根ざした住まいや安心で安全な災害に強い地域を形成することができると考えられる。

5　東北地方らしさの確立

地域に根ざした住宅や住生活は地域の材料，技術，気候，風土，産業，文化，生活に合ったものでなければならない。全国一律の構造や内装，設備の住宅がすべての地域で最適な住まいになることはあり得ず，気候風土や生活習慣を全国一律の住宅に合わせることがあたかも「住む幸福」だという勘違いをさせられているのではないか。東北地方には東北地方の材料や気候風土があるが，住まい作りにその特徴が十分反映されるような施策が必要である。

6　居住者の意識改革

資本主義社会では利潤追求の手段としてすべてのものが商品化されていく。企業は広告，宣伝等のあらゆる手段を通じて購買意欲を刺激し，狭い住宅を不要不急のモノで埋め尽くさせている。その結果，国民の東京志向，ブランド志向は肥大化し，東京へ人口は集中し，ブランド以外の商品は見向きもされず地方は日毎に疲弊している。住宅やニュータウンさえも商品化され，断熱材の厚さが異なる程度の全国一律仕様の住まいが都市でも農村でも建設され，地域の

文化を表出させた古い住宅は破壊され廃棄されている。大手のハウスメーカーの住まいは地域の技術では維持管理されず，中央での一元管理が地方をさらに疲弊していく。居住者が「ブランド信仰」に毒され，自分の手で「地域の信頼」を破壊していることに全く気がついておらず，地域の崩壊が進んでいるのである。なんのことはない，居住者自らが自分の生まれ育った地域の生活基盤を切り崩し，自分を「住むための機械」に滞在する「住むだけの機械（ロボット）」に落とし込むことで地域の自己崩壊を進めているのである。地域循環を支え，地域に根差した長期的居住継承の可能な住まいをつくっていくためには住民の意識を「地域志向」に変えていかなければならない。

7　供給主体型政策から住生活中心生活へ

これまでの住宅政策は公営住宅や公団住宅はもちろん民間住宅でさえもハウスメーカーの育成など供給主体ごとに分類され実行されてきた。住生活基本法では住生活から住まいを考えるきっかけをつくれる可能性を秘めている。住宅を売るのではなく住生活をトータルに提案し提供するような政策への転換が求められているのである。誰がどのように住まうのかを先に考え，そのために誰が何をするのか，そんな政策が基本計画に反映される必要がある。

Ⅲ　東北地方の状況

1　基本構造

東北地方の人口は965万3000人で，わが国の人口の7.5％を占めている（平成17年度国勢調査）。産業は第一次産業が10.3％で全国平均の4.8％よりも多く，わが国の食糧供給基地として重要な役割を担ってきた。一方，人口移動をみると，経済成長期には大都市へ人口が移動し，不況期には人口移動が止まっている。東北地方は食糧のみならず労働力の供給基地でもあった。

2　気候風土，建築材料

東北地方は南北に長く，冬は北西の強風が日本海側に湿った大雪をもたらす。暖流，寒流は様々な近海漁業を育み，新鮮でおいしい大量の食糧を我々にもた

表17-1　東北6県の基礎データ

	単位	全国	東北	青森県	岩手県	宮城県	秋田県	山形県	福島県
人口総数[*1]	(人)	127,767,994	9,634,917	1,436,657	1,385,041	2,360,218	1,145,501	1,216,181	2,091,319
一般世帯数[*1]	(世帯)	49,062,530	3,330,952	509,107	479,302	858,628	391,276	385,416	707,223
第1次産業就業者の割合[*1]	(％)	4.8	10.31	14.0	13.7	6.2	11.1	10.9	9.2
第2次産業就業者の割合[*1]	(％)	26.1	26.38	21.4	25.9	23.5	26.7	30.3	30.7
第3次産業就業者の割合[*1]	(％)	67.2	62.53	63.7	60.1	69.1	61.6	58.2	59.3
65歳以上人口割合[*1]	(％)	20.1	23.1	22.7	24.5	19.9	26.9	25.5	22.7
新設住宅着工戸数[*2]	(戸)	1,039,180	50,430	6,429	6,823	14,781	5,283	5,781	11,333
公営住宅戸数[*3]	(戸)	1,454,521	106,857	17,324	14,012	23,406	11,045	7,320	33,750
公営住宅等比率[*3]	(％)	3.0	3.2	3.4	2.9	2.7	2.8	1.9	4.8

*1　平成17年国勢調査
*2　建築着工統計：平成20年4月〜平成21年3分着工
*3　公営住宅：平成18年3月現在

らしてきた。70.3％という森林率は良質の木材を育てるとともに気仙沼大工に代表されるように優秀な技術者を育成してきている。しかし林業は国際的な価格競争に取り残され，森林が荒れ始めているといわれていることは残念なことである。スレートや茅といった材料も東北地方では生産されており，住まいづくりの条件が整っている地域でもある。

3　住宅事情

所有関係をみると北陸地方に次いで東北地方は持ち家率が高い。これは東北地方が第二次産業を誘致し若年労働力を賃貸住宅に住まわせつつ地域に定着させるよりも，「金の卵」の美名のもとに工場労働者として大切な若年労働者を地域から流出させ続けた結果にすぎない。住宅規模も全国平均を上回り，広大な住宅に1人から2人の高齢者が住んでいることがうかがえる。また，仙台市のような大都市では若者が住む狭小住宅の問題やごみ出しルールを守らない若者の住まい方が地域のコミュニティを崩壊させるような新しい住宅問題も発生している。

4　生活文化

住生活といった場合，住宅で行われる様々な生活シーンが思い浮かぶ。起居

様式はもとより季節の行事や農業・商業（併用店舗）との関わり，世代間の交流や地域のコミュニティ形成の場など，24時間365日の生活が展開される場が住まいであり，それぞれの家族が連綿と継承してきた住文化がそこには横たわっている。東北地方には正月の行事，夏の祭り，春秋や盆の宗教行事，蚊帳，藁打ち，網の修繕，牛馬との共生など守られるべき独特の住み方がある。

Ⅳ 東北地方の住生活基本計画

1 策定状況

　平成18年6月に施行された住生活基本法に基づき，平成18年9月に策定された国の住生活基本計画を念頭に東北6県は平成19年3月都道府県版の住生活基本計画をまとめ，発表した。

2 策定方法

住宅マスタープランとの関係　住生活基本計画が策定される前は住宅建設5カ年計画の元資料とするために，ほとんどの（たぶん全て）都道府県で住宅マスタープランが策定されていた。このマスタープランは実現性が低くても将来的に施策となる可能性のあるものは，とりあえずでも入れておく傾向があり，事業量が多くなりがちであった。一方，今回の住生活基本計画は，法律の施行から都道府県住生活基本計画の決定までの期間が短く，住宅マスタープランのように十分な手間暇をかけることができないことが予想された。さらに「選択と集中」という言葉に代表されるように，住生活基本計画は項目を絞り，確実に実行できる項目のみで構成されることとなり，体系的な住宅政策よりも個別的な実行可能性を基準に策定されている。しかし，近年策定されたばかりで，事業期間の残っているような住宅マスタープランがある都道府県では住生活基本計画を，住宅マスタープランをたたき台として項目等を整理した形で策定する都道府県もあった。特に青森や秋田，山形，岩手は既存の住宅マスタープランをベースに修正を加える程度で「住生活基本計画」としているため，住生活基本計画（全国計画）よりも内容の濃いものとなっていた秋田県と岩手県では名称も「住宅マスタープラン」をそのまま使っている。一方，宮城県と福島県

は全国計画に準拠したものとなっており、「選択と集中」という理念を反映したものとなっている。

策定主体，組織　実際の策定組織をみると，住宅マスタープラン型の基本計画を立案した青森県は市町村職員を入れた委員会を組織し、「住宅マスタープラン」と同様の計画を策定した。山形も住宅施策審議委員会を組織し，マスタープラン型の基本計画を立案している。一方，住宅マスタープラン策定時には住民参加をしていた都道府県であっても全国計画に類似した住生活基本計画を立てた宮城県では，策定期間が短かいことを理由に基本計画を内部で策定している。策定委員会に替わる対応として専門家への意見聴取をしているが，公式的な形ではないため専門家の名前は公表されていない。

住民参加や意見聴取　住民参加についてはパブコメのみの都道府県が多く，多様な形で住民参加を進めた県はなかった。なお，秋田県では寄せられた意見を公表し，意見と回答を現在も公開している。宮城県でもパブコメ以外の住民参加には消極的であり，実際に寄せられたパブリックコメントは5件と少なく，住民の関心を引こうという意欲は感じられなかった。

3　内容の比較

理念　全国計画では「市場において一人一人が自ら努力」し，公的機関は「市場が円滑かつ適正に機能するための環境を整備する」と描かれている。各県の理念を見ると，すべての県の理念に「つくる」という言葉が使われており，住宅をつくることに力が入っていることがわかる。また秋田，山形，岩手では理念の中に県名が入っており，地域色を全面に出したものとなっている。青森は住宅や住生活を「基盤」として位置づけており，個人の自由選択（＝嗜好品）という位置づけではないことを示している。秋田の「定住」や山形の「暮らし」は計画対象そのものを表わして，わかりやすい理念となっている。岩手の「みんなで」や福島の「ともに」は参加や協働をイメージさせるが，民主主義としての「みんな」なのか，民の勝手に委ねるための「ともに」なのかは判然としない。宮城は全国計画に示された「豊かな住文化」を用いており全国計画とのつながりを示していると考えられる。

数値目標　全国計画では社会資本整備重点計画対象指標の4項目を含めて

20項目の数値目標を選定している。東北6県では数値目標として13～18項目の指標を選定している。全国計画より少なく見えるが，社会資本整備重点計画対象指標を除くと12～17項目となり，山形県は全国計画より1項目多く，秋田県は同数，他の県は全国計画より若干少ない程度である。全国計画と同一の項目は9項目（青森県）から13項目（山形，宮城）で，目標値も同じ値となっている項目数は1項目（秋田）～10項目（山形）までばらついている。目標値が全国計画と同じ場合，国が決めた目標値を県が再掲する意義はどこにあるのだろうか。全国計画より低い目標値とした項目は1項目（山形）～5項目（岩手）であった。もし全国の都道府県が全国計画よりも低い目標値を設定した場合，政府の目標は達成困難になってしまうが，どのようにして全国計画の目標値を達成するつもりなのだろう。全国計画よりも高い目標値とした項目数は1項目（福島）～5項目（秋田）で，2項目が3県で最も多かった。

一方，全国計画にはない項目は1項目（宮城県）～5項目（秋田県）であった。県独自の項目には地域性が現れそうなものであるが，他の都道府県でも採用可能な項目が多く，地域性を全面に押し出している県はなかった。せいぜい秋田県で「秋田杉利用優良木造型」の割合を指標地として採用している程度であった。全国計画と都道府県計画の関係はどのようになっているのか疑問の残る結果となった。

地域循環システムという視点でみると，「生産から再利用，廃棄までのサイクル」や「農・工・商から生活の流れと生活から農へのリサイクル」といった持続可能性を考えた指標はどこでも採用していなかった。

そもそも住生活政策とは何かという議論が尽くされないままに施行されてしまった法律であるため，現場では未だに混乱があるようだ。公共住宅の直接供給から市場誘導，生活支援まで守備範囲がかえって広がってしまった感がある。選択と集中という理屈から考えれば，公営住宅を払い下げ，生活支援，セーフティネットへとシフトするのが順当であるが，住宅交付金が公営住宅等の基幹事業がなければ得られないことを考えると，公営住宅はこれからも住政策の柱として扱われていくと考えられる。

公営住宅を市町村に移管し，市町村営住宅政策に特化しようという動きもあるようだが，必要な規模の住まいが必要な人に提供されているかどうかとい

うチェックが必要であり，住居費負担力の小さい若い家族向けの安価で広い住宅は未だに不足しているのである。

また数値目標は一度決めると一人歩きする性格のものである。手段としての数値目標がいつのまにか住宅政策の目的になり，数値目標を達成さえすれば住宅政策は合格だという思い込みにつながりやすい。住宅は生存権につながっているという住宅政策の原点を忘れずに数値目標を扱うように気をつけなければならない。

さらにこれまでの住宅マスタープランでは「理念や課題」と「具体的な施策」の関係は，抽象から具象への関係であった。具体化するほど項目が増え，数値化できる項目も増えるというピラミッド型の構成であった。ところが住生活基本計画では「課題」と「数値目標」の間で項目はほとんど増えず，1対1の関係に近い。例えば「高齢者に配慮する」という課題に対して数値目標は「共用部分のユニバーサルデザイン化率」と「バリアフリー化率」の2項目しかなく，これだけで高齢者のための施策が終わったと思われかねないのである。20に満たない項目で住宅政策の評価が決まってしまうことに疑問を感じるのは筆者だけであろうか。「目的」と「手段」の連鎖が住生活基本計画では表現されておらず，数値主義に陥る可能性が高いと思われる。

具体的施策　　具体的な施策が充実しているのは青森と岩手の「住宅マスタープラン型」の基本計画である。1つ1つの施策に解説がついている。一方，宮城県や福島県の基本計画では具体的な施策は一覧表の中に箇条書きで書かれているだけである。具体的な解説がなければ「数値目標」を達成さえすればよいという方向に動く可能性が高いと考えられる。

また，自県型の住まいに言及しているのは，青森の「スギ木づかい住宅推進事業」，秋田の「秋田杉利用有料木造型」では地名が入っており地域らしさが表現されている。「県産材利用」（山形），「地域住宅産業に対する支援・県産材の活用」（岩手県），「県産材の使用」（福島県）のように地域の材料を活用することに言及している県もあった。一方，宮城県ではほとんど言及がなかった。地域にこだわった住宅等の供給システムが地域循環システムを構築していくことを考えると，どの県も地域循環には熱心とは言い難い。

県をいくつかの地区に分け，それぞれの地域の住生活基本計画を提示したの

は青森県のみであった。全県一律の計画ではなく地区の状況に応じた施策を展開しようとする青森の姿勢はもっと評価されて良いと考える。他の県では地域区分さえも行っておらず、「効率優先の選択と集中」の結果とも考えられる。

住生活基本計画での様々な施策は「数値目標実現のための施策」として捉らえられるが、本来は「理念を実現し課題を解決するための施策」であり、その施策が実行されると「理念」が実現され「課題が解決」し、「数値目標」が達成されると考えるべきものである。数値目標の達成という手段で何を実現するのかといった項目間の基本的な関係が間違っているように感じるのは筆者だけであろうか。

また、マスタープラン型の基本計画は具体的な施策が盛りだくさんになっており、往年の住宅マスタープランそのものの項目構成となっていた。一方、全国計画に準拠した住生活基本計画型では、数値目標と施策の数は住宅マスタープラン型のものよりはるかに少なく、「選択と集中」の考え方が基本計画の構成となって現れていると考えられる。しかし、施策項目数を落とすことで住宅施策がメニューからこぼれ落ち、さらに施策を縮小させるという縮小連鎖につながる恐れを感じてしまう。総合性、体系性が必要な政策のマスタープランで安易に項目を減らしてよいものなのか、十分考える必要がありそうだ。

検証システム　　目標年次に数値目標が実現されたかどうかを検証するシステムについては岩手県は原案をつくった住宅政策懇話会にその役割を期待している。しかし宮城県等の複数の県で検証組織について言及していなかった。住政策にともなう施策は、リーマンショック時のホームレス、派遣切り、派遣村のように即時的で臨機応変な対応が必要であるが、普段から社会情勢の変化を見極め、的確な提案のできる組織をもつことが安心で安全な住宅供給を担保するのではないかと思われる。

住宅マスタープランの検証は数年後に検証のための組織をつくったのでは遅いのではあるまいか。常時住宅施策を検証し、基本計画の方向を毎年見直す方が結果的にロスが少ないのではないかと考えられる。数年後に数値目標が達成されず、突然犯人探しを始めてもなんの意味もない。

表17-2 住生活基本計画の数値目標等

項目	全国計画	青森県	秋田県目標 2015年	山形県 H27 (2015)	岩手県 H27	宮城県 H27	福島県 H27
決定日	当初H18.9.19 変更H21.3.13	H19.3	H19.3	H19.3	H19.3	H19.3	H19.3
公営住宅供給の目標量		前半5年：6000戸 10年間：12000戸	10年間：9400戸	7600戸	前半5400戸 10年間：11500戸	前半8700戸 10年間：17500戸	前期 9,300戸 通期19,000戸
名称	住生活基本計画（全国計画）	青森県県住生活基本計画	秋田21住宅マスタープラン（秋田県住生活基本計画）	県住生活基本計画	岩手県住宅マスタープラン（岩手県住生活基本計画）	宮城県住生活基本計画	福島県住生活基本計画
策定組織		青森県住宅政策委員会（2006.6～2007.2）		山形県住宅施策審議委員会	住宅政策懇話会		
理念	視点は示されているが理念としての記述はない	生活創造社会の基盤となる住まいづくりを目指して	誰もが安心して定住できる住まいづくり～「時と豊かに暮らす秋田」の実現	～やまがたの元気につながる暮らしづくり やまがた「住まい未来図」～	みんなで創り、みんなで育てる「いわての住まい」	真に豊かな住文化の創造	ともに考え、ともにつくる美しい住まいとまち
全国計画での指標 ①ストックの新耐震適合率	① 75%→90%	指標1 67%→90% (H15→H27)	①1-1 63.0→80.0% (2003年→2015年)	1-① 68.8%→90% (H15→H27)	① 65%→80% (H18→H27)	3-③ 約74%→90% (H15→H27)	② 74%→90% (H18→H27)
②共同住宅ストックの共用部分のユニバーサルデザイン化率	② 10%→25% (H15→H27)			2-① 5.5%→25% (H15→H27)	③ 4%→15% (H15→H27)	1-① 8.4%→17% (H15→H27)	③ 4.1%→15% (H15→H27)
③ストックの省エネルギー対策率【追加】④次世代省エネ基準達成率	③ 18%→40% (H15→H27)【追加】 32%→50% (H16→H20)	指標 266→80%	③-1 61.1%→82.1% (H15→H27)	2-② 38%→50% (H15→H27)	④ 54%→85% (H15→H27)	3-① 約21→43% (H1→H2)	⑪ 21%→45% (H15→H27)
⑤ストックに占めるリフォームの実施率	④ 2.4%→5% (H11～15平均→H27)	指標10 2.4%→5% (H11～15平均→H27)	⑤-1 3.4%→7.0% (2003年→2015年)	4-① 4%→10% (H15→H27)	⑤ 3.1%→6% (H15→H27)	2-① 2.3%→5% (H11～15平均→H27)	⑨ 2.7%→5% (H11～15平均→H27)
⑥25年以上の長期修繕計画に基づく積立金を設定しているマンションの割合	⑤ 20%→50%			2-④ 20%→50% (H15→H27)			
⑦重点的に改善すべき市街地の整備率	⑥ 8,000haのうち0% →概ね100% (H14→H23)					3-④ 約39haのうち、0% →おおむね100% (H14→H27)（対震災火災）	
⑧地震時に危険な大規模盛土造成地の箇所数	⑦ 約1,000箇所→約500箇所 (H15→H27)						
浸水対策、土砂災害対策及び津波・高潮対策に関する指標【社会資本整備重点計画の再掲】⑨洪水による氾濫から守られる区域の割合 ⑩床上浸水を緊急に解消すべき戸数 ⑪土砂災害から保全される戸数 ⑫津波・高潮による災害から一定の水準の安全性が確保されていない地域の面積	洪水 58%→62% (H14→H19) 浸水9万戸→6万戸 (H14→H19) 土砂 120万戸→140万戸 津波 15万ha→10万ha (H14→H19)	指標3 土砂22.1 % →27.5% (H15→H27)		1-② 土砂 3800戸→3650戸 (H17→H27)			
⑬住宅性能表示の実施率（新築）	⑧ 16%→50% (H17→H27)	指標 54.1%→16% (H15→H22)	⑤-1 4.0%→30.0% (2003年→2015年)	4-① 5%→50% (H17→H27)	⑦ 9.6%→35% (H17→H27)	3-②、4-①（再掲）約14%→50% (H15→H22)	⑪ 11%→35% (H17→H27)
⑭既存住宅の流通シェア（既存／（既存＋新築））	⑨ 13%→23% (H15→H27)	指標6 6.5%→13% (H15→H22)	⑤-2 2.7%→増加 (2003年→2015年)	4-② 8%→23% (H15→H27)	⑦ 9.5%→20% (H15→H27)	2-⑤ 約14→21% (H15→H27)	⑥ 10%→16% (H15→H27)

第17章 東北地方の住生活基本計画

㊱1)滅失住宅の築後平均年数 ㊲2)住宅の滅失率（5年間・対ストック）	住宅の利活用期間 1)約30年→約40年（H15→H27） 2) 8%→7%（H10-15→H22-27）	指標7 約25年→35～40年（H15→H27）	②-2 1) 30年→34年（2003年→2015年） 2) 8.5%→5.7%（2003年→2015年）	4-④ 1) 約30年→40年（H15→ - ） 2) 約8%→約7%（H10-15→H22-27）	⑪ 1) 約27年→約40年（H15→H27） 2) 約11%→約7% 2-③ 約12%→7%（H10-15→H22-27）	2-②, 4-②（再掲） 28年→41年（H15→H27）	⑩ 約33年→約40年（H15→H27）
㊳子育て世帯の誘導居住面積水準達成率	⑪ 全国：42%→50%、大都市：37%→50%（H15→H27）	指標9 55%→約70%（H15→H27）	⑤-3 60.5%→80.0%（2003年→2015年）	4-④ 62→70%	⑨ 52%→60%	1-③ 約46%→55%（H15→H27）	⑧ 49%→65%（H15→H27）
㊴最低居住面積水準未満率	⑫ 早期に解消	指標12 2.3%→早期に解消（H15→早期）	①2-1 1.6%→早期に解消（2003年→早期に解消）	1-④ 1.7%→0%（H15→早期に解消）	⑪ 2.3%→早期に解消	1-② 4.2%→早期に解消	⑫ 2.8%→早期に解消（H15→早期に解消）
・高齢者のいる住宅のバリアフリー化率 ㊵1)一定のバリアフリー化 ㊶2)高度のバリアフリー化	1)29%→75%（H15→H27） 2)6.7%→25%（H15→H27）	指標13 24%→75%（H1→H2）	①2-2 1) 27.9%→50.0%（2003年→2015年） 2) 6.1%→30.0%（2003年→2015年）	1-⑤ 1) 32%→75%（H15→H27） 2) 7.7%→25%（H15→H27）	⑪ 1) 28%→60% 2) 7.4%→25%	1-② 1) 31%→75%（H15→H27） 2) 7.8%→25%	③1 28%→75% ④ 2) 6.2%→25%
その他の指標		指標4 福祉のまちづくり条例による特定施設の届け出件数 1036件→2300件（H15→H20）	①1-2 新築住宅のバリアフリー化 64.0%→67.0%（2004年→2010年）	1-⑥ 応急危険度判定士登録数 1,300→1,500人	② 県民一人当たりの住宅延べ面積 42.5㎡→48㎡	1-③ 高齢者円滑入居賃貸住宅登録戸数 約2300戸→5000戸（H13-18→H27）	⑬ まちづくり協定地区数 33地区→55地区（H17→H27）
		指標8 総合的な住情報相談窓口の設置市町村数 3市→全市町村（H17→H22）	①1-3 秋田花まるっ住宅の普及促進を目的とした講習会の参加動員総数（累計） 300人→2000人（2005年→2010年）	1-⑥ 公営住宅入居者の満足度 45%→65%（H15→H27）	⑫ 公営住宅における高齢者仕様整備率 25.7%→38%（H15→H27）		⑭ 県建築領域HPへの年間アクセス件数 24000件/年→30000件/年（H17→H27）
		指標11 住宅及び住環境に対する満足度 67.2%→up（H15→H27）	①1-4 バリアフリー適合証交付施設数（累計） 246件→1319件（2004年→2010年）	1-⑦ 高齢者円滑入居賃貸住宅登録戸数 200戸→450戸（H17→H27）			新築着工のうち戸建て住宅に占める在来木造住宅の割合 77%→80%（H17→H27）
			①1-5 公共施設のバリアフリー化率 9%→30%（2004年→2010年）	3-① 中心市街地における公的支援による住宅供給累計戸数 248戸→500戸（H17→H27）			
			④-1 「秋田県住宅建設資金」利用申込における「秋田杉利用優良木造型」（秋田杉利用の在来工法の住宅）の割合 40.0%→50.0%（2005年→2015年）				
			④-2 コミュニティビジネスの立ち上げ件数（年間） 19件→20件（2004年→2010年）				
ページ数（ページ）	20	60	35	67	55	27	25
資料編（ページ）		40	32	39	26+11		
改訂		H13.3改訂					
その他	【追加】施策に長期優良住宅の普及の促進目標等にエネルギーの効率性の向上等	パブコメは H18.12.27～H19.1.25 6地域別の数値目標はない			名称：岩手県住宅マスタープラン		

4　市町村の状況

　住生活マスタープラン策定義務のない市町村はますます混乱している。大規模な市町村では住宅マスタープランを策定できるし，これまでも策定している。しかし中規模，小規模な市町村では単独費で基本計画を立案するような余裕はない。住生活基本法では市町村に基本計画を策定する義務がないため，補助金もない。数十戸，数百戸の公営住宅しかない市町村では基幹事業費が少なく，提案事業の枠内で住生活基本計画を策定しようにも費用などないに等しいのである。

　本来，住民と直接対話するような最前線に立つ市町村が思い切った住宅政策ができないとすれば，国全体が住宅政策から撤退するに等しい。

　平成19年9月以来「長期優良住宅（200年住宅）」という言葉が21世紀に向けた住宅政策として脚光を浴びつつあるが，「長期優良住宅」は居住者が入れ替わることを前提としていることから公共性の高い住宅ということができる。従って「長期優良住宅」は住宅政策のみならず，国土政策，人口政策，産業政策と連携していなければならない。数世代後の家族が大家族制をとっているならば持ち家政策で良いのだろうが，様々な産業がこれから栄枯盛衰を繰り返すとすれば，1箇所に世代を重ねて住み続けるような家族を探すことは至難の業だ。せっかく建設した家を捨て，街を捨てる生活がシャッター通りを生みやがてゴーストタウン化することは必至である。耐用年数前にゴーストタウン化することを前提として200年住宅が提案されているのであれば，「長期優良住宅」という発想自体が無意味である。200年間定住する国家像があって初めて「長期優良住宅」は具体性，実現性を与えられるのである。

V　東北地方の地域住宅計画

1　策定状況

　住生活マスタープランの実現方策の一手段として位置づけられているのが「地域住宅計画」とそれに基づく「地域住宅交付金制度」である。東北六県では15市町村が単独策定，161市町村がそれぞれの県との共同策定となっている。最も多いのは福島県の41市町村，次いで山形県の35市町村，岩手県の30市町村

となっている。最も少ないのは秋田県の18市町村であった。2006年と比べると，山形県が43市町村から35市町村に減った以外は青森県が21から25市町村，秋田県が13から18市町村，岩手県が26から30市町村，宮城県が11から24市町村，福島県が31から41市町村（いずれも延べ市町村数）へと5県で増加しており，地域住宅交付金制度が着実に浸透していることがわかる。

2　策定方策

　東北地方の地域住宅計画は，県との共同策定をする市町村が多いことに特徴がある。単独策定しているのは福島県の2市と宮城県の13市町村だけであった。単独市町村での策定が少ないのは，この交付金が，「基幹事業」すなわち公営住宅のない市町村では交付金を申請することができないことや，「基幹事業」が少ない市町村では「提案事業」に十分な費用をまわすことができないためである。そのような市町村は，公営住宅の多い県と共同で交付金を申請せざるをえないのである。市町村の予算確保にとっては名案ではあるが，市町村の創意工夫による提案事業が県のチェックを受けている形になってしまうことが残念である。実際，ヒアリングを行った宮城県では「耐震診断事業」を行うために市町村との共同策定を行ったとのことで，市町村からのボトムアップではなかったことがわかっている。県にとっては，県営住宅を基幹事業の根拠にしていることから，本来，県の住宅政策のために使える提案事業の交付金を市町村にまわしているという見方もできよう。共同策定に参加していない市町村にとっては不公平感を否めない。

　筆者らが全国の中から選んだ10都道府県の市町村に対して行った「住生活基本計画と地域住宅計画についてのアンケート」でも策定方法について「基幹事業」を前提とする交付金制度の使い難さを指摘する意見もみられた。

3　策定内容

　地域住宅計画で示されている「基幹事業」のほとんどは公営住宅関係の事業，それも建て替えが多かった。一方，「提案事業」には様々な内容が含まれており，ハード事業のみならず，情報の提供や組織化といったソフト事業も含まれていた。市町村数がもっとも多かったのは，「民間住宅の耐震改修補助（診断

を併せて行うものを含む）」で1県22市町村，次いで「その他（ブロック塀の改善等）」で1件27市町村，そして「定住促進関係」が13市町村となっていた。耐震関係が多いのは宮城県，岩手県が発生確率の高い宮城県沖地震の震源地に近いことによるものである。一方「克雪関係」は青森市と鶴岡市，尾花沢市の3市のみで，多雪地帯の秋田では提案事業としては申請されていなかった。また，「住情報・相談窓口関係」は6県と5市のみで，中小の市町村は含まれていなかった。

　県別にみると，青森県は「その他（ブロック塀との改善等）」が8市町と多く，秋田県は多いものでも4市町でばらつきが多かった。岩手県は「民間住宅の耐震改修補助（診断を併せて行うものを含む）」，宮城県も「民間住宅の耐震改修補助（診断を併せて行うものを含む）」が多かったが，「その他（ブロック塀との改善等）」も8市町村と多かった。山形県は「その他（ブロック塀との改善等）」が1県5市町で，次いで金山杉などの県産材を使う「木造住宅関係」が1県3市町となっていた。一方，福島県は「定住促進関係」が8町村ともっとも多く，山間部で過疎が進んでいることを垣間見ることができる。

　2006年の事業内容と比べて見ると，各県で採用されている事業にあまり変化がなく，提案事業のメニューが各県で固定化している傾向が窺える。

4　課　題

　地域住宅計画では提案事業は公営住宅関連事業の19％までは45％の国費負担率が維持されるが，以降提案事業率が100％になるまで国費率は0％まで漸減していくというより国費が頭打ちになり，提案事業の増分は県や市町村の単独費対象となっていくのである。そもそも，この交付金は公営住宅の改修，建て替えのための補助金であって，民間の住宅を含めた住生活全体を豊かにするための性格のものではなかった。ところが住生活基本法が制定されたときに基本法にも特措法にも「住宅」という名前がついているため，基本法に基づく「住生活基本計画」の実施手段として認識されてしまったところに法律と交付金とのずれが生じてしまったと考えられる。そのため，公営住宅関連事業の少ないところでは逆に民間の「住生活」のための政策を打ち出しにくくなってしまったのではあるまいか。また「基幹事業」が小さい場合は公営住宅以外の住宅施

策の十分な原資にはならないのである。一方，地域住宅計画を県と共同策定すれば市町村用の提案事業にまとまった額をまわせる場合もあるが，県への遠慮や県への依存関係の発生などが心配されるし，そもそも県独自の提案事業枠が減ってしまう。実際，前項で触れたアンケート調査では基幹事業のしばりや提案事業の比率に対する不満が多数寄せられており，公営住宅建設の初動期には使いにくい交付金となっているといえる。

Ⅵ　まとめ

1　住生活基本計画の課題

　東北地方の住生活基本計画を比較してきたが，平成19年3月にまとめられたものにはまだ多くの問題点があることを指摘せざるを得ない。

　①住宅とは何か，住政策とは何かという哲学のないままに住生活基本計画が策定されており，施策や数値目標が何を実現するのかが明確でない部分がある。

　②住宅は私有財か公共財かの議論がもっともっと必要である。持ち家の場合は長期間個人が占用することから私有財と考える合理性もありうるが，賃貸住宅のように比較的短期に専用者が変わる場合は公共財的な性格が強くなる。それでもわが国では賃貸住宅も所有者の私有財として扱われている。その結果，必要な規模の住まいが必要な家庭に供給されず，そのギャップが持ち家へと若い世代を駆り立てている。一方，子どもが独立した高齢者は広い家をもてあますことになる。

　③数値目標や施策として住政策の項目を選択しすぎた結果，体系的な住宅施策が見えなくなっており，ばらばらの施策の寄せ集めに見えてしまっている。一方，住宅マスタープラン型の基本計画では内容が濃く，逆に実現性に疑問符がつけられてしまいそうである。バランスのよい基本計画を模索する必要があろう。

　④全国計画や県計画で共通する項目が多く，国と地方の役割分担の明確化が必要である。全国的に共通のものは国で一元的に扱うことも考える必要があろう。

　⑤数値化できない指標をどう扱うかが明確ではない。ともすると数値目標が

一人歩きをする恐れが大きく，体系的，総合的な施策の実行を担保する方法がまだ確立していないのではないかと感じた。

⑥長期的視点や種まきのような萌芽的施策（PR，情報把握，技術継承，職員研修等）が数値目標や施策から落ちているのではないか。本来，即効的な効果がなくても長期間継続した結果，問題の解決を促進したものもあると思われるが，そのような施策はどのくらい残っているのであろうか。短期的な成果主義が組織を弱体化させることは，リーマンショックで学んでいるはずである。

⑦目的と手段の連鎖の中での位置が不明確になっている。目的と手段が逆になっている項目があると思われるのである。数値目標や施策の関係が一方通行に単純化されすぎているのではないか。理念→施策→数値目標→施策→数値目標→……→理念の実現という，数値目標と施策が相互に連鎖するといった流れが表現されず，理念→課題→数値目標→施策という単純な図式として表現されているように思われるのである。どんな目的のためにどんな施策を行い，その結果をどのような数値目標で検証するのかをもっと明確化しておく必要があるように感じている。

2 地域住宅計画と交付金の課題

「交付金」の特徴は，政府は使い道にことこまかく介入せず，県や市町村に使い道の自由化を保障することといわれているが，そのためには公営住宅等のない市町村にも地域住宅交付金が交付されるようなしくみが必要である。基幹事業にしばられた現在の交付金を拡大し，施策に必要な費用を，あらゆる都道府県や市町村に交付するしくみなしには，住生活基本計画の実現は困難である。

3 住宅政策への提言

今後の住政策の方向を考えるとき，いくつかの施策を思いつく。

例えば，住継承システムの確立のために，持ち家を住宅双六のゴールとはせず，ライフステージに応じて住み替え，郊外のニュータウンの一戸建てを若年層へ安価で賃貸できる仕組みをつくることも有効であろう。

不動産登記の仕組みは不動産の市場性を著しく殺いでいる。日常的な取引でも多くの書類と高額に費用が必要であり，高齢社会では所有者の死後の手続き

が円滑にいくとは限らない。もし不動産の取引も市場に委ねるのであれば，登記制度の簡略化は必須であろう。

また，官民の賃貸住宅の家賃を入札化することで市場を完全に開放し，高額となる部分に公的な住宅を集中的に供給することを考えても良いだろう。

産業や福祉と連動した施策として，3人目の子どもがいる家庭ではある一定面積の住居費を補助することなど考えても良いだろう。建設廃材としての住宅建材のリサイクルは確立しているが，古建築の欄間や大黒柱のように，あるものを使いまわすようなシステムは未整備である。

派遣労働者への住宅提供も派遣先の企業にまかせるのではなく，人材派遣会社の義務にすることでホームレス難民の発生を防ぐことができるかもしれない。

プレハブ住宅は全国一律のデザインで造られるため，地域の個性が地域から消えていく原因となっている。住文化を育成するのであれば，地域の中で材料から技術，管理まで一貫したシステムをつくり，次世代に継承していく施策が必要である。

また，居住者の側もPR攻勢に屈して付和雷同的に住宅を購入するのではなく，自ら地域について学習し，地域に最適な住まいを考え，購入しようという意識の向上と行動が必要である。リサイクル意識が定着してきたように自治体からの情報提供の信頼度は高い。自治体による住民の意識改革は案外効果が大きいと考えられる。

4　まとめ

小泉改革以来，住まいづくりの隅々まで新自由主義が貫徹されようとしている。そのためには，住宅も常に供給過剰である必要がある。しかし住宅の供給過剰（＝住宅の商品化の完遂）は企業倒産が起こった場合，その金額の大きさから連鎖的に倒産を引き起こしわが国の経済を揺るがしかねない。全国一律で行われる住宅の商品化政策が何をもたらすかは明白であるが，リーマンショックの後も新自由主義から開放されたような新しい施策への動きは活発ではない。

まして住宅という不動産は，高額，移動付加，代替不可，公共サービスが必要，消費されない（あるいは消費されるまで非常に長期間かかる）などの一般の商品とは大きく異なる性格を持っている。単なる商品とは異なる性格のものな

のだ。そんな不動産を一般の商品と同列に扱おうとしたのが構造改革であるが，セーフティネットが機能しにくかったことなど，かならずしもうまくいっているとはいえまい。

住生活とは何か，住宅とはなにか，不動産とは何にか，誰が何を行うべきかについて，歩いては立ち止まり，立ち止まっては考える習慣を身につけなければならないと感じているこの頃である。

おわりに

筆者が鈴木浩教授にご指導頂いたのは昭和52年の卒論ゼミからである。当時，論戦が好きで好戦的で個性的なオーバードクターがごろごろしていた東北大学工学部建築学科9階の中にあって温厚で学生の意見をきちんと聞いてくれる院生は少なかった。それだけに卒論に使うアンケートの調査票ゼミではいつもやさしくきちんと議論をしてくれる鈴木氏や遠州氏の存在は大きかった。なんとか卒論を提出し大学院に進学したら鈴木氏が助手として自分の研究室に配属されてきた。なんという幸運だろう。以来2年間，私のようなできの悪い学生にも分け隔て無く指導をして頂いた。

一方，研究を離れると鈴木氏はなかなかのスポーツマンで卓球ではずいぶん鍛えられた。一度も勝てなかったが，卓球をすることが楽しかった。また，「コバック」というトランプが大好きで暇があれば研究室の学生コーナーで今は亡き河津市郎氏らと「コバック」に興じたものだ。河津氏は沼津ルールのコバックを持ち込み，「ヌマコバ」なるルールを広めた。

大学院を修了し，社会に出たが，鈴木先生とのやりとりは至るところで役に立った。社会人としての常識も知らず知らずに教わっていた。

平成3年から教職につくことになったが，学生を教えることの難しさばかりを感じる日々である。東北大学時代によく私のようなできの悪い学生を見捨てずにいてくれたものだ。忍耐力には敬服するしかない。

まして退官に当たって作られる記念集に「論文」を書けというではないか。七転八倒しつつ，住宅政策の現状や方向をまとめてみた。とても論文などとは言えないが，内容は学生時代に鈴木先生らと交わした議論がベースになっている。

家も建築もまちも都市もユーザーが主役である．作り手や売り手が主役になってしまってはいけない．そのために我々は何をなすべきか，ユーザーにはどう係わって欲しいのか．未だに結論が見えないが立ち位置は学生時代から変わっていないつもりである．

最後の最後の締切さえも越えた平成21年9月16日，民主党の鳩山由紀夫代表が第93代の総理大臣になった．自民党の構造改革時代にできた住生活基本法はこれからどうなっていくのだろうか．市場化路線をひた走ってきた住宅政策がそのまま継承されるのか，一息ついて，生活者の目線でみた住まいづくりへと変わるのか，現段階では何も見えてはいない．本稿が出版される頃には新たな政策が打ち出されていることを願ってやまない．

参考文献

国土交通省（2006）「住生活基本計画」
青森県（2007）「青森県住生活基本計画」
岩手県（2007）「岩手県住宅マスタープラン（岩手県住生活基本計画）」
宮城県（2007）「宮城県住生活基本計画」
秋田県（2007）「秋田21住宅マスタープラン（秋田県住生活マスタープラン）」
山形県（2007）「山形県住生活基本計画」
福島県（2007）「福島県住生活基本計画」
豊かな住まいまちづくり推進会議，公共住宅事業者等連絡協議会（2006）「住まいから始める地域・まちづくり2006」
豊かな住まいまちづくり推進会議，公共住宅事業者等連絡協議会（2007）「住まいから始める地域・まちづくり2007」
豊かな住まいまちづくり推進会議，公共住宅事業者等連絡協議会（2008）「住まいから始める地域・まちづくり2008」
国土交通省住宅局住宅政策課監修（2006）「最新　日本の住宅事情と住生活基本法」ぎょうせい

第18章　高齢者居住福祉
―生活環境の視点から―

はじめに

　超高齢社会を迎え，高齢者が自立し，安心して生活できるような居住環境が求められているが，自宅での生活が困難な場合，現行制度では施設や病院へ生活環境を移行することになる。転居後の生活環境への適応リスクを考慮すれば，住み慣れた地域内での転居が望ましいが，住み慣れた地域内での転居が困難な場合，転居後の地域環境への適応ということが課題となる。加えて，在宅から施設での生活環境の変化に如何に適応していくかという新たな課題も抱えることになる。

I　研究目的

　前述の背景を踏まえ，本章では1996年から現在に至るまでの下記の3分野の研究を通して，高齢者が転居して介護施設などに移行しても，そこで自己実現できるための高齢者居住福祉のあり方を生活環境の視点から探ることが目的である（図18-1）。
1）転居における外出行動と人的交流（研究Ⅰ）[1]
2）介護施設における入浴環境（研究Ⅱ）[2]
3）介護施設における車いす環境（研究Ⅲ）[3]

---

(1)　齋藤芳徳・外山義・鈴木浩（2000）「居住地域における高齢者の外出行動と人的交流に関する考察」『日本建築学会計画系論文集』NO. 532，125-132ページ。
(2)　齋藤芳徳・松本正富・山口健太郎（2009）「利用者の人権を尊重した個別介護を支える入浴環境の検討」『茨城大学教育学部紀要』58，123-133ページ。

図18-1　本稿の研究フレーム

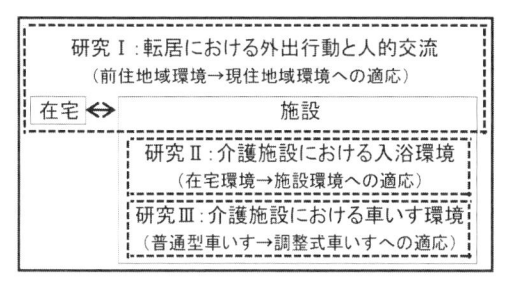

```
研究Ⅰ：転居における外出行動と人的交流
　　　（前住地域環境→現住地域環境への適応）
在宅⇔　　　　　　　施設
　　　　研究Ⅱ：介護施設における入浴環境
　　　　　　（在宅環境→施設環境への適応）
　　　　研究Ⅲ：介護施設における車いす環境
　　　　　　（普通型車いす→調整式車いすへの適応）
```

Ⅱ　転居における外出行動と人的交流（研究Ⅰ）

1　研究目的

　本節では，高齢者の転居後の地域環境への適応プロセスを捉えるため，A市K町の在宅高齢者（以下，在宅K）と施設居住者（以下，施設K）の地域環境との関わり方を経時的に調査した結果から，在宅高齢者と施設居住者の外出行動と人的交流を探り，施設の社会化について考察することが目的である。

2　研究フレーム

　研究フレームと調査地域と調査対象者の概要を図18-2・表18-1に示す。

3　結果と考察

外出行動　外出先の2年間の経時的変化は，図18-3のとおりである。自力歩行可能な高齢者が多いため，同一地域内・同一施設内であっても外出行動は多様である。相対的に在宅K，施設Kともに外出先は減少しているが，第1次調査の結果と同様，「買い物」「銀行」「病院」などが在宅K，施設Kともに高い利用度を示していた。

近隣・友人との交流　人的交流は在宅K，施設Kともに減少しているが（図

---

(3) 齋藤芳徳（2007）「高齢者介護施設における姿勢保持」『小児から高齢者までの姿勢保持－工学的視点を臨床に活かす』医学書院，158-170ページ。

図18-2　研究Ⅰのフレーム

調査地域 A市K町	＜第1次調査＞	＜第2次調査＞
	在宅K(109人) ↔ 施設K(55人)	在宅K(40人) ↔ 施設K(37人)
調査期間	1996年6月～7月	1998年6月～7月
調査方法	ヒアリング調査（一部留置き） 内容：外出行動・人的交流（近隣・友人） 在宅の60歳以上の男女、および軽費老人ホームA型に居住する60歳以上の男女を選定した。在宅は老人クラブ名簿からの無作為抽出、施設は施設管理者を通じて対象者を選出した。なお、第2次調査時の対象者は第1次調査の回答者である。	

表18-1　調査地域と調査対象者の概要（第1次調査）

地域特性	老年人口比率	過去5年の人口増加率	1世帯当たり人口	地区分類
K町	15.2%	7.7%	3.8	農山村住宅地区
A市	12.7%	3.1%	2.9	

居住年数	5年未満	5年以上10年未満	10年以上20年未満	20年以上30年未満	30年以上	無回答
在宅K	0.0%	0.0%	3.7%	3.7%	89.9%	2.8%
施設K	38.2%	61.8%	0.0%	0.0%	0.0%	0.0%

基本属性		在宅K	施設K	心身状況		在宅K	施設K
性別	男性	41.3%	30.9%	歩行状態	自力歩行	94.5%	89.1%
	女性	58.7%	69.1%		介助歩行	0.0%	0.0%
年齢	75歳未満	73.1%	25.5%		杖・歩行器利用	1.8%	9.1%
	75歳以上	26.9%	74.5%		車いす利用	0.0%	1.8%
歩行能力	20分未満	55.3%	30.8%		無回答	3.7%	0.0%
	20分以上	44.7%	69.2%	意思疎通	支障なし	86.2%	74.5%
前住地	同町内	48.4%	0.0%		概ね可能	3.7%	25.5%
	市内	28.4%	38.2%		ほぼ不可能	0.0%	0.0%
	市外	13.9%	60.0%		理解力なし	0.0%	0.0%

図18-3 外出行動と人的交流の経時的変化

| | | | 意思疎通 | ADL | 外出行動(1年間の外出先) ||||||||外出行動の増減| 人的交流(近隣・友人) ||||人的交流の類型 |
					食料品・衣料・雑貨など	店・レストラン・居酒屋・喫茶店など	市役所・郵便局など・銀行	病院・診療所など	文化会館・図書館・体育館など	公園・居酒屋・体育館など	老人福祉センター・デイサービスなど	散歩しやすい道路など		近所の友人の有無	近所以外の友人の有無	施設内の友人の有無	人的交流の増減	
在宅K		合計		第1次調査	26	10	32	34	8	10	15	9		33	25	0		
				第2次調査	31	10	31	31	1	8	6	19	↓	33	16	0	↓	
				第2次/第1次	119%	100%	97%	91%	13%	80%	40%	211%		100%	64%	0%		
施設K	転居群	A市外	合計	第1次調査	19	15	10	23	2	5	4	13		8	15	18		
				第2次調査	18	12	12	20	0	2	3	2	↓	2	8	18	↓	
				第2次/第1次	95%	80%	120%	87%	0%	40%	75%	15%		25%	53%	100%		
	転居群	A市内	合計	第1次調査	12	9	9	12	6	7	0	3		2	9	8		
				第2次調査	10	8	7	11	2	4	0	2	↓	1	5	7	↓	
				第2次/第1次	83%	89%	78%	92%	33%	57%	0%	67%		50%	56%	88%		
施設Kの人的交流の特徴的な事例	A市外からの転居群	No.9 男性 77歳	第1次															F
			第2次	→	↓								↓				↓	H
		No.18 女性 76歳	第1次															B
			第2次	→	→													F
		No.25 女性 70歳	第1次															C
			第2次	→	→								↑				→	C
		No.45 女性 84歳	第1次															G
			第2次	→	→								→				↑	C
	A市内からの転居群	No.1 女性 83歳	第1次															H
			第2次	↓	↓								↓					H
		No.16 女性 75歳	第1次															D
			第2次	→	→								→				→	D
		No.29 女性 85歳	第1次															A
			第2次	→	→								→					A
		No.44 男性 78歳	第1次															E
			第2次	→	→													F

＊網掛け部分は該当項目を示す.
＊↑：上昇・増加，→：変化なし，↓：下降・減少を示す.

18-3)，減少の傾向が対称的である．具体的には「近所以外の友人」は在宅K，施設Kともに交流が減少する傾向にあり，さらに，在宅Kは「近所の友人」と交流を維持する傾向が，施設Kは「近所の友人」と交流が減少し「施設内の友人」と交流を維持する傾向がみられる．すなわち，親族以外の人的交流は，在宅Kは近隣に，施設Kは施設内に交流範囲が縮小している．

図18-3は市内からの転居者と市外からの転居者に分けているが，市内から

の転居者の場合，市外からの転居者に比べて「近所の友人」「施設内の友人」が少ない傾向がみられる。これは施設居住者で自力歩行可能な高齢者の場合，市内からの転居であれば前住地等に自分の意思で行くことも比較的可能であり[4]，それが近所や施設内への関心を薄れさせていると思われ，「老人福祉センター・デイサービスなど」の高齢者の交流の場に外出しないのもこの影響によるものと推察される。一方，市外からの転居者は，前住地まで自分の意思で行くのは距離的な面で困難が伴うため，新しい環境に馴染もうとする施設居住者は，近所や施設内に関心を示すものと推察される。

施設Ｋの人的交流（近隣・友人）の類型と改善の可能性　図18-3の施設Ｋの人的交流（近隣・友人）を，「近所の友人」「近所以外の友人」「施設内の友人」という３点から整理したところ，８タイプに類型された（表18-2）。

表18-2の第１次調査から第２次調査の類型別人数をみてもわかるように，ＤタイプからＧタイプへの変化が多く，人的交流（近隣・友人）はあきらかに減少している。人的交流の減少の要因としては，自然減以外に，図18-3の事例No.9・25の場合のように，市外からの転居で前住地との地理的距離が影響して「近所以外の友人」を喪失しているケースや，郊外の人里離れた環境にあるために「近所の友人」が少ないこと，等が影響している。しかし，事例No.29は，自力歩行可能な施設居住者で，Ａ市中心市街地からの転居であり，施設と前住地間の交通の便もよいため，在宅時の「近所の友人」「近所以外の友人」という人的交流に，入居によって「施設内の友人」という選択肢が加わり，在宅時代よりも豊かな人的交流（近隣・友人）を再構築している。

一方，車いす利用者等の自力歩行不可能な施設居住者の場合は，①利用者の移動が最小限におさえられ，②「施設の社会化」により，地域と施設をつなぐプログラムが整備されて，住み慣れた地域との交流が十分に行われる配慮が必要である。在宅Ｋは近隣に，施設Ｋは施設内に交流範囲が縮小していたことは既にみたが，①②の条件が整えば，人的交流（近隣・友人）の再構築は，自力歩行不可能な施設居住者でも可能である。

転居後の高齢者と地域環境の適応プロセスにおいて，人的交流（近隣・友人）

---

[4] 施設Ｋにはバス停が近接しており，入居者の多くがバスを利用して外出していた。

表18-2 施設Kの人的交流(近隣・友人)の類型

類型	近所の友人	近所以外の友人	施設内の友人	人的交流(近隣・友人)の特徴	人的交流の種類	合計人数(1次)	合計人数(2次)
A	+	+	+	新しい環境に適応し,近所や施設内に友人をつくりつつ,近所以外の友人とも交際を続けている。	多 ↑	3	1
B	+	+	-	施設になじめず,近所や入居前の友人などの施設外との交際に力を注いでいる。		1	0
C	+	-	+	近所以外の友人はいないものの,新しい環境には適応しており,近所や施設内の友人と人的交流を再構成している。		3	2
D	-	+	+	施設内に友人をつくりつつ,入居前の友人とも交際を続けているが,近所付合いはない。		17	8
E	+	-	-	近所以外の友人がおらず,施設にもなじめない。近所とのみ人的交流を再構成している。		3	0
F	-	+	-	新しい環境に適応できず,近所以外の友人のみと交際している。その友人を喪失した場合,Hタイプになることが多い。		3	4
G	-	-	+	新しい環境になじもうと,施設内に友人をつくるが,近所付合いまではできていない。	↓	3	14
H	-	-	-	環境移行後の新しい環境にうまく適応できず,自らを外に対して閉ざしている。活動範囲も狭い。	少	4	8

＊＋:友人あり,－友人なし。 ＊網掛け部分は,各対応人数の最大値を示す。

が新たな地域環境の中で生活を再構築する際に果たす役割は大きいと思われ,施設内の居住空間の整備とともに,施設の立地する地域環境を考慮に入れた「施設の社会化」が求められていることが推察された。

Ⅲ　介護施設における入浴環境（研究Ⅱ）

1　研究目的
　本節では，高齢者が在宅から施設への生活環境の変化に如何に適応しやすい環境を提供するかという課題について考察する。具体的には，介護入浴環境に着目し，A施設の浴室改修前後における集団入浴介護と個別入浴介護の実態を比較するとともに，他施設を加えて，小規模な介護環境下で個別入浴介護を支えるための環境のあり方を探ることが目的である。

2　研究フレーム
　研究フレームと介護浴槽の概要を図18-4・5に示す。

3　介護施設の現状
　住み慣れた地域での暮らしから施設での生活への移行を経験する利用者は，施設という非日常空間に移ることにより，以下のような様々な「落差」を味わうという指摘があり[5]，この落差を埋める工夫が必要になる。
・「空間」の落差－住宅からかけ離れた大きなスケールの空間，プライバシーが保てない居室，等
・「時間」の落差－集団生活を前提にしたスケジュール，日中の入浴，等

　これらの課題の解決策として，現在，介護施設では小規模化・ユニット化（小規模生活単位型特養等）が進められており，これまでの流れ作業的な集団介護から個別介護への移行を目指している。そして，小規模化・ユニット化は，従来の3大介護（食事・排泄・入浴）の中で，食事介護と排泄介護の質の向上に寄与している。
　一方，入浴介護は施設の入浴環境に依存する部分が強いため，利用者のADLが低下した場合，機械力に頼った特殊入浴に一挙に移行してしまう例がみられる。また，集団入浴介護が行われているケースでは，不特定多数の介護

---
[5]　外山義（2003）『自宅でない在宅－高齢者の生活空間論』医学書院。

図18-4　研究Ⅱのフレーム　　図18-5　介護浴槽の概要

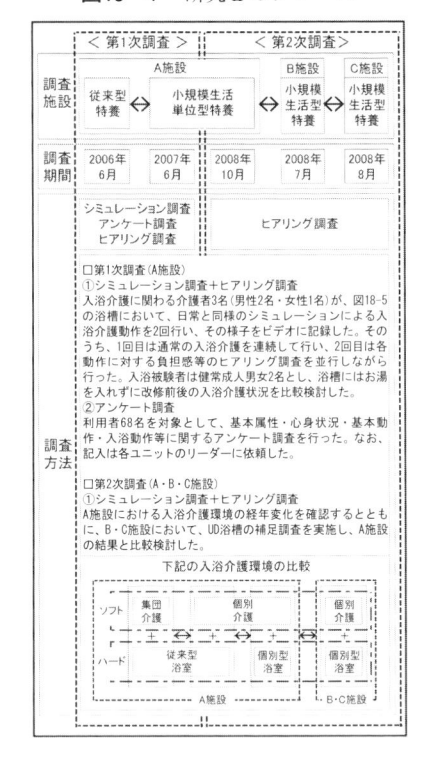

＊○：自立，△：一部介助，×：介助

者が関わる入浴環境が，利用者の羞恥心を傷つけている可能性が高い。加えて，小規模な入浴介護環境に関する研究も少ない。

4　結果と考察

A施設の浴室の概要を図18-6に示す。なお，本節では改修前から利用されている浴室を従来型浴室（改修前は2・3階入居者全員が利用，改修後は2階入居者が利用），改修後に設置された個別介護下の浴室を個別型浴室1・2（3階入

図18-6　浴室の平面図

従来型浴室（大浴槽、一般浴槽A、座位浴槽A、臥位浴槽）

個別型浴室1（UD浴槽）　個別型浴室2（一般浴槽B、座位浴槽B）

居者が利用）と定義する。

少人数　A施設浴室改修前後の入浴介護の比較を図18-7に示す。浴室改修前の入浴介護体制は集団介護であり，この集団介護では，利用者1人に関わる介護者数は最大6名であった。

浴室改修後の入浴介護体制は，個別介護に移行した。2人介護の必要な場合は，PHS等の通信機器で補助介護者を呼んで対応する。この個別介護では，利用者1人に関わる介護者数は1～2名に減少した。

また，個別入浴介護への移行で，平均入浴時間の増加傾向がみられた（図18-8）。これは，画一的な集団介護から個人の嗜好を尊重する個別介護になったことが，入浴時間に影響したと思われる。加えて，入浴時間の増加により，一緒にいる時間が増えることになり，利用者の心身状況の変化を捉えやすくなったという意見がみられた。

プライバシーの確保　A施設の浴室改修前は，脱衣室から大浴室と臥位浴

図18-7　集団入浴介護と個別入浴介護

入浴行程	場所 行為	フロア	脱衣室			浴室					脱衣室			廊下	フロア
		①誘導	②脱衣			③洗体		④浴槽の出入り			⑤拭身	⑥着衣		⑦整容	⑧誘導
			上半身	下半身	移乗	臀部外	臀部	入湯	入浴	出湯		上半身	下半身	移乗		
集団介護 6人	介護者A	主介護														主介護
	介護者B		主介護									主介護				
	介護者C		補助	補助								補助	補助			
	介護者D					主介護										
	介護者E					補助	補助		補助							
	介護者F													主介護		
	各場所の介護者数	1人	2人			2人						2人			1人	1人
個別介護 2人	介護者A					主介護										
	介護者B		補助	補助		補助		補助				補助	補助			
	各場所の介護者数	1人	2人			2人						2人			1人	1人

図18-8　入浴時間の推移

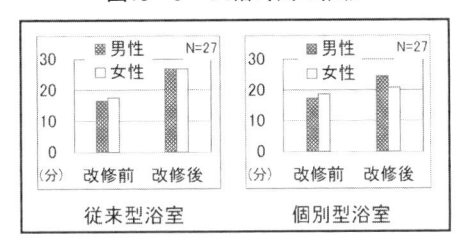

従来型浴室　　　　　個別型浴室

　室にアプローチする平面計画（図18-6）であった。集団介護時の脱衣室内には，着脱や入浴待ちを含めて最大6名の利用者と着脱係の介護者3名の計9名が同時に存在していた。
　浴室改修後は，1つの浴槽に1つの脱衣室という平面計画（図18-6）と個別介護の導入により，脱衣室内に同時に存在する人数は2〜3名に減少した。集団介護時の複数の介護者と半裸の利用者の動線の交錯が解消され，利用者のプライバシーの確保に繋がっていた。
　また，脱衣室や浴室で利用者が半裸で待つという行為が減少し（図18-9），介護者からは入浴時に利用者が体を冷やして体調を崩す心配が減ったという意見がみられた。
　介護負担の緩和　　2階の一般浴槽Aの利用者は，浴槽の出入り「全介助」が多くみられた（図18-10）。一般浴槽Aは，浴槽の出入り時に立ち座り動作が

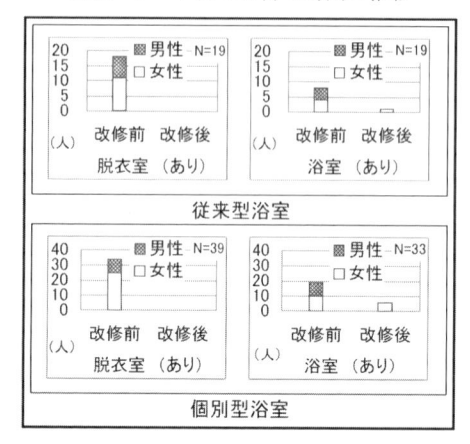

図18-9　半裸での待ち時間の推移

　必要なために,「全介助」の利用者は入浴しにくいが, 二人介助等で対応していた。しかし, 立位が困難な利用者への1人または2人での無理な姿勢での介護は, 転倒事故や介護者の腰への身体的負担などが懸念されるという意見がみられた (図18-11)。

　一方, 3階の個別型浴室利用者は, 浴室改修によって介護浴槽が変わり, シャワー浴の利用者が介護浴槽を利用するようになるなど, 利用者の意向を尊重しつつADLにも対応した浴槽の選択が行われるようになった (図18-12)。とりわけ, 個別型浴室2では, 一般浴槽Bと座位浴槽Bの選択が可能なため, 利用者と介護者の体調により, 利用浴槽を変えており, 介護力を必要とする入浴では, 日々の状況に応じて介護入浴環境を選択できる必要性が示されていた。

　ユニバーサルデザイン　UD浴槽(一般浴槽)は,「要介護度1〜4」, 浴槽の出入り「見守り〜全介助」の利用者, また, UD浴槽(座位浴槽)は,「要介護度4」, 浴槽の出入り「全介助」の利用者であり, UD浴槽は1台で多様な利用者に対応していた (図18-12)。

　また, A・B・C施設共に, UD浴槽は一般浴槽と座位浴槽の機能を有するため, 1台で日々変化する利用者や介護者の心身状況に対応して使われていた。この結果は, UD浴槽が利用者や介護者の心身負担の緩和に寄与するとともに, 介護浴室の省スペース化や省コスト化に繋がる可能性を示していた。

図18-10　従来型浴室の身体機能と利用浴槽

浴槽出入りと利用浴槽の関連

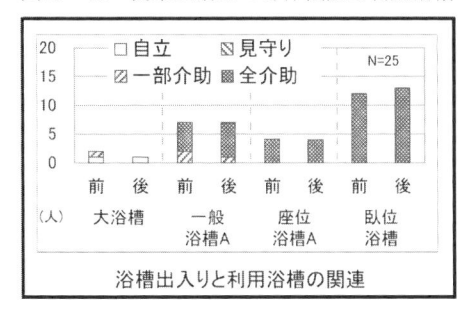

図18-11　一般浴槽Aの入浴介護の様子

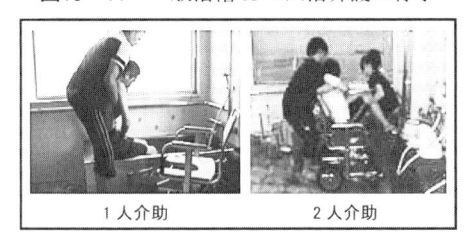

1人介助　　2人介助

図18-12　個別型浴室の身体機能と利用浴槽

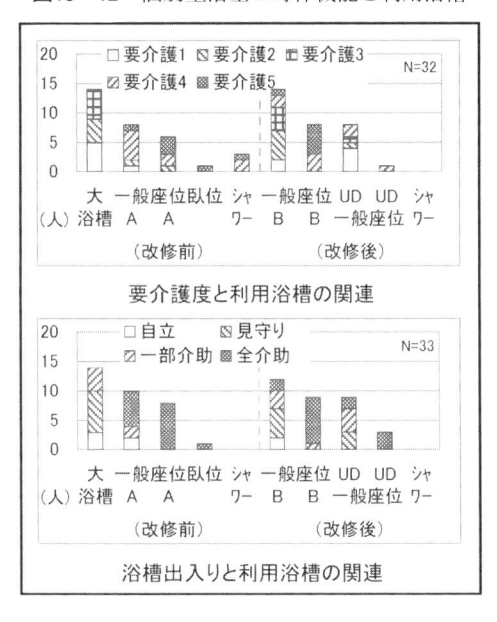

要介護度と利用浴槽の関連

浴槽出入りと利用浴槽の関連

使い勝手　臥位入浴はこれまでの生活では未経験の入浴行為であり、馴染みがない入浴行為では、利用者は受身の入浴になりがちであった。例えば、臥位姿勢では自分の体を洗うことは困難であり、臥位浴槽では「自発型」がみられない（図18-13）。

また、認知症の利用者の場合は、家庭的な環境が利用者の残存能力を引き出す可能性が高いと指摘されている。図18-13の「抵抗型」は一般浴槽の利用者に多くみられるが、「入浴というより雰囲気で嫌になっている」など、介護入浴環境の影響に関する意見がみられた。家庭的な環境に近い浴室と入浴支援が求められており、木製浴槽の利用やUD浴槽のユニットバス化（図18-14）などは、

図18-13　入浴時の行動パターンと浴槽の関連

入浴時の行動		
自発型	会話応答適切、ある程度自分で洗体する
受動型	会話応答適切、入浴介助を素直に受ける
無反応型	会話応答なし、入浴の認識がない様子
抵抗型	入浴を嫌がる、あるいは介護者の働きかけを嫌う、抵抗する

図18-14　UD浴槽のユニットバス化（B施設）

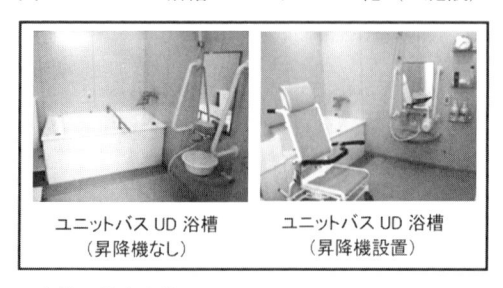

ユニットバス UD 浴槽（昇降機なし）　　ユニットバス UD 浴槽（昇降機設置）

資料：株式会社メトス

---

(6) 本調査対象のUD浴槽に必要な浴室空間は、2.2m×2.0mである。松本正富・齋藤芳徳・山口健太郎ほか（2007）「シャワーキャリーを利用した昇降式座位入浴介助における浴室必要空間に関する検討」『日本建築学会学術講演梗概集 E-1』219-220ページ。

問題解決の一方策になると思われ、A施設でも個別型浴室の利用者は従来型浴室利用時に比べて、落ち着いて入浴するようになったという意見がみられた。

Ⅳ 介護施設における車いす環境（研究Ⅲ）

1 研究目的

本節では、年を重ねるごとに環境への適応能力が減失していく高齢者が、「寝かせきり」や「座らせきり」にならないための環境を如何に提供するかという課題について考察する。具体的には、調整式車いす導入前後において、生活展開の実態を比較検討するとともに、車いす利用者が自己実現できるための生活を支える環境のあり方を探ることが目的である。

2 研究フレーム

研究フレームを図18-15に示す。[7]

3 介護施設における姿勢保持と調整式車いすの必要性

介護施設における姿勢保持の目的は、「寝かせきりや座らせきりの高齢者をつくらない」ということである。寝たきりの高齢者を起こすためには、車いすのサポートが必要であり、姿勢保持の知識も必要になる。しかし、成人の平均

図18-15 研究Ⅲのフレーム

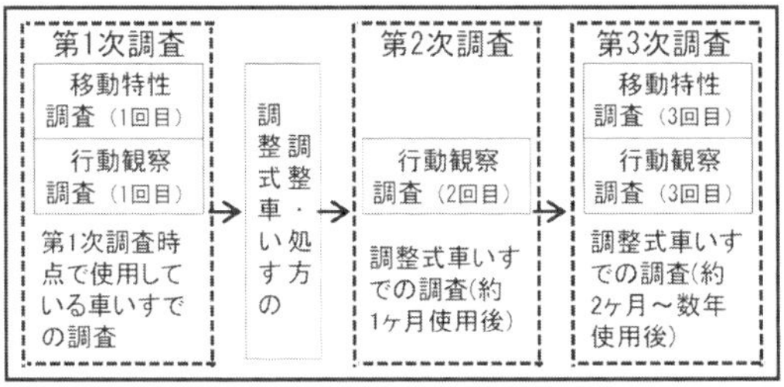

第1次調査		第2次調査	第3次調査
移動特性調査（1回目）	調整調整式車・いす処方の		移動特性調査（3回目）
行動観察調査（1回目）		行動観察調査（2回目）	行動観察調査（3回目）
第1次調査時点で使用している車いすでの調査		調整式車いすでの調査（約1ヶ月使用後）	調整式車いすでの調査（約2ヶ月～数年使用後）

---

[7] 本研究では、ADLはKATZスケール、認知症度はBERGERスケールを用いている。

的な寸法を基準に作成された普通型車いすやリクライニング車いすが，高齢者介護施設の備品として使用されていることによって，姿勢保持が十分に行われていない可能性が高い。

例えば，私たちが長時間座位で仕事をするときは，オフィスチェアを利用して，座席を上下させたり背もたれの角度を変えたりして，自分の体に合うように調整する。調整式車いすとは，利用者の体型や障害の状況に合わせて車いすの各寸法（フットサポート・シート間距離，アームサポート高，座面高，シート角度・バックレスト角度，等）を調整する事ができる車いすである（図18-16）。普通型車いすの場合は，フットサポート・シート間距離しか調整できないことが多い。一方，高齢者施設では車いす上の座位時間が一日7～8時間以上の高齢者が少なくないことも明らかになっている[8]。この事実は，自分の体に合うように調整できない普通型車いすに毎日7～8時間以上も座り続けている高齢者がいるという問題を含んでいる。この状態が毎日続けば，生きようとする意欲が失われて，寝かせきりや座らせきりになっていく可能性は否定できない。すなわち，生きようとする意欲を支える環境が求められている。

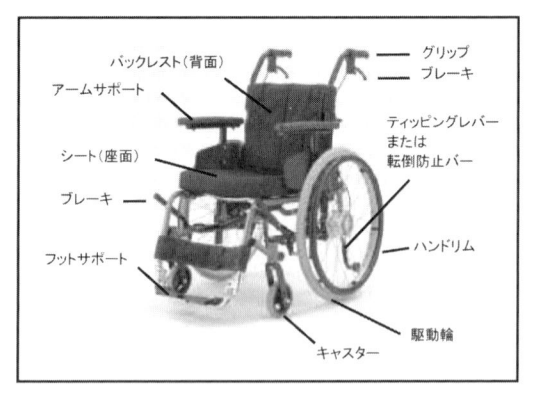

図18 - 16　調整式車いす

資料：株式会社パンテーラジャパン

---

[8] 齋藤芳徳・外山義（2000）「特別養護老人ホームにおける車いす使用者の生活展開に関する考察」『日本建築学会計画系論文集』NO. 529, 155–161ページ。

4 結果と考察

自力移動者への調整式車いすの導入（従来型施設編）　Aさん（女性）は，体に適合していない普通型車いすを利用していたことによって，移動能力が阻害されていた事例である。

彼女は，施設備品の普通型車いすを利用して，介助による移動をしていた。しかし，調整式車いすを導入し，座面高を4cm低くした調整により，導入後2週間くらい経てから自力での移動が可能になった。とてもゆっくりとした移動であったが，今までと同じように介助者が介助移動しようとすると，「自分で移動したい」と主張して，介助移動から自力移動に移行しようとする意識の変化がみられ，実際に自力移動の回数は，導入前（移動行為10回中0回）→導入後3ヶ月（移動行為14回中8回）と変化した。また，自力移動回数の増加とともに，居室での滞在回数とベッドでの滞在回数が減少して，居室外で活動しようとする傾向がみられた。介護スタッフ主導の受身的な生活から，自ら生きようとする能動的な生活への変化と読み取ることもできる（図18-17）。

加えて，「食事」のADLが一部介助から自立に変化した。自立要因として，車いすの座面を低くしたことにより，両足底がしっかり床に付くようになって座位姿勢が安定したこと，また，車いす上で前傾姿勢がとれるようになり，上肢が上手く使えるようになったことが挙げられた。

国際生活機能分類（ICF）を援用すれば，車いすによる環境因子の整備により，Aさんは移動能力が向上し，食事が自立するなどの活動や参加の機会を得たのである。

介助移動者への調整式車いすの導入（ユニット型施設編）　ユニット型の施設は，小規模な環境で，家庭的な雰囲気の中で，顔なじみのスタッフに見守られながら生活する形式である。また，介護者は少数の高齢者を相手に，家庭的な介護を行うために，高齢者へのきめの細かいケアが可能であり，姿勢保持への配慮も容易な環境である。ここでは，ユニット型施設に調整式車いすを導入した事例について考察する。

Bさん（女性）は，体に適合していない施設備品のリクライニング型車いすを利用していたことによって，要介護状態が改悪されていた事例である。調整式車いすの導入によって，3年後には車いすが不要になり，日常生活ではオフィ

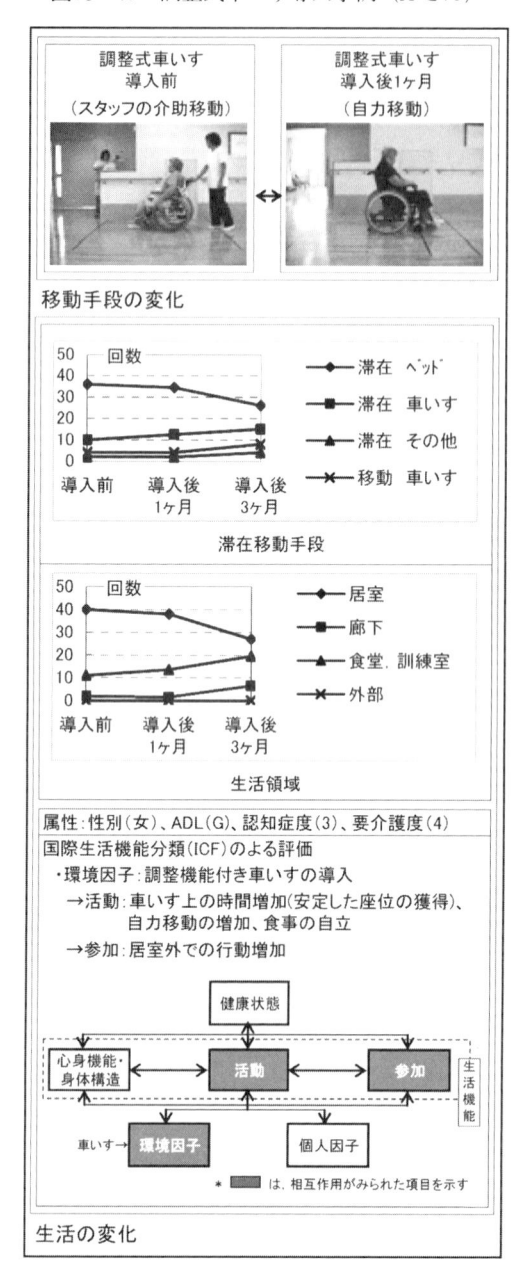

図18-17 調整式車いす導入事例（Aさん）

調整式車いす導入前（スタッフの介助移動）　調整式車いす導入後1ヶ月（自力移動）

移動手段の変化

滞在 ベッド
滞在 車いす
滞在 その他
移動 車いす

導入前　導入後1ヶ月　導入後3ヶ月

滞在移動手段

居室
廊下
食堂、訓練室
外部

導入前　導入後1ヶ月　導入後3ヶ月

生活領域

属性：性別（女）、ADL（G）、認知症度（3）、要介護度（4）
国際生活機能分類（ICF）のよる評価
・環境因子：調整機能付き車いすの導入
　→活動：車いす上の時間増加（安定した座位の獲得）、自力移動の増加、食事の自立
　→参加：居室外での行動増加

健康状態

心身機能・身体構造　⇔　活動　⇔　参加　　生活機能

車いす→　環境因子　　個人因子

＊　　　　は、相互作用がみられた項目を示す

生活の変化

図18-18 調整式車いす導入事例（Bさん）

リクライニング型車いす
（調整式車いす導入前）

・身体に適合しないリクライニング型車いすに横座りの状態
・フットサポートも未利用
・パーソナルテーブルは前方のダイニングテーブルの高さに合わせて利用
・左体側支持のクッションを利用

▼

低座面調整式車いす
（調整式車いす導入後1年）

・低座面調整式車いす導入により、足底が床につく座位状態
・ダイニングテーブルとパーソナルテーブルの差尺は150mm
・左体側支持のクッション未利用

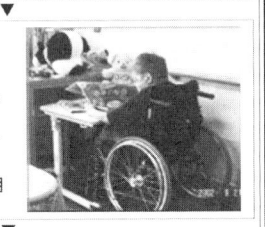

▼

オフィスチェア
（調整式車いす導入後3年）

・姿勢の変化にいすの動きが追随するオフィスチェアを導入
・姿勢の自由度を獲得し、長時間の座位も可能
・ユニットケアの導入によるゆるやかな見守り時間の増加

座位姿勢の変化

基本属性：性別（女）、ADL（D）、認知症度（G）、要介護度（4）
国際生活機能分類（ICF）のよる評価
 ・環境因子：調整機能付き車いす→オフィスチェアの導入
　　　　　　＋パーソナルテーブルの導入
　　　　　　＋ユニットケア（姿勢保持への配慮）
 →活動：車いす上時間の増加（安定した座位の獲得）、
　　　　食事の自立
 →参加：居室外での行動増加

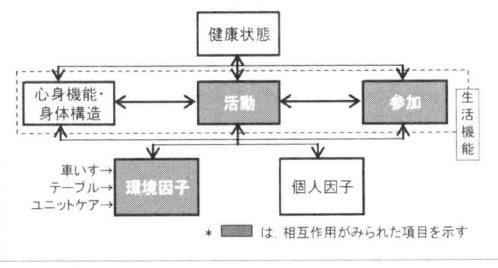

健康状態
心身機能・身体構造 ⇔ 活動 ⇔ 参加　生活機能
車いす→テーブル→ユニットケア→　環境因子　個人因子

＊ ■ は、相互作用がみられた項目を示す

生活の変化

スチェアを利用できるようになり，食事の自立度も高まった（図18-18）。

車いす・テーブル・介護・ユニットケアなどの環境因子の整備により，Bさんは座位能力の向上とともに，活動や参加の機会を得る環境が整えられたのである。

V　生きようとする意欲を支える生活環境づくり

本章では，転居後の地域環境への適応の課題，在宅から施設への生活環境の適応の課題，普通型車いすから調整式車いすへの適応の課題について考察してきた。例えば，高齢者介護施設の多くが，普通型車いすの寸法体系を前提に設計されてきた。そして，生活設備（テーブル，洗面台）も普通型車いすを基準につくられてきた。その結果，わずか数cmの座面高の違いが，車いす利用高齢者を座らせきりに近い状態にしていた。体に合う車いすが使えない施設環境も，寝かせきりや座らせきりの高齢者をつくりだしている。高齢者の生きようとする意欲を支えるはずの介護環境が，高齢者の生きようとする意欲を阻害している可能性が高いという事実を，真摯に受け止めなければならない。

そして，「施設で生活する」＋「車いすで生活する」＋「認知症で生活する」という三重苦に直面した環境においても，ふたたび生きようとする意欲をもってもらうにはどうすればよいのかという課題の解決が，高齢者介護施設の生活環境研究の目的の一つである。環境改善の条件としては，かなり難しい条件であるが，年々環境への適応能力が減失していく高齢者に対して，住み慣れた地域から転居して介護施設などに移行しても，そこで自己実現できるための「場」と「仕掛け」を探り続けることが今後の課題と考えている。

参考文献
齋藤芳德・外山義・鈴木浩（2000）「居住地域における高齢者の外出行動と人的交流に関する考察」『日本建築学会計画系論文集』NO. 532。
齋藤芳德・松本正富・山口健太郎（2009）「利用者の人権を尊重した個別介護を支える入浴環境の検討」『茨城大学教育学部紀要』58。
齋藤芳德（2007）「高齢者介護施設における姿勢保持」『小児から高齢者までの姿勢保持－工学的視点を臨床に活かす』医学書院。

外山義（2003）『自宅でない在宅－高齢者の生活空間論』医学書院。
松本正富・齋藤芳徳・山口健太郎ほか（2007）「シャワーキャリーを利用した昇降式座位入浴介助における浴室必要空間に関する検討」『日本建築学会学術講演梗概集Ｅ－１』。
齋藤芳徳・外山義（2000）「特別養護老人ホームにおける車いす使用者の生活展開に関する考察」『日本建築学会計画系論文集』NO.529。

第19章　地域居住支援としての住宅改善の実態と課題

I　住宅改善支援

1　住宅改善とは

　高齢者の住要求の1つとして住み慣れた住まいで親しい親類や知人のいる地域で暮らすことがある。本章のテーマは高齢者が住み慣れた地域社会で継続的に居住するために有益な支援となる「住宅改善」である。近年，バリアフリーといった思想の浸透や介護保険の導入によって住宅の段差を解消したり，手すりを設置したりといった住宅を改造することやバリアフリー化することが受け入れられやすい社会的土壌が形成されつつある。しかし，住宅改善の質や効果の検証，あるいは，これらを高めるためのシステムの構築や支援のあり方といった視点で考察すると課題は多い。本章はこれらの課題に関して住宅改善支援の専門職である理学療法士（及び作業療法士を含めたセラピスト[1]）としての視点を中心に論述する。ただし，本章で述べる住宅改善とは，高齢者が疾病，障害や加齢によって心身機能が低下した場合やADL[2]に介助が必要となった場合にそれらの状況に適合した住宅に整備し，高齢者の生活を改善することである。従って，単に住宅をリフォームすることや老朽化した住宅を修繕することではない。また，類似する用語として「住宅改修」[3]や「住宅改造」[4]といったものがある。これらはいずれも特定の制度で使用されるため，本章ではその制度に直接関係する場合には各用語を使用するが，それ以外の場合には全て「住宅改善」と記

---

[1]　理学療法士はPT（Physical Therapist），作業療法士はOT（Occupational Therapist）と呼称される。ただし，「理学療法」や「作業療法」も「Physical Therapy」と「Occupational Therapy」であり，PT，OTと呼称される。従って，本章では理学療法士，作業療法士の場合にはPT，OTと記載し，理学療法，作業療法の場合にはそのまま記載する。また，セラピストとはPTとOTを同時に呼称する際に使用する。

載する。

　わが国の住宅は和式の生活を前提とし，設計は尺貫法による木造建築を基礎としている。そのため，住宅には大小の段差が存在し，畳敷きで，廊下の幅員が狭い等の環境が構成されやすい。また，和式生活は床からの立ち上がりや布団の上げ下ろしといった重心の上下移動が大きい動作が日常的に多くなる。このような動作は身体機能が低下した高齢者の負担となり，痛みを誘発したり，場合によっては転倒といった事故につながる。わが国の住宅の物理的環境や生活様式は心身機能が低下した高齢者にとって在宅生活を妨げる要因として作用する。この物理的環境は築年数の古い住宅において顕著であり，高齢者はこのような住宅で生活するケースが多い。従って，これらの高齢者が要介護状態となったとき，継続的な居住のための生活の場としての住宅の役割は非常に不安定になる。また，要介護状態ではない高齢者の場合でも，事故防止という視点から継続的な居住のために住宅の質を高めるような住宅改善の導入が求められる。近年，高齢者の継続的な生活の場としての住宅の質の不安定さから「バリアフリー住宅」への関心も強く，住宅関係の宣伝文句となっている。しかし，バリアフリー住宅であったとしても必要な対応はそこに生活する高齢者の心身機能やADLの状況によって個人差が生じる。従って，バリアフリー住宅であれば不安が解消されるというものではない。仮にバリアフリー住宅であっても生活する各高齢者の状況に適合した住宅改善支援の導入が必要になる。

---

(2) ADL（Activities of Daily Living）は日常生活活動（動作）と訳される。ADLは，さらにBADL（Basic ADL；基本的ADL）とIADL（Instrumental ADL；手段的ADL）に分類できる。BADLは誰もが避けることができないADLであり，具体的には排泄，入浴，更衣，食事，整容の5つであり，self-careと同義である。IADLは調理，掃除，洗濯，買い物といった活動範囲が広く，複雑な生活関連動作である。IADLはそれを遂行する役割の人間が存在する場合には，高齢者自身が直接遂行しなくとも生活が成立するADLである。しかし，BADLは全ての人に共通するADLで，介助が必要な場合には介助者の負担が大きくなる。

(3) 住宅改修：介護保険における工事費用の支援である。近年はこの用語を使用されるケースが多い。

(4) 住宅改造：支援する費用や対象となる工事に格差はあるが，主として都道府県や市区町村の費用支援制度に用いられる名称である。これに類似して「住宅改良」があり，これは1993年から開始したリフォームヘルパー制度を運営している自治体で使用される。

2 住宅改善支援の意義

　住宅改善の意義は以下の2つと考えられる。1つは高齢者の自立した生活の確立である。もう1つは生活の場を高齢者が主体的に選択できる機会を確保することである。ここで自立した生活とは以下の2つの自立から成り立っている。1つは在宅で生活する高齢者の動作やADLの自立である[5]。もう1つは高齢者の主体性の確保であり，これは高齢者自身の意思に基づくADLの遂行や生活の管理，決定である。この2つが同時に成立していることが高齢者の自立した生活の確立となる。

　生活の場の自己選択の機会の確保とは，高齢者が心身機能やADLが低下した状態で継続的な在宅生活を希望する場合であっても，自宅の物理的環境，家族的要因や経済的要因に影響を受け，高齢者自身の意思によって生活の場を決定できないことがある。その結果，高齢者の意思とは無関係に専門的な介護施設に入所したり，これまで生活していた自宅ではない他の場所へ転居することもある。このような生活の場の変更は決して全てが悪いものではない。在宅生活によって問題が生じることが予測される状態で，何が何でもこれまでの自宅で生活しなければならないというものではない。例えば，在宅生活を再開することで心身機能が一層低下する場合や高齢者の安全性が確保できない場合には，施設入所や転居といった対応を積極的に検討する必要がある。しかし，これらの危険性がない状況で，片手でつかまるものがなければ自宅のトイレを使用できない。そして，このときに介助する家族がいないから，在宅生活ができないといった理由で高齢者の意思とは異なる場所へ移るケースがある。このようなケースでトイレに手すりを設置するだけで排泄が自立したり，家族の介助量が軽減するため，それまで生活していた自宅での継続的居住が実現することもある。このように住宅改善支援は住宅の質を向上させ，生活の場の選択肢を増やし，高齢者が生活の場を主体的に決定できる機会を確保するのである。

---

[5] 本章における「動作」とは起居動作と移乗・移動動作を意味している。起居動作は寝返り，起き上がりである。移乗は立ち上がり，トランスファーを意味し，移動は歩行とともに車いすといった福祉用具を使用した移動も意味する。これらを個々に扱う場合には各動作の名称を記載するが，全体としては動作と一括する。

3 住宅改善の優先性

在宅生活において単にADLを行える，行えないことに焦点があたり，生活の自立といった視点に焦点があたらない場合には住宅改善の必要性や重要性が曖昧になる。例えば，排泄時にわずかに腰を持ち立位を保持する介助があればズボンや下着の着脱が自力でできる高齢者が，手すりを使用した場合には介助が全くない状態で着脱が自立できたとしても，手すりの設置に至らないことがある。手すりの設置（住宅改善）と家族の介助（人的援助）のどちらをどのように導入するのかは高齢者や家族が最終的に決定すべきである。しかし，住宅改善と人的援助の効果やメリット・デメリットを十分に理解，検討しないままの状態で人的援助のみで遂行できるから，それほど介助に負担を感じないからという判断で「住宅改善の必要性はない」と結論づけるケースがある。このように人的援助によりトイレで排泄を行っている高齢者の場合には介助者の様々な状況に影響を受けるため，自分の意思のみで排泄の時間や方法を決定できない。つまり，高齢者の主体性の確保という視点で住宅改善と人的援助を比較すると住宅改善の優先性がより高くなる。ただし，このような住宅改善の重要性について高齢者や家族が自ら気付き，住宅改善支援を導入することは難しい。

4 高齢者の住宅改善に対する認識

高齢者は住宅の物理的な問題が原因で住みにくさが生じたとき，住宅の物理的問題に「気付きにくい」[6]ことや「住宅の問題として認識しない」[7]と報告されている。このような高齢者の状況についてその背景が先行研究により多数報告されているが，多様であることがその背景の複雑さを示唆するものとなっている。このような気付きにくさや認識できない背景には「長年住み続けた住宅では毎日の生活の慣れから問題があってもそれを問題として感じない」[8]，「生活は変わらないとする思い込みがある」[9]，あるいは，「何とか今までやってきたのだから今後も何とかなる」[10]といった高齢者の様々な意識が報告されている。また，

---

(6) 木村美代子「住生活問題の発見」鈴木晃編集『保健婦・訪問看護婦のための住宅改善支援の視点と技術』日本看護協会出版会，1997年，43-56ページ。

(7) 山本美香「高齢者の住環境とまちづくり」太田貞司編著『高齢者福祉論』光生館，2001年，155-176ページ。

それまで乗り越えられていた段差に躓くといった場合に，高齢者は住宅の物理的問題としては考えず，「自分自身の機能低下にその主因を求める」[11]，「自宅で日常様々なことができない原因は，自分の身体障害のためであると勘違い」[12]したり，あるいは，心身機能が低下した自分を「恥じる」[13]ことさえある。そして，仮に住宅に住みにくさを感じ，住宅の問題を認識した場合であっても，高齢者はその問題を「我慢したり」[14]，「あきらめたり」[15]するのである。このように高齢者や家族に自宅での住みにくさが住宅の問題に起因しているという認識がなければ，高齢者の心身機能やADLの状況に適合するように住宅を工事するといった発想は生まれてこない。特に，複数の家族がいることでマンパワーによって生活上の問題が解決できる世帯では住宅改善という結論には達しにくい。また，高齢者や家族は住宅改善に関する知識や情報も不十分であり，住宅改善支援の具体的方法や導入後の生活像をイメージすることは難しい。そのため，自ら住みにくさの改善を検討する際には，住宅改善以外の支援やサービスを優先することになる。住宅改善支援を実施するためには，高齢者や家族が住宅の問題や住宅改善の必要性を理解するための専門職のアプローチが必要になる。

---

(8) 田中千歳「生活環境としての住宅・住宅改造」奈良勲監修・鶴見隆正編『日常生活活動学，生活環境学』医学書院，2001年，238-255ページ。
(9) 鈴木 晃「在宅ケアにおける住宅改善支援の視点」『保健婦・訪問看護婦のための住宅改善支援の視点と技術』日本看護協会出版会，1997年，3-18ページ。
(10) 恒吉よし子ほか編，太田貞司監修『ケアプランに活かせる住宅改修』中央法規，2002年，17-20ページ。
(11) 徳永栄一「住環境整備の専門性について」『訪問看護と介護』7，2002年，552-555ページ。
(12) 金沢善智「住宅改修」牧田光代編，奈良勲監修『標準理学療法学専門分野　地域理学療法学』医学書院，2003年，164-178ページ。
(13) 馬場昌子「住居改善とは」『福祉医療建築の連携による高齢者・障害者のための住居改善』学芸出版社，2001年，12-13ページ。
(14) 坂井容子「これから住宅改修に取り組もうとする訪問看護師・ケアマネージャーへ」『訪問看護と介護』7，2002年，pp556-560
(15) 鈴木 晃「高齢者の自立支援と住環境整備」児玉桂子ほか編『高齢者が自立できる住まいづくり』彰国社，2003年，8-15ページ。

II 介護保険による住宅改修支援

1 住宅改修費支給サービスの概要とその意義

わが国では2000年の介護保険制度の導入に伴って限度額20万円（1割の自己負担分含む）として住宅改修に要した費用を支給するサービスが開始された。支給対象となる住宅改修は①手すりの設置，②段差解消，③床材の変更，④扉の交換，⑤洋式便器への変更，⑥①～⑤に付帯するものとする6種類の工事とされている。費用の受給には他の介護保険サービスと同様に介護認定を受けることが前提となるが，他のサービスとは異なり，住宅改修と福祉用具購入の費用受給の場合にはケアプランの作成は必要ない。また，費用受給には所定の書類や改修箇所の写真を工事前後に保険者に提出することとなる。

このような住宅改修に関するサービスが介護保険に導入されたことは以下の2つの意義がある。在宅福祉，介護に関する課題を解決する上で，これまでは住宅という高齢者が生活する物理的環境に視点が向けられることは少なく，多くは家族を中心とした人的援助によって対応されてきた。このような流れの中で，住宅という高齢者が生活する器に視点が向けられ，住宅改修が在宅福祉，介護に関する様々な課題を解決するための支援であることを社会的に提示したことは非常に意義深い。また，それまで住宅改修に関する費用支援は人口規模が大きく，人材及び財源が確保できる自治体や福祉先進自治体といわれる自治体に限定されていた。また，支援が設けられている場合でも，支給額の水準や対象者の選定方法が異なり，自治体間の格差が生じていた。しかし，住宅改修費支給サービスの導入によって居住地に関係なく全国的に統一したシステムで支援を受けられるようになったことも重要な意義の1つである。

2 支援内容の課題

既述のような意義はあるが，一方でサービスの内容やシステムには改善すべき課題[16]もある。費用支援の可否は保険者である市区町村の担当課によって行われる。しかし，支給の対象となる住宅改修の適正性は高齢者の介護認定の段階[17]，あるいは，心身機能やADLの実態に応じて規定されているのではない。確認，

表19-1 第1号被保険者の1件当たりの住宅改修費用[19] (千円,人)

	合計	要支援1	要支援2	経過的要介護	要介護1	要介護2	要介護3	要介護4	要介護5
1件あたりの住宅改修費用(B/A)	108.1	111.9	109.6	104.2	107.4	104.4	106.6	108.9	119.6
費用受給者(A)	325,796	47,326	59,031	1514	63,076	67,087	54,360	25,547	7,855
住宅改修費用(B)	35,222,396	5,296,631	6,472,490	157,763	6,772,242	7,005,563	5,796,834	2,781,578	939,294

判定されるのは,6種類の工事に適合しているのかについて主眼が置かれ行われる。具体的には臀部の洗浄機能付き便座の設置は⑤洋式便器への変更の1つとして認められている。しかし,これは和式便器から洋式便器に変更するのと同時に設置する場合に認められるものであり,もともと洋式便器であったところに洗浄機能付き便座を設置する場合は費用支給の対象外となる。本来住宅改修の適正性は,高齢者の心身機能やADLの状況,あるいは,家族の介助方法やその負担軽減といった目的によって検証されなければならない。しかし,現在は洗浄機能付き便座の例のように規定された工事の種類や方法に適合しているのかを確認しているのに過ぎず,住宅改修によりADLが安定するのか,あるいは,家族の負担は軽減するのかといった効果を検証するシステムとはなっていない。また,6種類の工事の内容は軽度要介護者の利用を想定して決められているため,「大規模で広範囲な工事が必要であり,それらに要する費用規模が平均120万円とされる寝たきり状態の重度要介護者」[18]の場合には十分な対応は難しい。このような重度要介護者への対応が困難であることは,サービスの実態からも示唆さている。表19-1は各介護度別に1件当たりの住宅改修費用を算出したものである[19]。要支援1と要介護5では,住宅改修に要した費用の差はわずか7.7千円である。上記の先行研究では両者の平均費用の格差は100万[18]円以上と報告されている。両結果を比較すると,現行サービスでは住宅改修の

---

(16) 本章では,住宅改修に関する課題のみを記載し,介護保険全体の課題については言及していない。
(17) 介護認定は要支援1・2,要介護1〜5と自立(非該当)に分類される。
(18) 児玉桂子「高齢者の介護度からみた住宅改造」『高齢者が自立できる住まいづくり』彰国社,2003年,67-74ページ。
(19) 厚生労働省『平成19年度介護保健事業状況報告(年報)』より筆者が作成した(表19-1)。

具体的な計画や枠組みを決定するのは6種類の工事であると考えられる。また，支給限度額20万円の支援が少ないといった指摘も散見される。しかし，6種類の工事によって支給の適否が決定される現状では20万円を増額しただけでは，支援の拡大にはつながりにくい。あるいは，要介護度に応じた費用の段階的増額といった指摘に関しても同様である。有効な費用支給を担保するには，工事の種類によって適否を決定するのではなく，実施目的とその効果という視点で適正性を判定しなければならない。

3　専門職の支援介入の課題

住宅改修の目的や計画の検討は介護支援専門員（ケアマネージャー）を中心として進められ，その結果を介護支援専門員が「理由書」という書類にまとめ[20]，保険者に申請する。しかし，介護支援専門員は医療，福祉，介護の有資格者[21]がそれらの経験を基礎として研修を受講した上で[22]，その実務を担うことができる介護保険とともに新設された専門職である。つまり，住宅改善支援では多くは後述するジェネラリストとしての技術を有する専門職と位置付けられる。そのため，理由書の作成において重視される具体的計画の立案に関する知識や技術，あるいは，工事の施工方法やその費用の適正性について判断するといった住宅改善支援のスペシャリストとしての役割を果たすことは難しい。また，介護支援専門員として実務に当たる上で住宅改修に関して専門的な教育や研修を受けるものでもなく，その知識や技術の習得は各介護支援専門員の自己努力に委ね

---

[20]　厚生労働省『第6回社会保障審議会介護給付費分科会』（2002年）の資料では，理由書の作成者は，介護支援専門員；96.8％，PT・OT；0.3％，福祉住環境コーディネータ；0.6％と報告されている。

[21]　具体的には医師，歯科医師，薬剤師，保健師，助産師，看護師・准看護師，理学療法士，作業療法士，視能訓練士，義肢装具士，歯科衛生士，言語聴覚士，あん摩マッサージ指圧師，はり師，きゅう師，柔道整復師，栄養士（管理栄養士を含む），社会福祉士，介護福祉士，精神保健福祉士である。

[22]　介護支援専門員実務研修を受講するためには年1回の「介護支援専門員実務研修受講試験」に合格しなければならない。2009年9月現在，合計11回の試験が実施されているが合格者の累計は46万1650人である。この合格者を職種別に比較すると介護福祉士；31.2％，看護師・准看護師；31.0％が上位を占めている。

られている。また，現行制度では住宅改修が実施される場合に，介護支援専門員をサポートする公的システムは構築されていない。介護支援専門員は介護保険サービスを受ける上でのアセスメントやマネジメントを行う専門職であり，その業務も非常に多忙である。医療，福祉，介護以外の専門性も必要となる住宅改修では介護支援専門員を含めた多様な専門職で構成されたチームで支援を担うシステムの構築が必要である。現行制度では介護支援専門員が高齢者から依頼を受け，そのままそれを建築技術者に丸投げするのを助長しかねない。

4 類似制度への影響

住宅改修は他の介護保険サービスと同様に介護認定で非該当（自立）と判定された者はサービスの対象外となる。一部の自治体でこれらの高齢者を対象とした費用支援を行っているところもあるが，その実態は明らかになっていない。また，介護保険の開始によってそれまで自治体が独自に設けていた住宅改善に関する支援を廃止したり，支援の規模や内容を住宅改修と同水準に縮小した自治体もある。介護保険はサービスを受給できる者が制限されていること，工事内容が限定されていること，受給は原則1回であることなど改善すべき課題もある。このような課題が残る中では，自治体独自の支援は廃止，縮小せず，高齢者を多様な制度やシステムを設けた上で支援する必要がある。

Ⅲ 住宅改善支援のプロセス

1 各プロセスの具体的内容

質の高い住宅改善支援は図19-1に示すようなプロセスで進められる。[9]
①在宅生活における問題の発見：高齢者が在宅生活を送る上で生じる様々な問題を発見する段階である。ただし，これまで記載してきた動作やADLの問題のみではなく，自宅で生活する上で生じる全ての問題を発見する段階である。従って，経済的な問題や同居する家族の問題などの発見もこの段階に含まれる。
②住宅改善の検討：前段階を受けて，在宅生活で生じる様々な問題に住宅改善支援の導入によって改善，軽減する問題はどれであるのか。あるいは，他の支援サービスと比較して住宅改善の効果，メリット・デメリットはどのようなも

図19-1　住宅改善のプロセス[9]

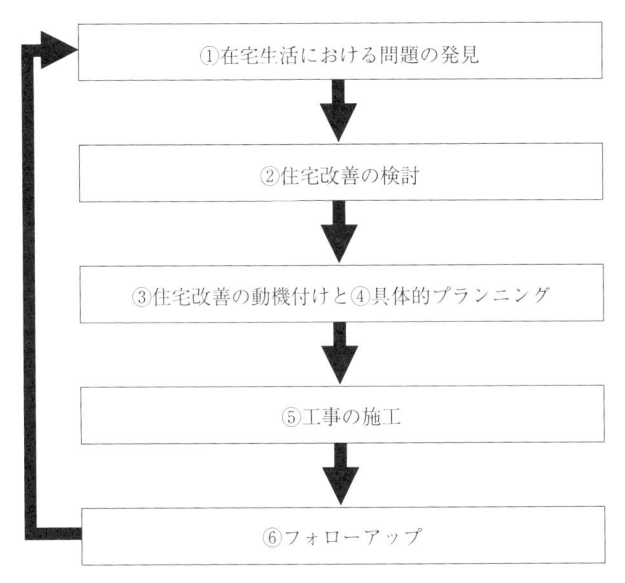

①在宅生活における問題の発見
↓
②住宅改善の検討
↓
③住宅改善の動機付けと④具体的プランニング
↓
⑤工事の施工
↓
⑥フォローアップ

のであるのかといったことを検討する段階である。主として，この段階の検討は住宅改善支援に関わるジェネラリストによって行われる。

③動機付け：在宅生活の問題を改善するためには住宅改善が必要であることを高齢者や家族が理解，把握するための段階である。在宅で生活している高齢者や家族は住宅改善の必要性に気付きにくい。特に問題を解消できる人的援助が確保されている家庭では，住宅改善の必要性を理解することが困難なことが多い。このように住宅改善の必要性を十分理解しないままで支援が進行すると，結果として，専門職には住宅改善の必要性が高いと判断されるケースであっても，住宅改善を実施しない，あるいは，実施した場合でも内容が不十分な状態になる。従って，専門職の関与が重要であり，住宅改善の効果や他の支援と比較した場合のメリット・デメリットを丁寧に説明しなければならない。その中でも住宅改善後の具体的な生活像を提示する必要がある。具体的な生活像の理解を促すためには，次段階で検討される具体的な工事内容の計画を提示しながら，動機付けを行うことも有効である。

④具体的プランニング：住宅改善の実施を高齢者や家族が決断した場合に，そ

の目的に沿って，住宅改善の具体的な計画を立案する段階である。計画立案の基礎となるのは，高齢者が生活する自宅での動作やADLの状況である。

⑤工事の施工：前段階で立案された計画を実際に施工する段階である。この段階は建築技術者のみが担うことができる。ただし，施工者が住宅改善支援に慣れていない場合や連携する専門職間で情報共有が不十分であると上記の計画通りに施工されないこともある。このような問題を回避するためには，計画立案者が工事施工期間の途中に現地を訪問確認することが求められる。また，住宅改善支援に関わる様々な専門職のネットワークの構築が必要になる。

⑥フォローアップ：工事完了後，当初の計画通りに工事が施工されているのかを確認する段階である。従って，具体的な計画を立案した専門職が実際に自宅を訪問して確認しなければならない。また，工事の確認とともに新しく環境整備がなされた住宅でどのように生活するのか，あるいは，どのような介助を行うのかといったことを高齢者や家族に指導し，理解を促す段階でもある。このような指導が実施されない場合には，新しい環境で誤った動作や介助を行い，結果的に生活が改善されなかったり，場合によっては事故を招くこともある。これらの指導についても実際に自宅を訪問して実施する必要性が高い。

6つのプロセスが完了したことで支援が終了したというものではない。1つの住宅改善により生活が変化したことをきっかけとして更なる生活の変化を求める場合もある。従って，住宅改善支援が一端終了した後も継続的なフォローアップが必要である。また，その中で新たに生じる問題について対応することも必要になる。

2　住宅改善支援に関与する専門職の分類

住宅改善支援は単に工事を行うことのみを意味しているではない。工事は手段であって住宅改善支援の目的は高齢者の動作・ADLの維持・向上であり，介助者の介護負担の軽減である。そのためには，高齢者の在宅での生活状況（ADLの状況，家族関係，経済的要因など）を把握できる医療，福祉，介護に関する専門職の関与が必須であり，建築技術者を含めた多様な専門職がチームを形成して支援しなければならない。多様な専門職が支援に参画する上で，鈴木[15]はこれらの専門職を住宅改善支援で求められる技術や専門性から以下の2つに

分類している。1つは④具体的プランニングとそれに基づき⑤工事の施工を行う専門職である。具体的には建築士や大工といった建築技術者とともに医療技術者であるPT・OTも分類し，両者を住宅改善支援におけるスペシャリストと位置付けている。もう一方は，在宅で生活する高齢者を日常的かつ継続的に支援するホームヘルパーや訪問看護師といった医療，福祉，介護の専門職であり，これらをジェネラリストとしている。ジェネラリストに求めれる技術は在宅で生活する高齢者の①問題の発見，②住宅改善の検討，③動機付けである。

Ⅳ　住宅改善支援におけるPT・OTの専門性

1　リハビリテーションとは

　PT・OTはリハビリテーションの専門職と位置付けられ，心身機能やADLが低下した高齢者の家庭復帰や社会復帰に貢献する医療技術者である。わが国においてリハビリテーション (rehabiritation) という用語は，機能訓練や運動・体操ととらえられることが一般化されている。ただし，rehabilitateという用語は，(1)病気の後，再び健康的で，活動的な生活を送られるように援助すること，(2)建物や街を以前の良い状態に改良すること，(3)一度落ちた世間からの評価を回復させること，と辞典に掲載されている。(1)の意味がわが国における用語の使用方法に近いが，訓練などの意味は表記されていない。語源については「habilis（適した）というラテン語から出たhabilitareという動詞にre-（再び）という接頭辞が付いて作られた用語であり，本来は医学用語ではなかった」とされている。つまり，リハビリテーションとは何らか理由によって失われた権利や尊厳を再び回復するといった思想やそのための活動と考えられる。このような視点でリハビリテーションをとらえるとその専門職であるPT・OTの活動は病院や施設に限定されたものではない。高齢者が退院・退所した後に生活する自宅の状況に目を向け積極的に活動することは当然の役割となる。

---

(23)　*Longman Dictionary of Contemporary English*，桐原書店。
(24)　砂原茂一著『リハビリテーション』岩波新書，1980年，57-63ページ。

2 住宅改善支援におけるPT・OTの具体的役割

　住宅改善支援におけるPT・OTの専門性は動作・ADLの分析・評価にある。6つのプロセスにおいてPT・OTには③動機付け，④具体的プランニング，⑥フォローアップの各段階で果たすべき役割を有している。特に④具体的プランニングは他の専門職には難しく，PT・OTが担うべき最も重要な役割である。プランニングは高齢者が生活する自宅での動作・ADLの状況を基盤として立案される。そして，これらの分析・評価はPT・OTが最も高い専門性を有するため，PT・OTが主体的にその役割を果たさなければならない。ただし，住宅の物理的環境，経済的要因，家族関係，住宅の所有状況といった要素は計画の内容に影響を及ぼすものであり，これらを軽視した計画は高齢者や家族の理解を得られず，拒否されることもある。そのため，このような要素について高齢者や家族からの情報収集やこれらの情報を有している建築技術者やジェネラリストとの情報共有も計画立案には必須の作業となる。また，住宅の物理的環境を考慮せずに計画立案した場合に，設計上施工が不可能なこともある。従って，情報交換，共有の方法として計画立案のために建築技術者とともに対象住宅を訪問し，住宅の物理的環境について確認することも重要である。④具体的プランニングで中心的に活動した立場であれば，⑥フォローアップでは立案された計画と施工された工事の状況を自宅を訪問して確認する役割も果たさなければならない。また，住宅改善を実施した新しい環境下における動作や介助を現地で高齢者や家族に指導しなければならない。このような指導は1度で完了する場合もあるだろうが，繰り返し行うことが必要なこともある。あるいは，他の専門職に対して指導内容を伝達することや直接指導することも重要な役割となる。③動機付けはジェネラリストが担うべき役割である。しかし，問題を抱えながらも何とか生活が成り立っていると住宅改善の必要性について理解することが困難になる。このような場合を含めて，高齢者や家族に住宅改善の具体的な計画を提示し，その目的や効果の理解を促す場合にはプランニングを担っているPT・OTが動機付けに加わることが望ましい。以上の3つの段階においてPT・OTが具体的な役割を果たすことができる。この3つの段階に付随して主たる役割ではないが，⑤工事の施工において以下のような役割が求められる。⑤工事の施工は建築技術者のみが担える役割であり，PT・OTを

含めて他の専門職がその専門性から考えてこれらを行うことは不可能である。ただし、施工者独自の判断によって目的とした工事が行われていない、実際工事を開始すると予想していなかった住宅の物理的条件によって当初の計画が困難といった事故が生じることがある。このような事故を回避するために工事の施工期間中に施工者と頻繁に情報交換するとともに、計画立案の責任者として現地を訪問することが求められる。

　入院や入所中に治療を担当する高齢者に限定されるが、復帰先となる自宅での動作・ADLの分析・評価を基礎として①問題の発見や②住宅改善の検討といった主としてジェネラリストに求められる役割についてもPT・OTは担うことができる。治療を担当した高齢者の場合には入院・入所中の動作・ADLの状況から自宅での生活像を推測し、その際生じる問題を考察できる（①問題の発見）。これに基づいて、住宅改善の必要性もPT・OTの立場として検討できる（②住宅改善の検討）。このようにPT・OTは入院・入所している高齢者に限定はされるが①及び②の段階においても動作やADLの分析・評価に基づき、一定の役割を果たすことができる。ただし、既に在宅で生活する高齢者の場合には接点をもつことがなく、PT・OTが中心となり生活像を把握することは不可能である。そのため、在宅で生活している高齢者においては日常的・継続的な支援を担っているジェネラリストからの情報提供がなければ、PT・OTは住宅改善支援に参画することはできない。また、ジェネラリストからPT・OTに情報提供があるときには、多くは③動機付けは完了している状態であるため、このようなときは④具体的プランニングからの参画になる。

　以上のようにPT・OTは動作・ADLの分析・評価という専門性を基礎として、住宅改善支援の6つのプロセスの各段階で一定の役割や作業を担うことが可能な専門職といえる。

3　住宅改善支援におけるPT・OTの専門性

　前項で記載したようにPT・OTは住宅改善支援のプロセスにおいて、各段階で果たすべき役割を有している。ただし、どの役割もその背景となる専門性は動作・ADLの分析・評価のスキルにある。これまで動作・ADLの分析・評価として論じてきたその具体的内容は動作やADLが「できる」、「できない」

といった可能・不可能，あるいは，「自立している」，「介助が必要である」といった自立度を判定することのみを意味しているのではない。このような判定はPT・OT以外の医療，福祉，介護の専門職でも可能であるが，動作やADLが「できる」，「できない」の原因を見極めることは難しい。しかし，PT・OTは動作・ADLに障害を及ぼしている原因はどこにあるのかを分析し，それらの改善の可能性，獲得できる動作水準を評価することができる。その結果，在宅で生活する高齢者にとって安全，安楽な動作の方法を考察し，そのために必要な環境整備を計画することができる。このような原因の検討とともに動作分析・評価で重要なことは動作の将来的予測である。この点についてもPT・OTの分析・評価のスキルは高い専門性を有している。動作の予後予測は加齢や疾病，障害によって変化する高齢者の心身機能を基礎として，現在の動作やADLのレベルが今後維持されるのか，それとも低下するのかといったことを判断することである。長期間の在宅生活が前提となる場合には，将来的な動作やADLの状況を予測して，住宅改善に取り組まなければならない。そのための動作の予後予測といったスキルが求められる。

　これらの動作・ADLの分析・評価のスキルが住宅改善支援においてPT・OTに求められる専門性であり，この専門性を基礎として住宅改善支援のプロセス全般にわたって，何らかの役割を果たすことが可能になる。そして，これらのスキルは全てのPT・OTが共通に有していて，病院や施設に勤務しているPT・OTが通常業務の中で活用しているものである。言い換えると，住宅改善支援の際に特別に必要となるスキルではない。病院と自宅といった動作やADLを実際に確認する場は異なるが，動作分析を行うということについては，病院の業務と住宅改善支援における役割と何ら特別な違いはない。仮に，住宅改善支援に関わるために普段とは異なる特別なスキルが必要になると考えるPT・OTが存在するとすれば，それは誤りである。あくまでもPT・OTに求められるスキルは動作・ADLの分析・評価であり，それを基礎として他の専門職と連携して支援にあたることになる。

4　住宅改善支援におけるPT・OTの現状

　PT・OTの専門性は支援の中核をなすプランニングで強く発揮されるため，

住宅改善支援の質を左右する大きな要因となる。このような専門性や役割の重要性に関する報告は建築領域の研究者や技術者によって多数存在している。ただし，PT・OT による住宅改善支援の調査，研究は支援に関わった症例報告が中心であり，「住宅改善における職能の重要性にも関わらず，PT，OT による研究，またはその機能と役割を分析したものは多く見いだせなかった[25]」という指摘もされている。また，PT・OT の住宅改善支援に関する実態把握のための大規模調査の報告も少ない。このような中で野村らは，住宅改善支援が病院や施設で勤務している PT・OT の「業務として位置付けられている」とされたのは全体として25％（PT20％，OT30％）であると報告している。この調査は1990年に実施されたものであるが，当時の PT・OT の約20％となる約1300人から回収された結果をまとめたものであり，PT・OT の住宅改善支援の全体的指標を知る上では有効な報告である。また，京都府内の PT のみを対象とした調査（2005）では，「業務として位置付けられている[27]」とする割合が約70％と報告している。ただし，同調査では支援の頻度が「年１回」あるいは「半年に１回」とする割合が約40％に達し，質的には十分な位置づけではないといった業務実態が少ないことも報告している。また，介護保険開始直後の介護支援専門員を対象とした住宅改善支援に関する調査では，「住宅改善支援に参画する PT・OT の選定に困っている」，「PT・OT が対象者の住宅訪問に参加しない」といった回答が上位２つを占める結果となっている。これは他の専門職が住宅改善支援を進める上で PT・OT の参画の少なさで苦労している状

---

(25) 山本美香「住宅改善への援助方法」高齢者世帯の生活の質と住環境整備に関する調査研究委員会編『高齢者の住宅改善に関する文献調査報告書』長寿社会開発センター，2000年，125－137ページ．
(26) 野村みどりほか「PT・OT の住宅改造に関する取り組み実態調査」高齢者のすまいづくりシステム研究委員会編『ハウスアダプテーション』住宅総合研究財団，1995年，163－174ページ．
(27) 吉田史佐男ほか「住宅改修に関するアンケート調査の報告」『理学療法京都』37，2008年，104－105ページ．
(28) 蛭間基夫「住宅改善における専門職の役割と連携－介護支援専門員の取り組みを例として－」『地域福祉における住宅改善の有効性に関する基礎的研究』（修士論文），2003年，194－265ページ．

況を示唆している。山本が指摘しているようにPT・OT自身による住宅改善支援の専門性が明らかになっていない，あるいは，全体としてコンセンサスが得られていないことによって現在のところ住宅改善支援への取り組みは各PT・OTやその職場の意識に影響を受けていると推測される。

5　住宅改善支援におけるPT・OTの専門性の相違

　病院や施設におけるPT・OTの専門性や役割については共通する部分も多く，社会的に各々の専門性が曖昧にとられている。筆者のこれまでの経験からもPTとOTの相違をはっきり理解されている患者様や他の専門職は少なく，PT・OTであれば多くの人間が経験することと考えられる。このような状況で，住宅改善支援におけるPT・OTの役割を明確に区別してとらえている先行研究はみられない。多くの場合にはPT・OTと併記されたり，セラピストあるいはリハ技術職と同一のカテゴリーとして扱われる。PTとOTは「理学療法士及び作業療法士法」によって，その社会的立場を国家資格として担保されているリハビリテーションの専門職である。同法ではそれぞれ下記のように定義されている。理学療法とは「身体の障害のある者に対し，主としてその基本的動作能力の回復を図るため，治療体操その他の運動を行わせ，及び電気刺激，マッサージ，温熱その他の物理的手段を加えること」とされ，これらを行う者が理学療法士である。また，作業療法とは「身体又は精神に障害がある者に対し，主としてその応用的動作能力又は社会的適応能力の回復を図るため，手芸，工芸その他の作業を行わせること」とされ，これらを行うのが作業療法士である。

　住宅改善支援において様々な場面で多様な役割を果たすことが可能な専門職であったとしても，現在のように各々の専門性が曖昧である状態では他の専門職からのPT・OTに対するニーズを低下させ，結果として各々の職域を狭めることとなる。今後も継続的な検討は必要であるが，住宅改善支援のPTとOTの専門性や役割について以下のように考えられる。上肢の活動が高い食事や整容に関してはOTの方が優位であるが，それ以外のBADLの分析・評価はPT・OTの専門性として共通性が高い。両者の相違点としては，PTは歩行を中心とした移動動作と起居動作いった基本的動作の分析・評価に高い専門

性がある。OTは上述の食事や整容の他に，より動作が高度になるIADLや様々な作業を行う趣味，余暇活動における分析・評価において高い専門性がある。

V　今後の課題

　住宅改善は高齢者の継続的居住を確保するために重要な支援であるが，その効果の検証に関しては不十分である。これまで住宅改善支援の効果検証に関して，「実際に工事を実施した各住宅を100件規模で訪問調査した報告は少ない」[30]とされる。これまで訪問による効果検証に関する調査は数件に限定されるものであった。また，大規模な調査の場合にはアンケートによるものが主流となっていた。効果検証のためには，専門職が実際に訪問する事例を多数蓄積する調査が必要になる。

　住宅改善は特定の専門職が関与することで進められる支援ではない。各段階において専門職がその役割を果たす必要があり，そうでなければ質の高い支援の導入は困難である。従って，各専門職がその専門性を発揮できるようなチームアプローチを進展するためのシステムの構築が必要となる。それと並行して各専門職の住宅改善支援における専門性を明らかにする必要もある。特に，PT・OTは支援の中で広範囲に活躍できる専門性を有しているが，先行研究においてはPT・OT自らその専門性が明らかにされていないという指摘を受けている。また，PTとOTの各々の専門性が明確化しないまま相互に異なる専門性を代償的に担っていることは，一方の専門性の否定につながるとともに，住宅改善支援の質を低めることにもなりかねない。特に，PTとOTの各々の専門性を明らかにするためにはPT・OT自身によってこれらを調査し，検討を加える必要性は非常に高い。

---

[29]　歩行は平地歩行だけでなく，応用歩行も含めたものと考える。
[30]　上村智子「介護保険制度による改修サービスの追跡調査」『リハビリテーション医学』42，2005年，714-720ページ。

第20章　変革期にある地方公共団体の公営住宅
―公営住宅はどこへ向かうのか―

I　供給体制整備の歴史

1　住宅政策の体制整備

　近年の住宅政策は，国主導型の住宅政策から市場重視型の住宅政策へと急速な変化を見せている。これまでは，勤労者階級を中心とした量的住宅問題を国家的課題としてとらえ，国が主体的，先導的に取り組んできた経緯がある。しかし，住宅市場が成熟化し，地方分権が進む今日，少子高齢社会の進展やライフスタイルの多様化など，住宅・住環境を取り巻く社会経済情勢の変化に対しては，地域住民や民間事業者，地方公共団体等が一体となって取り組むことのできる住宅政策が求められるようになってきた。

　このようなわが国の住宅政策の歴史は，戦後の量的住宅不足に対する応急対策から始まったと言われているが，これまでの住宅問題の解決手法は常に国主導型の住宅政策の歴史でもあった。終戦直後は，戦災による住宅消滅と引き揚げ者による人口増加によって，全国民の住宅の3分の1に相当する420万戸の住宅が不足していた。政府は1945年に「罹災都市応急簡易住宅建設要綱」を閣議決定し，全国の罹災都市に30万戸の応急住宅を計画したが，資材，資金，輸送等の十分な裏付けがなく，その年は4万3千戸の建設にとどまっている。しかし，翌年以降，毎年度予算措置が行われるようになり，その後の「公営住宅建設計画」に引き継がれている。一方，住宅政策を担う機関は建築及び土地問題を担当する機関とともに，戦災復興院建設院（1948年1月設置）へ，さらに内務省の土木関係の仕事が加わり建設省（1948年7月設置）へと組織改編がなされ，翌年には同省に住宅局が発足し住宅政策を担う体制が整えられている。そして，施策実施の執行機関として実質的役割を担ったのが地方公共団体であ

り，国家的施策としての実効性を確保するため，国，都道府県，市町村というトップダウン方式の流れを組んだ執行体制となっていた。

2　住宅関連法の制定と変遷

体制が整った1948年当時の建設省には，民間金融機関が産業復興の融資に追われ，長期低利の住宅資金融資を行う余裕がないことなどについて，国民からの陳情書が多数寄せられていた。これらの要望に対応するため国は1950年に住宅政策立法として「住宅金融公庫法」を国会に提案し，成立・公布させている。このことにより，政府出資金等を資金源とする「住宅金融公庫」が設立されることになるが，そもそも公庫の目的は国民の自助努力による持ち家政策を支援する特殊法人としての役割を果たすことであった。

持ち家政策を先行させた翌年の1951年には「公営住宅法」が公布されている。1948年以降実施されてきた国庫補助による公営住宅の供給事業に法的根拠を与えることにより，低額所得者等の住宅困窮者を対象とする公営住宅の供給が恒久的な国策として確立され，計画的に推進されることになる。

また，1950年代半ばには都市への人口集中が激化し，宅地開発や交通機関の発達とともに生活圏域が広がり，通勤・通学等の人口移動は他の都府県に及ぶようになった。当時の公営住宅入居基準は居住地と勤務地を単一都府県としていたため，国は新たに都府県の境界を取り払う公営住宅を国営として供給するとともに，公共・公益施設の整った大規模団地の広域的な住宅供給が図れるよう，1955年に「日本住宅公団法」を制定している。

しかし，時は過ぎ戦後から半世紀以上を経過した今日，日本住宅公団は住宅建設，金融等の民間市場が整ってきたことを理由として都市基盤整備公団の名称を最後に主要業務であった新規の住宅供給業務に終止符を打ち，2004年に独立行政法人都市再生機構（UR都市機構）に生まれ変わっている。一方，公的住宅資金を供給してきた住宅金融公庫も，それまで支援してきた住宅建設資金の直接融資を廃止し，2007年に独立行政法人住宅支援機構に組織改編している。そして，公営住宅も関係法令の改正を重ねていく中で，成熟化してきた民間賃貸住宅市場を視野に入れた供給計画のあり方を模索し続けているのである。

II 地方公共団体の公営住宅建設

1 住宅建設5箇年計画

ところで，これまで公営住宅の建設はどのように進められて来たのであろうか。その経緯を人口約200万人の福島県の事例でみてみることとする。公営住宅法の施行を受け，最初に法定化された住宅建設計画として公営住宅建設三箇年計画が誕生し，1950年～1955年までの間に福島県内で1005戸の木造公営住宅（県：第1種129戸，市町村：第2種876戸）が建設されている。その後，公営住宅の建設は，木造と簡易耐火構造平屋建て（以下，「簡平」という）を中心に，1956年～1960年までに2878戸（県278戸，市町村2600戸），1961年～1965年には4552戸（県267戸，市町村4285戸）建設している。

そしてこの時期，急激に進む人口や産業の都市への集中に起因する住宅問題が表面化し，住宅不足の解消や居住環境向上のための対策が強く望まれるようになっていた。こうした時代背景をもとに，1966年に「住宅建設計画法」が制定され，国の住宅建設五箇年計画に基づき，都道府県ごとに定める整備目標の達成に向けた取り組みが進められることになる。

福島県における「住宅建設五箇年計画」の実績をみると，「一世帯一住宅」を目標とした「第一期住宅建設五箇年計画（1966～1970年）」の期間は，1960年代後半からの高度経済成長に支えられ，それまでの木造から簡平を中心に簡易耐火構造二階建て（以下，「簡二」という）やRC造の中層耐火建築物（以下，「中耐」という。）の建設が行われるようになり8500戸の建設計画に対し8280戸（達成率97.4%，県1875戸，市町村6405戸）の公営住宅が建設されている。

また，住宅難世帯が多数残存していることに加え，戦後に生まれた年齢層が結婚適齢期に達するなど，引き続き住宅需要の急増が予測された「第二期住宅建設五箇年計画（1971年～1975年）」では，8100戸の建設計画に対し8689戸（達成率107.2%，県2498戸，市町村6191戸：内建替戸数158戸，建替割合1.8%）が建設され実績戸数が計画戸数を上回るなど，地方における大量供給の時代を予測させた。ちなみに1975年の福島県内の公営住宅管理戸数は2万戸台（県3620戸，市町村2万722戸）に達している。

そして，住宅総数が世帯総数を上回り，それまでの住宅の量から質への向上を目指した「第三期住宅建設五箇年計画（1976～1980年）」になると，県民が健康で文化的な住生活を享受するに足りる「最低居住水準」を設定し，計画期間内に少なくとも水準未満世帯の2分の1を解消するという目標を掲げた。この時期，公営住宅の建設は7500戸の建設計画に対し6801戸（達成率90.7%，県3876戸，市町村2925戸：内建替戸数224戸，建替割合3.3%）の実績にとどまってはいるものの，県営住宅の建設戸数が市町村の総建設戸数を上回るなど90％以上の達成率を維持している。

　その後，「第四期住宅建設五箇年計画（1981～1985年）」では，住宅そのものの水準に加えて，住宅を取り巻く住環境の向上を図る目的から，新たに「住環境水準」を設定している。住宅建設については，地価の高騰や第二次石油危機等の影響を受け住宅着工が減少する中，公営住宅も6000戸の建設計画に対し4788戸（達成率79.8%，県：1185戸，市町3603戸：内建替戸数1192戸，建替割合24.8%）と減少しているが，老朽化した公営住宅の建替割合が4分の1にまで増加している。1985年の公営住宅管理戸数は3万戸台（県6575戸，市町村2万5566戸）を上回り，着実に増加している。

　「第五期住宅建設五箇年計画（1986～1990年）」の時代には，経済の安定成長基調が定着するとともに，人口の大都市集中の沈静化や世帯数の増加傾向鈍化など住宅政策を取り巻く環境に変化が見え始める。そのような中，公営住宅は建設目標そのものを下方修正したにもかかわらず4500戸の建設計画に対し3726戸（達成率82.8%，県821戸，市町村2905戸：内建替戸数1895戸，建替割合50.8%）の実績にとどまっている。また，この時期から中堅所得者のファミリー向け住宅施策として地域特別賃貸住宅の建設を始めている。

　そして，「第六期住宅建設五箇年計画（1991～1995年）」では，民間住宅需要は1990年代後半からのバブル経済崩壊の影響を受けたが，公営住宅は4300戸の建設計画に対し4229戸（達成率98.3%，県962戸，市町村3267戸：内建替戸数2863戸，建替割合67.7%）と持ち直している。しかし，バブル経済崩壊後の景気低迷は長引き，地方公共団体財源の一部である税収にも影響を与えることになる。

　「第七期住宅建設五箇年計画（1996～2000年）」の時代は，公営住宅3300戸の建設計画に対し1951戸（達成率59.1%，県699戸，市町村1252戸：内建替戸数1429戸，

建替割合73.2％）と大幅に減少し，建設される公営住宅の7割が現地での建て替えとなった時代であった。また，新たに目標を設定した地域特別賃貸住宅の建設計画2000戸に対し541戸の実績を残している。一方，2000年の公営住宅管理戸数は4万戸台（県8758戸，市町村3万1667戸）を超え，これまでのピークを迎えている。

「第八期住宅建設五箇年計画（2001～2005年）」では，公営住宅等の建設計画はさらに対象階層を区分した上で，4400戸の建設計画に対し1159戸（達成率26.3％，県160戸，市町村723戸，高齢者向け優良賃貸住宅108戸，地域優良賃貸住宅168戸）となるなど，高齢社会への配慮をみせているものの，1965年（昭和41年）からの住宅建設五箇年計画の実績としては過去最低の建設戸数となっている。また，2005年の公営住宅管理戸数はそれまでの4万戸台を割り込み3万9700戸（県8423戸，市町村3万1277戸）と減少することになる。

2　建設計画から供給目標へ

公営住宅の管理戸数が2000年をピークに減少し始めたのは，老朽化等により用途廃止し除却する減少戸数が新規建設や建替事業等による増加戸数を上回ってしまったことが主な要因であるが，このような傾向は福島県に限らず全国的な流れと見て取ることが出来る。こうして，住宅市場が成熟化しない中でスタートした「住宅建設五箇年計画」は，住宅建設計画法の下で「量」の確保を目指し一定の成果を上げてきたものの，公営住宅が減少傾向に転じた「第八期住宅建設五箇年計画」を最後に，幕を閉じることになるのである。

そして，新たに住生活の「質」の向上を国民の側から評価しようという「住生活基本法」が制定されることになる。福島県では国の基本方針を基に2007年3月に「住生活基本計画」を策定している。この計画の中で，公営住宅については2006年から2015年までの10年間に居住の安定確保を図るべき世帯に必要な「供給の目標量」を定めているが，設定に際しては全所得階層の収入分位25％までの世帯を対象に民間賃貸住宅市場の需給動向，住宅困窮者の居住水準の現状，賃貸住宅市場の家賃等の状況などを参考に約1万9000戸の供給が必要であるとしている。内訳は，既存公営住宅の空き家募集による入れ替えが約1万7200戸，新規建設や借り上げ，建て替えによる公募戸数が約800戸，既存公営

住宅の建替事業による再入居戸数が約1000戸である。この「供給の目標量」について，国はこれまでの公営住宅の新規建設，建て替え，増改築など整備事業の「量」に対する事業戸数の目標とは異なり，既存ストックの空き家募集など公営住宅への入居者サイドからみた供給戸数の目標に改変したとしている。

　結果として福島県は，公営住宅建設等による入居戸数を今後10年間で約1800戸見込んでいるととらえることができるが，ここで注視しておきたい点が二つある。一つは空き家募集による入れ替え戸数である。10年間で約１万7200戸の入れ替えを見込んでいるが年平均に換算すると公営住宅の総管理戸数（３万9700戸）の4.3％程度であり，入居世帯の多くが長期入居世帯であることが分かる。次に公営住宅建設等による入居戸数であるが，年平均に換算すると10年間で毎年180戸程度が見込まれている。しかし，1966年からの住宅建設５箇年計画では毎年800戸程度を建設しており，これらの経年劣化の進行が懸念される。耐用年数には至らないものの過半を過ぎた公営住宅の建替事業等を前倒しすることも考慮しなければならず，再入居戸数が大きく増加することもあり得る話である。

Ⅲ　公営住宅のストック

1　地方公共団体の現状

　ところで，公営住宅法等に基づき整備された公営住宅は，2003年（平成15年）の住宅・土地統計調査によれば全国で約218万戸（公営住宅率4.7％），福島県で約４万戸に至っている。しかし，一方で総世帯数に占める公営住宅の割合は５％程度にすぎないことやこれまでの公営住宅建設五箇年計画の実績率が100％に達していないことをみても，そもそも必要供給量を確保しているのか疑問が残るところである。福島県が2001年３月に策定した「既存県営住宅等総合再生計画策定報告書」によると，公営住宅の整備と対象階層への充足との関係は，「ストックバランスの上では公営住宅管理戸数は量的充足の兆しを見せてきており，今後，直接供給によるストック拡大の必要性が高いとは言い難い状況にある」としている。また，一般世帯数の将来推計をみても2010年から2020年までの間に上昇のピークを迎えることが見込まれており，「公営住宅の戸数増加を前提

とした直接的な供給の継続は，将来に余剰戸数の発生を懸念させる」としている。ちなみに，国勢調査による福島県の人口及び世帯数の推移（国立社会保障・人口問題研究所）をみると，戦後のベビーブームと言われた1950年は206万人(35.9万世帯）であった。その後1995年には213万人（65.3万世帯）と人口はピークを迎え，2005年には209万人（70.9万世帯）へと減少し，世帯数も2010年から2015年をピークに減少に転じると推計されている。

　これらのことを背景に，福島県は2006年3月に策定した「福島県住宅マスタープラン」の策定過程で，公営住宅は住民に身近な行政主体である市町村が主体的にその役割を担うこととし，県は県民サービスの向上が図れるよう市町村が行う施策・事業を支援・補完していくことを明言している。このことを踏まえ，当時の管理戸数約8400戸の県営住宅の内，木造，簡平，簡二を中心に620戸を用途廃止し，新規建設を見込むことなく120戸を建て替え，管理戸数500戸を減少させるとしている。また，ストックの活用方針として継続使用とされる県営住宅の多くは中耐であるとしている。

　繰り返しになるが，これまでの福島県の県営住宅管理戸数は2000年の8806戸がピークであった。これを建設年度別にみると，実に1970年代の10年間（第二期，第三期住宅建設五箇年計画期間）に6374戸の県営住宅を建設しており，管理戸数全体の約7割を占めている。構造別にみると中耐がもっとも多く7262戸(82.5%)で1960年代半ばから本格的に建設されている。次いで簡平，簡二の988戸（11.2%）であるが，建設年次は1950年代半ばから1970年代半ばまでであり老朽化，陳腐化が進行している。すでに公営住宅法に基づく建替事業の要件である耐用年数を超えているものもある。

　ちなみに公営住宅法による建替事業とは，現に存する公営住宅を除却し，これらの土地に新たに公営住宅を建設する事業のことである。採択要件の一つである耐用年数は木造20年，簡平35年，簡二45年，中耐70年と定められており，耐用年数の2分の1を経過した公営住宅を国庫補助対象としている。前出の「既存県営住宅等総合再生計画策定報告書」によれば，2000年4月で耐用年数を超過している県営住宅は木造12戸，簡平504戸で，簡平は現有ストックのすべてが耐用年数超過となっている。また，耐用年数の過半経過以上をみると，木造は100％（28戸），簡二で93.1％（484戸），中耐はわずか0.8％（68戸）となってい

るが，2010年には中耐の27.5％（2420戸），総戸数の41.3％（3636戸）が耐用年数の過半を過ぎることになる。

2　新築住宅からストック活用へ

　この公営住宅の建替事業であるが，福島県の県営住宅建設五箇年計画の建設実績をみると，1985年の第四期実績で建設戸数の約4分の1に建替事業を導入している。1990年の第五期実績では約2分の1，1995年の第六期実績では約3分の2，そして2000年の第七期実績では約7割に増加するなど，すでに計画的な建替事業を推進していることが分かる。なお，これまでの県営住宅における建替事業の多くは耐用年数の短い木造，簡平，簡二タイプであり，耐用年数の長い中耐については1995年から毎年数棟の改善事業を実施している。また，改善工事には建物の躯体を残して全面的に改善を行い改善後の管理期間を概ね30年以上とする「全面的改善」工事や住戸や共用部分等の質の改善を行い改善後の管理期間を概ね10年以上とする「個別改善」工事等の事業がある。老朽化，陳腐化してきた中耐の県営住宅をできる限り建て替えることなく活用しようとする趣旨から，2008年までに417戸の改善事業を実施し，既存ストックの活用対策を講じているのである。

　ここであらためて地方公共団体の公営住宅ストック対策を整理しておく。2001年の福島県の「既存県営住宅等総合再生計画策定報告書」によれば，整備主体としての現状認識と将来展望からみる問題点と課題として，一つには県営住宅の構造別ストックバランスについて自己評価している。県営住宅は市町村営住宅に比べ耐火構造化が比較的早い時期から進められており，予算確保の制約はあるものの中耐の更新時期がピークとなる2040年までの期間を利用して前倒しするなど，先行的なストック更新等が可能であるとしている。つまり，県営住宅ストックは活用方策を模索するための「準備期間」を有していると指摘している。確かに，県営住宅の建設年次をみると1970年代の10年間に建設された6374戸の中耐の県営住宅は2040年～2050年までの間に耐用年数を迎えることになり，単純に計算しても年間約640戸の県営住宅を建て替えることになる。戸当たり事業費を1000～1200万円と見積もっても約70億円の事業費総額が必要となる。これは平成19年度当初予算額の約10倍に相当する額であり，10年間の

長期に渡り事業実施できる可能性は極めて低いと判断するのが正しい選択であり，前倒しして事業着手することの意義は大きい。次に市町村営住宅についてであるが，現時点で耐用年数を超過しているストックが管理戸数全体の約２割を占めているのに加え，今後20年間は簡平，簡二等のストックが集中的に更新時期を迎えることから，中耐のストックが更新ピークを迎える前段での「準備期間」が短いことを指摘している。併せて，第七期住宅建設五箇年計画の進捗状況を見る限り，市町村営住宅の建設計画達成率は県営住宅達成率86.1％を下回る47.2％という低水準にあり，当時の必要量を確保できていない状況にある。このことから，県は自ら管理するストックの更新を計画的に進めていくことにとどまらず，県内市町村の必要供給量を見極めながら市町村が保有する老朽ストックの解消・更新を補完・支援する必要があるとしている。

　このような福島県の事例は決して特異な例ではなく，全国的にも同様の実態にあることは国主導型の住宅行政の流れをみれば容易に察しがつくことであるが，現実的な問題として，市町村は厳しい地方財政の中で公営住宅のストック更新や必要供給量の確保にどのように対処していくのであろうか。短い準備期間の中で具体的対策を打ち出せずにいる市町村が圧倒的に多いのが現状であろう。また，国及び都道府県は市町村に対しどのような支援ができるのか。2040年〜2050年に年間約640戸の建替事業費が必要になると想定している福島県の事例をみても容易に支援できる状況にはないと思われる。

Ⅳ　公営住宅法改正が目指す方向

1　公営住宅法改正の背景

　ところで，これまでは戦後から今日までの国の住宅政策と福島県の公営住宅建設を事例とした地方公共団体の住宅行政の変遷等をみてきたが，ここであらためて「公営住宅法」そのものの改正の歴史，変遷を法的な背景からみてみることとする。

　当初，建設省は住宅難にあった国民向け住宅の供給を継続的，計画的に推進することを目的とした公営住宅法案を提案していた。しかし同時期，厚生省からも最底辺にある生活保護世帯等を対象に福祉住宅の建設を柱とした厚生住宅

法案が国会に提案されていた。双方の綱引きの結果，両法案は議員提出法案として審議され，公営住宅法案の一部を修正し，厚生住宅法案の対象者を第2種住宅対象者として取り入れることで1951年に公営住宅法案が成立，公布されている。つまり，第1種住宅はそれまでの住宅に困窮している低所得者層を補助対象としていた公営住宅の基準（一律に木造新築一戸あたり約10坪，国庫補助2分の1以内）をそのまま導入し，第2種住宅は新たに生活保護世帯に準ずる階層を対象に，一戸あたり約8坪，国庫補助3分の2の制度として一本化されてきた経緯があるのである。

そして，施行された公営住宅法の第1条には「この法律は，国及び地方公共団体が協力して，健康で文化的な生活を営むに足りる住宅を整備し，これを住宅に困窮する低所得者に対して低廉な家賃で賃貸し，又は転貸することにより，国民生活の安定と社会福祉の増進に寄与することを目的とする」とある。また，第3条では「地方公共団体は，常にその区域内の住宅事情に留意し，低額所得者の住宅不足を緩和するため必要があると認めるときは，公営住宅の供給を行わなければならない」とし，国に代わって自治体にその責務の実行を迫っている。そして第4条は「国は必要があると認めるときは，地方公共団体に対して，公営住宅の供給に関し，財政上，金融上及び技術上の援助を与えなければならない。都道府県は，必要があると認めるときは，市町村に対して，公営住宅の供給に関し，財政上及び技術上の援助を与えなければならない」とし，公営住宅の供給には住民に身近な基礎的自治体である市町村のみならず国，都道府県にも責務があるとしている。

このことについて住宅政策に詳しい本間義人は，当初，公営住宅は住宅難にあった国民一般向けの「国民住宅」として位置付けられていたはずであったが，公営住宅法の改正に次ぐ改正により，完全に「救貧住宅」化してきているとしている。そして，これは福祉国家が目指すべく多種多様な人々が暮らす地域社会の実現を阻みかねない方向であり，公営住宅法が成立した当時の政治状況と無縁ではないとしている。また，一方で住宅市場化促進の働きを受けた中低所得層に対する持ち家取得推進策が拍車をかけた結末とも言えることであるとし，その結果，入居者が固定化し本来なら公営住宅に入居していい層の居住確保がきわめて困難な状態になってしまったと指摘している。

ここでは，これらの指摘を踏まえ法改正の歴史を振り返ってみる。最初の改正は1959年の収入超過者に対する明け渡し努力義務と割り増し家賃を徴収する規定等の導入であった。本来の入居対象階層の入居が促進されるよう，公営住宅入居後に収入超過者となった者に対する措置の強化である。次に1969年の改正では，高額所得者に対する明け渡し請求，公営住宅建替事業の新設，高騰する用地費に対する補助制度から地方債による融資制度への切り替え，家賃収入補助制度の規定などを明文化している。1980年の改正では高齢者，身体障がい者の単身入居制度の導入等を行っているが，これは正に社会的弱者に対する支援措置である。そして1996年にはこれまでにない大改正が行われている。一つには公営住宅の対象階層を原則として収入分位の25％（政令月収20万円）までの階層とし，地方の裁量として高齢者・障がい者等は40％（政令月額26.8万円）までとしている。ちなみに政令月収とは世帯の年間収入から配偶者控除，扶養親族控除等を差し引いた額を12月で割返した額である。二つ目は公営住宅家賃を入居者の収入と住宅の立地条件や規模など，入居する住戸から受ける便益を考慮した応能応益家賃方式としたことである。三つ目は第1種・第2種の種別区分を廃止し補助制度を一本化したことであり，四つ目は公営住宅を社会福祉法人等へ使用させることが出来ることとしたことである。次に2006年の改正であるが，公営住宅の計画的供給の根拠となる計画をそれまで続いてきた「住宅建設五箇年計画」から，都道府県が地域の実情を踏まえて策定する「住生活基本計画」としたのである。さらに2007年の改正では，入居収入基準が今日の社会経済情勢にそぐわないものになっているとして，それまでの政令月収20万円を現在の収入分位25％に相当する額である15.8万円に，同様に高齢者等の裁量階層及び高額所得者の政令月収26.8万円，39.7万円を収入分位40％，60％に相当する21.4万円，31.3万円にそれぞれ引き下げている。また，入居対象階層でありながら公営住宅に入居できない民間賃貸住宅の入居者家賃の実態に配慮し，公営住宅入居者の実質家賃を引き上げる制度の見直しを行っている。

2　入居収入基準の推移

　このことをより分かりやすくしたのが入居対象者の収入基準の推移である。公営住宅法が制定された1951年当時の入居収入基準は，一般的な低所得者層を

対象としていた「第1種住宅」では全所得階層の収入分位82％まで，また生活保護世帯に準ずる階層を対象とした「第2種住宅」では収入分位48％までを対象としていた。約10年後の1963年には第1種が60％まで，第2種が28％までに引き下げられ，1978年から1995年までの間はそれぞれ33％，13％にまで引き下げられている。そして1996年の大改正では前出のとおり，第1種・第2種の種別区分を廃止し，対象階層は原則として全所得階層の収入分位25％までの階層へと，これまで以上の引き下げを行う一方で，地方の裁量として高齢者・障がい者等に限り収入分位40％までと政令月収を引き上げたのである。さらに一昨年の2007年の改正では，それまでの政令月収20万円を15.8万円までとし，同様に高齢者等の政令月収26.8万円を21.4万円までにそれぞれ引き下げている。収入分位を引き下げることなく政令月収が引き下げられたのは法制定後，初めてのことである。

　これら入居収入基準の推移を単純に収入分位の推移に当てはめてみる。1996年改正による入居収入基準を改正直前のものと比較してみると，1995年は第1種住宅の収入分位33％で政令月収は19.8万円であったものが1996年には収入分位25％で政令月収は20万円に改正されているが，この時点で政令月収に大きな差はない。つまり総世帯の収入が増加したことによる収入分位の引き下げであり，民間賃貸住宅市場の動向を排除すれば公営住宅供給量に大きな差は出ないことになる。しかし，2007年の改正では1996年からの収入分位25％を変えることなく政令月収20万円を15.8万円まで引き下げている。国土交通省が示した見直しの考え方によれば，政令月収20万円は制度改正を検討した2004年当時の収入分位36％相当に上昇し，最低居住水準の住宅を市場において自力で確保し得る者も対象となる水準であることから，真に住宅に困窮する多数の入居志望者が入居できない状況にあるとしている。つまり政令月額15.8万円を超える世帯は市場で対応可能と判断していることになる。一方，入居収入基準上限となる政令月収15.8万円を1996年当時の収入分位に当てはめると16～17％程度に該当し，当時廃止された第2種住宅の13％に限りなく近づいていることが分かる。このことは，国策としての公営住宅の入居対象者をこれまで以上に低額所得者である生活困窮者に絞り込んでいると理解することができる。

V 地方公共団体の役割

1 地方公共団体に与える影響

　さて，これまでの度重なる公営住宅法の改正により，地方公共団体の公営住宅にどのような変化がみられるようになったのか。入居者への直接的な影響はないが公営住宅には管理区分の異なる都道府県と市町村があり，自治体運営に際し分析に値する改正が二つある。一つが入居収入基準の引き下げであり，二つ目が第1種・第2種の種別区分の廃止である。

　一つ目の収入基準の引き下げについては，前出のように政令月収15.8万円を1996年当時の収入分位に当てはめると16～17％程度になり，公営住宅の入居階層が一般的な低所得者層から限りなく住宅生活保護世帯に準ずる階層に近づいていることが分かる。現に，福島県の2008年4月の県営住宅入居世帯数（収入分位25％以下：6,169世帯）を新基準の収入分位に当てはめると収入分位10％以下の世帯が4938世帯で全体の80％を占め，収入分位15％以下まで含めると5414世帯で全体の88％を占めることになる。実に入居対象世帯の約9割が1995年以前の第2種住宅入居対象世帯となる。また，同時期の県営住宅入居世帯の平均入居年数は平均で13年～14年であり，20年以上の入居者が全体の27％を占めている。このことが，本間が指摘する国民一般向けの「国民住宅」から「救貧住宅」化して来ていることであるとすれば，その先にある「福祉国家が目指すべく多種多様な人々が暮らす地域社会の実現を阻みかねない方向である。」との指摘にどのように答えていくことになるのか。かつて社会福祉施設がコロニー型として一カ所に集積され建設されてきた時代に，地域社会とのコミュニティに欠けるとの指摘から市街地分散型に方針転換したことがある。同様に，公営住宅団地の入居者の大多数を生活保護世帯に準ずる階層が占めることになれば，社会福祉的要素が強くなり公営住宅団地そのもののあり方が問われることになりかねない。

　次に種別区分の廃止についてであるが，福島県の事例をみると1種2種が廃止される直前の1994年の県営住宅管理戸数8795戸の内，第1種住宅8524戸に対し第2種住宅はわずか271戸である。逆に市町村営住宅では管理戸数3万2472

戸の内，第1種住宅が1万4446戸であるのに対し第2種住宅は1万8026戸と上回っている。県営住宅が県内10市に分布していることを考えると，県は都市部の一般的な低所得者層を対象とした第1種住宅を供給することで市町村を補完・支援し，市町村は生活保護世帯に準ずる階層を対象とした第2種住宅を中心に公営住宅を供給してきたことが見て取れる。しかし，種別区分が廃止されたことに伴い，県営住宅の入居募集時にそれまでの第2種住宅の入居対象階層が流入することになる。そして今日まで約10年の間に県営住宅も市町村営住宅も入居階層に差が生じなくなってきたのである。都道府県営住宅と市町村営住宅の違いは何か，都道府県は市町村に対しどのような目的で公営住宅を供給し補完・支援していくのか，また，市町村は都道府県に対しどのような公営住宅の供給を期待するのか。相互にしっかりとした目的や方針がなければ，公営住宅を供給していくことの大義名分を失うことになりかねない。

2　公営住宅はどこへ向かうのか

ところで公営住宅の供給については，これまで以上に対象階層を拡大し供給すべきとする議論がある一方で，民間賃貸住宅市場や既存ストック量を視野に入れれば十分供給できているという指摘もある。このような状況の中，2009年10月の地方分権改革推進委員会の第三次勧告では，これまで国が一律に法令等で定めていた公営住宅の入居収入基準や整備基準，入居資格要件等について，地域の実情に配慮し地方公共団体の裁量に任せるべきとの勧告がなされ，国土交通省は前向きに検討するとしている。これまで国主導型のトップダウン方式で進められていた公営住宅の行政システムが，地方主体型のボトムアップ方式に生まれ変わろうとしているのである。好ましいことではあるが権限委譲されれば，これまで中央政府に向けられていた公営住宅政策の議論の一部は地方公共団体に向けられ，都道府県や市町村は自らの説明責任を問われることになるのであろう。「住生活基本計画」はすでに進められている都道府県計画ではあるが，計画期間10年の折り返しとなる2010年の中間見直しを機会に，あらためて公営住宅の供給目的について掘り下げておく必要があるのではないだろうか。

また，住生活基本法における住宅政策の国と地方の役割分担についてみると，国は住宅事情や社会経済情勢の変化，市場の動向や将来見通しを踏まえ，中長

期的なビジョン・プログラムの提示，税制，金融，市場のルール作りといった制度インフラの整備等，全国的・広域的見地から総合的に推進する役割を担うとしている。一方，地方は地域における総合的な行政主体として，地域の中長期的ビジョン・プログラムの提示，地域の多様な居住ニーズに的確に対応するための住環境整備，公営住宅の供給・管理を通じた住宅困窮者の居住の安定確保等，地域の住宅事情の実態や地域の特性を踏まえたきめ細やかな政策展開を行う役割を担うとしている。

　そこで地方公共団体を支援・誘導する国の対応であるが，これまで述べてきた第一分位階層中心の社会福祉的要素が強くなりつつある公営住宅団地のあり方については，国のビジョンをより明確に打ち出す必要があると考える。何故なら，社会福祉施設と同様に地域コミュニティを重視する議論が先行することになれば，市街地分散型の公営住宅が望まれることになる。すでに住宅地に分散している小規模団地は建替事業等による継続使用が有効であるとしても，これまで現地での建替事業や改善事業を進めてきた大規模団地の整備方針は大きな影響を受けることになりかねない。施設化が懸念される大規模団地は用途廃止し地域コミュニティに資する他用途へ転用したうえで，分散して民間賃貸住宅を借り上げるなどの施策転換も視野に入れておかねばならない。次に，地方公共団体への積極的な助成制度の構築についてであるが，問題となるのは公営住宅の建設・管理に関する収支バランスの不均衡である。これまで公営住宅建設事業は，低廉な家賃設定を国が家賃補助することで補いながら低所得者層の住宅困窮者に対し必要量を供給してきた。そして，その家賃収入や建設補助，起債等を建設借入金の長期割賦返済や施設の維持管理に当てるなど，一定のルールのもとに循環させてきたのである。しかし，近年，この収支バランスが微妙にズレ始めてきている。支出面では，公営住宅の建設等に対する45％の地域住宅交付金や自主財源の一部が起債対象になるなどの支援措置はあるものの，今後のストック更新等には巨額の財源が必要となる。一方，収入面をみると，入居収入基準の引き下げ等の影響を受けてか公営住宅の家賃調停額は減少傾向にあり，福島県では5年間で5％程度減少している。合わせて，減免制度対象者や家賃滞納者が急増し家賃収入の減少に拍車を掛けている。近年の福島県の収入見込額に対する減免額と滞納額の占める割合はそれぞれ1割程度にまで達

している。自主財源の持ち出しが増加傾向にある中，大量のストック更新を抱え込む都道府県では，すでに，公営住宅の市町村移譲という議論も出始めていると聞く。かつて，第2種住宅に3分の2の国庫補助をした時代があるが，公共住宅の福祉的役割が強くなればなるほど，自治体運営に配慮した多様な支援策をこれまで以上に議論して欲しいものである。

　次に都道府県の対応であるが，前出のように公営住宅の1種，2種の種別区分が廃止されて以降，県営住宅と市町村営住宅の入居実態に差はなく相互の役割が不明確になりつつある。また，これまで多様な施策を市町村に先駆け取り組んできた都道府県は，公営住宅の不燃化にも早期に取り組んできたことから，今日では新規建設や建替事業が減少し，住戸の改善事業へと移行し始めている。このような状況下で新規施策にチャレンジできる土壌はむしろ建替事業が本格化する市町村にあるように感じる。かつての1種，2種の役割分担が逆転することもあり得ないことではない。あるいは，役割分担の先に市町村移譲が見えてくることになれば都道府県営の公営住宅が無くなる可能性も否定できない。

　また，「都道府県住生活基本計画」に公営住宅の供給目標量を定めてはいるものの，生活圏域や市町村別の供給目標量までとらえている分けではなく，「市町村計画」を定めている自治体も少ないことから個別具体な供給量の調整が行われる状況にない。むしろ，「市町村計画」の策定が義務付けられていない住生活基本法の下では，「都道府県計画」に生活圏域別の供給目標量を盛り込ませ，都道府県自らが市町村に対し相互の役割分担を明確にできるよう働きかける必要があるのではないか。そのために国は，国勢調査や住宅・土地統計調査等の既存データの分析だけで市町村や生活圏域別の必要供給量の把握が困難な場合は全国レベルの調査を国策として支援するなど，計画策定の重要性を示してほしいものである。

　国は公営住宅の入居対象階層をどのように絞り込もうとしているのか。また，どこまで地方の裁量に委ねようとしているのか。そして，地方公共団体は今後の公営住宅のあり方をどのように考えているのか。いずれにしても，公営住宅行政は大きな変革期にある。

参考文献

大本圭野（1991）『証言　日本の住宅政策』日本評論社
本間義人（2004）『戦後住宅政策の検証』信山社
建設省住宅局住宅政策課監修（1986）『新たな住宅ビジョン：第五期住宅建設五箇年計画の解説』住宅新報社
建設省住宅局住宅政策課監修（1992）『住宅政策の新展開：第六期住宅建設五箇年計画の解説』ぎょうせい
国土交通省住宅局住宅政策課監修（2006）『日本の住宅事情と住生活基本法』ぎょうせい
国土交通省（2008）『逐条解説　公営住宅法』ぎょうせい
福島県（1991）『福島県第六期住宅建設五箇年計画』
福島県土木部建築住宅課（1995）『公営住宅建替事業等の手引き』
福島県（2001）『福島県第八期住宅建設五箇年計画』
福島県土木部建築住宅課（2001）『既存県営住宅等総合再生計画策定報告書』
福島県（2007）『福島県住生活基本計画』

第21章　高齢者福祉とまちなか居住

I　人口問題と地域社会への影響

1　人口減少と少子高齢化

　人口減少や少子高齢化といった人口構造の変化は，世帯形態と世帯数や居住地域の動向に大きな影響を与える。これは住宅政策の重要な課題であるとともに，少子化対策，高齢者福祉，さらには地域計画においても重要な課題である。

　国立社会保障・人口問題研究所の将来人口予測によると[1]，2005年から2035年までの30年間で，日本の総人口は約1710万人減少し，約1億1070万人になるのに対し，65歳以上の高齢者は，約2570万人から1150万人増加し約3720万人に，高齢化率は20.1％から33.7％に上昇することになる（図21-1）。また，15歳未満の年少者は，約1760万人から約710万人減少して約1050万人となり，人口割合は，13.8％から9.5％になる。全国的な人口移動動向をみると大都市圏への人口の流入超過が継続傾向にあることから大都市圏での人口減少は約500万人，地方圏では約1200万人減となる。

　高齢者の世帯数については，2000年に約1114万世帯（総世帯数の約23.8％）であった高齢世帯が，2015年には約1762万世帯（総世帯数の約34.9％），このうち2000年に約689万世帯であった高齢単身世帯及び高齢者夫婦のみの世帯は2015年には約1180万世帯と急増し，高齢世帯の3分の2が高齢者のみの世帯になると見込まれている。

　地域ブロック別では，北海道，東北，中国，四国で年齢構成の高齢化が進む割合が高く，地方圏における人口減少と高齢化はさらに急速なものになると予

---

[1]　国立社会保障・人口問題研究所「日本の市区町村別将来人口（2008年12月推計）」出生中位（死亡中位）推計

測される。

図21-1　高齢化の推移と将来人口推計

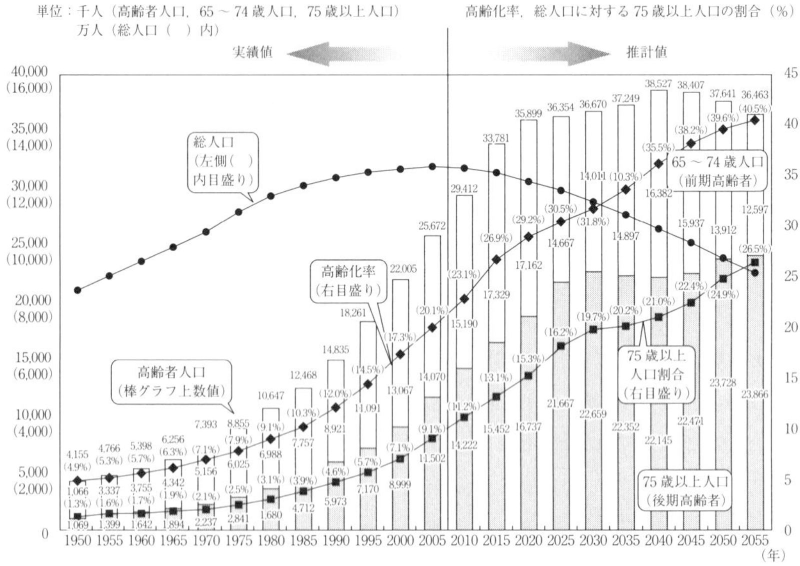

資料：2005年までは総務省「国勢調査」，2010年以降は国立社会保障・人口問題研究所「日本の将来推計人口（平成18年12月推計）」の出生中位・死亡中位仮定による推計結果。
注：1955年の沖縄は70歳以上人口23,328人を前後の年次の70歳以上人口に占める75歳以上人口の割合を元に70～74歳と75歳以上人口に按分した。

厚生労働省「2009年版　高齢社会白書　概要版」による。

2　人口構造の変化による地域社会への影響

　では，人口構造の変化が地域にどのような影響を及ぼすのであろうか。国立社会保障・人口問題研究所では2005年を基点として，2035年の全国の市区町村（2008年12月1日現在の1782市町村と東京23区。以下「自治体」と記する。）の人口変化を次のように推計している。[2]

---

[2]　国立社会保障・人口問題研究所「日本の市区町村別将来人口（2008年12月推計）」

・人口……2割以上減少する自治体は6割を超え，うち73自治体（4％）は半減する。
・年少人口（15歳未満）……4割以上減少する自治体は7割を超え，半分以下となる自治体は約半数となる。年少人口割合10％未満の自治体が3分の2を超える。
・生産年齢人口（15歳～64歳）……4割以上減少する自治体は4割を超え，半分以下になる自治体は約2割となる。
・高齢者人口（65歳以上）……4分の1の自治体で5割以上増加。高齢者人口割合が40％以上の自治体は4割を超える。
・75歳以上（後期高齢者）人口……2倍になる自治体は4分の1に達し，うち64自治体（3.5％）では3倍に。75歳以上の人口割合が25％以上となる自治体が5割を超える。
・都道府県単位……44都道府県で高齢者人口割合が3割を超え，39都道府県で後期高齢者人口割合が2割を超える。

　このように，人口減少と高齢化が急速に進むことが予測され，2035年には全国平均より遙かに急速に高齢化が進む自治体が4割以上となり，65歳以上の高齢者人口割合が50％以上となる自治体は132（7.3％）になる。さらに，これを過疎法に指定された775市町村6万2273の集落単位（市町村行政区の基本単位）[3]でみると，2006年4月時点で7878（12.7％）もの集落で65歳以上の高齢者人口割合が50％以上となっており[4]，消滅の恐れがあるとみられている集落が2643（4.3％）にものぼる。過疎地域が人口減少・高齢化の加速により，雇用問題，生活機能の縮小，医師不足，コミュニティの崩壊などで社会的共同生活の維持

---

(3) 国土交通省「国土形成計画策定のための集落の状況に関する調査　報告書(2007年3月)」。ここでいう「集落」とは，「一定の地域に数戸の社会的まとまりが形成された住民生活の基本的な地域単位であり，市町村行政において扱う行政区の基本単位」のこと。
(4) 大野晃長野大学教授は，65歳以上の高齢者が集落人口の半数を超えて，冠婚葬祭をはじめ，田役，道役などの社会的共同生活の維持が困難な状況に置かれている集落を「限界集落」と呼んでいる。
(5) 「時代に対応した新たな過疎対策に向けて」(2008年4月24日過疎問題懇談会)

が困難になってきているといわれ，さらに集落を超えて地域全体に及ぶおそれが生じている。

このような集落や地域では，行政サービスの充実には限界が生じ，また民間企業の新たな参入による地域活性化も多くを期待できない状況になりつつある。

また，近年，過疎地域以外の場所でも，65歳以上の高齢者人口割合が50％以上となる現象が現れている。都市部のベッドタウン，かつての新興住宅地などで，単身者向けの公営団地に高齢者の入居が集中したり，数十年前に一斉に移り住んできた家族世帯で子どもが独立して親世代のみになるなどして，地域全体ではないものの，その一地区で高齢化率が極端に上昇している現象が出現している。ここにおいても，生活困難による孤独死，共同体の維持困難など，先に「集落」で述べた同様の問題を抱え込んでいる。

このように，わが国においては，西欧先進諸国に比べ急激な高齢化の進展によって，高齢社会への適切な対応策が構築されるより早く高齢社会が到来してしまったため，様々な分野で問題が生じている。

さらに，未婚，非婚，離婚，再婚など配偶者関係の変化も著しい。高齢化が新たな高齢者の住宅需要を生み出すばかりでなく，中高年の一人暮らしや夫婦のみの世帯など，世帯の規模変化に伴う新たな住宅需要も発生し，住宅は一層多様化している。

Ⅱ　住宅政策の変遷

1　戦前の住宅政策

それでは，わが国の住宅政策は人口構造の変化にどのような対策と変遷をたどったのであろうか。

明治初期に，日露戦争以降の経済の発展に伴って，都市部では地方からの労働人口の流入・集中が起こり，急速に進んだため，人口増加による住宅供給需要も高まり，住宅は小規模，低質な借家建設が主流となった。当時は地主優位の貸手市場が形成されており，いわゆる地震売買が東京等の大都市で盛んに行

---

(6)　当時「売買は賃貸を破る」民法の規定を楯に，賃貸借を解消する目的で土地売買が行われた。

われ,大きな社会問題になった。その直接的な原因は借地料値上げ問題であった。政府では,軍人,工員の確保に迫られていた状況下でこれらの者の居住を確保するために,より強い借地人の保護が必要であったため,この問題に対処する目的で1909年に「建物保護ニ関スル法律」が制定されたが,短期的な契約の問題は借地法・借家法制定まで持ち越されている。もちろん1884年東京市の市区改正[7]にみられるように都市政策が展開されないでいたわけではない。

大正期には,経済状態の好転により,家賃が高騰し住宅難世帯が増加した。また1923年に関東大震災があり住宅難世帯の急増が深刻な状況になった[8]。1919年「小住宅改良要綱」の公益住宅制度は,公営住宅の原型になるもので,地方公共団体,公益団体が低中所得者向けの賃貸住宅を建設する政策として出されたものの本格的な住宅政策はみられない。1919年「居住法の制定」などが後藤新平や関一大阪市長により提案されたが,実現には至らなかった[9]。政府の対応は,低所得借地借家人対策がほとんどであり,1921年に「借地法」「借家法」[10]を制定し,借地権,借家権を強く保護する社会政策的な対策を講じたのである。両法の施行当初が借地紛争の多い東京,京都,大阪,横浜,神戸の各市等に限定施行されたことからも,政府の対策としては住宅量を供給する政策より地域社会に発生した問題を法的に解決する政策をとったことが伺える。なお,持ち

---

(7) 東京府知事兼内務少輔芳川顕正「道路・橋梁・河川ハ本ナリ,水道・家屋・下水ハ末ナリ」に象徴される都市づくりの上申書。この考え方は,戦後も都市計画の根底に根強く残っている。また,「街路をつくれば沿道は自然と宅地化していく……というのが一貫した都市計画の姿勢だった」(「新都市」平成7年5月号。都市計画法の制定とその後(下)大塩洋一郎)

(8) 関東大震災の義捐金を元に1924年に同潤会が設立され,1941年までに2500戸のRC造賃貸集合住宅建設等を行い,この住宅ストックは新設された住宅営団に引き継がれた。

(9) 1919年には都市計画法,市街地建築物法が制定されている。当時の内務省都市計画課長の池田宏氏は「両方により都市を整備することは可能になったが,住宅問題の解決にはつながらない。個人の力では改善不可能な住宅問題の解決にも法の下の国家的政策をもって当たらなければならない」旨建築学会に呼びかけている。(小沢理市郎「住宅政策の転換期を迎えて」Best Value vol. 08. 2005. 1)

(10) この法律により借地人の契約期間が満了しても地主は「正当な理由」がない限りは契約を修了することができなくなり,借地人の保護に重点を置いたこの制度によって,戦後,借地人がいるために土地の有効活用が図れない,売却が困難,相続税を巡った問題などが発生した。

家に対する低利融資制度として1921年住宅組合法が出される。

　昭和期には，日中戦争が勃発し，都市部での工業生産の急増及び人口流入が起こるが，賃貸住宅の供給は追いつかず，新規の借家希望者の増大は既存の低賃料の借家人の家主による追い出し等の社会問題を引き起こした。これに対応し，戦時立法的に制定されたのが正当事由制度（旧借家法1条2項），家賃や地代が不当に値上がりすることを防止する1939年地代家賃統制令である。

　このように戦前の政府の住宅政策は，借地・借家法，地代家賃統制令など法規制によって解決しようとし，国民の側もこうしたあり方を容認してきたと考えられる。

2　戦後の住宅政策──新規・大量供給のための制度的枠組み

　戦後の住宅政策は，第二次世界大戦による絶対的な住宅不足の中，スタートする。1945年「罹災都市応急簡易住宅建設要綱」により同年，越冬用応急簡易住宅を建設したが，当時の財政事情から公的住宅の供給は困難であり，大部分の住宅建設は民間の力によらねばならなかった。政府の資金は産業基盤投資への重点配分がとられ，民間金融機関も産業振興に追われ短期金融に専念せざるを得ず，長期低利の住宅金融を行う資金的余力がなかったため，住宅建設に国家資金を融資する住宅金融公庫が1950年創設された。なお，1950年には地代家賃統制令は，その対象を新規住宅に限定することで事実上廃止されている。

　続く1951年には前述の応急的な公的住宅制度が，「住宅に困窮する低額所得者に低額家賃で住宅を供給する目的」で国庫補助住宅の建設に恒久性と計画性をもたせるべく「公営住宅法」として制定された。

　政府や民間金融機関の産業設備投資への重点配分により，昭和30年代には高い経済成長率が実現され，再び大都市地域へ人口の急激な集中によって住宅難という問題が発生している。公営住宅法では，自治体が事業を行うため行政区域の問題や，増大した住宅需要，特に賃貸住宅の需要に十分に対処できなかったため，新市街地の開発や再開発の推進と，広域的な住宅供給や勤労者住宅の集団的建設等を担う日本住宅公団が1955年創設された。こうして，わが国は，「住宅供給」の諸制度として公営，公庫，公団の三本柱の住宅政策が制度的に確立し展開されることとなった。

このような住宅政策の三本柱の確立と合わせて，1955年には，住宅不足の解消を目指し，公営住宅と民間住宅の自力建設を含む住宅建設の目標を掲げる長期計画が初めて策定されている。しかし，この計画も1960年頃に人口の都市集中と核家族化がかつてないほど激しく進んだ結果，当時政府が掲げていた「1世帯1住宅」を実現するという目標が達成困難な見通しとなった。こうした状況を踏まえ，1966年に住宅建設計画法が制定され，以降，2006年に住生活基本法が制定されるまで，国，地方公共団体及び国民が相互に協力し合って住宅の建設を強力に推進することを目指すこととなった。

　これらの制度は後に「住宅双六」といわれるように，ファミリー向け世帯，すなわち核家族向けの住宅供給を主眼としていたのである。公営住宅法の「第二種公営住宅」のように，低所得の者に対する社会福祉的な政策もあったが，当時の住宅政策は，子育て世代であるファミリー世帯向けの民間賃貸住宅の供給が十分なされないことを反映して，わが国の高度経済成長を支える中堅勤労者の階層に焦点を当てており，持家住宅建設投資を経済成長の糧に結びつけていったのである。

　当時の政府は，右肩上がりの経済成長を念頭に，若年から熟年に移るに従って，世帯の所得も増加し，公営住宅（民間賃貸住宅）から「公団賃貸住宅」へと，さらには持家（分譲マンション，戸建住宅）等へ住み替えが行われること期待していたと思われる。

　そのため，高齢者層については，退職後に持家世帯であることを想定していたためか，高齢者向けの住宅政策は1985年頃になってからである。

　1975年には，それまでの三大都市圏への超過剰な流入人口（転入出の差）が止まる。これは経済成長により，三大都市圏での工場の復興・拡大が，過密住宅や頻発する公害，継続する地価の高騰を発生させたが，一方で，新幹線や高速道路・幹線道路網の整備が進み，地方都市への工場（働く職場）の立地が続いたためである。このためか，住宅政策では1975年「居住水準」が打ち出され，住宅供給量の対策から，最低居住水準を脱却し平均居住水準へ，さらには誘導居住水準へと誘導する「量」から「質」へ展開していく。1991年には，戦後一

---

(11)　三宅醇（東海学園大学教授）「住宅」Vol.56, 2007年, 参照。

貫して上昇していた「土地神話」を生んだ地価が暴落し，以降長期にわたり下落を続けている。

3 高齢社会に向けた住宅政策の展開

　高齢者に対する住宅政策として1980年に公営住宅に高齢者の一人暮らし入居が認められている。そして，我が国が高齢化社会となり高齢化率が10％を超えた1985年の社会保障制度審議会で，住宅対策を要介護高齢者対策として位置づけるとの提言がされ，第五期住宅建設五箇年計画（1986～90年）に高齢化の進展への対応が掲げられることで，1987年にシルバーハウジングプロジェクト[12]が厚生省と建設省（当時）とでスタートするなど，福祉政策と住宅政策の連携が図られる取り組みが始まった。

　1990年代には高齢社会[13]に突入し，住宅政策において高齢者施策が本格的に取り組まれることとなった。1990年「シニア住宅」制度，1991年「高齢者向け借上公共賃貸住宅制度」，1996年公営住宅入居基準の見直し，1998年「高齢者向け優良賃貸住宅事業制度」，そして2000年に「総合的な高齢者居住政策の基本的方向」（建設省）が示され，翌2001年に「高齢者居住法[14]」の制定となった。第八期住宅建設五箇年計画でも，高齢者等の身体機能に低下や支障が生じた場合でも，基本的にそのまま住み続けられることのできる住宅供給を位置づけている。

　この「総合的な高齢者居住政策の基本的方向」によると，21世紀の住宅政策に求められるのは，高齢者の安心，快適で自立した住生活を支える多様な居住を確保しうる市場の環境整備，良質なストック形成の誘導，セーフティネットの構築など様々な手段を通じた支援を行うことにより豊かな成熟社会を実現することである。この考え方は，2005年社会資本整備審議会答申「新たな住宅政

---

[12] 必要に応じて生活支援サービスが受けられるバリアフリーの公営賃貸住宅「高齢者向け世話付き住宅」。この住宅には生活援助員が配置され，生活相談や安否情報サービスが提供される。
[13] 高齢者人口の割合が14％を超えた社会をいう。1995年の国政調査で高齢者人口が14.5％となった。高齢者人口の割合が7％を超えた社会は「高齢化社会」という。
[14] 「高齢者の居住の安定確保に関する法律」

策に対応した制度的枠組み」に引き継がれていく。

このような中，住宅分野にとどまらず1994年にハートビル法が，2000年には交通バリアフリー法⁽¹⁵⁾が制定され，居住環境やまちづくりにまで，高齢者対策が拡充されてきており，さらには，高齢者や障がい者だけではなく，全ての人に対して障害を取り除こうとするユニバーサルデザインの考え方が，住宅や福祉施設などのハード面に限らず，ソフト面も含めて様々な分野で広がってきている。

4 フローからストックの時代——住生活基本法の制定

国民に安全かつ安心な住宅を十分に供給するための住宅政策の指針となる「住生活基本法」が2006年に制定された。これは右肩上がりの経済成長を前提とした住宅建設を進める制度的枠組みから，人口・世帯減少社会，超高齢社会を目前に控えた住宅政策を実現するため，国民・事業者・行政が共有して目指すべき住宅政策に関する基本法制と計画体系が必要となったからである。

2004年の住宅政策改革要綱⁽¹⁶⁾によれば，「住宅政策の基本理念を確立し，これに基づいた効果的で総合的な施策の推進」のため，住宅政策の理念と目標，目標実現のために重視すべき視点を，次のように示している。

〈住宅政策の基本理念〉

①国民がそれぞれの価値観に基づき，自らの努力に応じ，良質な住宅を取得あるいは利用できるような環境を整えること

②地域の資産としての安全性の確保や美しい街並みなど良好な居住環境を形成することを通じ，国民の豊かな住生活を実現すること

〈住宅政策の目標〉

①国民が多様な選択肢の中から，安心して，無理のない負担で，ニーズに合った住宅の選択を行うことができる住宅市場の条件整備

---

⑮　ハートビル法：「高齢者，身体障害者等が円滑に利用できる特定建築物の建築の促進に関する法律」，交通バリアフリー法：「高齢者，身体障害者等の公共交通機関を利用した移動の円滑化の促進に関する法律」

⑯　国土交通省「住宅政策改革要綱～住宅政策の集中改革の筋道～」2004年12月6日

②耐久性等に優れた良質な住宅が供給され，適切に管理され，円滑に流通する循環型住宅市場の環境整備
③自力では住宅を確保することが困難な者への的確な支援
④社会的課題に対応した住宅ストックの質及び居住環境の向上
〈目標実現のために重視すべき7つの視点〉
①「市場機能の活用」②「ストックの有効活用」③「消費者利益の保護」④「住宅セーフティネット機能の向上」⑤「住宅ストックの質の向上」⑥「良好な居住環境の形成」⑦「住宅関連産業の健全な発展」

この7つの視点のうち，少子高齢社会となり，初婚年齢の上昇，未婚と離婚の増大，単身者率の上昇，不安定かつ低賃金労働者の増大が生じている状況においては，「消費者利益の保護」や「住宅セーフティネット機能の向上」は極めて重要である。

欧米諸国でも公的住宅の積極的な供給から，家賃補助制度の拡充など賃貸住宅の建設・利用に対する助成や支援を行なう住宅政策のスタンスをみることができるが[17]，ハード的な住宅整備だけではなく，まちづくりや持続可能な地域社会の形成のために，「住宅」をどのような方向に導くのかが今後の大きな課題ではないだろうか。

5　福祉と住宅（居住）の権利

"住まい"は人間にとって最も重要な生活基盤のひとつである。北欧では「福祉は住居にはじまり住居に終わる」と言われており，良質な居住なしに福祉は成り立たないと考えられ，その視点から北欧の政府も住居の充実に力を注いでいる。他の西欧諸国も同様な状況にある。

例えば1990年フランス「住宅の権利を実現するための法律（ベッソン法）」で「住宅への権利を保障することは国民にとって連帯の義務の一つである」[18]とされていることや，アメリカでは1949年「住宅法」で「すべての国民が快適な住

---

[17] 西川崇「調査レポート　わが国賃貸市場の現状と活性化に向けた課題」に詳しい。
[18] 小沢理市郎「我が国における住宅政策と福祉政策の行方」Best Value vol. 08. 2005. 1

居とそれに相応しい住環境を享受すること」が宣言され，1990年「グランストン―ゴンザレス・ナショナルハウジング法」では「住宅＝福祉」という理念を明確にし住居安定は国民の権利としていること[19]があげられよう。

わが国でも「住宅基本法」制定に向けた動きは1919年まで遡ることができるが，具体的な動きは1969年公明党の「住宅基本法案」からである。今般の住生活基本法の制定過程では，憲法25条に基づく生存権を具体的に保障するものとして「住宅（居住）の権利」を認めようとする議論はあった。しかし，2005年国土交通審議会答申[20]において，「住宅の位置づけと住宅政策の意義」については，「住宅は，人生の大半を過ごす欠くことのできない生活の基盤であり，また，家族と暮らし，人をつくり，育て，憩い，安らぐことのできるかけがえのない空間である」「ゆえに，国民の住生活の向上や安定に向けた努力をサポートし，良好な居住環境の形成を目指す住宅政策は，社会の持続的発展と安定という国づくりの普遍的なテーマを実現する上で極めて重要な役割を果たす国家戦略」としているものの，「包括的な権利として基本法制に定める国民的コンセンサスがあるとはいえない」「公営住宅制度をはじめ必要な個別具体的な施策を講じ，憲法25条の趣旨の具体化に努める」旨の結論が出され，2006年「住生活基本法」には「住宅（居住）の権利」は見送られている。

Ⅲ　高齢者福祉と住まい

1　多様な高齢者の住まい

高齢社会の住宅政策としては高齢者・障がい者・低所得居住者のための居住福祉や居住支援の仕組みが必要になる。ここでは特に高齢者の住まいの対策に視点をあててみたい。

長い間，高齢者などの身体的にハンディキャップをもつ人や経済的に恵まれない人向けの"住まい"は住宅政策ではなく，福祉政策の領域であった。高齢化率が10％を超えた1985年の社会保障制度審議会で，住宅対策を要介護高齢者

---

[19]　小沢理市郎「住宅政策の転換期を迎えて」Best Value vol. 08. 2005. 1
[20], [22]　社会資本審議会答申「新たな住宅政策に対応した枠組みについて」2005年9月

対策として位置づけてから，ようやく住宅と福祉の連携，オーバーラップ化が始まっていく。

　高齢者の介護保険制度の中で「介護付き住まい」（高齢者居住施設）に該当するのは「特定施設」と認知症高齢者グループホームで，特定施設は従来，有料老人ホームと経費老人ホーム（ケアハウス）に限定されていたが，2001年高齢者居住法や，市場化の拡大を目指す政府の対応により，2006年に一定の居住水準を満たすもの（適合高齢者専用賃貸住宅）が追加された。これに加え，医療介護施設として特別養護老人ホーム，老人保健施設，療養病棟があり，さらには高齢者が集まって住むコレクティブハウス，グループリビングなどの新たな住まい方がある。

　わが国の高齢者の住まいに対する政策の動向は，高齢者の増加に伴い，福祉政策からは介護や生活支援のサービスに「住まい」の観点を取り入れ，住宅政策からは住まいに「介護等のサービス」を加える手法で相互に高齢者の住まいの整備を進め，生活保護的な施策から一般的・普遍的な施策に向かっており，福祉政策と住宅政策の連携も見られてきた。その結果，高齢者の住まいは，特別養護老人ホーム，老人保健施設，グループホーム，有料老人ホーム，高齢者向け優良賃貸住宅，高齢者専用賃貸住宅など，時代の要請の中で利用者の態様に応じた種々の制度化・事業化がなされ，供給量が増えてきている一方で，選択肢が多種多様な供給制度になってきており，「住まい」の形態やサービス，費用負担，行政の関与などそれぞれ違いがあるなど複雑化している（図21-2，図21-3）。

2　高齢者の住まいの課題

　そのため，利用者である高齢者や家族にとって，高齢者の住まいの種類や所在地，あるいは，居住の権利形態，入居要件，入居時費用，支払う費用の内訳とサービスの内容など，わかり難いという問題が広がり，2001年の高齢者居住法の制定により，「高齢者円滑入居賃貸住宅」や，高齢者単身・夫婦世帯など専ら高齢者世帯に賃貸する住宅を「高齢者専用賃貸住宅」として知事に登録し，詳細で正確な情報を高齢者等に提供できるようになった。

　しかし，高齢者専用賃貸住宅等は，登録内容の誤り・偽り等については知事

図21-2　高齢者向け賃貸住宅と特定施設の整理フロー

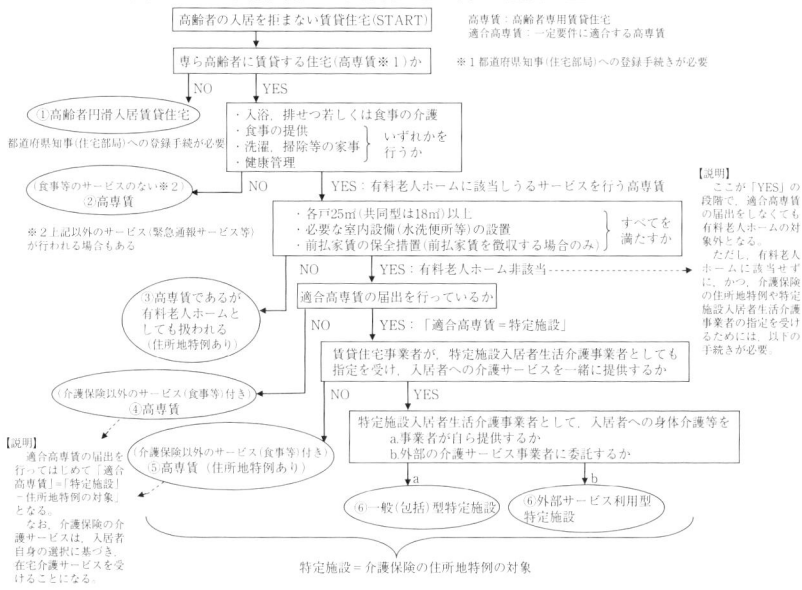

図21-3　高齢者向け賃貸住宅と特定施設・医療関係施設との関係図

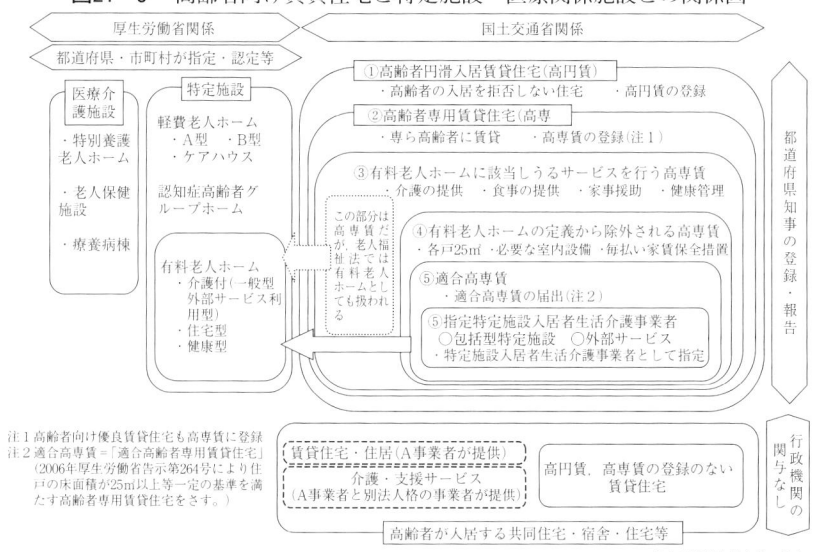

筆者が関係資料を基に作成

により登録内容の訂正・取り消し等の指導が可能となるが，供給者側は提供するサービス内容・方法を考慮して，この賃貸住宅として登録するかどうかを選択できるため，消費者保護の観点では不十分な点が見られる。例えば，同一事業者が非登録「住宅」（共同住宅や宿舎等）と「特定施設」を併設して，費用負担と高齢者へのサービス内容が不明瞭になるケースや，非登録「住宅」のみを高齢者に提供し，介護サービスは別事業者に提供させる形態をとるケースなども見受けられ，現行制度のすき間の部分で高齢者（消費者）の保護が難しい事例が生じている。多種多様な高齢者の住まいと介護サービスが組み合わされ，意図的に高齢者を囲い込んで介護保険の利用や不当な利用者から料金を受け取ろうとする悪質な業者の排除には，福祉政策（厚生労働省），住宅政策・建築政策（国土交通省）が一体的・総合的に取り組む必要があろう。

3　高齢者の住まいの展望

　高齢者の住まいは，まだまだ十分な供給量ではなく，急速に進む高齢者世帯の増加に追いついていない状況である。そのため高齢者の住まいを提供する事業者が安定経営が可能となり，また新規参入を促し，利用者の多様なニーズに応えて高齢者の住まい，サービス形態を生み出していくことが望ましいため，規制・制限は最小限にすべきという考え方もある。しかしながら，これらの事業には，増加の一途をたどる社会保障費の問題や，利用者である高齢者の人間としての尊厳，命，財産，家族にも影響し，人として生きる根幹にかかわるものであるため，安易な規制緩和や市場依存には問題があろう。

　したがって，今後，高齢者の住まいの発展において必要なことは，福祉政策と住宅政策の連携を強化し，現行の高齢者の施設・住宅制度を利用者の視点から統合することである。これには，各施設の整備基準と建築基準法の間にある福祉施設と住宅関係の規制も考慮する必要がある。「住宅」と「施設」の質の整備，介護サービスとの組み合わせなどハードとソフトの一体化や，高齢者の住まい事業を行う者の事業の適正化（届出義務と情報開示の徹底）などを行う必要があるのではないか。

　いずれにせよ，高齢者が増加していくことが明らかな状況では，安定した居住形成のために，福祉政策と住宅政策の連携強化又は一体化は勿論のこと，介

護業界・住宅業界・不動産業界なども密接な連携が，消費者利益を保護し，高齢者の住まいが安定・成熟していくものといえよう。

Ⅳ　まちなか居住

1　人口構造の変化と都市計画

　人口構造の変化は都市計画や，中山間地域や農山村地域の計画にも大きな影響を与える。1960年頃からの高度成長の過程で，都市への急速な人口・諸機能の集中が進み，市街地の無秩序な外延化が全国共通の課題として深刻化していた社会経済状況を背景に，1968年に制定された都市計画法により，都市地域のスプロールの防止，計画的な新市街地の開発・誘導が図られてきた。

　しかし，今や，拡大する都市政策の時代は終わり，居住地移動等の社会的流動性は小さくなっており，都市は拡大ではなく縮小化や空洞化が懸念され，地域の持続可能性が問われている。また，まち中には敷地分割による細分化，マンション，共同住宅の乱立・混在，人口や世帯の減少で居住環境が悪化している地区も増加している。このような状況において2008年の都市計画運用指針はどの様な処方箋を示しているだろうか。指針では「人口減少・超高齢社会の到来，モータリゼーションの進展……など，都市をめぐる社会経済状況は大きく変化し……人口については，……減少基調へと転換すると見込まれており，全国的には都市部の人口増加は沈静化し，スプロール対策は全国一律の課題ではなくなりつつある。」「いわば都市化の時代から安定・成熟した都市型社会への移行という状況に対応するため，社会経済状況の変化に的確に対応することが望まれる。」と現状認識を示すものの，人口構造の変化と居住（住宅）にどの様に対処していくか，具体的な方法論は示されていない。

　住宅は，都市や街並みの重要な構成要素であり，安全，環境，福祉，文化といった地域の生活環境に大きな影響を及ぼすという意味で社会的性格を有する

---

[21]　「第6版　都市計画運用指針」2008年12月。この指針は，都市計画制度の運用は地方公共団体の自治事務であるが，制度の企画立案に責任を有する国として都市計画制度全般にわたっての考え方を参考として示すもの。（同指針の趣旨から）

ものであり，個人の私的生活の場としてのみならず，豊かな地域社会を形成する上で重要な要素である[22]。そのため，都市の骨格をコントロールする都市計画法において，「一団の住宅施設」や地域地区での住居用途等の配分のみではなく，住宅計画の基本となる「住宅計画マスタープラン」を定めて，これを基本的な方針の一つとして都市計画に反映される仕組みが必要である。

今までの住宅政策は，「住宅」の量的供給や質的向上に効果はあったが，住宅をどの様な地域・地区に誘導するか，居住人口はどうするかといった住宅政策的対応も都市計画にゆだねられているように思われ，住宅政策での都市計画的なアプローチは無かったと言ってもよいだろう。

住宅・建築行政側からは特に住宅用地の整備に多く活用されている建築協定の制度はあるが，開発許可の対象となる開発行為には建築行為は除かれ，建築確認では住環境や街並みの形成といった対応もできず，さらには都市計画との連携は弱い。人口減少社会となり，都市内の空洞化防止や地域の持続的発展のためにも住宅地の持続や居住（住宅）の安定化を図ることは重要である。時間をかけて都市や地域内の良好なまちづくりや再整備を誘導していくには，地域地区の特性を活かせる計画手法と住宅整備を一体的・総合的に進めていく必要がある。「都市計画は建築物の単体に手を出すべきではない」という垣根は今でも都市計画行政や住宅・建築行政の根底に流れているように思えるが，都市計画法と建築基準法にある隙間を埋め[23]，さらには「住宅計画マスタープラン」や地域住宅計画と都市計画との計画体系を組み立て，高齢社会に向けた課題を解決していく制度的枠組みの構築が急務であろう。

住宅のプランとして，現在「多岐に渡る地域の住宅政策の課題に対応するため，地域特性に応じた住宅整備を図るための住宅対策の目標等の基本的事項と，地域特性に応じた具体的施策の展開方針等の個別事項[24]」からなる自治体が策定する「住宅マスタープラン」があり，このプランに基づいて公営住宅等関連事

---

[23] 大塩洋一郎氏は「建築自由の原則に立った建築基準法ではスプロールは押さえられなかったからこそ，市街地の計画的調整を図ろうとして創設した開発許可制度だったが，結果は建築基準法との間に隙間ができてしまった。」と述べている。（前掲「新都市」）

[24] 国土交通白書「地域の特性を踏まえた住宅政策の推進」2001年度，2002度

業が補助される仕組みとなっている。

　しかし，このプランは法に基づくものではなく補助制度の枠組みのプランである。このプランによって行われた施策は，自治体独自の住宅施策の展開は見られたが，市区町村においては住宅政策の根拠法がない等のために，行政対象であることの位置づけが弱い。住宅建設五箇年計画は，住宅の量の充足や質の向上に貢献したものの，骨格は公共投資としての公営住宅・公団住宅・公的融資住宅の計画という面が強く[25]，福祉政策や都市計画と連携した住宅政策の展開には限界がある。

2　まちなか居住の推進と住宅政策の課題

　前掲の2005年9月の社会資本整備審議会答申では「市街地における居住環境整備については，人口減少社会の到来，少子高齢化への対応，環境問題への対応が求められている中で，これまでの拡散型の住宅市街地形成を，コンパクトな市街地へと転換していく必要がある。」とし，地方都市におけるあり方として「街なか居住の推進」を掲げている。

　また，前掲の住宅政策改革要綱では「密集市街地の解消，老朽化・陳腐化が進んでいる大規模住宅団地の居住環境の改善，大都市の都心地域における居住機能の再生や地方都市の中心市街地を魅力と活力のあるものにするための街なか居住の推進などが課題」であるとしている。

　中心市街地活性化対策が全国的に展開されて久しい。多くの人たちの努力が続けられていて，中心市街地の活性化に取り組まれている。マイカーで移動でき，利便性がよく一箇所で何でも揃う郊外型大規模商業施設が今でも郊外に立地し，それを核に商業施設が集まる「店舗モール」に中心市街地は押されてしまっているかのように見える地域もある。かつては鉄道・バス等の公共交通の結節点として交通利便性を持ち，商業施設が集積した中心市街地が，移動手段

---

[25]　例えば中部の豊かな住まいづくり研究会「市町村基本計画及び住宅政策（居住政策）に関するアンケート」2004年。中部地方の調査によると市町村基本計画に住宅政策が位置づけられている8割強であるが，重点的な住宅施策（居住施策）は公的住宅供給等のハード施策が中心であるとなっている。

の変化に呼応するかのように，住宅地を包含する郊外型大規模商業施設が誕生している。

しかし，高齢社会と人口減少社会の時代では，人の移動手段も多様化し変化してくる。マイカー中心から，公共交通の充実が求められ，徒歩，自転車，福祉バスなど，生活エリア内で移動することが多くなることだろう。また，在宅サービスや通所サービスの需要も高まるので，デイサービス施設等は都市内に適切に配置する計画も必要となり，都市計画と住宅政策・福祉政策との連携も必須であろう。さらには，主婦層の社会進出の一層の増加で「職住近接」を求めて便利な都市中心地に人気が高まるだろう。

そのため，高齢者を含む多様な人たちが「まちなか」に居住し，「まちなか」で住生活がおくれるよう，まちなか居住を計画に含めた「住宅マスタープラン」が都市計画と一体となって体系化される必要がある。

しかしながら，中山間部集落で人口減少・高齢化の加速し，社会的共同生活の維持が困難になってた地域社会においてもそのまま住み慣れた土地を離れず住み続けたい人たちが多くいるのであり，居住は都市地域だけでの課題ではなく地域社会を考えていくことを忘れてはならない。

住生活基本法において「地域住宅計画」が法定計画となったが，この計画に基づき公営住宅等関連事業の交付金が補助される仕組みとなっている。しかし，これからは，この「地域住宅計画」を一層充実して自治体の住宅政策の「住宅計画マスタープラン」に転換し，都市計画や福祉政策との体系化や連携において，住宅政策の基本方針となる法定計画とするなど，地域の実情に即した住宅政策が展開されることが，国民の豊かな生活の実現には必要なのではないだろうか。

あとがき

　本書の企画が持ち上がったのは，鈴木浩先生の退官まであと一年余りという2008年の初冬だった。

　当初は，退官という節目に，先生の業績をふり返るとともに研究室の思い出や苦労話を綴った文集のようなものを作って同窓生で回顧することを想定していた。しかし鈴木先生は，かつて私たちが研究室でご指導を頂いたときと変わらず，ひょっとするとそれ以上に研究活動への意欲に溢れていらっしゃる。また鋭い視点と幅広い視野はご健在であり，益々のご活躍も期待される。確かに20年にわたり教鞭をとられてきた福島大学を去ることにはなるが，これで研究活動を終えてしまうわけではなく，文集で思い出を綴って先生の軌跡に終止符を打ってしまうような行為は的外れのように思えてきた。鈴木先生ご自身も，これまでの研究・教育活動を何らかのかたちでまとめ，それらを世に問うていきたいという強いご希望をお持ちであった。それならばと，文集作成から大きく方向転換し，本書『地域計画の射程』の作成が始まったのである。

　本書の大きな特徴は，執筆者の幅広い顔ぶれにある。既に紹介しているように執筆者は鈴木先生とともに長年にわたり研究活動を切磋琢磨し合いながら，第一線でご活躍されている先生方と，鋭い視点と幅広い見識を有される鈴木先生の厳しいご指導によって鍛えられた同窓生である。従って，鈴木先生を核としながらも本書では建築，都市計画，医療，福祉といった様々な分野の研究者をはじめ，自治体の首長，自治体職員やNPO等の現場で活動する者が，それぞれの専門的な視点で「地域計画」の課題や展望を論じることが可能となった。その結果，全体として十分な統一性を呈していない箇所があるかもしれない。しかし，このような論点や意見の多様さは，まさしく本書のタイトルである「地域計画の射程」，つまり「地域計画」の届きうる，あるいは，対象としなければならない範囲の広さであり，地域や住民が抱える課題に対するそれぞれの専門分野の視点から問題提起を行った結果である。このような点で本書を読み終えたとき，多様な論点の中から「地域」を「計画」することの難しさ，そして，その必要性を感じとって頂ければ，本書が単なる記念本ではないことの証(あかし)とな

るだろう。

　本書は地域計画研究室で修士論文をまとめた有志5人が集まって編集委員会を立ち上げ，原稿の依頼，収集，そして出版社決定等を進めてきた。本書へ寄稿して下さった先生方には多忙を極められた中，今回の執筆にご協力頂いた。また，研究室の同窓生の多くは普段このような原稿を執筆する機会は少なく，各人の仕事や活動の合間の作業に腐心されたことと思う。多くの皆様のご協力なしには本書は日の目を見ることはなかっただろう。この場を借りてお礼を申し上げたい。

　そして，本書の出版にあたり，福島大学学術振興基金による出版助成を頂いた。出版企画の趣旨を御理解頂いた大学当局と関係各位に深甚の謝意を表したい。さらに本書を担当して頂いた八朔社の片倉氏には，出版作業に慣れない編集委員のフォローをして頂いた。タイトなスケジュールの中，様々な問題に対応して下さったおかげで鈴木先生の退官の区切りに合わせて何とか今回の出版にこぎつけることができた。改めて，感謝の意を記したい。

　最後に，本書は鈴木先生の退官を記念して作成が始まったものである。上述のような本書が対象としている範囲の多様性は，これこそがまさしくこれまでの鈴木先生の研究活動の広がりや奥行きを示唆するものである。おそらく鈴木先生にとって本書は着地点ではなく，あくまでも福島大学での活動のまとめであり，今後の布石のようなものである。今後の益々のご活躍を祈念申し上げるとともに，改めて今後も私たち若き研究者の道標であり続けて頂くことをお願いしたい。

編集委員
蛭間　基夫
高澤　由美

執筆者紹介
(＊は編集委員)

第1部　地域政策

鈴　木　　　浩（第1章）編者
遠　州　尋　美（第2章）大阪経済大学経済学部
小　山　良　太（第3章）福島大学経済経営学類
高　澤　由　美＊（第4章）山形大学国際事業化研究センター
安　部　三十郎（第5章）米沢市市長
大　友　喜　助（第6章）角田市市長
乗　田　宏　悦（第7章）㈳東北経済連合会地域政策グループ
沼　野　　　慈（第8章）NPOもがみ

第2部　都市計画

鈴　木　　　浩（第9章）編者
塩　崎　賢　明（第10章）神戸大学大学院工学研究科
北　原　啓　司（第11章）弘前大学教育学部
佐久間　智　明＊（第12章）福島市道路建設課
紺　野　　　浩（第13章）福島市代表監査委員
湯　澤　敏　行（第14章）代議士秘書

第3部　地域居住政策

鈴　木　　　浩（第15章）編者
中　島　明　子（第16章）和洋女子大学生活科学系
阿留多伎眞人（第17章）尚絅学院大学生活環境学科
齋　藤　芳　徳（第18章）茨城大学教育学部
蛭　間　基　夫＊（第19章）群馬パース大学保健科学部理学療法学科
佐々木　孝　男＊（第20章）福島県土木部建築住宅課
川　音　真　悦＊（第21章）福島県いわき建設事務所建築住宅課

（所属は2010年2月28日現在）

[編著者紹介]

鈴木　浩（すずき・ひろし）

福島大学共生システム理工学類教授　工学博士

1944年千葉県生まれ。東北大学大学院工学研究科博士課程修了。東北大学工学部助手，国立小山高専助教授，在外研究員（ロンドン大学），福島大学行政社会学部教授，同学部長，福島大学地域創造支援センター教授などを歴任。

著書に『講座現代居住3　居住空間の再生』（共編著，東京大学出版会，1996年），『地域からの住まいづくり』（共著，ドメス出版，2005年），『日本版コンパクトシティ』（学陽書房，2007年）等。

地域計画の射程

2010年3月25日　第1刷発行

編著者　鈴木　浩

発行者　片倉和夫

発行所　株式会社　八朔社
東京都新宿区神楽坂2-19　銀鈴会館
振替口座・東京 00120-0-111135番
Tel 03-3235-1553　Fax 03-3235-5910

©鈴木浩, 2010　　　　　印刷製本・藤原印刷
ISBN978-4-86014-047-2

――――福島大学叢書学術研究書シリーズ――――

田添京二・著
サー・ジェイムズ・ステュアートの経済学 五八〇〇円

珠玖拓治・著
現代世界経済論序説
世界資源経済論への道程 二八〇〇円

相澤與一・著
社会保障「改革」と現代社会政策論 三〇〇〇円

安富邦雄・著
昭和恐慌期救農政策史論 六〇〇〇円

境野健児・清水修二・著
地域社会と学校統廃合 五〇〇〇円

富田 哲・著
夫婦別姓の法的変遷
ドイツにおける立法化 四八〇〇円

定価は本体価格です

―― 八朔社 ――

清水修二・小山良太・下平尾勲・編著
あすの地域論
「自治と人権の地域づくり」のために
二八〇〇円

神山美智子・著
食品の安全と企業倫理
消費者の権利を求めて
一五〇〇円

山川充夫・著
大型店立地と商店街再構築
地方都市中心市街地の再生に向けて
四二〇〇円

福島大学地域研究センター・編
グローバリゼーションと地域
21世紀・福島からの発信
三五〇〇円

下平尾勲・編著
共生と連携の地域創造
企業は地域で何ができるか
三三九八円

ふくしま地域づくりの会・編
地域産業の挑戦
二四〇〇円

定価は本体価格です